KB201858

거부당한 몸과 공존의 사유

숙명여자대학교 인문학연구소
HK+사업단 학술연구총서 12

거부당한
몸과
공존의
사유

강미영 · 예지숙 기획

강미영 · 박승억 · 박지선 · 심귀연 ·
예지숙 · 유수정 · 이지형 · 이행미 ·
전혜은 · 정현규 · 하홍규 지음

The Rejected Body
and Reflections
on Coexistence

한울
아카데미

차례

서문 _ 강미영 8

1부 노인혐오의 해부

1장 노인혐오에 대한 인문학적 분석과 대응 ———————— 13
강미영
1. 들어가며 13
2. 노인혐오에 대한 인문학적 접근 17
3. 철학적 관점으로 본 노인혐오 24
4. 노인혐오 장으로서의 온라인 플랫폼 27
5. 노인혐오에 대한 인문학적 대응 29

2장 초고령사회의 슬기로운 연장자
박승억 : 다중 위기 시대의 거버넌스 문제를 중심으로 ———————— 36
1. 다중 위기와 초고령사회라는 도전 36
2. 고령자 이미지의 이중성과 세대갈등 39
3. 늙은 말이 길을 찾다 45
4. 시민 교양 교육의 의미 52

3장 노년의 전자금융사기 범죄에 대한 인식과 혐오 ———————— 56
박지선
1. 서론 56
2. 방법: 연구 대상 및 절차, 분석 방법 59
3. 연령대별 전자금융사기 범죄 및 피해자 인식에 관한 결과 63
4. 연구 결과 논의 및 결론 73

4장 영화 〈플랜 75〉가 묻는 존엄사와 인간의 '가치' ——————— 76

유수정 1. 들어가며 76

2. 〈플랜 75〉라는 SF/드라마 79

3. 초고령사회와 존엄하게 죽을 권리 84

4. 영화 〈플랜 75〉가 제기하는 문제들 91

5. 맺음말 96

2부 장애차별담론 분석

5장 기술시대의 인간과 장애에 관한 철학적 탐구 ——————— 101

심귀연 1. 상황 101

2. 근대 휴머니즘의 난제 102

3. 새로운 기술 시대의 인간 그리고 기술화된 몸 107

4. 장애를 넘어, 고유한 몸 115

5. 배타적 윤리에서 관계적 윤리로 119

6장 한국사회 장애혐오 ——————————————— 122

강미영 1. 재현으로서의 장애 126

2. 의료지식/과학기술과 장애 132

3. 사회적 구성물로서의 장애혐오 138

4. 장애혐오 담론에 대한 대응 143

7장 시각과 혐오

하홍규 : 전국장애인차별철폐연대의 위반실험 ——————— 149

1. 순결한 눈 vs. 악한 눈(혐오하는 눈) 149

2. 시각의 문제 151

3. 시각과 혐오 160

4. 나가기: 순결한 눈을 갖기 위하여 172

8장 혐오해도 되는 마지노선?
전혜은 : 반(反)혐오 담론에서 장애의 배제 ———————— 176

1. 혐오에 대한 사유를 재사유하기 176
2. 장애의 도구화와 배제 178
3. 반(反)혐오 담론과 장애혐오 184
4. 팬데믹 시대를 거치며 혐오에 대처하기 196

3부 아픈 몸의 배제와 공존

9장 투명인간의 죽음
예지숙 : 일제시기 행려사망인을 중심으로 ———————— 209

1. 들어가며 209
2. 유민과 행려병인의 존재 양상 212
3. 행려병인/사망인 제도의 형성 218
4. 행려사망인 시신 활용 문제 225
5. 나가며 228

10장 탈시설의 역설과 일본 한센병 문학 위기 논쟁
이지형 : 요양소의 벽을 넘어 ———————————— 233

1. 한센병 문학의 전환기에서 233
2. 원치 않았던 이름으로부터: 태동기 한센병 문학의 딜레마 237
3. 한센병 문학과 사회의 접점 찾기 246
4. 소멸이냐 확장이냐: 한센병 문학 좌담회 〈문학에의 지향〉 253
5. 요양소의 벽을 넘어: 소멸을 맞이하는 자세 263

11장 가려진 얼굴들의 자서전
이행미 :『유령의 자서전』에 나타난 한센인의 이야기 ———— 268

1. 들어가며 268
2. 침묵과 은신 속 개인의 목소리 273

3. 훼손된 육체를 껴안는 사랑과 돌봄 278

4. 분유(紛揉)하는 정체성과의 끝없는 대화 283

5. 나가며 288

12장   상처 입은 치유자

정현규   : 커스틴 존슨의 〈딕 존슨이 죽었습니다〉에 나타난 매체 고찰 —— 292

1. 들어가는 말 292

2. 『유배 중인 늙은 왕』의 주제들: 너무 늦음, 집, 죽음 293

3. 치매와 매체 다시 보기 297

4. 지나침 혹은 너무 늦음, 그리고 죽음과의 공존 298

5. 영화의 시선 전복하기 303

6. 나가는 말 306

서문

　나이 들거나 아프고 손상된 신체에 대한 사회의 시선은 시간과 장소를 초월하여 부정적이었다. 차이점이 있다면 얼마나 격렬하게 혹은 은밀하게 그러한 시선을 표현하거나 허용하는가와 같은 문제였다. 늙은 몸은 젊은 몸보다, 아프고 손상 입은 몸은 건강한 몸보다 부정적이고 비정상적인 몸으로 인식되었고, 사회적 영역에서나 예술적 재현에서 모두 추하고 역겨운 대상으로 거부되어 왔다. 이러한 거부가 특정 역사나 사회 속에서만 나타나는 것이 아니라 보편적인 시간과 공간 속에서 존재해 왔다는 사실만으로 우리는 특정 신체에 대한 거부와 배제를 당연시하고 자연화해 왔다. 늙거나 아프고 병든 신체에 대한 혐오의 감정은 종종 진화의 과정을 통해 인간이 내면화한 죽음에 대한 공포와 불완전한 육체에 대한 불안으로 등치되기도 했다.

　실제로, 이들 신체에 대한 진화심리학적 분석은 그러한 자연화의 증거로 인식되어 왔다. 많은 학자들은 진화를 거치면서 인간의 질병, 노화, 죽음, 손상에 대한 두려움과 불안이 인류의 생존본능에서 비롯된 만큼 아프고 손상되거나 늙고 병든 몸에 대한 혐오가 인간의 본질적인 감정인 것처럼 호도했다. 그 결과로 다양한 사회적·문화적 배경 속에서 나타나는 인간 간의 차이를 간과하게 만들 뿐만 아니라, 인간을 본능적 존재로만 치부함으로써 문명과 문화 속에서 살아가는 이성적이고 윤리적인 존재로서의 인간에 대한 가능성을 축소시키는 결과를 가져온다.

하지만 우리는 이성적인 존재로서의 인간에 대한 의미를 재고할 필요가 있다. 이성적·지적 능력에 기반하여 인간을 정의해 온 합리주의적 사유는 정상성 이데올로기와 능력주의를 통해 늙고 병든 신체를 혐오해 왔으므로, 우리는 의존성과 취약성을 전제로 하는 새로운 인간관을 상호의존성을 위한 기본적 명제로 삼아야 한다. 모든 인간은 누군가의 도움 없이 살아갈 수 없는 존재이고, 타자를 통해 자신의 주체를 형성하는 존재라는 점에서 근본적으로 상호의존적이다. 이러한 인간의 의존성과 취약성에 대한 재고는 우리 모두가 타자화된 몸을 다른 방식으로 바라볼 수 있게 해 주며, 공동체 의식에 입각한 지지와 돌봄을 제공할 수 있게 해 준다.

결국, 취약한 신체에 대한 혐오에 대응하는 방식은 연민과 동정이 아닌 이데올로기와 담론적 접근이어야 한다. 연민과 동정을 통한 불편한 신체에 대한 지원과 돌봄은 신체적 소수자들을 비정상적인 존재로 규정하는 정상성 이데올로기에 입각하여 그들을 부정적으로 규정하는 인식적 폭력이자, 그들을 향한 모든 지원이 정치적이고 집단적 수준이 아닌 개인적이고 시혜적인 차원에 머물게 한다. 따라서, 타자화된 신체에 대한 연구는 단순히 그들의 피해자성이나 돌봄에 대한 무조건적 당위성이 아니라, 노년, 질병, 장애를 둘러싼 담론을 분석하고, 그것들을 다양한 사회적·역사적 맥락 속에서 바라보는 것이 선행되어야 한다. 신체적 소수자를 향한 부정적 시선이 인간의 본질적 감정으로서의 혐오가 아니라 사회구조적으로 배태된 이데올로기로서 다루어질 때, 공존의 사유는 시작되기 때문이다.

숙명여자대학교 인문학연구소에서 발행하는 『거부당한 몸과 공존의 사유』는 이와 같은 타자화된 신체에 대한 거부를 이데올로기적으로 분석하고 공존의 사유를 제시하려는 인문학적 시도이다. 문학, 철학, 역사학, 사회학, 심리학과 같은 다양한 학문적 배경을 지닌 저자들이 문학이나 영화에서 재현되는 늙고, 병들고, 손상된 신체에 대한 비판적 해석과 제언뿐 아니라 신체적 소수자를 향한 배제와 억압의 담론들을 다양한 방식으로 풀어내고 있는 글들을 한곳에 모아 출판하게 되었다. 서로 다른 이유로 배제되어 온 신체들을 교차하는 차별과 혐오의 이면에는 능력주의, 자본주의, 신자유주의, 정상성 이데올로기가 공통적으로 작동해 온 만큼, 이 총서는 다양한 신체적 소수자들의 연대이자 사회적 이데올로기에 대한 저항이다. 숭고한 연대와 저항을 함께 시작한 저자들과 그 여정을 함께하는 모든 독자에게 감사의 말씀을 전하며, 불편한 신체를 향한 혐오가 없는 세상을 위해 이 책이 한 알의 밀알이 되길 기원한다.

숙명여자대학교 인문학연구소 교수
강미영

1부 노인혐오의 해부

1장 노인혐오에 대한 인문학적 분석과 대응 _강미영
2장 초고령사회의 슬기로운 연장자
      : 다중 위기 시대의 거버넌스 문제를 중심으로 _박승억
3장 노년의 전자금융사기 범죄에 대한 인식과 혐오 _박지선
4장 영화 〈플랜 75〉가 묻는 존엄사와 인간의 '가치' _유수정

1

노인혐오에 대한 인문학적 분석과 대응*

강미영

1. 들어가며

이 글은 디지털 시대의 노인혐오 현상을 인문학적 관점에서 분석함으로써 기존의 사회학적 접근이 가지는 한계를 극복하고 노인혐오 현상을 보다 근원적인 차원에서 재고하고자 쓰였다. 노인혐오는 노인이라는 이유로 노인 개인 또는 집단에 대해 비난이나 멸시를 하는 표현 혹은 행위를 의미한다. 최근 인터넷 보급률이 증가하면서 온라인상에서 이루어지는 혐오표현이 사회문제가 되고 있는 가운데, 노인을 혐오의 대상으로 삼는 표현들도 확산과 진화를 거듭하고 있다.

특별히 코로나 시기를 지나오면서 한국 내의 노인혐오 현상이 표면적으로 가시화되고 가속화되는 모습을 볼 수 있었다. 국내의 코로나가 초기에 노인 요양시설을 중심으로 확산되는 모습을 보이면서 그것을 집중 보도하는 미디어를 통해 코로나 확산의 중심에 노인 주체가 있는 것처럼 비치게 되었다. 전염병 시기에 병의 확산은 집단시설을 중심으로 퍼져 나가는 것이 자연스

---

* 이 글은 강미영, 「노인혐오에 대한 인문학적 분석과 대응」, ≪횡단인문학≫, 12호(숙명인 문학연구소, 2022)를 일부 수정했다.

러운 수순이었음에도 장애인을 비롯한 집단시설에 거주하는 노인들은 확산의 주범으로 인식되면서, 노인에 대한 혐오는 증오와 원망과 뒤섞이며 본격화되었다. 젊은 사람보다 노인의 사망률이 높다는 사실을 주요 근거로 사회적 거리 두기의 필요성을 강조하는 정치계와 미디어로 인해 전염병으로 인한 사회적 마비 현상에 대한 고립감과 좌절감이 노인혐오로 전이되어 나타나기도 했다. 사람들은 불안과 공포가 집중되는 시기에 그러한 불안을 특정 집단에게 전가하려고 하는 만큼 노인은 코로나 시기에 비극적 사태의 주범이자 혐오의 대상이 되었으며, 외부 활동이 제한되는 시기에 사이버 스페이스는 현실 사회를 왜곡된 방식으로 재현하게 되었다.

마찬가지로, 사람들의 불안이 극대화되는 정치적 시기인 선거철에도 노인을 향한 혐오 감정은 증폭되는 양상을 보인다. 서로 정치적 의견을 같이하는 단체들이 곳곳에서 대치하는 것이 흔한 풍경인 상황에서, 보훈단체나 어버이 연합과 같은 고령화된 보수단체들은 그들의 집단적 의견이 아닌 고령에서 오는 판단력 부재와 비합리적 사고 등의 편견을 통해 폄하됨으로써 노인혐오를 부추기는 매개로 작동해 왔다. 때로 노인들은 더 많은 사람들을 정치적으로 포섭하기 위한 도구로 활용되거나, 새로운 정치를 내세우는 정체세력들에 의해 구태의 정치를 대표하는 아이콘을 덮어쓰면서 혐오의 대상이 되기도 했다.

이러한 배경에서 최근 온라인을 중심으로 다양한 노인혐오 표현이 확산되고 있다. 노인들을 폄하하는 의미로 사용하는 할매, 할배, 늙은이와 같은 단일 지시어 외에도, 틀니를 딱딱거린다는 의미인 '틀딱', 노인과 벌레 충(蟲)의 한자를 합성한 '노인충', 노인우대정책에 대한 불만이 담겨 있는 '연금충'과 같이 소리와 이미지가 결합되거나 두 가지 의미가 합쳐진 합성어에 이르기까지 다양하다. 이러한 노인혐오 표현은 노인에 대한 부정적 인식을 스스로 더욱 공고히 하게 될 수 있으며, 노인에 대한 부정적 태도를 정당화하는 수단으로 이어질 위험이 있다. 또한 혐오표현은 사회 구성원들의 주관적 인식에도 영향을 주어 차별과 불평등한 사회를 지속시키게 된다. 더욱이 이러한 혐오표현을 경험하는 사람도 그 대상에 대한 부정적 인식, 즉 노인 낙인 인식으로 이어질 수 있다. 낙인은 사회문화적으로 만연화된 통념에서 생겨나는 부정적 인식으로(안순태·이선영·정순둘, 2017: 763), 노인혐오 표현이 만연하면서 이를 접한 사람들의 노인에 대한 인식에 부정적인 영향을 미친다. 노인 낙인 인식은 노인이 아니라 다른 세대의 부정적 인식으로부터 발생하지만, 정작 노인을 거부하는 것을 사회적으로 정당화하는 데 기여한다는 문제가 있다(오현정·신경아, 2019: 40). 또한 노인 낙인은 노인 스스로가 그러한 부정적 담론을 내면화하고 자기 비하와 사회적 배제로 이어지게 함으로써 사회통합을 저해하기도 한다(김주현, 2015: 69). 따라서, 노인 낙인 문제에 집중하는 것은 노인 그 자체가 아닌 다양한 관계 속에서 이루어져야 하며, 노인 낙인에 맞서기 위한 적극적 개입이 필요하다.

이러한 문제의식을 토대로 노인혐오에 대한 다양한 학문적 접근이 이루어져 왔다. 그러나, 기존의 노인혐오 현상에 대한 연구는 주로 사회, 정치/경제적 관점에서 이루어져 왔으며, 노인혐오 현상의 원인을 근대화나 신자유주의 등의 사회구조적인 문제에서 찾는 경우가 일반적이었다. 경제적 효율성이라는 명령과 자유시장 물신주의를 조장하는 신자유주의가 극한의 경쟁과 불안을 조성하면서 극도의 능력주의(Ableism)가 나타났으며, 그 안에서 상대적으로 열등한 노동력과 생산력을 지니는 노인들은 혐오의 대상이 되었다. 특히, 신자유주의 이후 청소년 문화로 점철된 온라인 공간은 청년집단의 의식이 지배적이 되면서 자연스럽게 노인에 대한 혐오가 조성되기 쉬워졌고, 온라인상의 노인혐오는 가속화되었다. 신자유주의가 조장하는 자본주의 정신과 소비주의 문화로 인해, 대중은 더 자극적인 것과 효율성에 끌려다니며, 신자유주의가 배양해 온 능력주의는 노동력을 상실한 노년 인구를 정상성과 유용성의 측면에서 불필요한 존재로 치부하기 시작했다. 신자유주의적 소비문화가 조장해 온 아름다움의 상품화도 노인혐오를 심화시켜 왔는데, 상품화된 아름다움이 나이 들고 불편한 몸을 가진 사람들을 타자화해 온 가운데 노인은 몰가치하며 추한 혐오의 대상일 수밖에 없었다.

많은 학자들은 근대사회의 구조적 문제에서 노인혐오의 원인을 찾기도 한다. 팻 테인(Pat Thane)은 "산업화, 도시화, 핵가족화, 개인주의 등으로 요약되는 근대사회에서 노인의 지위와 권위는 떨어지고 소외와 고독, 결핍과 타인에 대한 의존이 노후의 숙명이 되었다"(Thane, 2005: 19)라고 말했으며, 이로 인해 노인들에게는 지나치게 오래 살면서 너무나 많은 사회적 자원을 소비하고 젊은 층의 등골을 빼먹는 잉여집단이라는 낙인이 찍혔음을 주장했다. 전통적인 가치관이 붕괴된 현대사회에서 산업화와 도시화를 거치면서 그 권위를 잃은 된 노인들은 비생산적이고 쓸모없는 존재로 받아들여지고, 이에 대한 각종 미디어의 영향력은 그들의 건강과 능력에 대한 염려 아닌 염려와 부정적인 암시를 유포하는 데 집중되었음을 보여 주기도 했다. 신자유주의 치하의 치열한 경쟁사회, 심화되는 고령화, 4차 산업혁명으로 도래할 부족한 일자리, 기후 재앙과 팬데믹 등은 불안을 증폭시키고 세대갈등과 노화혐오를 부추기는 계기가 되었다. 세대갈등이 심화되면서 청년과 노인의 이분법적 구도는 강화되고 노인을 향한 적대감은 증폭되었다. 『문화사회학으로 바라본 한국의 세대 연대기』(2018)라는 저서에서 최샛별은 역사적 사건과 인구학적 구조에 따른 변화와 세대의 특수성을 반영하여 각 세대를 '88만원 세대', 'X세대', '베이비붐 세대', '산업화 세대'로 분류하면서, 이들 각각이 처했던 정치/경제적 상황이 달랐던 탓에, 한국의 젊은 세대는 기성세대보다 오히려 많은 것을 포기해야 하는 상황에 놓이면서, 세대 간 갈등이 심화되고, 그 결과 한국의 노인들은 젊은 세대에게 온전히 인정받지 못한 채 혐오의 대상이 되었다고 주장했다.

그러나, 이와 같은 노인혐오에 대한 사회, 정치, 경제학적 분석들은 노인문제를 정치적·경제적 구조로 환원시킴으로써 노인혐오 현상의 원인을 사회구조적인 틀 내에서만 찾으려는 한계를 지닌다. 노인혐오 현상은 사회와 개인 간의 상호작용을 넘어 혐오의 대상과 혐오를 가하는 주체 간의 관계 속에서 일어나는 현상임을 주지하고, 노인혐오를 발생시키는 주체에 대한 분석과 함께 노인혐오를 양산하는 심리적·언어적·철학적 원리를 분석하려는 노력이 필요하다. 그럼에도 불구하고, 노인혐오를 인문학적 차원에서 접근하려는 시도가 부재하는 가운데, 혐오를 양산하는 개인에 대한 반성적 사고의 계기가 마련되기 어려웠다. 따라서, 이 연구는 노인혐오 현상에 대한 심리적·언어적·철학적 관점을 통해 기존 사회학적 연구가 조명하지 못한 노인혐오 현상의 내재적인 특성을 분석하고 그 대응 방안을 모색하고자 한다.

2. 노인혐오에 대한 인문학적 접근

1) 심리학으로 바라본 노인혐오

노인혐오 현상을 인문학적으로 분석한다는 것은 혐오 대상인 노인이나 혐오가 이루어지는 사회적 맥락보다는 혐오하는 주체의 관점에서 노인혐오 현상에 접근한다는 것을 의미한다. 즉, 노인혐오 현상이 사회구조적인 문제나 노인 그 자체로부터 비롯되는 것이 아니라 노인을 혐오하는 주체의 심리적 문제라고 보는 것에서 시작한다. 심리적 관점으로 본 노인혐오는 한마디로 상상의 산물이다. 이것은 혐오를 분노와 차별화할 때 분명해지는데, 분노는 누구로부터 침해와 손상을 당했을 때 생기는 현실적인 감정 대응인 반면 혐오는 그런 침해가 없더라도 생겨난다. 즉, 분노가 나를 위해한 대상에 대응하는 현실적인 정동이라면 혐오는 경계 내부에 고착된 자아가 이질적 대상에게 느끼는 상상적 반응이다. 이러한 관점에서 보면 노인혐오는 노인을 이질적 대상으로 상상하는 데서 출발한다. 그렇다면 이러한 상상적 반응이 어디서부터 온 것일까? 심리학은 이 같은 질문에 대답을 제공하기 위해 인류의 진화에 주목한다. 즉, 진화심리학적 관점에서, 인류는 생존의 위협이 되는 물질과 대상에 대한 경계심을 키워 나가는 방향으로 진화해 왔으며, 그 과정에서 이질적이고 비위생적인 것, 즉 세균, 바이러스, 이주민, 벌레 등에 적대적 감정을 본능적으로 지니게 되었음에 주목한다. 이에 대해 발레리 커티스(Valerie Curtis)는 이렇게 혐오감을 일으키는 요인이 곧바로 바이러스나 세균과 같은 병원체를 옮기는 것들과 겹친다는 사실을 발견하고, 진화 과정에서 병원체에 오염되었을 가능성이 큰 것을 피하는 적응의 과정으로서 혐오 감정이 우리의 몸 안에 새겨지게 되었다는 주장을 했다(전중환, 2019: 86~88).

하지만 이렇게 혐오 감정이 바이러스나 세균과 같은 병원체를 피하고자 진화 과정에서 우리 몸에 새겨진 '본성'은 노인혐오와 어떤 관련이 있는 것일까? 노인처럼 바이러스나 세균을 옮길 가능성이 거의 없는 사회 공동체의 구성원을 놓고도 일상생활에서 혐오 감정이 돋는 일을 어떻게 설명할 수 있을까? 그 대답을 우리는 마크 셸러(Mark Schaller)의 '화재경보기 원리(smoke-detector principle)'에서 찾을 수 있다. 화재경보기가 담배 연기나 음식 조리 연기에도 시도 때도 없이 울려대는 것처럼, 병원체를 피하고자 우리 몸 안에 새겨진 혐오 감정 역시 조금이라도 이질적이거나 낯선 대상에게 시도 때도 없이 울린다는 것이다(Schaller and Park, 2011: 101). 결국 셸러 역시 낯선 사람에게 혐오 감정을 느끼는 감정은 자연스러운 본능의 발현이라고 여긴다. 조금이라도 다르면, 우리 안의 화재경보기인 혐오 감정이 돋는다. 결국 노인혐오는 인구 구성적 측면에서 소수에 해당하는 이질적 존재일 뿐 아니라 다수의 청장년 세대와는 다른 외형을 지니는 존재로 노인을 인식할 때 우리 안의 이질적 존재를 향한 본능적 혐오가 작동하는 것이라고 볼 수 있다.

이질적 존재로서 혐오화된 노인은 인간이 지닌 본능적 혐오와 불안을 반영하는 투사체가 된다. 마사 누스바움(Martha Nussbaum)은 시체, 구토, 오물, 벌레, 피 등에 인간이라면 누구나 본능적으로 혐오의 감정을 가지는데, 누스바움은 이러한 혐오를 생리학적 혐오라 규정하고 이러한 생리학적 혐오의 감정을 다른 사회적 존재에 투사하여 적대감을 표현하는 것을 투사적 혐오라 명명했다. 부정적인 요소가 전가된 타자 혹은 타자집단이 혐오의 대상이 되는 것이다. 이러한 논의에 따를 때, 혐오감의 기원은 일종의 암묵적 '자기부정'에 있다. 정확히는 자신 속에 내재한 부정적인 요소를 자신이 지녔다고 인정하고 싶지 않은 심리적 욕구가 작용하는 것이다. 그렇기 때문에 혐오감은 타자에게 원인이 있는 것이 아니라 나 혹은 우리 자신에게 있다. 지그문트 프로이트(Sigmund Freud)의 해석에 의하면, "괴물스러운 것들과 마주치는 기묘한 낯설음은 절대적 타자가 아니라 바로 우리 자아 안에 있는 억압된 타자의 드러남일 뿐이다"(카니, 2002: 65 재인용). 곧 "혐오는 공동체의 지배집단이 대면하고 싶지 않은 자신들의 모습을 표상하는 대리 동물집단을 구성"(누스바움, 2020: 227)하는 것으로 나아가며, 이렇게 혐오감이 적용된 노인은 "지배적인 집단이 자신에 대한 불안감을 표출하는 수단"(누스바움, 2020: 603)이 된다. 이런 점에서 노인에 대한 혐오감은 사회적·집단적으로 형성된 사회적 편견의 의미를 지니며, 개인적 감정이라기보다는 하나의 집단적 감정이다.

그렇다면 인간 본성에 내재하는 어떤 불안과 공포가 노인을 혐오하게 만드는 것일까? 가장 근원적이고 보편적인 것으로는 죽음에의 공포를 들 수 있다. 인간뿐 아니라 모든 살아 있는 생명체는 공포를 가지며, 이러한 공포는 생존에 필수적이기까지 하다(Bauman, 1992: 2~3). 이러한 공포 가운데 죽음에 대한 공포가 가장 원초적이며, 오직 인간만이 아직 오지 않은 죽음의 불가피함을 알고 평생 그것을 의식하며 산다(Bauman, 1992: 50). 서구 전통철학이 인간의 이성과 정신의 힘을 중요시하고 육체와 인간의 동물성을 타자화하는 과정에서 인간이 지니는 죽음에의 공포는 초월되거나 극복되었다기보다는 억제되고 내재화되는 과정을 거치게 된다. 하지만, 여전히 우리의 육체와 동물성은 우리가 언젠가 죽을 육체적 존재라는 사실을 떠올리게 하는 위협적인 요소이다. 인간이 가지는 능력인 상징화, 자의식, 상상력이 인간으로 하여금 죽음의 공포를 이겨낼 수 있게 도움을 주었지만, 바로 그러한 능력으로 인해, 우리에게 육체, 자연, 죽음을 상기시키는 존재를 폄하하고 인간성을 말살하고 모욕하게 만들었다(솔로몬, 2016: 234). 경계성 삶과 죽음의 경계에 있는 존재로서의 노인은 그 불완전한 경계성을 통해 혐오를 유발한다. 이러한 경계적 존재는 보는 이의 불안을 자극하고, 그 불안을 해결하려는 과정에서 적극적인 배제의 욕망이 생겨난다. 그 결과, 노인은 죽음의 공포에 대한 대체물이 되어 줄리아 크리스테바(Julia Kristeva)의 비체(Abject)(크리스테바, 2001: 25)[1]나 프로이트의 언캐니(Uncanny)(Freud, 2003)[2]와 같이 의식과 무의식의 경계를 넘나들며 흔적으로 우리의 불안을 자극한다.

이렇듯, 노인혐오는 노인집단과 청년집단을 암묵적으로 분리하려는 인위적이고 상상적인 경계짓기를 통해 우리 안의 공포를 잠재우는 수단이 된다. 다양한 주체가 공존하는 사회에서 어떤 경계를 만드는 것은 동일성의 원리와 권력의 작용이며 그 과정에는 정치적이고 폭력적인 이데올로기가 작동한다. 이데올로기는 상상적 동일성의 그 경계를 지키려는 욕망에 의해 작동하며, 경계선의 부근이나 바깥에서 특정 개인이나 집단을 혐오의 대상으로 설정하고, 그 대상과의 차별과 분리를 통해 우리 자신의 상상적 동일성을 공고히 한다. 실제로 차이를 경계로 바꾸는 모든 경직된 영역에는 혐오가 만연한다. 노인은 경계에서 혐오의 대상이 됨으로써 그 반대쪽의 주체, 즉 젊고, 생산력 있고, 가치 있는 몸의 존재를 상정하고 이상적인 것으로 유지시키는 역할을 하는 것이다. 결국, 노인에 대한 혐오는 우리 안에 내재하는 죽음에 대

---

1) 크리스테바는 비체를 "동일성이나 체계와 질서를 교란시키는 것"으로 설명하면서, 이는 인간이 언어를 통해 상징계로 진입하는 과정에서 상징계 체계 안에서의 자신의 안정된 삶을 위해 억압되고 거부된 것을 의미한다.
2) 이 책에서 프로이트는 일상 속에서 마주하게 되는 이상한 기운을 언캐니로 지칭하며 친밀한 대상으로부터 기이하고 낯선 감정을 느끼는 심리 상태를 설명한다. 여기서는 우리가 억압 기제를 통해 친숙한 대상으로부터 제거한 죽음의 공포가 노인이라는 존재를 통해 상기되고 부정적 감정을 일으킬 수 있음을 보이고자 사용했다.

한 불안과 공포가 삶과 죽음의 경계에서 죽음을 상기시키는 노인에게 투사된 결과물인 것이다.

2) 언어적 관점에서 바라보는 노인혐오

디지털 시대의 노인혐오는 노인에 대한 비하발언뿐 아니라 노인을 부정적으로 묘사하는 각종 이미지와 동영상을 통해서도 지속적으로 양산되고 있다. 기호학적 관점에서 볼 때 이들 모두는 의미를 전달하는 표현에 해당하며, 이는 언어적 사유에 기반한다. 언어학자 페르디낭 드 소쉬르(Ferdinand de Saussure)가 언어의 특징을 기표와 기의의 임의적 관계와 차이에 의한 기표의 생성 원리를 통해 설명(De Saussure, 2011: xxx)한 이후, 많은 학자들은 언어의 그러한 특징이 인간의 의식에 미치는 영향에 집중하며 소위 언어적 전회(Linguistic Turn)[Rorty(ed.), 1992]를 구축해 왔다. 그들의 공통된 관심은 언어 활동의 작동 원리인 그러한 이분법주의와 부정성의 원리가 언어적 존재인 인간의 의식과 사유 체계를 지배하게 되는 과정과 결과이다. 언어적 존재로서의 우리 모두는 필연적으로 언어적 사유에 의존하며, 이는 자크 라깡(Jacque Lacan)이 우리의 무의식이 언어처럼 구조화되어 있다는 말을 통해 그 필연적 의존성을 표현한 것에서도 나타난다. 즉, 우리는 언어를 습득하는 과정에서 언어에 내재하는 이분법주의와 부정성의 원리를 사유의 작동 원리로 활성화한다는 것을 의미한다. 특정 대상을 인식하는 과정은 그 대상과 대상에 관한 지시어 사이의 관계가 아닌 그 지시어가 주변의 다른 언어들과 가지는 차이에 의한 것이며, 그 차이는 따라서 특정 대상을 부정적인 방식으로 인식하도록 만든다. 여성은 "남성이 아닌 성"이고 유색인종이나 흑인은 "백인이 아닌 인종"으로 인식하는 것이 그 예이며, 따라서 노인은 "청년이 아닌 사람"인 것이다. 이러한 언어적 존재로서의 사유는 한 집단이 다른 집단을 부정적으로 인식하는 과정에서 자연스럽게 특정 대상에 대한 폄하와 함께 그 반대가 되는 대상에 대한 우월한 지위를 강화하는 효과를 지니게 된다.

프로이트의 꿈 작업에서 압축은 둘 이상의 기호들 또는 이미지들이 합쳐져서 합성 이미지의 형태가 만들어지고, 그 후 전체 구성 요소들의 의미가 그 안에 투입되는 과정을 일컫는다. 라깡은 이와 같은 압축과 전치 개념을 소쉬르의 계열관계, 통합관계와 연결한다. 야콥슨은 소쉬르의 계열관계와 통합관계를 수사학적 표현 방법과 연결시키면서, 은유는 하나의 개념을 다른 개념으로 치환하는 행위이며, 그러므로 선택의 축인 계열관계에 상응하고 환유는 한 개념이 다른 개념과 인접한 상태에서 다른 개념을 연상시키므로 결합의 축인 통합관계에 상응한다. 결국, 라깡에게 있어서, 프로이트가 말하는 무의식의 메커니즘인 압축과 전치가 바로 소쉬르가 말하는 계열관계, 결합관계이고, 이것이 바로 야콥슨이 말하는 은유와 환유이다. 따라서 무의식의 메커니즘은 결국 언어의 구조이며 이는 언어의 수사법으로 드러난다. "노인충"이나 "연금충" 등의 표현으로 노인을 벌레의 이미지와 합성하거나 "틀딱"이라는 표현으로 틀니가 딱딱거리는 소리와 합성하는 경우가 압축에 해당한다. 전치는 의미가 하나의 기호에서 다른 기호로 옮겨 가는 과정을 뜻한다. 할머니와 할아버지와 같이 중립적인 의미로 쓰이던 할매와 할배가 온라인상에서 부정적인 의미로 사용되는 것이 그 예이다. 결국 이러한 노인혐오는 인구학적으로 "노인이 아닌" 사람들의 상징계적 주체가 빚어낸 이분법적 사유와 부정적 정체성의 결과물인 것이다. 이러한 이론은 "사람들은 부정적 가치가 부여되는 집단들과 비교함으로써 긍정적인 정체감을 얻는다"(조페, 2002: 87)라는 주장의 언어학적 분석이 된다.

구체적으로 살펴보면, 우리가 비교적 높은 연령대의 사람들을 '노인'으로 지칭하고 젊은 사람들을 '청년'으로 분류할 때, 노인과 청년이 지니는 고유한 의미는 그 기표 자체가 아닌 각각의 언어가 그 상대어에 대해서 가지는 대조적 차이에 의해서 강화된다. 이러한 사실은 상형문자로서의 한자어를 통해 노인과 청년의 의미가 분명해지는 과정에서도 나타나는데, 노인을 지칭하는 한자어 '노(老)'는 '늙을 노'와 '지팡이 비(匕)'의 합성어로 세 발에 의지한 사람을 의미하며, 이 지팡이가 없다면 쓰러져 버리는 노인의 의존성을 나타낸다. 따라서 노인이라는 말에는 이미 늙는 것에 대한 패배주의와 좌절감이 내재해 있다고 볼 수 있다. 그런가 하면 청년을 의미하는 한자는 푸를 청(靑)을 쓰고, 그 안에는 날 생(生)과 붉은 단(丹)이 들어 있어 새싹이 자라날 때의 파릇파릇함과 생동감 넘치는 에너지를 언어로 표현하고 있다. "푸를 청"은 높은 이상이나 벼슬을 의미하는 "청운", 미래의 계획과 구상을 의미하는 "청사진"에서와 같이 미래에 대한 긍정적 가능성, 이상과 기백 등을 의미하는 단어에 쓰임으로써 그 내재적인 긍정의 의미를 확장해 나간다. 청년집단과 노인집단은 이처럼 서로의 차이를 통해 존재하는 것 외에도 대립적 관계 속에 존재하면서 우리의 의식에서 대조적인 의미로 작동한다. 이러한 과정에서 언어적 존재인 우리는 청년의 이미지에 반하는 노인의 부정적 가치를 내면화하고, 노인에 대한 혐오를 양산하게 된다.

노인혐오 문제에 대한 언어적 접근은 그 혐오의 원인을 언어적 주체로서의 사유에서 찾는 것뿐만 아니라, 노인혐오가 어떻게 노인의 삶을 제한하고 억압하는지에 대한 설명도 함께 제시한다. 주디스 버틀러(Judith Butler)는 혐오발화가 가지는 발화효과와 발화수행성에 대해 설명하면서 혐오발언은 표현이자 행위임을 강조한바 있다. 즉, 노인을 향한 혐오표현은 노인을 단순히 기술하는 것뿐만 아니라 무기력한 대상과 객체로 만드는 발화효과를 지닌다. 따라서, 노인혐오 표현의 무게감은 그 표현의 내용이 아닌 그 표현이 지니는 언어로서의 언어적 효과인 수행성(performativity)에서 기인한다. 버틀러는 J. L. 오스틴(J. L. Austin)의 발화이론을 차용하여 언어의 수행성을 설명하는데, 하나의 언어행위는 발화행위와 발화수반 행위 외에도 "청중, 화자 또는 다른 사람들의 느낌, 사고 또는 행동에 결과적으로 발생하는 어떤 효과"(오스틴, 1992: 137)인 "발화효과 행위(perlocutionary act)"를 발생시킨다는 것이다. 단순히 무언가를 말하는 행위인 발화행위나 화자가 어떤 의도를 가지고 말하면서 하고 있는 행위인 발화수반 행위와는 다르게 발화효과 행위는 청자에게 효과를 야기하는 표현이자, 말이 세계에 가져온 효과이다. 즉, 노인을 혐오하는 각종 행동, 기호, 표현 등은 발언의 순간에 말을 전달 받은 자를 위계적으로 구성한다.[3] 이러한 과정을 버틀러는 인용과 반복으로 설명하는데, 이는 역사 속에서 관습적으로 작동해 온 언어가 노인이라는 관념을 구성하고 지속시키는 것을 의미한다. 즉, 언어로 이루어지는 호명은 노인을 발견하거나 기술하는 것이 아니라 근본적으로 그것을 구성하는 점에서, 언어 그 자체가 행위 주체가 되는 것이며, 이는 노인혐오가 어떻게 노인의 삶을 억압하고 제한하는지에 대한 설명을 제공한다.

3. 철학적 관점으로 본 노인혐오

동양사상 속에서의 노년과 노인은 오늘날과 같은 부정적인 의미가 아니였다. "동아시아 세계에 있어서 늙음은 단순한 기능의 저하, 젊음을 상실한 상실기, 퇴화를 의미하지 않았으며, 오히려 늙은이이기 때문에 자신의 본성을 자각하고 삶의 진정한 의미를 통찰할 수 있는 자, 젊음의 가치를 새롭게 인식하고 이를 새로운 세대에게 전달할 수 있는 자"(홍승표 외, 2013: 84)였기 때문이다. 실제로, 『논어』 속 공자의 말에서 우리는 당시의 노년관을 엿볼 수

---

3) 버틀러는 『혐오발언』에서 혐오발언이 발화라는 언술행위와 상처라는 발화효과를 생산하고 부정적 타자로서의 노인을 구성하지만 동시에 그것을 초과하고 넘어서는 의미를 파생시키면서 언어적 권력관계에서 이탈하는 가능성까지도 포함한다는 것을 강조한다. 버틀러의 책 제목이기도 한 'Excitable Speech'라는 개념은 혐오발언의 이러한 이중성을 시사하면서, 인용 가능성(citable)과 그것의 초과(exceeding) 가능성을 동시에 환기한다. 따라서, "전유, 전복, 재맥락화"를 통해 언어적으로 타자를 호명하고 구성하는 혐오발언에 포획되지 않으려는 시도가 필요하다.

있다.

十有五而志于學(십유오이지우학)하고
三十而立(삼십이립)하고
四十而不惑(사십이불혹)하고
五十而知天命(오십이지천명)하고
六十而耳順(육십이이순)하고
七十而從心所欲 不踰矩(칠십이종심소욕 불유구)니라

　노년에 해당하는 시기를 맞이하는 육십과 칠십의 모습을 공자는 귀가 순해져서 하늘의 명을 받들게 되었다는 것과 마음대로 행해도 규범에 어긋나지 않는, 규범으로부터 자유로운 자유인이 된다고 표현하고 있다. 즉, 노인은 천명을 자각하듯이 몸의 소리를 들으며 늙음을 회피하지 않고 자신의 존재 자체를 즐길 줄 아는 자유인이 되는 것이다(홍승표 외, 2013: 89).

　그러나 이러한 노인관은 세계가 근대화와 서구화의 영향 아래 놓이면서 부정적 노인관으로 대체되었다. 서구 전통철학이 형성해 온 형이상학은 어떤 절대적인 진리를 중심으로 놓고 그것을 기준으로 그와 반대되는 것을 주조하고, 전자를 후자에 비해 인식적·존재적 우위에 놓는 사유 방식이다. 플라톤의 이데아론부터 시작하여, 중세의 신과 인간의 나라, 칸트의 물자체와 현상의 구별 등에서 이러한 사유가 나타나며, 이러한 이분법은 육체에 대한 정신의, 여성에 대한 남성의, 장애인에 대한 비장애인의, 동물에 대한 인간의, 그리고 노인에 대한 청년의 우위성을 가상적으로 축조하며, 노인을 타자화했다. 마찬가지로, 노인의 타자화는 서양의 동일성의 철학에 의해서도 촉발되었는데, 이는 서양철학의 전통이 진리를 주체와 객체의 동일성이라는 방식을 통해 이해해 왔음을 의미한다. 사유하는 주체가 어떤 대상을 관찰하고 그에 대해 가지고 있는 관념이 이 실제 대상과 일치하면, 주체가 가진 관념은 참이 될 것이고, 그렇지 않다면 그 관념은 거짓이 된다. 이처럼 주체와 동일한 것만을 진리로 규정하고, 주체의 체계에서 벗어나는 것, 주체와 동일하지 않은 것을 비진리로 여긴다는 점에서 동일성 원칙을 고수해 왔다. 이러한 동일성 원칙은 주체의 시각에서 동일하지 않은 것을 분류하고, 비동일자를 억압하고 배제한다는 점에서 폭력적이다. 노인혐오 현상 역시 노인이라는 타자의 비동일성에 대해 폭력을 가함으로써 정상성과 젊음으로 표현되는 다수자성을 확립하는 것이다. 이러한 과정에서 노인 존재는 타자적 위치를 점하게 되고, 주체의 불안, 공포, 분노를 투사하는 대상이 되었다. 하지만 우리 모두는 늙고 노인이 된다는 사실을 생각하면, 노인혐오는 자기 안의 타자성을 부정하고 상상적 동일성으로 피신하는 자기부정의 행위임이 드러난다. 이성의 힘을 통해 육체와 물질을 배척해 온 서양철학 전통에 의해 인간의 육체와 자연은 희생되어야 했고, 노쇠함과 자연의 무력함을 상기시키는 노인 존재는 혐오 대상이 되었다.

이러한 서양철학의 동일성 철학과 동양의 유교문화가 만나는 지점에서 한국사회의 노인혐오 현상은 양가적 특징을 보인다. 노인에 대한 전통적·유교적 덕목과 경로효친과 장유유서 사상의 영향으로 한국사회의 노인들은 존경과 부양의 대상이라는 지위를 오랜 세월 구가할 수 있었으나, 이마저도 그러한 가치관의 변화와 쇠퇴가 야기한 노인혐오 현상을 피해 갈 수는 없었다. 그러한 유교문화의 잔재에 대한 노스탤지어가 신자유주의하에서 극단의 자유주의를 장착한 청장년층과 화해할 수 없는 거리감을 조성하면서 노인혐오를 추동하는 또 다른 노인신화로 작용할 뿐이다.

4. 노인혐오의 장으로서 온라인 플랫폼

온라인이 각종 소수자나 약자를 향한 혐오표현의 온상이 된 지는 오래되었지만, 노인혐오의 경우는 다른 혐오현상과 다른 양상을 보인다. 실제로, 여성이나 장애인에 대한 혐오표현이 온라인상에서 나타날 때 그 당사자의 반론이 즉각적으로 나타나면서 하나의 여론이 형성되거나 헤게모니가 형성되는 반면, 노인혐오 표현의 경우는 그 자체로 다수에 의한 지배적 이데올로기로 자리 잡는 경우가 많다. 이는 인터넷에 댓글과 게시글을 쓰는 이들이 주로 청장년층이기 때문이다. 2017년 한국정보통신정책연구원(KISDI)에서 작성한 '인터넷 뉴스/토론 게시판의 댓글·게시글 작성자의 인구통계학적 특성(2017년)' 보고서[4]에 따르면, 응답자 9,425명을 대상으로 한 조사에서, 최근 3개월 동안 인터넷 뉴스/토론 게시판에 댓글을 달거나 글을 작성한 적이 한 번이라도 있다고 응답한 사람 중 60세 이상은 전체의 2%에 불과했다. 댓글·게시글 작성 경험에 빈도수를 함께 고려하면 실제로 온라인상의 각종 여론은 60세 미만의 사람들이 주도한다고 볼 수 있다. 이러한 상황에서 60세 이상의 노인들을 대상으로 하는 노인혐오 표현은 다른 혐오표현과는 달리 즉각적으로 해당 주체의 반론으로 이어지기 어려우며, 소수의견이 없는 다수의 지배 이데올로기로 받아들여지게 된다.

이 외에도, 디지털 시대의 도래가 노인혐오 현상을 더욱 가속화하는 결과로 이어진 데는 사이버 스페이스의 공간적 특징들을 논할 수 있다. 온라인상에서의 혐오표현은 실제 대면 상황에서의 그것보다 더욱 강한 파급력과 지속력을 지닌다. 온라인 혐오표현은 지속성, 확산성, 익명성의 특징을 지니는데, 온라인상에서 누군가를 혐오하는 표현을 남기면 몇 년이 지나도 남아 있고(지속성), 멀리 있는 이에게도 쉽게 전달된다(확산성). 이러한 확산성은 온라인상의 혐오표현이 가지는 감정전이(Emotional Contagion) 효과와 맞물리며 그 부정적 효과가 배가 된다. 직접적인 대면 접촉이 없는 상황에서도, 그

---

4) https://eiec.kdi.re.kr/policy/domesticView.do?ac=0000145688

리고 감정전이에서 중요하다고 여겨지던 비언어적(nonverbal) 단서들이 없는 상황에서도, 본인이 읽은 글에 나타난 감정을 공유한다(이은주, 2021: 95). 즉, 온라인상에서 노인에 대한 혐오표현을 보게 되는 사람들은 노인에 대한 혐오, 증오, 분노라든가 경멸감을 갖게 되고, 반대로 자신을 노인집단과 동일시하는 사람들은 분노, 모멸감, 두려움 등을 느끼게 된다. 이러한 온라인상의 노인혐오 표현은 둔감화(desensitization)의 과정(이은주, 2021: 97)을 거쳐 더욱더 공격적으로 변하는데, 이는 노인에 대한 혐오와 공격성에 반복적으로 노출되면서 사람들이 점점 문제의식을 느끼지 못하게 되는 것을 의미한다. 결국, 행위의 극단성이나 집합화의 양상 등에서 현실-공간적 실천으로부터의 일정한 변형이 일어나는 사이버 스페이스는 "현실의 사회성으로 등치되거나 그 거울상인 채로, 이제 일시적 비정상성을 자신의 사회적 속성으로 갖게 된다"(이길호, 2021: 242). 이렇게 변형된 현실세계로서의 사이버 스페이스는 탈구조화와 탈물질화가 이루어지는 공간이 되는데, 현실계를 속박해 온 선험적인 질서, 즉 장유유서의 질서도 유교문화로부터의 압박도 존재하지 않는다. 새로운 정체성을 바탕으로 새로운 유형의 공동체를 형성하며, 현실의 경계를 뛰어넘는 새로운 사회적 관계망을 형성하는 것이다.

한편, 사이버 스페이스의 익명성은 사람들을 새로운 질서 속에서 움직이게 할 뿐 아니라 사람들로 하여금 집단적 정체성을 받아들이게 한다. 이는 SIDE(Social Identity Model of Deindividualtion Effects) 이론에서도 나타나는데, 온라인상에서의 익명성은 개인이 사회적 정체성을 받아들이게 함으로써, 행동통제의 주체가 개인 정체성에서 사회적 집단의 정체성으로 바뀐다고 본다. SIDE 이론에 따르면 "온라인상의 익명성은 사이버 스페이스에서 개인들로 하여금 개인적 자아가 아닌 집단적 정체성과 동일시하도록 만들고, 나아가 반규범적인 행동을 부추긴다"(Kim et al., 2019: 109). 집단정체성 또는 사회적 정체성이란 특정 집단에 형성된 고유의 특성으로서, 사람들이 특정 집단에 속한다는 것이 어떤 의미를 갖는가에 대한 집단 구성원들의 공통적 이해이다. SIDE 이론은 온라인 익명성이 구성원들의 개인적 차이를 감추고 집단의 특징을 강조하게 만든다고 주장한다. 따라서 집단 구성원들이 집단적 정신(Collective Mind)을 가진 통일된 객체로 변형됨으로써 사회적 정체성이 구성원의 행위에 영향을 미치게 된다. 노인혐오 앞에서 각각의 가치관과 신념을 초월하여 자신을 청년집단과 동일시하는 과정은 바로 온라인상의 집단적 정체성의 활성화로 설명할 수 있다.

5. 노인혐오에 대한 인문학적 대응

노인혐오가 단순히 개인의 개인을 향한 감정이 아니라, 보다 근원적이고 집단적인 행동이라는 사실과 함께 그 혐오의 무게감이 인간의 능력과 감정을 제한하고 억압하는 데까지 미친다는 사실이 분명해졌지만, 그것을 어떻게 적절히 대응할 것이냐의 문제는 또 하나의 난공불락과 같다. 노인혐오가 사회적 노인차별로 이어지고 노인의 생각과 행동을 제한하는 수행적 효과를 가져온다는 사실에 근거하여 노인혐오를 처벌할 수 있는 법안을 만들 필요가 있다고 주장하는 이도 있다. 하지만, 최근 확산되는 온라인상의 노인혐오는 불특정인에 대한 차별적 표현에 해당되어 형법상 명예훼손죄로 처벌할 수 없고, 민법상의 불법행위로 제소할 수도 없다. 이론상 협박죄로는 규제가 가능할 듯 보이지만 피해자가 특정되지 않은 협박행위에 대한 법적 절차를 진행하는 데는 많은 어려움이 있다. 무엇보다도, 노인혐오 표현을 법적으로 규제하려고 할 때, 그 부작용을 고려해야 하는데, 특정 혐오표현을 법적으로 규정하면 거기에 포함되지 않는 표현들을 승인 받는 효과가 발생하여, 궁극적으로는 노인혐오를 저지하지 못할 뿐 아니라 다양한 혐오 양식과 표현을 확대하게 되는 부작용을 낳는다. 뿐만 아니라, 혐오의 "잠재화 현상"(간바라 하지메, 2016: 136)이 발생할 수 있는데, 이는 차별이 법적 규제로 인해 표면적으로는 해소된 것처럼 보일지라도 실제로는 해소되지 않고 경우에 따라 더욱 심각해지는 것을 가리킨다. 한마디로, 노인혐오를 법적 규제나 처벌로 대응하려는 것에는 한계와 부작용이 따른다.

무엇보다도, 노인혐오 현상이 사회구조적인 문제에서뿐만 아니라 인간의 내재적인 특성에서 비롯되는 것임을 인지할 때, 노인혐오에 대한 대응도 이중적이어야 한다. 즉, 사회 제도나 구조뿐 아니라 노인혐오를 추동하는 노인담론과 노인신화에 주목하고 대응해야 한다. 오늘날 노인담론은 생체권력과 교묘하게 공조하며 작동하고, 노인의 삶과 죽음에 영향을 미친다. 과학의 발달과 신자유주의의 영향으로 노년을 관리하고 정복해야 하는 것으로 간주하고 다양한 담론들이 생산되는 과정에서, 정작 노인은 주체가 아닌 객체로, 노년은 담론과 학문의 대상으로 전락한다. 노년이 의학적 학문 대상으로 됨에 따라, 노화를 피할 수 없는 쇠퇴, 질환, 그리고 비가역적인 퇴화의 과정과 같이 부정적으로 바라보는 시각이 강화되었고, 정부의 주도로 각종 노인복지정책이 실시되었지만, 그 과정에서 오히려 노인과 노년에 대한 부정적 인식은 강화되는 역설적 상황에 직면하게 되었다. 노인들의 건강, 장수, 행복, 생산성을 증진시키기 위한 사회적 관심이 고조되면서 "오래 사는 것은 흉이니, 적당히 살고 싶다"라는 개인의 희구는 "적당한 때에 죽어야 한다"라는 도덕률로 미묘하게 변하고 있다. 자연스러운 삶의 과정으로서 받아들여졌던 노화현상은 삶의 영역에서 몰아내고 관리되어야 할 죽음의 증후로 인식된 결과이다. 질병, 퇴보, 죽음에 맞서 싸우려는, 이른바 생명 프로젝트는 결국 죽음의 증후로 인식되는 노인 존재에 대한 경멸과 배제로 귀착될 위험을 내포하고 있는 것이다(Esposito, 2008: 126). 따라서, 우리는 인간의 취약한 존재론적 조건을 수용하고, 죽음을 이성의 힘으로 통제하려는 근대적 주체의 횡보를 성찰하면서, 인간의 존재 양식에 대해 인문학적 통찰을 심화시켜 나감으로써 노인혐오 극복의 단초를 열 수 있다.

이러한 맥락에서 우리는 미학적이고 철학적인 방식으로 노인혐오의 대안을 찾을 수 있다. 먼저 미학적인 차원에서, 우리는 노인혐오를 개인적 감정이 아닌 하나의 정동(affect)으로 이해하는 것이 필요하다. 노인혐오는 사회문화 현상으로 인지현상의 하나이며 몸에 밴 앎이라 할 수 있다. 그러나 그 몸에 새겨진 흔적들을 정동으로 바라본다는 것은 노인혐오의 감정을 욕망의 끊임없는 작용의 과정으로 본다는 의미이다. 질 들뢰즈(Gilles Deleuze)는 욕망을 어떤 결핍에 의한 것이 아닌 정동이라고 언급하며, 정동으로서의 욕망은 끊임없이 물처럼 흐르며 타인과 사물과의 관계를 통해 삶을 추동하고 변화시킨다고 보았다. 그러한 흐름에서 혐오정동은 부정적인 함의가 부착된 고정적인 감정이 아니라 미시적 존재들의 개별성에 열려 있는 관계적 개념이다. 그리고 이러한 정동으로서 혐오의 감정을 이해할 때 우리는 사회 지배적 이데올로기로서의 혐오에 맞설 수 있는 단초를 열게 된다.

우리가 노인혐오를 정동으로 인식할 때, 노인에 대한 미학적 재현의 중요성은 부각된다. 노인혐오의 대상으로 포획되는 제한적이고 억압적 힘에서 벗어나기 위한 방법으로 노인이 주체가 되는 다양한 미학적 시도들은 개별적 존재로서 담론을 해체하는 힘을 내포한다. 미학적 재현의 정치성에 대해, 자끄 랑시에르(Jacque Rancière)는 "예술적 재현이 인지 가능한 것의 새로운 배치를 시도할 때 과거에는 보이지 않았던 것을 가시적인 것으로 만들어 줌으로써 정치적인 작업이 된다"(Rancière, 2011: 10)라고 말한바 있다. 이러한 주장은 특정 대상에 대한 우리의 인식과 감성은 이미 너무나도 많은 관습과 법칙을 담고 있으므로, 새로운 감성의 생산은 혁명적인 가치를 내포한다는 것을 의미한다. 이에 대해 데이비드 패네지아(Davide Panagia)는 "우리의 감성과 인식이 우리가 사는 세상에서 매우 중요한 역할을 하고 있으므로, 특정 대상에 대한 미학적 재현과 새로운 감성의 배치는 필연적으로 세상의 질서와 가치의 정치적 재배치로 이어지게 된다"(Panagia, 2018: 1)라고 설명한다. 노인의 미학적 재현은 각종 예술적 재현뿐만 아니라 디지털상에서의 블로그, 소셜 네트워크, 혹은 1인 미디어를 통한 노인의 창작과 재현 모두를 의미한다. 이러한 노년의 미학적 재현은 "노화에 수반되는 모순"을 다룸으로써 "노화에 관련한 복합적인 차원들"을 드러낼 뿐만 아니라 그 과정에서 "미학적 에너지를 창출"(Chivers, 2003: 10)함으로써, 사회적 이데올로기에 의해 노년이 부정적인 방식으로 구성되는 것을 나타내는 동시에 그것이 개별적인 노인 존재로 인해 반박되고 부정되는 과정을 재현하고, 이를 통해 포용적 세계관을 창출한다. 미학은 혐오발화와는 거꾸로 나의 취약점을 근거로 상상적 동일성에 흠집을 내고 이데올로기를 파편화한다. 이는 노인에 대한 억압적 담론의 주범이 근대적 이성 중심주의와 동일성의 철학임을 상기시키고, 나아가 고착된 동일성들 사이에 성립하는 차이의 윤리를 극복하기 위한 사유를 그 해결책으로 제시하는 것으로 주체로서 노인의 자율성(autonomy), 진실성(authenticity), 권위(authority)를 확립하는 계기가 된다. 결국, 노인에 대한 개별적이고 창의적이며 미학적인 재현들은 감성의 분할을 동요시킴으로써 경계 부근의 타자를 감성의 영역에서 혐오의 대상에서 공감의 대상으로 되돌린다.

이와 같은 공감의 재배치를 실천하는 방식은 다양하다. 동질성에 입각한 공감에서 벗어나 이질적인 집단을 향한 공감을 가질 수 있어야 한다. 미국 예일대학교의 심리학자 폴 블룸(Paul Bloom) 교수는 『공감에 반하여(Against Empathy)』에서 혐오가 자기 집단에 대한 지나친 공감에서 비롯된다고도 했다(최인철, 2021: 43 재인용). 우리에게 매우 중요한 집단을 통해서 우리는 우리의 생존 가능성을 높이고 또 우리의 행복을 위해서도 집단이 굉장히 중요하지만, 이 집단이 과도하게 작동하면 그것의 파편으로서 혐오가 나타난다는 것이다. 청년집단과 노인집단을 가르고, 자신이 속한 집단에만 공감하는 것은 자연스러운 현상일 수는 있지만 그 자체가 혐오의 시작점이 될 수 있다는 사실을 인지할 필요가 있으며, 그러한 자연스러운 공감에서 벗어나 노인을 향한 공감을 가지는 것이 중요하다.

이러한 타 집단과의 공감은 정체성 정치에서 소수자와의 연대를 가능하게 한다는 점에서 중요하다. 흑인이 아니지만 "흑인의 목숨은 중요하다"라고 외쳤던 연대의 사례에서 버틀러는 연대의 수행성을 도출하며, "특정한 형태의 상호의존성을 인정하고 그것을 보여 주는 방식들에는 출현의 장 자체를 변화시킬 수 있는 가능성이 있다"(버틀러, 2015: 65)라고 주장한다. 즉, 우리가 온라인상에서 다수의 목소리와 이데올로기처럼 보이는 노인혐오를 접할 때, "침묵의 나선이론"처럼 소수의 목소리로 침잠하지 않고, 당당히 노인-되기를 실천할 때 우리는 단순히 노인의 편이 되어 주는 것이 아니라, 노인을 혐오하는 것을 통해 부정의와 불평등을 양산하는 사회적 이데올로기에 대항하고 사회를 변화시키는 실천을 하게 된다. 그러한 소수자-되기를 향한 연대에는 청년이나 노인과 같은 집단적 정체성은 중요치 않으며, 우리는 그러한 연대를 통해 우리의 존재와 사회적 "공적 공간의 물질성을 재구성하고, 그 공적 특성을 재생산하는 것"(버틀러, 2015: 106)이다. 이러한 공감과 연대의 과정을 타자를 향한 윤리와 도덕, 나아가 누스바움이 강조한 인류애나 콜나이가 주장하는 사랑과 다른 차원으로 이해하는 이유는 주체와 타자를 구분하거나 집단적 정체성에 기반하지 않기 때문이다. 혐오 받는 존재를 구원해야 할 대상으로 간주하거나 배려할 타자로 여기는 윤리적 도식은 그들의 소수자적 위치와 배제를 강화하므로, 노인을 개별적으로, 존재론적으로, 무엇보다 그 자체로 가치 있는 대상으로 인정할 때만이 우리는 기존의 노인담론을 해체하고 노인혐오에 맞설 수 있다.

1장 참고문헌

간바라 하지메(神原元). 2016. 『노 헤이트 스피치』. 홍상현 옮김. 나름북스.

김주현. 2015. 「한국 고령자의 연령차별 경험과 노년기 인식 질적 연구」. ≪한국인구학≫ 38 (1): 69~104, 한국인구학회.

누스바움, 마사(Martha Nussbaum). 2020. 『혐오와 수치심』. 조계원 옮김. 민음사.

버틀러, 주디스(Judith Butler). 1997. 『혐오발언』. 유민석 옮김. 알렙.

버틀러, 주디스. 2015. 『연대하는 신체들과 거리의 정치』. 김응산·양효실 옮김. 창비.

솔로몬, 셸던(Sheldon Solomon). 2016. 『슬픈 불멸주의자』. 이은경 옮김. 흐름출판.

안순태·이선영·정순둘. 2017. 「매체를 통한 노인접촉경험이 연령주의 행동의도에 미치는 영향」. ≪한국노년학≫ 37(3): 763~781, 한국노년학회.

오스틴, 존(John Austin). 1992. 『말하는 행위: 언어철학 강의』. 황희선 옮김. 문예출판사.

오현정·신경아. 2019. 「한국언론은 노인을 어떠한 시선으로 바라보는가: 2010년 이후의 노인 관련 언론 보도 특성 분석」. ≪홍보학연구≫ 23(4): 40~68, 한국PR학회.

이길호. 2021. 「익명의 가장자리에서: 익명-장소와 익명-되기, 그리고 사이버스페이스」. ≪비교 문화연구≫ 27(1): 239~297, 비교문화연구소.

이은주. 2021. 「온라인 혐오 번식의 원리」. 『헤이트: 왜 혐오의 역사는 반복될까』. 마로니에북스.

전중환. 2019. 『진화한 마음』. 휴머니스트.

조페, 헬렌(Helene Joffe). 2002. 『위험사회와 타자의 논리』. 박종연·박해광 옮김. 한울아카데미.

최샛별. 2018. 『한국의 세대 연대기: 세대 간 문화 경험과 문화 갈등의 자화상』. 이화여자대학교 출판문화원.

최인철. 2021. 「혐오의 기원: 생존과 공감의 파편」. 『헤이트: 왜 혐오의 역사는 반복될까』. 마로 니에북스.

카니, 리처드(Richard Kearney). 2002. 『이방인, 신, 괴물: 타자성 개념에 대한 도전적 고찰』. 이 지영 옮김. 개마고원.

크리스테바, 줄리아(Julia Kristeva). 2001. 『공포의 권력』. 서민원 옮김. 동문선.

홍승표 외. 2013. 『동양 사상과 노인복지』. 집문당.

Bauman, Zymunt. 1992. *Mortality, Immortality & Other Life Strategies*. Stanford University Press.

Bloom, Paul. 2017. *Against Empathy: The Case for Rational Compassion*. Random House.

Chivers, Sally. 2003. *From Old Woman to Older Women: Contemporary Culture and Women's Narrative*. Ohio UP.

De Saussure, Ferdinand. 2011. *Course in General Linguistics*. Columbia University Press.

Esposito, Roberto. 2008. *Bios: Biopolitics and Philosophy*, Minneapolis. London: University of Minnesota

Freud, Sigmund. 2003. *The Uncanny*. Penguin.

Kim, Kyung Kyu et al. 2019. "Impact of Anonimity on Roles of Personal and Group Identities in Online Communities." *Information & Management*, 56: 109~121.

Lacan, Jacques. 2001. *Ecrits: A Selection*. New York: Routledge.

Panagia, Davide. 2018. *Rancière's Sentiments*. London: UP of Duke.

Rancière, Jacques. 2011. "The Thinking of Dissensus." Paul Bowman and Richard Stamp (ed.). *Reading Rancière*. New York: Continuum International Group.

Rorty, Richard(ed). 1992. *The Linguistic Turn: Essays in Philosophical Method*. University of Chicago Press.

Schaller, Mark and Justin H. Park. 2011. "The Behavioral Immune System." *Current Directions in Psychological Science*, 20(2): 99~103.

Thane, Pat. 2005. *The Long History of Old Age*. New York: Thames & Hudson.

2

초고령사회의 슬기로운 연장자

다중 위기 시대의 거버넌스 문제를 중심으로

박승억

1. 다중 위기와 초고령사회라는 도전

2023년 세계경제포럼(WEF)은 오늘날 인류가 직면한 상황을 '다중 위기(polycrisis)'라는 말로 압축한다(세계경제포럼, 2023). 그 말의 의미를 이해하기는 어렵지 않다. 위기라고 부를 일은 차고 넘친다. 코비드(COVID)-19 팬데믹을 겪으며 학습한, 게다가 언제든 재발할 수 있는 감염병 위기는 물론 전 지구적인 기후 재난과 환경 위기, 지구촌 곳곳에서 벌어지고 있는 지정학적 위기와 점점 더 심화하고 있는 경제적 불평등, 그리고 이런 위기들이 빚어내는 정치적 위기에 이르기까지 위기의 목록을 읽는 일은 숨이 가쁠 정도이다. 위기는 만성적이며 그래서 식상한 표현이 되어 버렸다. 게다가 한국의 경우에는 세계에서 가장 심각한 수준의 저출생과 빠른 고령화로 인한 사회적 위기까지 덧보태져 있다.

다중 위기라는 말은 공동체가 해결해야 할 문제들이 산적해 있을 뿐만 아니라 그런 위기들이 서로 시너지를 일으켜 문제를 해결하기가 점점 더 어려워지고 있음을 뜻한다. 마치 제로섬(zero-sum) 사회에서 균형 맞추는 일의 어려움처럼 어느 한 문제를 해결하려는 시도가 또 다른 파생 문제를 일으키곤 한다. 기후 위기에 대한 대응은 국제 간 협력이 무엇보다 중요하지만, 위기 유발 책임이 큰 선진국과 개발도상국 사이에 불평등 문제를 불러일으킨다. 기후 위기 대응을 위한 여러 제도와 규제는 개별 산업 분야에 미치는 영향력이 크기 때문에 첨예한 이해관계들이 충돌하기도 한다.

이런 상황에서 함께 공동체의 의제를 설정하고 문제를 해결해 나가는 시민들의 역량은 무엇보다 중요하다. 특히 민주주의 사회에서 이러한 문제들을 해결해 나가는 일은 구성원 모두의 협력을 요청한다. 대립과 갈등은 문제 해결을 지연시키고 상황을 더욱 악화시킬 수 있기 때문이다. 하지만 '고양이 목에 방울 달기'처럼 서로 충돌하는 이해관계를 중재할 수 있는 사회적 시스템을 마련하는 일은 그 자체가 민주주의 사회의 도전 과제이다. 분명한 것은 이러한 사회적 협력 문제가 방치될 때, 사회의 의사결정 시스템으로서 민주주의는 극한 대립으로 치닫는 다수결주의로 전락할 위험이 크다는 것이다.

따라서 우리에게 다중 위기는 중층의 과제로 주어진다. 한편으로는 문제 해결 자체, 다시 말해 위기의 파고를 넘어서는 일이고, 다른 한편으로는 그 문제 해결을 위한 공동체의 의사결정 과정에서 파열음이 나지 않도록 하는 것이다. 이러한 맥락이 사회 고령화와 그에 따른 인구 구성비의 변화에 새로운 사회적 의미를 부여한다.

2023년 통계청의 추계에 따르면, 한국은 2025년에 전체 인구 중 65세 이상 인구가 20%를 넘는 '초고령사회'가 된다. 그리고 이러한 추세가 계속된다면 2045년경에는 중위 연령이 56세가 넘고, 생산가능인구의 부양 부담이 한계에 이르는 사회가 될 수 있다(국가통계포털, 2023). 예고된 미래의 문제들에 대비하기 위해서는 앞서 이야기했듯 공동체 구성원의 상호 협력이 절실하다. 그러나 최근 연금 개혁 문제를 둘러싼 논란이 보여 주었듯이 여러 이해관계가 충돌하는 상황에서 시민 간 협력을 끌어내기는 쉽지 않아 보인다. 이런 복잡한 사정을 압축적으로 보여 주는 것이 '세대갈등' 문제이다. 특히 초고령사회를 목전에 두고 있는 우리 사회에서 세대갈등 문제는 사회적 자원의 분배 정의 문제와 관련해서 앞으로 더 큰 파괴력을 갖게 될 공산이 크다

(이철승, 2019).

물론 세대갈등 문제는 그 자체가 하나의 현실이 아니라, 정치공학적으로 이용되고 있는 잘못된 프레임이라는 반론도 있다(전상진, 2018; 신진욱, 2022). 예컨대 전상진은 "세대 레토릭은 전혀 상이한 층위, 즉 사회 전체와 조직과 가족에서 나타나는 긴장과 갈등을 뒤섞어 버"림으로써 오히려 문제 상황을 악화시킨다고 말한다(전상진, 2018: 297). 하지만 세대갈등을 둘러싼 논쟁이 존재한다는 것은 그것이 현실에서 (유효하게) 작동하고 있는 프레임이라는 것을 방증한다. 따라서 실제 갈등이 존재하든, 혹은 그저 가공의 프레임이든 적절한 대응이 필요한 것만큼은 틀림없다. 더욱이 이러한 문제 해결에 있어 적절한 정책과 제도적 장치가 필요하다는 것은 틀림없는 사실이지만 그것만으로는 충분치 않다. 그런 정책과 제도가 제대로 효과를 발휘하기 위해서는 시민의 적극적인 이해와 참여가 필수이기 때문이다. 아무리 좋은 아이디어라도 시민의 참여가 없다면 빛 좋은 개살구에 머무를 수도 있다. 따라서 미래 사회의 문제를 해결하는 데 주도적인 역할을 맡아 줄 시민들을 생각하지 않을 수 없다. 우리 사회의 현실을 고려한다면 그들은 향후 인구학적으로 가장 큰 비중을 차지하게 될 고령자들일 것이다.

단도직입으로 말하자면 다중 위기 상황에서 고령자, 특히 새로이 고령자 세대로 진입하는 사람들이 성숙한 시민 역량으로 공동체를 위한 상호 협력의 마중물이 되어야 할 것으로 보인다. 이와 관련하여 새로 고령자층으로 진입하는 이른바 '베이비부머' 세대의 역할에 주목하게 된다. 한국의 1차 베이비부머 세대(1955~1963년생), 약 700만 명이 2020년부터 순차적으로 고령자 세대로 진입하기 시작했고, 세대를 조금 넓혀 2차 베이비붐 세대(1968~1974년생)까지 포함하면, 전 인구의 3분의 1에 가까운 사람들이 머지않아 고령자 세대로 진입한다. 이들이 사회적 의제 설정과 결정에서 어떤 역할을 하느냐에 따라 대한민국의 미래가 결정될 수 있다고 말할 수 있을 정도이다(허환주, 2022). 우리는 이 기성세대가 떠맡을 짐을 공동체의 의사결정에서 가장 큰 비중을 차지하는 세대에게 부과된 공동체적 의무라고 부를 수도 있을 것이다.

2. 고령자 이미지의 이중성과 세대갈등

우리 사회에서 고령자의 사회적 위상이 이렇게 변화하면서 고령자에 대한 인식도 변화하고 있다. 한편에서는 상대적으로 안정적인 경제력을 통해 노년의 삶을 적극적으로 향유하는 '액티브 시니어(active senior)'가 있지만 다른 한편으로는 OECD 국가 중 가장 높은 '노인 빈곤율'이 보여 주듯 노년의 불안한 삶도 있다(서영민, 2022). 이러한 양극화는 노년의 삶을 바라보는 인식도 양극화하게 만든다. 노인 빈곤 지표가 보여 주듯 많은 이들이 준비 안 된 노후를 맞이해야 하는 불안감에 사로잡혀 있다. 게다가 여러 미디어를 통해 드러나는 고독한 고령자의 이미지는 그러한 불안감을 증폭시킨다. 은퇴해도 일을 놓을 수 없는 이유기도 하다.

반면 상대적으로 안정적인 경제력을 가진 고령자층이 이른바 '액티브 시니어(active senior)'라는 이름으로 소비 사회의 핵심 계층이 될 것이라는 인식도 있다. 서점은 물론 유튜브 같은 소셜 네트워크 플랫폼에서는 노년의 삶을 어떻게 해야 더 활기차고 즐겁게 살 수 있는지에 대한 정보들이 넘쳐난다. 또 시장에서는 소비력이 큰 고령자들을 위한 상품 개발과 마케팅에 공을 들이고 있다(김벼리, 2023; 남정현, 2023). 세계 주요 선진국들을 중심으로 사회 고령화가 가속화되면서 고령자 계층이 새로운 소비층으로 등장함에 따라 항노화(anti-aging) 산업과 관련 시장은 빠르게 성장하고 있다. 이것이 노년의 삶을 바라보는 인식의 또 다른 한 축을 형성한다. 노년의 삶은 젊은 시절에 축적해 놓은 자산과 사회적 연금 등 다양한 지원을 통해 여유로운 삶을 즐길 수 있는 때라고 여겨지는 것이다.

유감스러운 것은 어느 쪽에 속해 있든 고령자 세대는 최근 상대적으로 열

악한 처지에 놓인 청년 세대에 대해 대척점에 놓일 수 있다는 점이다(최샛별, 2019: 231). 액티브 시니어라 불릴 수 있는 계층은 '고성장 시대의 혜택을 받은 자'라는 이미지로 비칠 수 있고, 빈곤 상태에 있는 노년들은 사회의 빠른 변화에 적응하지 못한 무능력하고, 더 나아가 젊은 세대에게 많은 복지 부담을 가중시키는 존재로 여겨지곤 한다. 그에 반해 청년 세대는 이래저래 좁은 관문을 두고 치열한 경쟁에 시달리며, '부모보다 가난한 첫 세대'라는 말로 표현되기도 한다(강병수, 2021).

이렇게 잘사는 부모 세대와 어려운 청년 세대라는 현실 인식 프레임, 혹은 그것과는 정반대의 이미지, OECD 국가들 중 가장 높은 노인 빈곤율이 보여주듯 부족한 사회안전망이 빚어낸 우울한 노년의 모습은 젊은 세대의 미래 전망에 짙은 그림자를 드리운다. 그에 따라 액티브 시니어든, 빈곤한 노년이든 노년 세대는 청년 세대에게 그리 달가운 존재가 아니다.

전상진은 이러한 상황으로부터 빚어진 갈등을 '세대 전쟁'이라는 말로 압축한다. 그리고 그것이 정작 중요한 문제를 은폐하는 잘못된 프레임이라는 점을 지적한다. 그에 따르면, 세대 전쟁의 프레임에서 볼 때 고령 세대에게 유리한 세대 차별적 복지 정책이 덧대지면 젊은 세대의 부담이 극도로 커지고 그것은 경제적으로나 규범적으로 올바르지 못하다는 인식이 팽배해진다는 것이다(전상진, 2018: 96). 같은 맥락에서 세대갈등의 문제를 천착한 신진욱도 세대갈등이 하나의 허구적 담론이라는 점을 지적한다. 무엇보다 같은 세대 내에서도 양극화가 심한 상황에서 '세대'라는 프레임을 씌워 하나의 집단으로 묶는 것은 냉정하게 살펴보아야 할 현실을 은폐하는 프레임이라는 것이다. 다시 말해 세대갈등 담론은 개개 구성원의 형편이 크게 다름에도 불구하고 동질적인 집단으로 간주함으로써 그들의 실질적인 차이를 은폐시킬 수 있다. 그에 따르면 오히려 우리가 주목해야 할 현상은 세대 간 불평등의 문제가 아니라 사회 전반에 고착된 불평등 구조이다. 이러한 상황은 우리 사회만의 이야기가 아니라 글로벌한 현상이기도 하다. 흔히 선거 국면에서 소환되곤 하는 세대 전쟁 프레임이나 담론은 가해자와 피해자 프레임을 낳음으로써 갈등을 격화시킬 뿐이다(전상진, 2018: 94~96, 102~107).

이렇게 문제가 많은 프레임이지만 현실에서의 영향력은 결코 무시할 수 없다. 우리 사회의 세대갈등에 대해 어떻게 생각하는지를 묻는 한 조사에 따르면 지난 3년간(2021~2023) 10명 중 8명은 세대갈등이 심각하다고 답했다(한국리서치, 2023). 이 조사는 실제 현실과 상관없이 현실에 대한 인식이 사회에 어떤 영향력을 발휘할지 짐작하게 한다. 로버트 머튼(R. Merton)의 자기충족적 예언과 비슷하게 많은 사람의 현실 인식은 현실을 실제로 그런 인식에 맞도록 바꿔 버릴 수도 있다.

많은 연구자가 세대갈등 담론의 문제점을 지적한 것은 잘못된 인식이 현

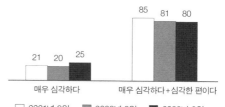

우리 사회의 세대갈등 심각하다 80%,
1년 전 대비 1%p 감소
'매우 심각하다'는 사람은 1년 전 대비
5%p 증가

	매우 심각하다				심각하다(매우+그런 편)			
	2021.2	2022.2	2023.2	차이 (23~22)	2021.2	2022.2	2023.2	차이 (23~22)
전체	21	20	25	+5%p	85	81	80	-1%p
18~29세	21	19	28	+9%p	84	78	73	-5%p
30대	25	24	29	+5%p	85	82	82	-
40대	18	18	27	+9%p	87	83	88	+5%p
50대	15	17	24	+7%p	78	75	77	+2%p
60세 이상	24	20	22	+2%p	87	83	79	-4%p

질문: 전반적으로 봤을 때, 우리 사회의 세대갈등에 대해 어떻게 생각하십니까?
표본수: 각 조사별 1,000명
조사기간: 2021.2.19~22/ 2022.2.25~28/ 2023.2.10~13
자료: 한국리서치 정기조사 여론 속의 여론(hrcopinion.co.kr)

그림 2-1. 세대갈등 인식조사

실을 왜곡하는 것을 넘어 문제 상황을 더욱 악화시킬 수 있기 때문이다. 세대갈등의 문제는 결국 존재의 문제가 아니라 인식의 문제이다. 설령 잘못된 프레임이라고 하더라도 세대갈등 담론을 무시할 수 없는 이유도 바로 거기에 있다. 그 잘못된 인식이 집단갈등을 유발하는 믿음으로 변질될 수 있기 때문이다. 따라서 세대갈등을 해결하는 문제의 핵심은 세대갈등이 심각하다고 믿는 인식의 틀을 어떻게 바꿀 것인가, 나아가 그 변화를 누가 주도하느냐이다. 공동체의 문제 해결을 위한 거버넌스(governance)의 관점에서 볼 때 이러한 변화를 주도해야 하는 사람들은 사회적 변화 과정에 노출된 당사자이자 인구학적 비중이 높은 세대라고 보아야 할 것이다. 현재 한국의 상황에서는 바로 '베이비부머' 세대이다.

이와 관련해서 하나 더 고려해야 할 문제는 갈등 해결 방안을 모색하는 관점의 문제이다. 세대갈등을 말하든, 그 반대로 그런 담론이 허구라고 비판하든, 세대갈등과 관련된 담론의 기저에는 한결같이 경제적인 문제들이 있다. 실제로 경제적 불평등은 세대 구분과 무관하게 중요한 문제라는 점에서 현실 문제를 가늠하는 가장 중요한 판단 기준임이 틀림없다. 그러나 그 관점으로만 모든 문제를 재단할 수는 없다. 우리 사회가 부딪친 문제들은 훨씬 더 복잡하기 때문이다. 경제적 불평등의 문제는 젠더 문제나 가족 문제와 같이 다른 사회구조적 문제들과 함께 얽혀 있다. '고르디우스의 매듭'처럼 문제를 단순화해서 보는 프레임이 비록 직관적이기는 하지만 지나치게 단순한 도식은 적절한 해법을 찾는 데 도리어 장애가 될 수 있다. 저출생의 문제를 단지 경제적인 문제로만 보는 관점이 그 예이다.

저출생 문제 해결에서 경제적인 이유가 중요한 문제인 것은 틀림없다. 그러나 그 문제는 가정 내 육아 노동 부담 문제나 여성의 경력 단절과 같은 젠더 문제, 또 전통적인 가족 문화를 바라보는 가치관의 변화 등 복잡한 이해관계들이 함께 얽혀 있다. 아이를 낳는 일은 단순히 먹고사는 문제로만 환원되지는 않는다. 저출생 문제를 해결하기 위한 다양한 경제적 지원 제도가 마련되더라도 그런 지원이 실질적인 효과를 발휘하려면 사회적이고 문화적인 주변 여건들도 함께 바뀌어야 한다. 이는 질병 대응 방법의 전환에 비유할 수 있다. 그저 병의 원인만을 제거하는 것만으로는 부족하다. 그런 해법이 효과를 내기 위해서는 환자의 체력과 면역력을 강화하는 전체론적 접근이 필요하다. 같은 맥락에서 경제적 불평등의 문제를 오직 경제적인 관점으로만 재단하는 것은 좋은 전략이 아니다. 때로는 단순히 돈으로 환산하기 어려운 대가와 가치가 문제를 푸는 실마리를 제공할 수 있다.

웬디 브라운(W. Brown)은 인간 삶의 거의 모든 영역을 경제적인 판단 기준으로 재단하는 신자유주의적 거버넌스가 민주주의를 위협한다고 경고한 적이 있다(브라운, 2017: 16). 브라운에 따르면 "인민에 의한 정치적 자기 지배"(브라운, 2017: 20)는 민주주의에 대한 여러 이론적 해석의 차이에도 불구하고 공통적인 불가결의 요소이다. 그런데 오늘날 사회 전체에 광범위하게 스며들어 있는 신자유주의적 이성의 지배가 공동체의 문제를 토론과 협의를 통해 스스로 해결해 나가던 정치적 존재로서의 시민 역량을 해체하고 있다는 것이다. 브라운의 주장은 초고령사회의 사회적 삶을 바라보는 관점에도 시사적이다. 예컨대 세대갈등의 문제를 오직 경제적인 문제로 환원하는 것은 브라운이 말했듯이 모든 문제를 신자유주의적 관점에서 보려는 태도와 다르지 않다. 신자유주의가 많은 문제를 유발한다는 점이 널리 알려져 있음에도 불구하고 그 문제를 해결하기가 어려운 까닭은 이미 공동체의 정치적 역량이 위축되었기 때문이다. 따라서 초고령사회의 다양한 문제를 오직 경제적인 관점에서 주목하기보다는 더 큰 맥락에서 거버넌스 문제에 주목할 필요가 있다.

복잡하게 엉킨 실타래를 푸는 방법은 실마리를 찾아내는 것이다. 다양한 문제가 복잡하게 얽혀 있는 다중 위기 상황이라면 더더욱 첫 실마리를 찾는 것이 중요하다. 세대갈등 문제는 좋은 실마리라 할 수 있다. 무엇보다 세대갈등은 사회의 특정 부문이나 영역에 한정된 문제가 아니라 사회 전방위에 걸쳐 있으며, 다양한 사회 정책 의사결정과 관련된 문제이다. 이런 의미에서 세대갈등 문제를 해결해 나가는 과정은 우리 사회의 민주주의에 대한 전망이기도 하다. 우리 사회의 미래와 관련해서 중요한 사회적 의제들은 무엇인지, 나아가 그런 사회적 의제들 가운데 현실적으로 해결할 수 있는 문제들의 우선순위를 정하는 일을 일부 소수가, 혹은 그저 민주주의라는 이름 아래 다수결로 결정해 버린다면, 그것은 결과적으로 민주주의라는 제도 자체를 위협하는 일이 될 것이다.

다중 위기 상황이 공동체 구성원 전체의 협력을 요청한다는 것은 공동체 구성원의 성숙한 정치적 역량을 요청하는 것이기도 하다. 다가올 초고령사회에서 연금 문제나 일자리 문제는 세대 간의 이해와 협조가 무엇보다 중요하다. 이러한 협력이 이루어질 수 있으려면 의사결정 과정에서 당사자들의 참여가 중요하다. 그리고 그 참여는 이해관계의 셈에서 자신에게 주어질 몫을 최대로 하기 위한 경쟁이 아니라 공동체가 당면한 문제를 해결하기 위한 의사결정에서 자신의 몫을 다하기 위해서이다. 바로 이러한 의미에서 참여는 민주주의 공동체의 구성원이 부담해야 하는 의무라고 할 수 있다.

이렇게 세대갈등 문제를 해결하는 과정이 동시에 우리 사회의 미래를 가늠하는 일이라면, 앞서 말한 것처럼 우리 사회는 이제 베이비부머 세대의 정치적 역량에 주목해야 한다. 무엇보다 그들은 장차 우리 사회에서 인구학적 비중이 가장 큰 세대가 될 것이며 그런 한에서 다른 세대에 비교해 상대적으로 더 큰 공동체적 의무를 갖고 있다고 보아야 할 것이다. 그래서 현재 우리 사회가 직면한 상황은 베이비부머 세대가 '슬기로운 연장자'가 되기를, 나아가 앞으로 이어질 다음 세대들에게 모범이 되기를 요청하고 있다고 말할 수밖에 없다. 물론 이러한 생각이 장로정치(gerontocracy)를 의미하는 것은 결코 아니다.

세대 내 불평등, 세대 간 불평등이라는 이중의 구조에서 기성세대가 더 큰 공동체적 의무를 갖는다고 보는 것은 이론적인 문제라기보다는 실천적인 고려 때문이다. 사회적 자원의 분배를 일종의 제로섬 게임처럼 인식하고 경쟁의 원리를 적용할 경우, 개럿 하딘(G. Hardin)이 말한 '공유지의 비극'을 마주할 수도 있다. 이것이 우리 공동체에 '슬기로운 연장자'들이 필요한 이유이다. 그들은 동일 세대 내의 양극화 문제부터 시작해서 사회의 구조적 불평등 문제에 대해 사회적 타협안을 만들어 내는 일에 적극적으로 협력해야 한다.

3. 늙은 말이 길을 찾다

하딘의 공유지의 비극 사례가 보여 주듯이(Hardin, 1968), 오늘날의 사회가 전제하고 있는 시장주의 문화에서 사회적 자원의 공유와 분배 문제는 계산적 합리성의 관점만으로는 해결이 쉽지 않다. 더욱이 세대갈등 문제를 정치공학적으로 이용하고, 민주주의가 다수결주의로 전락할 위험이 큰 상황에서 이론적 해법만을 강조하는 것은 도리어 공동체 내의 극단적인 분열을 낳을 가능성이 크다. 자신의 이해관계를 지지하는 평계와 이론을 고안하는 일은 그리 어렵지 않기 때문이다. 다중 위기로 특정되는 오늘날의 상황에서는 이론적 해법이 아니라 실천적 지혜가 필요하다. 이때 실천적 지혜로서 슬기로움이란 이상과 현실 사이의 간극을 인식하고 현실적인 조건에서 타협점을 찾아낼 수 있는 안목을 뜻한다.

우리가 바람직하다고 믿는 이상과 실제 삶의 현실 사이에는 언제나 간극이 있다. 그 간극에 대한 인식은 때때로 사람들의 실천 의지를 꺾기도 한다. 누구나 타인을 도와야 한다고 믿지만, 자신의 현실 조건이 타인을 도울 수 없는 처지라고 믿으면 타인에게 손을 내밀기는 쉬운 일이 아니다. 도덕적인 이상이 너무 높을 때 그 이상을 실천하기 어려운 법이다. 마찬가지로 다양한 이해관계 때문에 현실 문제의 해법을 찾는 일이 복잡한 상황에서 누군가 이론적이고 원리적인 해법만을 고집한다면 그것은 이상과 현실 사이의 간극을 더욱 벌리는 일이 된다. 게다가 이런 상황이 정치적인 대립으로 전화된다면 해법을 찾는 일은 더욱 어려워진다.

플라톤(Platon)은 이런 문제를 이데아 혹은 이상(idea)을 현실 조건에 구현하는 적절한 정도를 찾는다는 의미에서 측정술(metretike)이라는 개념으로 설명한 적이 있다. 이념이나 이상을 현실에 구현하는 문제는 이론적 해법의 정당성 문제와는 또 다른 맥락의 실천적인 문제이다. 플라톤이 민주주의 체제를 경계한 까닭은 이론적인 앎만이 아니라 실천적 지혜도 겸비된 공동체를 이루기가 얼마나 어려운지를 역설적으로 말한 것이기도 하다. 전통적으로 이와 같은 실천적 지혜를 가진 사람들이 대개 연장자였던 까닭은 그들이 오랜 삶의 경험을 통해 당면한 문제를 해결하기 위해 어느 정도에서 타협해야 하는지를 아는 경우가 많았기 때문이다. 설령 오늘날 인류가 당면한 문제들이 과거의 경험으로는 그 답을 찾기 어려운 새로운 유형의 문제들이라고 하더라도 공동체가 함께 문제를 해결해 온 절차에 대한 경험이 무의미한 것은 아니다.

전통적으로 슬기로운 연장자들은 사회갈등을 최소화하기 위한 정치적 지혜, 그리고 오랜 경험을 통해 문제를 풀어 가는 절차적 지식을 가진 사람들로 여겨져 왔다. 이는 서양과 동양의 전통에서도 마찬가지이다. 이러한 모델의 한 전형을 우리의 구전설화 중 하나인 "고려장이 없어진 유래"에서 찾을 수 있으며, 서양에서는 호메로스의 『일리아스』에 나오는 현자 네스토르(Nestor)의 일화에서 찾을 수 있다. 한 공동체에서 연장자 계층에 속하는 이가 공동체 내부의 갈등을 조절함으로써 공동체가 위기에서 벗어날 수 있게 하는 것은 동서고금을 막론한 문화적 전승이자, 공동체를 유지하기 위해 연장자에게 요구되는 사회적 역할이었다.

트로이 전쟁에 나선 그리스 연합군에 재앙이 닥쳤다. 호메로스의 이야기는 군영 내에 번지고 있는 역병의 위기를 어떻게 해결하는지로부터 시작한다. 위대한 영웅 아킬레우스는 연합군의 사령관인 아가멤논에게 이 재앙을 해결하라고 요구한다. 역병의 원인은 아가멤논이 승전의 대가로 얻은 전리품 때문이었다. 아가멤논은 아폴론의 사제의 딸인 크뤼세이스를 취했는데, 아폴론의 사제가 딸을 구하기 위해 높은 몸값을 제안했지만, 오만했던 아가멤논은 그 제안을 받아들이지 않고 도리어 사제를 모욕했다. 사제는 그 억울함을 아폴론에게 고했고, 아폴론은 그리스 병사들의 군영에 역병이 퍼지게했다. 마침내 아가멤논은 크뤼세이스를 돌려보내기로 한다. 대신 자신만 손해를 볼 수는 없으므로 그에 상응하는 명예로운 선물을 요구한다. 아킬레우스는 그런 아가멤논을 모욕하고, 둘 사이의 긴장은 일촉즉발의 상태가 된다.

이때 네스토르가 나선다. 만약 가장 위대한 영웅 아킬레우스가 연합군 총사령관인 아가멤논과 맞서 싸우거나 고향으로 돌아간다면 트로이 원정의 험난함은 불을 보듯 뻔한 일이 될 것이기 때문이다. 네스토르는 먼저 청중에게 자신의 과거 경험들을 환기시켜 자신의 말에 권위를 부여한 뒤, 아가멤논을 자제시키고 아킬레우스에게는 연합군의 수장을 존중할 것을 요청한다(호메로스, 2007: I권, 254~284행). 네스토르의 슬기는 누가 정당하고 옳은지를 따진 것이 아니라, 바깥의 적 앞에서 내부 갈등이 얼마나 위험한 것인지를 보인후 서로 양보할 것을 요청한 데 있다. 가장 싸움에 능한 자와 가장 많은 이를 다스리는 자가 모두 네스토르의 중재를 받아들인 것은 네스토르가 '존경 받는 연장자'였기 때문이다.

네스토르의 슬기가 공동체의 의사결정 과정에서 일어나는 갈등을 중재하는 데서 발휘되었다면, 우리나라의 구비 설화 가운데 "고려장이 없어진 유래"는 공동체가 겪어 보지 못한 문제에 대해 삶의 경험이 어떻게 대응할 수 있는지를 보여 준다. 고려장이 없어진 유래는 크게 '지게형'과 '문제형' 두 가지로 나뉜다.[1] 우선 '문제형'부터 살펴보자. 내용은 지역에 따라서 조금씩 다

---

[1] 많은 연구자들이 우리나라에 실제로 고려장이라는 풍습이 있었다고 보지 않는다. 그럼에도 이러한 기로(棄老) 설화가 전해 오는 까닭은 아마도 공동체 내에서 연장자를 존중하기 위한

르지만 그 대강은 다음과 같다.[2] 나라의 법이 엄해 한 효자가 남들 몰래 노모를 산에 모시고 봉양하던 차에 대국(중국)이 우리나라를 겁박하기 위해 세 가지 문제를 냈다. 하지만 아무도 그 답을 아는 이가 없어 나라가 큰 곤란에 빠지고 말았다. 이에 임금이 그 답을 널리 구했다. 대국이 낸 세 가지 문제는 이렇다.

 i) 위아래가 똑같은 통나무의 밑과 위를 가려낼 것

 ii) 코끼리의 무게를 잴 것

 iii) 똑같이 생긴 말의 어미와 새끼를 구별해낼 것

 아들이 나라에 변고가 났다며 노모에게 이 세 문제를 말했을 때 노모는 대단치 않은 문제를 가지고 난리가 났다며 답을 일러 준다. 첫 번째 문제에 대해서는 물에 통나무를 띄워 조금 더 가라앉는 쪽이 아래쪽이며, 코끼리의 무게는 코끼리를 빈 배에 태워 배가 물에 잠기는 정도를 표시한 뒤 돌을 배에 실어 같은 무게를 재면 될 것이고, 세 번째 문제는 두 말 앞에 하나의 먹이를 주어 먼저 먹는 것이 새끼라고 알려 준다. 아들은 노모의 답이 옳다 싶어 나라에 알렸고, 나라는 위기에서 벗어난다. 임금은 아들의 공을 치하하기 위해 소원을 물었고, 아들은 고려장을 없애 달라 했다는 것이 이야기의 얼개이다.

 『한비자』에 나와 널리 알려진 이야기로, 제나라의 재상 관중(管仲)이 환공을 따라 고죽 정벌에 나섰다가 군대 전체가 길을 잃었을 때 늙은 말의 지혜를 빌려 길을 찾았다는 노마식도(老馬識途), 혹은 노마지지(老馬之智)라는 말이

문화적 장치가 아니었는가 싶다. 고려장 설화와 관련한 다양한 연구의 얼개에 대해서는 정규식(2016) 참조.

2) "고려장이 없어진 유래"에 관한 이야기는 지역마다 조금씩 다르지만 큰 얼개는 거의 같다. 이야기의 채록은 『한국구비문학대계』 '고려장' 항목 참조. https://gubi.aks.ac.kr/web/TitleList.asp

있다. 때로는 지식이 아니라 삶의 경험이 길을 발견하게 해 줄 때가 있다. 세상을 경륜하는 지식을 갖추었음에도 풀지 못하는 문제를 동물의 본능을 이용해서 풀어낸 것이다. 비슷하게 "고려장이 없어진 유래"에 나오는 노모의 슬기는 일종의 절차적 지식, 과거의 경험을 새로운 문제를 푸는 데 응용한 것에 있다.

호메로스의 이야기에 나오는 네스토르나 고려장 이야기에 나오는 슬기로운 노모의 이야기는 공동체가 난관에 부딪혔을 때 연장자의 역할이 무엇인지를 보여 준다. 물론 나이가 많다고 해서, 혹은 경험이 많다는 것이 곧바로 슬기롭다는 것을 보증하지는 않는다. 오히려 우리는 주변에서 자신의 나이를 핑계로 과거의 경험에 집착하고 무조건 존중 받기 원하는 사람도 어렵지 않게 만난다. 그런 연장자들과 앞선 두 이야기의 연장자들은 다르다. "고려장이 없어진 유래" 이야기의 노모는 자신을 버린 공동체를 위해 지혜를 내어 주기를 주저하지 않는다. 그것은 자신이 속했던 공동체의 미래를 위해서였다. 호메로스의 네스토르 역시 가장 강한 권력을 가진 두 영웅을 두려워하지 않고 쓴소리를 주저하지 않는다. 때로는 용기를 내야 하고, 또 때로는 자신의 이익을 고집하지 않는 희생이 필요할 때도 있다. 그런 용기와 희생이 공동체 내의 갈등을 조정하고 지혜를 모을 힘을 준다. 그리고 연장자가 그런 역할을 할 때 비로소 그들은 공동체의 존경을 받는다. 슬기로운 연장자는 공동체가 위기를 만났을 때, 자신의 역할을 마다하지 않음으로써 공동체가 그 위기의 파고를 넘을 수 있는 마중물이 되는 구성원이다.

그런데 우리 사회의 기성세대가 이러한 슬기로운 연장자 역할을 할 수 있을까? 그것은 현실과는 거리가 먼 그저 하나의 희망에 불과한 것은 아닐까? 혹은 그 반대로 기성세대가 상대적으로 더 큰 공동체적 의무를 갖는다는 말은 기성세대에게 일방적인 희생을 강요하는 것은 아닐까? 실제로 우리 사회의 중년, 곧 고령자 세대로 진입할 베이비부머 세대는 고달프다. 빠른 사회적 변화 속에서 이른바 '낀 세대'로서 부모 세대를 효로써 부양해야 하는 의

무는 물론 자녀 세대 뒷바라지도 소홀히 해서는 안 된다(박성은, 2018). 이런 세대에게 슬기로운 연장자가 되어 희생을 감내할 각오를 해 달라고 요청할 수 있을까?

농경사회에서 고령자가 존중 받을 수 있었던 이유 중 하나는 사회적 변화가 크지 않고, 고령자의 경험이 곧 삶의 지혜가 되는 시대였기 때문이다. 하지만 오늘날처럼 지식의 유통 기한이 짧은 경우, 고령자의 경험은 과거와는 다른 값으로 셈 받는다. 과거의 경험을 운운하는 것은 도리어 시대착오적이기 쉽다. 이른바 "꼰대"라는 표현은 이 같은 시대적 상황을 단적으로 표현한다. 게다가 많은 고령자는 노후 준비도 제대로 되어 있지 않다. '액티브 시니어'는 일부 소수의 이야기이고 대다수는 노후를 준비할 여력도 없다(이동휘, 2019). 그런데도 상대적으로 더 큰 공동체적 의무를 갖는다고, 그래서 공동체를 위해 실천적 지혜를 내주어야만 한다고 해야 할까?

문제의 핵심은 여기에 있다. 인구학적으로 가장 비중이 높은 세대가 자신의 이익을 관철하기 위해 행동에 나선다면, 전체 공동체는 공유의 비극을 피하기 어려울 것이다. 세대 간, 혹은 세대 내 불평등으로 인한 갈등은 격화될 것이며 공동체의 의제를 설정하고 함께 협력하여 위기를 넘어서는 일도 요원해지기 쉽다. 이해관계가 복잡하게 얽혀 있는 상황에서 정치적(공동체적) 해법을 찾는 일은 단박에 무엇이 옳은지 이론적인 답을 찾는 것이 아니다. 이상과 현실 사이에는 언제나 격차가 있기 마련이다. 그래서 마치 '반성적 평형(reflective equilibrium)'3)의 과정처럼 이상적인 해법과 현실 사이의 격차를 줄여 나가는 실천적 지혜가 필요하다. 이것이 우리 사회가 '슬기로운 연장자'

---

3) 반성적 평형은 넬슨 굿맨(N. Goodman)이 귀납적 판단의 정당화와 관련해서 제안한 아이디어를 존 롤스(J. Rawls)가 자신의 정의론에 도입한 개념이다. 사회적 의사결정에서 원칙과 이론적인 일관성 그리고 현실적 조건들을 조금씩 수정해 감으로써 문제 상황에 대한 답을 찾아가는 과정으로 볼 수 있다. 이에 대해서는 롤스(2010: 56 이하) 참조.

를 요청하는 까닭이기도 하다.

다른 한편 기성세대는 해당 공동체가 처한 위기 상황의 직간접적 연루자라는 점에서도 미래 세대보다 상대적으로 더 큰 공동체적 의무를 갖는다고보아야 한다. 만일 기성세대가 문제를 해결하지 않고 방기한다면, 그것은 결국 모든 짐을 미래 세대에게 떠넘기는 신의 없는 처신이 될 것이다. 다만 이렇게 공동체의 연장자가 상대적으로 더 큰 공동체적 의무를 진다고 할 때,그 반대급부도 고려해야만 한다. "고려장이 없어진 유래"에 관련된 또 다른이야기 유형인 '지게형'은 그런 반대급부에 대한 함축이 있다.

한 남자가 자신의 노모를 지게에 지고 산에 유기한 뒤 지게마저 버리고 돌아설 때, 할머니를 유기하는 제 아비를 따라나선 손자가 다시 그 지게를 챙긴다. 아비가 아들에게 그 이유를 묻자 아들은 "나중에 아버지를 버릴 때 써야 한다"라고 답한다. 미래 세대에게 기성세대는 자신의 미래이기도 하다.전통사회에서 노년은 공동체의 문제를 해결하는 지혜로운 자의 이미지가 있었다. 이러한 이미지는 연장자 세대를 '정치적(공동체적)' 문제 해결 역량을가진 존재로 여길 수 있게 하는 문화를 가능하게 했다. 하지만 오늘날 노년은 '생산가능인구'로부터 배제된 존재로서 비생산적인 계층으로 간주되기 일쑤이다. 노인혐오 현상은 오늘날 노년을 바라보는 사회적 인식의 한 장면을적나라하게 드러낸다. 우리 사회가 연장자 세대에게 슬기롭게 행동하기를요청한다면, 미래 세대 역시 연장자 세대를 존중해 주어야 한다. 그런 존중이 연장자 세대가 역량을 발휘할 수 있게 하는 조건일 것이다. 존중과 배려는 일방적인 관계가 아니라 상호 간에 성립한다. 다만 첫인사를 누가 먼저건네느냐일 뿐이다.

4. 시민 교양 교육의 의미

다중 위기 시대의 거버넌스는 독재나 전체주의적 사고에 기반한 것일 수 없다. 기후 재난의 상황에서 보이듯 그리고 초고령사회 문제의 해법을 찾는 일에서 생각해 볼 수 있듯, 오늘날의 문제는 모든 공동체 구성원이 조금씩 양보하고 서로 협력하는 타협안을 통해서만 해결의 실마리를 마련할 수 있다. 이런 상황에서 무엇보다 중요한 것은 민주주의적 문제 해결의 가치를 이해하고, 합리적 공론장의 의미를 체득한 시민의 자질과 교양이다. 슬기로운 연장자는 그런 시민 교양을 체득해야 한다.

19세기 유럽은 교양(bildung)의 시대였다. 18세기 시민혁명을 통해 자유와 평등이라는 새로운 권리를 손에 쥔 시민들에게 필요한 것은 그 새롭게 얻은 권리를 올바르게 사용할 지혜였다. 첫 번째 계몽의 시대는 진보의 희망과 함께했다. 하지만 역사가 증언하듯 그 시대는 '아름다운 시절(Belle Époch)'과 함께 사그라졌다. 무엇보다 새롭게 얻은 권리를 사용하는 실천적 지혜를 발휘하지 못했다. 그 결과 거대한 전체주의가 유럽을 휩쓸었다. 역사적 경험은 오늘날 우리에게 무엇이 필요한지를 환기시킨다. 획일화되고 표준화된 이념과 삶의 양식을 강요했던 낡은 계몽이 아니라, 다양성을 존중하는 새로운 계몽이 요청된다. 이 새로운 계몽은 우리 공동체가 부딪친 문제들이 무엇인지 인식하고, 이해관계가 충돌하는 상황에서 어떻게 상대를 존중하고 토론하며 협의해 나갈 것인지를 체득하는 일이다. 일찌감치 위르겐 하버마스(J. Habermas)가 제안했던 공론장에서 합리적인 의사소통을 할 수 있는 시민이 되는 것이다. 그런 의미에서 시민 교양 교육은 무엇보다 중요해졌다.

우리 사회가 좀 더 슬기로워지기 위해서는 우리 공동체가 처한 현재 상황을 이해하고, 갈등을 조정하며 공동체적 삶과 민주주의적 의사결정의 의미와 가치를 이해할 수 있게 해 주는 시민 교육의 장이 강화되어야 한다. 그 교육은 슬기로운 연장자가 자신의 가치를 확인하는 자리일 수 있을 것이다. 새로이 고령자층에 진입하는 '베이비부머' 세대는 그 이전 세대에 비해 상대적으로 높은 수준의 교육을 받았으며, 디지털 문화에도 빠르게 적응해 가고 있다. 그들이 적극적인 시민 교양 교육을 통해 슬기로운 연장자가 될 수 있다면, 그래서 새로운 공론 문화를 이끌어 갈 수 있다면, 다중 위기와 급격한 사회적 변화로 인한 파괴적인 부작용을 최소화할 수 있을 것이다. 슬기로운 연장자는 결코 영웅이 아니다. 그들은 일상의 시민들이다. 그리고 초고령사회의 시민에게 요구되는 시민적 교양을 갖춘 사람들일 뿐이다. 그러나 그 시민 교양은 우리 사회가 다중 위기를 넘어서고 민주주의에 희망을 걸어 볼 유일한 지반일 것이다.

2장 참고문헌

롤스, 존(J. Rawls). 2010. 『정의론』. 황경식 옮김. 서울: 이학사.

신진욱. 2022. 『그런 세대는 없다』. 서울: 개마고원.

이철승. 2019. 『불평등의 세대』. 서울: 문학과 지성사.

전상진. 2018. 『세대 게임』. 서울: 문학과지성사.

정규식. 2016. 「〈고려장이 없어진 유래〉 설화의 재해석과 인문학적 성찰」, ≪국어국문학≫, 177.

최샛별. 2019. 『한국의 세대 연대기』 서울: 이화여자대학교 출판문화원.

호메로스(Homeros). 2007. 『일리아스』. 천병희 옮김, 서울: 도서출판 숲.

■ 인터넷 자료

강병수. 2021.11.30. "부모보다 가난한 첫 세대⋯'잘 배웠지만, 희망 없어'". ≪KBS 뉴스≫.
 https://news.kbs.co.kr/news/pc/view/view.do?ncd=5337574(검색일: 2024.7.21)

국가통계포털(KOSIS). https://kosis.kr/statHtml/statHtml.do?orgId=101&tblId=DT_1B8000F
 &vw_cd=MT_ZTITLE&list_id=&scrId=&seqNo=&lang_mode=ko&obj_var_id=&itm_id=&c
 onn_path=E1&docId=0261036257&markType=S&itmNm=%EC%A0%84%EA%B5%AD(검색
 일: 2024.7.20)

김벼리. 2023.8.12. "유통업계가 4060 액티브 시니어에 공들이는 까닭". ≪헤럴드 경제≫.
 http://news.heraldcorp.com/view.php?ud=20230812000056 (검색일: 2024. 07. 21)

남정현. 2023.9.17. "새 소비층으로 떠 오른 액티브 시니어⋯결제액 증가율 1위 업종은". ≪뉴시
 스≫. https://newsis.com/view/?id=NISX20230915_0002452272&cID=15001&pID=15000
 (검색일: 2024.7.21)

박성은. 2018.5.19. "부모, 자식, 손주⋯끝없는 '뫼비우스의 띠' 황혼육아". ≪연합뉴스≫.
 https://www.yna.co.kr/view/AKR20180518107800797(검색일: 2024.7.10)

서영민. 2022.9.22. "OECD가 본 한국 노인과 청년이 힘든 나라". ≪KBS 뉴스≫.
 https://news.kbs.co.kr/news/pc/view/view.do?ncd=5563414(검색일: 2024.7.15)

세계경제포럼(WEF). 2023.1.11. ≪Global Risk Report 2023≫. https://www3.weforum.org/
 docs/WEF_Global_Risks_Report_2023.pdf(검색일: 2024.7.20)

이동휘. 2019.5.17. "노후준비 어떻게 생각하십니까?" ≪한국리서치≫. https://hrcopinion.
 co.kr/archives/11835(검색일: 2024.7.22)

한국구비문학대계. https://gubi.aks.ac.kr/web/TitleList.asp

한국리서치. "2023 세대 인식 조사". https://hrcopinion.co.kr/archives/25979(검색일: 2024.7.20)

허환주. 2022.6.29. "베이비붐 세대 은퇴, 해결 없으면 한국사회는 곧 붕괴된다". ≪프레시안≫. https://www.pressian.com/pages/articles/2022062816555855759(검색일: 2024.7.22)

Hardin, G. 1968. "The Tragedy of Commons." *Science* Vol.162(3859). https://www.science.org/doi/10.1126/science.162.3859.1243#BIBL(검색일: 2024.7.20)

3

노년의 전자금융사기 범죄에 대한 인식과 혐오

박지선

1. 서론

경찰청과 금융감독원에 따르면, 전자금융사기를 지칭하는 피싱 사기는 '기망행위로 타인의 재산을 편취하는 사기범죄의 하나로, 전기통신수단을 이용한 비대면거래를 통해 금융분야에서 발생하는 일종의 특수사기범죄'로 정의된다. 피싱(phishing)은 개인정보(private data)와 낚시(fishing) 두 단어를 합성한 신조어로, 피해자의 계좌번호나 주민등록번호 등을 알아내어 이를 이용해 금전적 이득을 취하는 범죄를 가리킨다(김소운·이성택, 2022). 피싱은 범행 수단에 따라 구분되는데, 대표적인 피싱 범죄인 '보이스피싱'은 전화 등 음성수단을 사용한 것이며, '메신저피싱'이나 '스미싱'은 문자나 메신저, SNS 등을 사용하는 범죄를 지칭한다.

이러한 보이스피싱이나 메신저피싱 등의 피싱 범죄는 전 세계적으로 가장 빠른 속도로 확산되어 가고 있는 범죄이며, 국내에서도 피싱 범죄에 대한 두려움과 사회적 우려가 높다(치안정책연구소, 2024). 실제 경찰청에서 발표한 피싱 범죄 관련 공식 범죄통계를 보면, 정부기관이나 국정원, 검찰 등의 기관사칭형 피싱사기(보이스피싱, 메신저피싱) 발생 건수가 2018년에는 6,221건, 2019년에는 7,219건, 2020년에는 7,844건, 2021년에는 7,017건, 2022년에는

8,930건으로 보고되었으며, 2023년의 경우 10월까지 집계한 건수를 보면 9,385건으로 지난 5년간 꾸준히 증가 추세에 있는 것을 알 수 있다(경찰청, 2023). 보이스피싱 피해액도 2018년 이래 최근 5년간 꾸준히 증가하고 있으며, 메신저피싱 역시 2019년 이래로 급증하며 피해금액 역시 계속 늘어나는 추세이다(통계청, 2022).

특히 피싱은 전화나 문자, 이메일 등 온라인 공간에서 피해자에게 교묘하고 손쉽게 접근하여 막대한 피해를 야기할 수 있고, 최근 들어 더욱 지능적·조직적으로 발생하고 있으므로 이러한 피싱 범죄에 대한 공포심과 피해에 대한 불안이 심각한 사회문제로 떠오르고 있는 실정이다(김민정·김은미, 2014). 특히 전자금융사기 피해자들은 재산상 손실을 볼 뿐만 아니라 정신적 충격과 고통으로 자존감이 저하되며, 우울과 대인기피, 사회적 불신으로 시간이 지나도 범죄 피해로 인한 상처에서 오랫동안 회복되기 어렵다(이승우·남재성, 2023).

금융사기 피해에 있어 그간 피해자의 연령이 주요한 요인으로 주목받아 왔는데(김민정·김은미, 2014), 특히 노년층이 금융사기 피해에 취약한 집단으로 알려져 왔다(Gamble·Boyle·Yu and Bennett, 2014). 실제 금융사기 피해 경험을 바탕으로 분석한 결과, 20대에 비해 60대가 금융사기 피해를 입을 확률이 유의하게 높게 나타났다(주소현·고은희, 2017). 최근 금융감독원이 발표한 보이스피싱 피해의 연령별 분포를 보면, 2020년과 2021년에는 50대가 전체 피해에서 각각 36.3%, 39.3%를 차지하는 등 가장 비중이 높고, 60대가 전체 피해에서 각각 29.4%, 37%를 차지하는 등 두 번째로 높은 비중을 보였다. 그러나, 2022년에는 60대 피해자가 전체의 46.7%를 차지하여, 33.1%를 차지한 50대보다 훨씬 더 비중이 커서 60대의 피해 비율이 크게 증가한 것으로 드러났다(금융감독원, 2023).

특히 보이스피싱과 관련해서는 가족 간의 정서적 유대가 약화되어 가는 사회적 환경 속에서, 노인의 고립이나 외로움 등의 취약점을 이용해 가족이나 지인 등을 사칭하여 금융사기를 저지르는 범죄가 지속적으로 발생하고 있다(이승우·남재성, 2023). 이는 노년층이 다른 연령층에 비해 상대적으로 고독하고 소외되는 경향이 있으며, 신체적으로나 정신적·인지적으로 건강이 악화되어 범죄 피해에 취약할 수 있기 때문이라는 분석에 기반하고 있다(장준오, 2009).

특히 노년의 범죄 피해자들의 경우 범죄 피해를 입어도 절반 이상이 신고를 하지 않는 것으로 보고되는 등 가족을 비롯해 주변에 알리거나 신고하기를 꺼리는 경향이 있어, 실제 피해 규모는 공식 통계보다 훨씬 더 클 것으로 추정되고 있다(장준오, 2009; Gamble et al., 2014). 그러나 고령화가 급속하게 진행되는 현시점에서 이처럼 노인을 대상으로 한 금융사기 등의 범죄 피해는 더 이상 간과할 수 없는 심각한 사회적 문제인데, 이에 대한 실태 및 원인 분석, 예방과 인식 개선에 관한 연구는 여전히 미흡한 실정이다(이은주, 2016).

보이스피싱은 특히 피해자에 대한 비난이 집중되기 쉬운데, 피해자의 낮은 인지능력이나 판단능력으로 인해 피해에 노출된다는 등 피해자에 대한 그릇된 인식과 편견으로 인한 피해자 귀책에 취약한 범죄로 알려져 있다(통계청, 2022). 그러나 이러한 피싱 범죄 및 피해자에 대한 인식과 그 밑바탕에 깔려 있는 편견이나 혐오에 관한 연구는 찾아보기 어렵다. 이에, 이 연구는 보이스피싱 등 전자금융사기 범죄 및 피해자에 대한 인식을 알아보고, 연령대별로 전자금융사기 범죄에 대한 인식의 차이가 있는지 살펴보며, 특히 20~30대나 40~50대에 비해 60~70대가 전자금융사기 범죄 및 피해자에 대해 갖고 있는 인식에 있어 차이가 존재하는지 알아보고자 했다.

보다 구체적으로, 이 연구에서는 우선 연령대별로 보이스피싱이나 메신저 피싱 등 전자금융사기 경험에 차이가 있는지, 또한 본인이나 지인의 전자금융사기 피해 경험이 연령대별로 다르게 나타나는지를 알아보았다. 다음으로 전자금융사기 범죄에 대한 인지도나 예방 가능성에 대한 인식을 살펴보고, 연령대별로 인식의 차이를 살펴보았다. 더불어, 전자금융사기 중에서도 가장 심각한 사회문제로 주목받고 있는 보이스피싱과 연관된 이미지를 파악하고, 연령대별로 이러한 인식에 차이가 있는지를 조사했다. 이와 함께 전자금융사기 범죄 피해자에 대한 인식과 관련하여, 본인이 피해자가 될 가능성과 전자금융사기 주요 피해자의 연령대에 관한 인식을 조사하여 연령대별로 차이가 나타나는지 조사했다. 이를 통해 전자금융사기 범죄 및 피해자에 대한 사람들의 인식과 편견, 혐오에 대해 살펴보고, 연령대별로 이러한 인식에 차이가 있는지 밝혀, 궁극적으로 전자금융사기 범죄 피해자들에 대한 혐오를 방지하는 데 기여하고자 했다.

2. 방법: 연구 대상 및 절차, 분석 방법

1) 연구대상

이 연구는 KBS 공영미디어연구소에서 2022년도에 실시한 전자금융사기에 대한 국민인식조사 데이터(자료번호 A1-2022-0088)를 한국사회과학자료원(KOSSDA)으로부터 제공 받아 분석을 실시했다. 해당 연구는 20세부터 79세 사이의 성인 남녀 총 1,004명을 대상으로 실시되었다. 연구 참여자들 가운데 남성이 499명으로 전체의 49.7%를 차지했으며, 여성은 505명으로 50.3%를 차지했다.

연구 참여자들의 평균 연령은 47.88세(SD=14.76)였다. 남성의 연령 평균은 47.61세(SD=14.76)였고, 여성의 연령 평균은 48.15세(SD=14.77)로, 연령에서 성차는 유의하지 않았다($t(1002)$=.577, n.s.). 연구 참여자들 가운데 20대는 162명으로 전체의 16.1%를 차지했으며, 30대는 154명으로 15.3%, 40대는 188명으로 18.7%, 50대는 200명으로 19.9%, 60대는 253명으로 25.2%, 70대는 47명으로 4.7%를 차지했다.

표 3-1. 연구 참여자들의 성별 및 연령에 따른 분포

N(%)		성별		전체
		남성	여성	
연령대	20~30대	165(52.2%)	151(47.8%)	316(31.5%)
	40~50대	196(50.5%)	192(49.5%)	388(38.6%)
	60~70대	138(46.0%)	162(54.0%)	300(29.9%)
전체		499(49.7%)	505(50.3%)	1004(100.0%)

연구 참여자들의 성별 및 연령에 따른 분포는 표 3-1에 제시되어 있다.

연구 참여자들 가운데 20~30대는 총 316명으로 전체의 31.5%를 차지했으며, 이 가운데 남성이 165명(52.2%), 여성이 151명(47.8%)이었다. 40~50대는 총 388명으로 전체의 38.6%를 차지했고, 이 가운데 남성이 196명(50.5%), 여성이 192명(49.5%)이었다. 60~70대는 총 300명으로 전체의 29.9%를 차지했으며, 이 가운데 남성이 138명(46.0%), 여성이 162명(54.0%)이었다.

향후 모든 분석은 연구 참여자들의 연령대를 세 집단(20~30대, 40~50대, 60~70대)으로 나누어 실시한 결과를 보고했다.

2) 연구절차

(1) 전자금융사기 경험

전자금융사기에 대한 연구 참여자들의 경험은 다음 문항을 통하여 측정되었다. 우선 전자금융사기 경험은 총 4개의 유형별로 측정되었다. 첫째, 보이스피싱은 "전화로 정부기관(검찰, 경찰, 금감원 등), 금융회사 등을 사칭하여 돈을 가로채는 금융사기" 경험이 있는지로 측정되었다. 둘째, 스미싱은 "휴대전화 문자로 악성코드가 포함된 쿠폰, 돌잔치 초대장, 청첩장, 택배 안내 등을 보내 돈을 빼 가는 금융사기" 경험이 있는지로 측정되었다. 셋째, 파밍은 "PC나 핸드폰 등의 가짜 홈페이지로 연결되는 악성 프로그램을 설치하여

개인정보 등을 알아내어 돈을 가로채는 금융사기" 경험이 있는지로 측정되었다. 넷째, 메신저피싱은 "메신저(카카오톡, 밴드 등)에서 가족이나 친구 등을 사칭해 돈을 가로채는 금융사기" 경험이 있는지로 측정되었다. 각각의 전자금융사기 유형에 대하여 연구 참여자들은 '받은 적이 있다', '받은 적이 없다' 중 하나로 응답했다.

다음으로 본인이나 지인의 전자금융사기 피해 경험 측정에는 "본인이나 지인이 전화나 문자, 이메일, SNS, 메신저(카카오톡, 밴드) 링크 등을 통해 돈을 빼앗기는 전자금융사기를 당한 적이 있습니까?"라는 문항이 사용되었고, 연구 참여자들은 이에 대해 '① 직접 금융사기 피해를 겪었다, ② 지인이 금융사기 피해를 겪었다, ③ 본인과 지인 모두 금융사기 피해를 겪었다, ④ 해당 사항이 없다(또는 본인이나 지인 모두 금융사기 피해를 겪은 적이 없다)' 중 하나로 응답했다.

(2) 전자금융사기 범죄에 대한 인식

전자금융사기 범죄에 대한 연구 참여자들의 인식은 다음 문항들을 통하여 측정되었다. 먼저 전자금융사기 범죄 인지도에 대해 "귀하께서는 보이스피싱 등의 전자금융사기 범죄에 대해 얼마나 알고 있으십니까?"라는 문항이 사용되었고, 연구 참여자들은 이에 대해 4점 척도(1: 전혀 알지 못한다, 2: 들어 본 적은 있지만 잘 모른다, 3: 대략 알고 있다, 4: 구체적인 내용을 잘 알고 있다) 중 하나로 응답했다. 즉, 점수가 높을수록 전자금융사기 범죄에 대해 잘 안다고 생각하는 것을 가리킨다.

더불어 전자금융사기 범죄 예방 가능성 인식에 대해서는 "귀하께서는 보이스피싱 등의 전자금융사기는 개인 스스로의 노력과 행동으로 예방 가능하다고 생각하십니까?"라는 문항이 사용되었고, 연구 참여자들은 이에 대해 4점 척도(1: 매우 그렇다, 2: 대체로 그렇다, 3: 별로 그렇지 않다, 4: 전혀 그렇지 않다) 중 하나로 응답했다. 즉, 점수가 높을수록 전자금융사기의 개인적 예방 가능성이 낮다고 생각하는 것을 가리킨다.

다음으로 보이스피싱과 연관된 이미지를 조사하기 위해 "귀하께서는 '보이스피싱'이라고 하면 생각나는 것이 무엇입니까?"라는 문항이 사용되었고, 연구 참여자들은 이에 대해 '무섭다', '화가 난다', '궁금하다', '놀랍다', '당황스럽다', '어리석다', '심각하다', '위험하다', '별것 아니다', '재미있다(우습다)', '이상하다' 등 각각의 이미지에 대해 '네/아니오' 중 하나로 응답했다.

(3) 전자금융사기 범죄 피해자에 대한 인식

전자금융사기 범죄 피해자에 대한 연구 참여자들의 인식은 다음 문항을 통하여 측정되었다. 먼저 본인이 전자금융사기 피해자가 될 가능성에 대해 "앞으로 본인이 보이스피싱 등의 전자금융사기 피해자가 될 가능성이 있다고 생각하십니까?"라는 문항이 사용되었고, 연구 참여자들은 이에 대해 '1: 나도 언제든지 피해자가 될 수 있다, 2: 나는 당하지 않을 자신이 있다, 3: 잘 모르겠다' 중 하나로 응답했다. 이때, 이 연구에서 '잘 모르겠다'라는 응답은 추후 분석에서 제외했다.

다음으로 전자금융사기 범죄 주요 피해자에 대한 인식에는 "귀하께서는 보이스피싱 등 전자금융사기의 주요 피해자는 다음 중 누구라고 생각하십니까?"라는 문항이 사용되었고, 연구 참여자들은 이에 대해 '1: 20~30대 남성, 2: 20~30대 여성, 3: 40~50대 남성, 4: 40~50대 여성, 5: 60대 이상 남성, 6: 60대 이상 남성' 중 하나로 응답했다. 이때, 이 연구에서는 연령대에 따른 차이를 보기 위해 '1: 20~30대 남녀, 2: 40~50대 남녀, 3: 60대 이상 남녀' 세 집단으로 나누어 추후 분석을 실시했다.

3) 분석 방법

SPSS 25.0을 사용하여 통계 분석을 실시했다. 우선, 연구 참여자들의 성별 및 연령에 따른 분포를 기술통계를 통해 알아보았다. 다음으로 연구 참여자들의 연령대에 따라 보이스피싱, 스미싱, 파밍, 메신저피싱 등 전자금융사기 유형별로 직접 경험해 본 적이 있는지를 교차분석을 통해 조사했다. 더불어, 연구 참여자들의 연령대에 따라 본인이나 지인이 전화나 문자, 메신저 등을 통해 전자금융사기 피해를 겪은 적이 있는지를 교차분석을 통해 조사했다.

연구 참여자 연령대와 전자금융사기 범죄에 대한 인지도 간 연관성을 살펴보고, 전자금융사기 범죄 예방 가능성에 대한 인식과 연구 참여자 연령대와의 관계를 각각 알아보기 위해 상관분석을 실시했다. 더불어, 연구 참여자들의 연령대별로 전자금융사기 범죄 인지도 및 범죄 예방 가능성에 대한 인식에 차이가 있는지를 알아보기 위해 분산분석을 실시했다. 또한, 연구 참여자들의 연령대에 따라 보이스피싱과 연관된 이미지에 차이가 있는지 알아보기 위해 교차분석을 실시했다.

다음으로, 전자금융사기 범죄 피해자에 대한 연구 참여자들의 연령대별 인식의 차이를 교차분석을 통해 조사했다. 즉, 본인이 보이스피싱 등 전자금융사기의 피해자가 될 가능성이 있다고 생각하는지, 또한 전자금융사기의 주요 피해자는 누구라고 생각하는지에 있어 연구 참여자들의 연령대에 따라 차이가 있는지를 교차분석을 통해 알아보았다.

3. 연령대별 전자금융사기 범죄 및 피해자 인식에 관한 결과

우선 연구 참여자들의 연령대에 따라 보이스피싱, 스미싱, 파밍, 메신저피싱 등 전자금융사기 유형별로 직접 경험해 본 적이 있는지 조사한 결과를 표 3-2에 제시했다.

첫째, 보이스피싱의 경우 직접 경험한 참여자는 606명으로 전체의 60.4%를 차지했으며, 경험이 없는 참여자는 398명으로 39.6%로 나타났다. 직접

표 3-2. 연령대에 따른 전자금융사기 경험 차이

전자금융사기 경험		연령대			전체	X^2	p
		20~30대	40~50대	60~70대			
보이스 피싱	예	182(57.6%)	237(61.1%)	187(62.3%)	606(60.4%)	1.583	.453
	아니오	134(42.4%)	151(38.9%)	113(37.7%)	398(39.6%)		
스미싱	예	216(68.4%)	248(63.9%)	174(58.0%)	638(63.5%)	7.160*	.028
	아니오	100(31.6%)	140(36.1%)	126(42.0%)	366(36.5%)		
파밍	예	99(31.3%)	136(35.1%)	102(34.0%)	337(33.6%)	1.118	.572
	아니오	217(68.7%)	252(64.9%)	198(66.0%)	667(66.4%)		
메신저 피싱	예	97(30.7%)	200(51.4%)	162(54.0%)	459(45.7%)	42.117***	.000
	아니오	219(69.3%)	189(48.6%)	138(46.0%)	546(54.3%)		
전체		316	388	300	1004		

* $p < .05$, *** $p < .001$

경험한 참여자는 60~70대가 187명(62.3%)으로 가장 많았으며, 그다음으로 40~50대가 237명(61.1%)이었고, 20~30대가 182명(57.6%)으로 가장 적었다. 그러나, 보이스피싱 경험 여부에서는 연령대에 따른 차이가 유의하지 않은 것으로 나타났다.

둘째, 스미싱의 경우 직접 경험한 참여자는 638명으로 전체의 63.5%를 차지했으며, 경험이 없는 참여자는 366명으로 36.5%로 나타났다. 직접 경험한 참여자는 20~30대가 216명(68.4%)으로 가장 많았으며, 그다음으로 40~50대가 248명(63.9%)이었고, 60~70대가 174명(58.0%)으로 가장 적었다. 스미싱 경험 여부에서 연령대에 따른 차이는 통계적으로 유의한 것으로 나타났다. 즉, 연령대가 낮을수록 스미싱을 직접 경험한 적이 더 많았다.

셋째, 파밍의 경우 직접 경험한 참여자는 337명으로 전체의 33.6%를 차지했으며, 경험이 없는 참여자는 667명으로 66.4%로 나타났다. 직접 경험한 참여자는 40~50대가 136명(35.1%)으로 가장 많았으며, 그다음으로 60~70대가 102명(34.0%)이었고, 20~30대가 99명(31.3%)으로 가장 적었다. 그러나, 파밍 경험 여부에서는 연령대에 따른 차이가 유의하지 않은 것으로 나타났다.

넷째, 메신저피싱의 경우 직접 경험한 참여자는 459명으로 전체의 45.7%를 차지했으며, 경험이 없는 참여자는 546명으로 54.3%로 나타났다. 직접 경험한 참여자는 60~70대가 162명(54.0%)으로 가장 많았으며, 그다음으로 40~50대가 200명(51.4%)이었고, 20~30대가 97명(30.7%)으로 가장 적었다. 메신저피싱 경험 여부에서 연령대에 따른 차이는 통계적으로 유의했다. 즉, 연령대가 높을수록 메신저피싱을 직접 경험해 본 적이 더 많았다.

다음으로 연구 참여자들의 연령대에 따라 본인/지인이 전화/문자 등을 통해 전자금융사기 피해를 겪은 적이 있는지 조사한 결과를 표 3-3에 제시했다.

첫째, 본인이 직접 전자금융사기 피해를 겪은 적이 있는 참여자는 32명으로 전체의 3.2%를 차지했으며, 이 중에는 40~50대가 18명(4.6%)으로 가장 많았고, 그다음으로 20~30대가 10명(3.2%)이었으며, 60~70대가 4명(1.3%)으로 가장 적었다. 둘째, 지인이 전자금융사기 피해를 겪은 적이 있는 참여자는 353명으로 전체의 35.2%를 차지했다. 이 중에는 40~50대가 149명(38.4%)으로 가장 많았으며, 그다음으로 60~70대가 108명(36.0%)이었고, 20~30대가

표 3-3. 연령대에 따른 본인 및 지인의 전자금융사기 피해 경험 차이

전자금융사기 피해 경험	연령대				X^2	p
	20~30대	40~50대	60~70대	전체		
직접 금융사기 피해를 겪었다	10(3.2%)	18(4.6%)	4(1.3%)	32(3.2%)		
지인이 금융사기 피해를 겪었다	96(30.4%)	149(38.4%)	108(36.0%)	353(35.2%)		
본인과 지인 모두 금융사기 피해를 겪었다	3(0.9%)	8(2.1%)	4(1.3%)	15(1.5%)	13.949*	.030
본인이나 지인 모두 금융사기 피해를 겪은 적이 없다	207(65.5%)	213(54.9%)	184(61.3%)	604(60.2%)		
전체	316	388	300	1004		

* $p < .05$

96명(30.4%)으로 가장 적었다. 셋째, 본인과 지인 모두 전자금융사기 피해를 겪은 적이 있는 참여자는 15명으로 전체의 1.5%를 차지했다. 이 중에는 40~50대가 8명(2.1%)으로 가장 많았으며, 그다음으로 60~70대가 4명(1.3%)이었고, 20~30대가 3명(0.9%)으로 가장 적었다. 넷째, 본인과 지인 모두 전자금융사기 피해를 겪은 적이 없는 참여자는 604명으로 전체의 60.2%를 차지했다. 이 중에는 20~30대가 207명(65.5%)으로 가장 많았으며, 그다음으로 60~70대가 184명(61.3%)이었고, 40~50대가 213명(54.9%)으로 가장 적었다. 이처럼 본인이나 지인의 전자금융사기 피해 경험에서 연령대별 차이는 통계적으로 유의한 것으로 나타났다.

이번에는 연구 참여자들의 연령대와 전자금융사기 범죄에 대한 인지도, 전자금융사기 예방 가능성에 대한 인식 간 관계에 대해 상관분석을 실시한 결과를 표 3-4에 제시했다.

우선, 보이스피싱 등 전자금융사기 범죄에 대해 얼마나 알고 있는지에 관한 인지도는 연구 참여자 연령대와의 유의한 상관관계가 나타나지 않았다 ($r = -.031$, $n.s.$). 한편, 전자금융사기 범죄 예방 가능성에 대한 인식의 경우에는 연구 참여자 연령대와 통계적으로 유의한 부적 상관관계가 나타났다($r = -.069$, $p < .05$). 즉, 연령대가 높은 연구 참여자일수록 보이스피싱 등의 전자금융사기는 개인 스스로의 노력과 행동으로 예방 가능하다고 생각하는 것으로 드러났다. 더불어, 전자금융사기 범죄에 대한 인지도와 전자금융사기 예방 가능성 사이에 유의한 부적 상관관계가 드러났다($r = -.084$, $p < .01$). 즉,

표 3-4. 연구 참여자 연령대와 전자금융사기 범죄 인식과의 상관관계

	1	2	3
1. 연구 참여자 연령대	1		
2. 전자금융사기 범죄 인지도	-.031	1	
3. 전자금융사기 예방 가능성	-.069*	-.084**	1

* $p < .05$, ** $p < .01$

표 3-5. 연령대에 따른 전자금융사기 예방에 대한 인식 차이

연령대	전자금융사기 범죄에 대한 인지도			F	p	scheffe
	N	M	SD			
20~30대(a)	341	3.33	.582			
40~50대(b)	421	3.28	.559	.659	.518	
60~70대(c)	274	3.29	.550			

연령대	전자금융사기 예방에 대한 인식			F	p	scheffe
	N	M	SD			
20~30대(a)	341	2.18	.746			
40~50대(b)	421	2.25	.801	6.952**	.001	a, b > c
60~70대(c)	274	2.03	.713			

** $p < .01$

전자금융사기 범죄에 대해 잘 알고 있다고 생각할수록 전자금융사기는 개인 스스로의 노력과 행동으로 예방 가능하다고 생각하는 것으로 드러났다.

이번에는 연구 참여자들의 연령대별로 전자금융사기 범죄 인식에 차이가 있는지를 알아보기 위해 분산분석을 실시한 결과를 표 3-5에 제시했다.

우선, 보이스피싱 등 전자금융사기 범죄에 대해 얼마나 알고 있는지에 관한 인지도는 연구 참여자 연령대별로 유의한 차이가 나타나지 않았다. 한편, 전자금융사기 범죄 예방에 대한 인식의 경우에는 연구 참여자 연령대별로 통계적으로 유의한 차이가 나타났다. 즉, 연령대가 높은 60~70대의 연구 참여자들보다 20~30대나 40~50대의 연구 참여자들이 보이스피싱 등의 전자금융사기가 개인 스스로의 노력과 행동으로 예방 가능하지 않다고 생각하는 것으로 드러났다.

다음으로 보이스피싱 하면 생각하는 것이 무엇인지 보이스피싱과 연관된 이미지를 조사하여 연구 참여자 연령대별로 비교한 결과를 표 3-6, 표 3-7, 표 3-8에 제시했다.

우선 보이스피싱이 무섭다고 생각하는 참여자는 458명으로 전체의 45.6%를 차지했고, 무섭지 않다고 생각하는 참여자는 546명으로 54.4%로 나타났

다. 보이스피싱이 무섭다고 생각하는 참여자 중에는 60~70대가 166명(55.3%)으로 가장 많았으며, 그다음으로 40~50대가 164명(42.3%)이었고, 20~30대가 128명(40.5%)으로 가장 적었다. 이처럼 보이스피싱이 무섭다고 생각하는 인식에서는 연령대에 따른 차이가 통계적으로 유의하게 나타났다. 더불어, 보이스피싱이 놀랍다고 생각하는 참여자는 224명으로 전체의 22.3%를 차지했으며, 놀랍지 않다고 생각하는 참여자는 780명으로 77.7%로 나타났다. 보이스피싱이 놀랍다고 생각하는 참여자 중에는 60~70대가 91명(30.3%)으로 가장 많았으며, 그다음으로 40~50대가 81명(20.9%)이었고, 20~30대가 52명(16.5%)으로 가장 적었다. 이처럼 보이스피싱이 놀랍다고 생각하는 인식에서는 연령대에 따른 차이가 통계적으로 유의하게 나타났다. 한편, 보이스피

표 3-6. 연령대에 따른 보이스피싱 연관 이미지 차이 I

보이스피싱 연관 이미지		연령대			전체	X^2	p
		20~30대	40~50대	60~70대			
무섭다	예	128 (40.5%)	164 (42.3%)	166 (55.3%)	458 (45.6%)	16.498***	.000
	아니오	188 (59.5%)	224 (57.7%)	134 (44.7%)	546 (54.4%)		
화가 난다	예	216 (68.4%)	284 (73.2%)	228 (76.0%)	728 (72.5%)	4.662	.097
	아니오	100 (31.6%)	104 (26.8%)	72 (24.0%)	276 (27.5%)		
궁금하다	예	9 (2.8%)	12 (3.1%)	11 (3.7%)	32 (3.2%)	.352	.838
	아니오	307 (97.2%)	376 (96.9%)	289 (96.3%)	972 (96.8%)		
놀랍다	예	52 (16.5%)	81 (20.9%)	91 (30.3%)	224 (22.3%)	17.850***	.000
	아니오	264 (83.5%)	307 (79.1%)	209 (69.7%)	780 (77.7%)		
전체		316	388	300	1,004		

*** $p < .001$

싱이 화가 난다거나 궁금하다고 생각하는 참여자들의 연령대에 따른 차이는 통계적으로 유의하지 않았다.

다음으로, 보이스피싱이 당황스럽다고 생각하는 참여자는 441명으로 전체의 43.9%를 차지했으며, 당황스럽지 않다고 생각하는 참여자는 563명으로 56.2%로 나타났다. 보이스피싱이 당황스럽다고 생각하는 참여자 중에는 60~70대가 159명(53.0%)으로 가장 많았으며, 그다음으로 20~30대가 128명(40.5%)이었고, 40~50대가 154명(39.7%)으로 가장 적었다. 이처럼 보이스피싱이 당황스럽다고 생각하는 인식에서는 연령대에 따른 차이가 통계적으로 유의하게 나타났다. 다음으로, 보이스피싱이 심각하다고 생각하는 참여자는 654명으로 전체의 65.1%를 차지했으며, 심각하지 않다고 생각하는 참여자

표 3-7. 연령대에 따른 보이스피싱 연관 이미지 차이 II

보이스피싱 연관 이미지		연령대			전체	X^2	p
		20~30대	40~50대	60~70대			
당황스럽다	예	128 (40.5%)	154 (39.7%)	159 (53.0%)	441 (43.9%)	14.355**	.001
	아니오	188 (59.5%)	234 (60.3%)	141 (47.0%)	563 (56.1%)		
어리석다	예	67 (21.2%)	70 (18.0%)	76 (25.3%)	213 (21.2%)	5.383	.068
	아니오	249 (78.8%)	318 (82.0%)	224 (74.7%)	791 (78.8%)		
심각하다	예	189 (59.8%)	269 (69.3%)	196 (65.3%)	654 (65.1%)	6.958*	.031
	아니오	127 (40.2%)	119 (30.7%)	104 (34.7%)	350 (34.9%)		
위험하다	예	202 (63.9%)	267 (68.8%)	203 (67.7%)	672 (66.9%)	1.986	.370
	아니오	114 (36.1%)	121 (31.2%)	97 (32.3%)	332 (33.1%)		
전체		316	388	300	1,004		

* $p < .05$, ** $p < .01$

는 350명으로 34.9%로 나타났다. 보이스피싱이 심각하다고 생각하는 참여자 중에는 40~50대가 269명(69.3%)으로 가장 많았으며, 그다음으로 60~70대가 196명(65.3%)이었고, 20~30대가 189명(59.8%)으로 가장 적었다. 이처럼 보이스피싱이 심각하다고 생각하는 인식에서는 연령대에 따른 차이가 통계적으로 유의하게 나타났다. 한편, 보이스피싱이 어리석다거나 위험하다고 생각하는 참여자들의 연령대에 따른 차이는 통계적으로 유의하지 않았다.

한편, 보이스피싱이 별것 아니라고 생각하는 참여자는 12명으로 전체의 1.2%를 차지했다. 보이스피싱이 별것 아니라고 생각하는 참여자 중에는 20~30대가 8명(2.5%)으로 가장 많았으며, 그다음으로 60~70대가 3명(1.0%)이었고, 40~50대가 1명(0.3%)으로 가장 적었다. 이처럼 보이스피싱이 별거 아니라고 생각하는 인식에서는 연령대에 따른 차이가 통계적으로 유의하게 나타났다. 더불어, 보이스피싱이 재미있다 혹은 우습다고 생각하는 참여자는 42명으로 전체의 4.2%를 차지했다. 보이스피싱이 재미있다 혹은 우습다

표 3-8. 연령대에 따른 보이스피싱 연관 이미지 차이 III

보이스피싱 연관 이미지		연령대			전체	X^2	p
		20~30대	40~50대	60~70대			
별거 아니다	예	8 (2.5%)	1 (0.3%)	3 (1.0%)	12 (1.2%)	7.764*	.021
	아니오	308 (97.5)	387 (99.7%)	297 (99.0%)	992 (98.8%)		
재미있다 (우습다)	예	24 (7.6%)	9 (2.3%)	9 (3.0%)	42 (4.2%)	13.586**	.001
	아니오	292 (92.4%)	379 (97.7%)	291 (97.0%)	962 (95.8%)		
이상하다	예	53 (16.8%)	33 (8.5%)	34 (11.3%)	120 (12.0%)	11.466**	.003
	아니오	263 (83.2%)	355 (91.5%)	266 (88.7%)	884 (88.0%)		
전체		316	388	300	1,004		

* $p < .05$, ** $p < .01$

고 생각하는 참여자 중에는 20~30대가 24명(7.6%)으로 가장 많았으며, 그다음으로 60~70대가 9명(3.0%)이었고, 40~50대가 9명(2.3%)으로 가장 적었다. 이처럼 보이스피싱이 재미있다 혹은 우습다고 생각하는 인식에서는 연령대에 따른 차이가 통계적으로 유의하게 나타났다. 또한 보이스피싱이 이상하다고 생각하는 참여자는 120명으로 전체의 12.0%를 차지했다. 보이스피싱이 이상하다고 생각하는 참여자 중에는 20~30대가 53명(16.8%)으로 가장 많았으며, 그다음으로 60~70대가 34명(11.3%)이었고, 40~50대가 33명(8.5%)으로 가장 적었다. 이처럼 보이스피싱이 이상하다고 생각하는 인식에서는 연령대에 따른 차이가 통계적으로 유의했다.

이번에는 연구 참여자들 본인이 전자금융사기 피해자가 될 가능성이 있는지에 대해 조사하여 연령대별로 비교한 결과를 표 3-9에 제시했다. 이때, 잘 모르겠다는 응답(69명)은 제외하고 분석을 실시했다.

첫째, 본인이 보이스피싱 등의 전자금융사기 피해자가 될 가능성이 있다고 생각하는 참여자는 791명으로 전체의 84.6%를 차지했다. 피해자가 될 가능성이 있다고 생각하는 비율은 40~50대가 320명(89.4%)으로 가장 많았으며, 그다음으로 60~70대가 224명(83.0%)이었고, 20~30대가 247명(80.5%)으로 가장 적었다. 둘째, 본인은 보이스피싱 등의 전자금융사기 피해를 당하지 않을 자신이 있다고 생각하는 참여자는 144명으로 전체의 15.4%를 차지했

표 3-9. 연령대에 따른 전자금융사기 피해자가 될 가능성에 대한 인식 차이

전자금융사기 피해 가능성	연령대			전체	X^2	p
	20~30대	40~50대	60~70대			
나도 언제든지 피해자가 될 수 있다	247 (80.5%)	320 (89.4%)	224 (83.0%)	791 (84.6%)	10.894**	.004
나는 당하지 않을 자신이 있다	60 (19.5%)	38 (10.6%)	46 (17.0%)	144 (15.4%)		
전체	307	358	270	935		

** $p < .01$

다. 이 중에는 20~30대가 60명(19.5%)으로 가장 많았으며, 그다음으로 60~
70대가 46명(17.0%)이었고, 40~50대가 38명(10.6%)으로 가장 적었다.

마지막으로 연구 참여자들의 연령대에 따라 전자금융사기 범죄 주요 피해
자에 대한 인식 차이 결과를 표 3-10에 제시했다.

첫째, 60대 이상의 남녀가 보이스피싱 등 전자금융사기 범죄 주요 피해자
라고 생각하는 참여자는 749명으로 전체의 74.5%를 차지했다. 60대 이상의
남녀가 전자금융사기 범죄 주요 피해자라고 생각하는 비율은 60~70대가
250명(83.1%)으로 가장 많았고, 그다음으로 40~50대가 305명(78.4%), 20~30
대가 194명(61.4%)으로 가장 적었다. 둘째, 40~50대 남녀가 보이스피싱 등
전자금융사기 범죄 주요 피해자라고 생각하는 참여자는 202명으로 전체의
20.1%를 차지했으며, 이 중에는 20~30대가 97명(30.7%)으로 가장 많았고,
그다음으로 40~50대가 65명(16.7%)이었고, 60~70대가 40명(13.3%)으로 가
장 적었다. 셋째, 20~30대 남녀가 전자금융사기 범죄 주요 피해자라고 생각
하는 참여자는 55명으로 전체의 5.5%를 차지했으며, 이 중에는 20~30대가
25명(7.9%)으로 가장 많았고, 그다음으로 40~50대가 19명(4.9%)이었고, 60~
70대가 11명(3.7%)으로 가장 적었다.

표 3-10. 연령대에 따른 전자금융사기 주요 피해자 유형 차이

전자금융사기 주요 피해자 유형	연령대			전체	χ^2	p
	20~30대	40~50대	60~70대			
20~30대 남녀	25 (7.9%)	19 (4.9%)	11 (3.7%)	55 (5.5%)		
40~50대 남녀	97 (30.7%)	65 (16.7%)	40 (13.3%)	202 (20.1%)	43.403***	.000
60대 이상 남녀	194 (61.4%)	305 (78.4%)	250 (83.1%)	749 (74.5%)		
전체	316	389	301	1,006		

*** $p < .001$

4. 연구 결과 논의 및 결론

이 연구 결과, 연구 참여자들의 연령대에 따라 스미싱과 메신저피싱의 경험 여부에 유의한 차이가 있었다. 우선 보이스피싱과 파밍의 경우에는 연령대별로 차이가 유의하지 않았지만, 스미싱의 경우 연령대가 낮을수록 직접 경험한 적이 더 많았고, 반대로 메신저피싱의 경우에는 연령대가 높을수록 직접 경험한 적이 더 많았다. 이러한 결과는 단순히 특정 연령대가 전자금융사기 범죄에 더 취약하다기보다는, 전자금융사기 유형별로 취약한 연령층에 차이가 있다는 점을 드러낸다. 더불어 본인이나 지인이 전자금융사기 피해를 겪은 적이 있는 참여자는 모두 40~50대가 가장 많았으며, 본인과 지인 모두 전자금융사기 피해를 겪은 적이 없는 참여자는 20~30대가 가장 많았다. 그러나, 전자금융사기 범죄 주요 피해자에 대한 인식을 보면, 60대 이상의 남녀가 보이스피싱 등 전자금융사기 범죄 주요 피해자라고 생각하는 참여자가 전체의 74.5%로 대다수를 차지하는 것으로 나타났다. 이러한 결과는 단순히 노년의 전자금융사기 피해가 가장 클 것이라고 생각하는 인식이 실제 피해 경험과는 차이가 있다는 것을 드러낸다. 따라서, 향후에는 노년의 전자금융사기 피해에 대한 이러한 인식이 노인에 대한 부정적 평가나 편견, 혐오에 영향을 받았을 가능성에 대해 심층적으로 살펴볼 필요가 있다. 주목할 점은 오히려 연령대가 높을수록 보이스피싱 등의 전자금융사기가 개인 스스로의 노력과 행동으로 예방 가능하다고 생각한다고 나타났는데, 이러한 결과는 전자금융사기에 대처하는 데 있어 나이가 많을수록 개인의 효능감을 높게 평가한다는 점을 시사한다.

보이스피싱 연관 이미지에서 연령대별 차이를 조사한 결과, 20~30대나 40~50대에 비해서 60~70대의 경우 보이스피싱을 더욱 무섭고 놀라우며 당황스럽다고 생각하는 것으로 나타났다. 반대로, 20~30대의 경우 다른 연령대보다 보이스피싱을 별것 아니라고 생각하거나 재미있다(우습다), 이상하다고 생각하는 것으로 드러났다. 이러한 결과는 보이스피싱에 대한 인식에서 연령대별 차이를 극명하게 드러내며, 이러한 인식의 차이는 보이스피싱에 대한 대처나 보이스피싱 피해자에 대한 인식에 영향을 미칠 가능성을 시사한다. 특히, 전자금융사기 피해자가 될 가능성에 대한 인식을 보면, 20~30대의 경우 자신도 언제든지 피해자가 될 수 있다는 가능성을 다른 연령대에 비해 낮게 평가하고, 당하지 않을 자신이 있다는 의사를 표시한 경우는 다른 연령대에 비해 가장 많았다. 그러나, 분명한 것은 금융사기 피해가 60~70대뿐만 아니라 30대 이하나 40대, 50대에도 고르게 발생하는 등 특정한 연령대에 국한되지 않는다는 점이다(이훈재, 2009; 통계청, 2022). 따라서, 전자금융사기 범죄 피해 가능성에 대한 이러한 인식은 피해자에 대해 보이스피싱 등 범죄 발생에 대한 책임을 전가하거나 피해자를 비난하는 등 피해자에 대한 편향된 시선과 왜곡된 평가로 이어질 가능성이 있다. 이에, 후속 연구에서 이러한 전자금융사기 범죄 피해 가능성과 실제 피해자에 대한 편견 및 혐오 사이에 연관성이 존재하는지 살펴볼 필요성이 제기된다.

고령화 사회로 빠르게 진입하면서, 노인에 대한 부정적 태도와 편견은 오히려 더욱 심화되는 것으로 나타나고 있다(오현정·김정환, 2021). 이처럼 노인에 대한 혐오가 증가할 경우, 실제로 공격행동과 무시행동 또한 증가하는 것으로 나타났다(조인숙·김도연, 2017). 따라서, 노인에 대한 차별을 방지하기 위해 노인에 대한 부정적 인식이나 혐오를 파악하는 것은 필수적이라 할 수 있다(손위수·김정은·한미정, 2023). 이 연구는 전자금융사기 범죄 및 피해자에 대한 인식을 연령대별로 살펴봄으로써, 보이스피싱 등 노인의 범죄 피해에 대한 혐오와 차별을 방지하기 위한 시사점을 제공한다는 점에서 의의가 있다고 할 수 있다.

3장 참고문헌

경찰청. 2023. 『2023 범죄통계』. 서울: 경찰청.

금융감독원. 2023. 『2022년 보이스피싱 피해현황 및 주요 특징』. 서울: 금융감독원.

김민정·김은미. 2014. 「금융사기 유형과 피해 유경험자의 특성: 중고령 소비자를 중심으로」. ≪소비자문제연구≫, 45(2): 23~46.

김소운·이성택. 2022. 「딥보이스를 악용한 보이스피싱 피해방지 서비스 개발」. ≪한국통신학회논문지≫, 47(10): 1677~1685.

손위수·김정은·한미정. 2023. 「세대 간 연대인식 제고를 위한 커뮤니케이션 방향성 모색: 노인 세대에 대한 고정관념과 정서, 도덕기반, 연령주의, 미디어 접촉 변인을 중심으로」. ≪광고연구≫, 136: 110~149.

오현정·김정환. 2021. 「뉴스 기사 속 노인의 특성 및 기사의 논조가 노인 태도, 정서, 그리고 고령친화정책에 대한 태도와 지지의도에 미치는 영향: 지각된 통제성의 조절효과를 중심으로」. ≪한국광고홍보학보≫, 23(3): 313~350.

이승우·남재성. 2017. 「노인의 보이스피싱 피해경험에 대한 영향요인 검증: 성별차이를 중심으로」. ≪한국중독범죄학회보≫, 13(3): 17~38.

이은주. 2016. 「노인대상 사기피해 및 반복사기피해 실태와 영향요인」. ≪한국공안행정학회보≫, 65: 171~196.

이훈재. 2009. 「보이스피싱의 피해실태 및 경찰의 대응방안에 관한 연구」. ≪피해자학연구≫, 17(2): 217~244.

장준오. 2009. 「노인범죄와 범죄피해에 대한 실태연구」. ≪형사정책연구≫, 20(1): 215~255.

조인숙·김도연. 2017. 「대학생의 노인 관련 미디어 관심도, 노인 이미지 및 정서와 노인 대상 행동 의향」. ≪한국방송학보≫, 31(3): 248~281.

주소현·고은희. 2017. 「금융사기에 취약한 사람은 누구인가?: 금융사기 피해 경험과 관련 요인」. ≪소비자학연구≫, 28(4): 89~114.

치안정책연구소. 2024. 『치안전망 2024』. 아산: 치안정책연구소.

통계청. 2022. 『한국의 사회동향 2022』. 대전: 통계청.

KBS 공영미디어연구소. 2022. 전자금융사기에 대한 국민인식조사.

한국사회과학자료원(KOSSDA). 2024.1.5. https://doi.org/10.22687/KOSSDA-A1-2022-0088-V1

Gamble, K., P. Boyle, L. Yu, and D. Bennett. 2014. *The causes and consequences of financial fraud among older Americans*. Chestnut Hill, MA: Center for Retirement Research at Boston College.

4

영화 〈플랜 75〉가 묻는 존엄사와 인간의 '가치'

유수정

1. 들어가며

2024년 3월 5일 난치병을 앓는 환자의 부탁으로 약물을 주입해 숨지게 한 혐의(촉탁살인)로 기소된 의사에게 일본 법원이 살인죄를 적용해 징역 18년 형을 선고했다. 또한 최근 일본처럼 안락사가 불법인 한국에서도 헌법재판소가 안락사에 대한 정식 심리에 착수했다.

오쿠보 유이치(大久保愉一, 당시 42세) 피고는 2019년 11월 30일, 근위축성 측색경화증(ALS, 일명 루게릭병) 환자인 여성(당시 51세)의 자택에서 라보나정을 투여하여 급성 약물중독에 의한 사망을 유도했다. 의사가 SNS를 통해 '안락사'를 희망하는 환자와 만나고, 실제로 사망하게 한 이 사건은 사회적으로 큰 파장을 일으켰다. 공범이자 전 의사인 야마모토 나오키(山本直樹, 당시 43세) 피고는 2023년 12월 1심에서 유죄 판결을 받았고 항소했다. 오쿠보 피고는 이 외에도 야마모토 피고의 아버지에 대한 살인죄, 해외에서 안락사를 희망하는 환자를 위해 가짜로 진단서를 작성한 공문서위조죄 등에도 해당되었다

---

*   이 글은 ≪일본연구≫, 100호(한국외국어대학교 일본연구소, 2024.6)에 수록된 「혐오와 존엄 사이: 〈플랜 75〉와 존엄사를 둘러싼 논의들」을 개고한 것이다.

(m3.com, 2023.3.5).

　이 사건은 2020년 오쿠보가 용의자로 체포되었을 당시부터 일본사회에 안락사 권리 논란을 불러일으켰다.[1] 일본에서는 의사가 환자의 명확한 의사를 전제로 회복 가능성이 없고 대체 치료가 불가능한 조건하에서 극약 등을 투여하여 환자의 사망 시기를 앞당기는 이른바 '적극적 안락사'(≪朝日新聞デジタル≫, 2023.4.28)가 사실상 허용되지 않는다. 다만 말기 암 환자가 인공호흡기나 위에 영양분을 공급하는 관을 원하지 않는 경우 연명만을 위한 치료를 중단하는 것을 '소극적 안락사'로 규정하여 별도로 허용하고 이를 '존엄사'라고 부른다.

　한국도 2018년부터 '연명의료결정법'(2016년 지정)이 시행되면서 회생 가능성이 없는 환자가 자기의 결정이나 가족의 동의로 현대의학의 힘을 빌린 연명치료를 받지 않을 수 있도록 하는 권리를 법으로 보장하고 있다. 하지만 한국도 일본과 마찬가지로 조력 사망, 이른바 '적극적 안락사'는 형법 제252조[2]의 촉탁·승낙에 의한 살인죄에 해당되어 위법이다.

　'존엄한 죽음'에 대한 권리를 보장해 달라는 요구가 커지고 있다. 현대의학

---

1)　재판에서 오쿠보 피고는 촉탁살인에 관한 기소 내용을 인정하는 한편, "하야시 씨의 부탁을 들어주기 위해서 한 것. 눈앞에 곤궁에 빠져 있는 하야시 씨를 내버려 둘 수 없었다"라고 말했으며, 변호인 측은 "하야시 씨의 선택, 결정을 부정한다면, 개인의 존엄과 자기결정을 보장하고 있는 헌법 제13조를 위반한다"라며 무죄를 주장하고 있다. 이러한 주장에 관하여 1심인 교토 지방 법원은 3월 5일, 하야시 씨의 촉탁 살인에 관하여 "사회적인 필요성은 도저히 인정할 수 없으며, 진정으로 피해자를 위해서 범행을 저질렀다고 생각하기 어려우며, 이익을 바라고 저지른 범행"이라고 지적했다. 또한 "생명 경시의 자세가 분명히 보이며, 강한 비난을 받을 만하다"라며, 오쿠보 피고에 대해 징역 18년의 실형 판결을 선고했다(에펨코리아, 2024.3.21).

2)　형법 제252조(촉탁, 승낙에 의한 살인 등) ① 사람의 촉탁이나 승낙을 받아 그를 살해한 자는 1년 이상 10년 이하의 징역에 처한다. ② 사람을 교사하거나 방조하여 자살하게 한 자도 제1항의 형에 처한다.

으로는 치료가 불가능한 척수염 진단을 받고 5년째 하반신 마비와 극심한 환상통에 시달리고 있는 전직 공무원 이명식(63) 씨는 지난해 12월 '조력존엄사'를 입법하지 않은 현 상태는 위헌이라는 헌법소원을 제기했다. 헌법에 보장된 행복추구권, 자기결정권, 자기운명결정권, 사생활의 자유를 침해한다는 주장이다(≪동아일보≫, 2024.3.11).

의사의 도움으로 존엄한 죽음을 얻는 '조력존엄사' 혹은 '안락사'[3]를 합법화하는 국가는 갈수록 늘고 있다. 스위스, 네덜란드, 벨기에, 스페인, 포르투갈, 캐나다, 뉴질랜드, 미국과 호주의 일부 주(州)들에서 조력 사망을 허용하고 있다. 지난해 프랑스의 유명 배우 알랭 들롱(89)이 조력 사망으로 생을 마감하겠다고 밝혔고 최근에는 네덜란드의 전 총리 부부가 93세를 일기로 함께 존엄사를 택해 화제가 되기도 했다.

유례없이 '존엄한 죽음'에 대한 논란과 논의가 확산되고 있는 이 시기에 개봉된 일본 영화 한 편이 주목받고 있다. 한국에서는 2024년 2월 7일에 개봉한 영화 〈플랜 75〉이다. 75세가 되면 국가에서 죽음을 도와주는 제도, 이름하여 '플랜 75'가 실시되는 일본의 이야기이다.

이 연구에서는 영화가 제기하는 '존엄한 죽음'은 무엇이고 그에 이르는 과정은 어떠한가라는 문제를 통해 한국과 일본의 존엄사와 조력사 논의의 현재를 짚어 보고, 영화 〈플랜 75〉를 통해 보다 논의하고 고민해야 할 문제들

---

3) 의사의 도움을 받아 환자 스스로 생을 마감하는 죽음을 일본에서는 적극적 '안락사'라 하고, 한국에서는 조력'존엄사' 법이라는 이름으로 법안이 발의된 상태이다. 안락사, 조력 자살, 조력존엄사, 조력사, 존엄사 등의 용어는 엄격하게 구분되어 사용되지 않는 경우도 많다. 이 논문에서는 일본의 사례를 설명할 경우에는 '안락사'를, 한국의 경우에는 발의된 법안명인 '조력존엄사'를 쓰고, 중립적인 서술에는 '조력 사망' 또는 '조력사'를 쓴다. 단, 이 논문의 주제와 관련하여 안락사와 조력사 등을 모두 포함하여 인간의 '존엄성'에 방점을 둔 쓰임에는 '존엄사'를 썼다. 용어의 차이에 대한 구체적인 논의는 조태구(2022: 151~178); 차승현 외(2023: 49~83)를 참조할 수 있다.

을 살펴보고자 한다.

2. 〈플랜 75〉라는 SF/드라마

〈플랜 75(PLAN 75)〉는 2018년 고레에다 히로카즈(是枝裕和) 감독이 신인 감독[4] 5명을 기용해 일본의 미래 사회, 정확하게는 일본의 10년 후에 대해 예측하는 주제로 제작한 옴니버스 영화 〈10년(Ten Years Japan)〉[5] 중 한 편 인 〈플랜 75〉를 확장하여 장편으로 만든 영화이다. 일본에서는 2022년 6월 에 공개되었고, 한국에서는 2024년 2월에 극장 개봉했다. 칸국제영화제 주 목할 만한 시선(Un Certain Regard)에 출품되어 카메라돌 특별표창을 수상하 고, 데살로니키 국제영화제에서 최우수감독상과 국제영화비평가연맹상을 받았다. 그 외에도 제95회 아카데미상 외국어영화상 부문에 일본 대표작품 으로 출품되었고, 일본 아카데미와 국내 영화제에서 다수 수상하는 등 그 해 일본 영화를 대표하는 영화이자 해외에서도 주목받는 영화로 꼽힌다. 일본 에서는 개봉 후 큰 사회적 파장을 일으키며 장기 상영을 진행한 끝에 3억 엔 이상의 흥행을 기록했으며(≪서울경제≫, 2024.2.23), 한국에서는 설 연휴에 맞춰 개봉하여 전국 관객 수 1만 2,654명(영화관입장권통합전산망, https:// www.kobis.or.kr/)으로 독립영화 흥행지표인 1만 명을 넘겼다. 그렇지만 〈플 랜 75〉가 한국사회에 던진 파장은 흥행 성적 이상이었다. 영화 관련 매체는 물론 조선일보, 동아일보, 연합뉴스, SBS 등 주요 미디어들과 지방 신문, 스 포츠 신문에 유튜브와 인플루언서들의 블로그를 비롯한 SNS에까지 수많은

---

4) 〈플랜 75〉의 감독 하야카와 지에(早川千絵)는 이 작품이 첫 장편영화이다.
5) 〈10년〉은 〈플랜 75〉 외에 〈청개구리 동맹〉, 〈데이터〉, 〈그 공기는 보이지 않는다〉, 〈아름 다운 나라를 위해 할 수 있는 일〉 총 5편의 단편영화로 구성되어 있다.

기사와 콘텐츠가 생산되어, 한국사회에서 안락사와 존엄사에 대한 관심이 얼마나 큰지를 방증하고 있기도 했다.[6]

〈플랜 75〉는 75세 이상 국민의 죽음을 국가가 적극적으로 지원하는 정책 '플랜 75'에 얽히게 된 네 사람의 이야기를 그린다. 호텔 청소부이자 독거노인으로 '플랜 75' 신청을 고민하는 78세의 여성 가쿠타니 미치(角谷ミチ), 가족의 신청서를 받은 '플랜 75' 담당 시청 공무원 오카베 히로무(岡部ヒロム), 개인별 맞춤형 서비스를 제공하는 '플랜 75' 콜센터 직원 나리미야 요코(成宮瑤子), '플랜 75' 이용자의 유품을 처리하는 필리핀 이주노동자 마리아가 등장하고 영화는 한 명의 주인공이 아닌 여러 명의 시점으로 전환되면서 전개된다.

잔잔한 클래식 음악과 초점이 안 맞아 뿌연 화면으로 시작되는 영화. 이윽고 점점 초점이 맞춰지고 머리에 카메라를 단 채 피투성이에 사냥용 엽총을 든 남자가 세면대에서 손을 씻고 대낮에도 어둑한 건물 복도를 걸어간다. 복도 여기저기에는 슬리퍼와 수건, 옷가지, 지팡이, 휠체어가 널부러져 있다. 화면 속 광경이 점점 또렷해지면서 "넘쳐나는 노인이 나라 재정을 압박하고 그 피해는 전부 청년이 받는다"라는 울먹이는 내레이션이 흐르고, 남자는 자신의 행동은 용기 있는 행동이자 정답이었다고 되뇌이고는 스스로 방아쇠를 당긴다.

가까운 미래, 저출산 고령화의 난제에 직면한 일본에서는 노인을 공격하는 범죄가 전국에서 일어나고, 일본 의회는 '플랜 75' 시행 법안을 통과시킨다. 라디오에서 "75세 이상 고령자에게 죽음을 선택할 권리를 인정하고 지원

---

6) 유명 영화평론가들의 평을 보자면 "외면하고 싶은 시대의 난제를 정면에서 짚는다"(이동진, 왓챠피디아), "다큐에 버금가는 현실감, 고독의 공포"(박평식, ≪씨네21≫), "자발적 선택으로 포장된 사회적 강요가 초래할 노년의 근미래, 아니 다가온 현재"(허남웅, ≪씨네21≫), "고령화 시대의 미래, 그곳에 희망이 존재하냐고 묻는다면"(조현나, ≪씨네21≫), "너무 많이 본 첫 장면으로 시작해서 비범한 마지막으로 끝나는 하야카와 치에의 첫 영화, 당신의 이름을 열심히 지켜보겠습니다"(정성일, CGV 라이브러리톡, 2024.2.18)

하는 제도, 통칭 '플랜 75'가 오늘 국회에서 통과되었습니다"라는 방송이 나오면서 화면은 청소를 하고 있는 미치로 바뀐다.

78세의 가쿠타니 미치는 호텔 객실 청소 일을 하며 낡은 임대 아파트에 거주하고 있다. 가족은 없고, 직장 동료인 3명의 할머니들과 친하게 지내며 일이 끝나면 같이 다과를 나누기도 하고 노래방 기계가 있는 지역 시설에 놀러가기도 한다. 그중에도 이네코(稻子)와 각별하여 건강 검진도 같이 가고, 집에 놀러 가 밥을 해 먹고 하룻밤 머물며 이야기를 나누기도 한다. 그러다 일하는 중에 이네코가 쓰러져 입원하게 되고, 그 여파로 미치를 비롯한 고령 직원들은 투서를 핑계로 해고된다. 그 날 미치는 집에 돌아와 임대 아파트 철거를 알리는 공지를 보며 막막함을 느낀다. 이후 부동산에 집을 알아보러 가지만 무직에 가족이 없는 고령자를 받아 주는 곳은 없었다.

오카베 히로무는 시행한 지 3년이 된 '플랜 75'를 담당하는 시청 공무원으로 상담하러 오는 노인들에게 한없이 친절하다. '플랜 75'를 신청하면 준비금 10만 엔이 지급되고, 다른 사람과 함께 화장·매장되는 '공동 플랜'을 이용하면 장례비도 무료이며 "심사는 별도로 없고, 건강 진단이나 의사와 가족 승낙도 필요 없습니다. 오늘 신청하시겠습니까?"라고 온화한 톤으로 묻는다. '플랜 75' 길거리 홍보를 나간 히로무가 상대하는 사람들은 한 끼 식사 제공에 모여든 빈곤층 노인들이었다. 그 속에서 낯익은 노인을 보게 되고, 며칠 후 그 노인이 상담 창구에 나타난다. 히로무의 큰아버지 오카베 유키오(岡部幸夫)였다. 아버지가 돌아가시고 연락이 끊긴 이후 20년 만의 만남으로, 유키오가 '플랜 75'를 신청한 날은 그의 75세 생일이었다. 결국 3촌 이하의 친인척인 관계로 히로무는 유키오를 담당할 수 없게 된다.

요양원에서 노인을 돌보는 필리핀 이주노동자 마리아는 필리핀에 남편과 딸이 하나 있고, 딸은 심장이 안 좋아 수술이 필요하다. 막대한 수술비를 마련하기 위해 마리아가 다니는 교회에서는 모금을 하고, 교회 관계자로부터 시급이 높은 정부 관련 일을 소개 받는다. 마리아가 가게 된 곳은 '플랜 75'의

하청 업체인 "랜드필 환경 서비스"로 사망자의 유품을 정리하는 업무를 맡는다. 그곳에는 마리아 이외에도 많은 이주노동자와 고령의 노동자가 있었다.

한편 다니던 호텔에서 해고되고 살고 있는 아파트도 철거될 위기에 처한 미치는 며칠째 연락이 안 되는 친구이자 전 동료인 이네코를 찾아가지만 그녀는 집에서 홀로 죽음을 맞이한 후였다. 절망 속에 거리 벤치에서 쉬고 있는 미치에게 히로무가 따뜻한 국수 한 그릇을 주며 다가선다. '플랜 75' 신청 이후 상담원에게 연락이 오고, 매일 15분간 통화로 대화를 나눈다.

상담원 나리미야 요코는 미치의 자잘한 신변 이야기를 상냥하게 들어주지만 그녀의 역할은 '신청자가 마음을 돌리지 않고 플랜을 그대로 진행'해 예정대로 죽음에 이를 수 있도록 서포트/관리하는 역할이다. 어느 날 미치는 요코에게 만나 달라고 부탁을 하고, 요코는 규정을 깨고 미치와 만난다. 미치는 자신은 쓸 일이 없는 준비금 10만 엔을 요코에게 주고, 미치의 추억의 장소에서 함께 음료를 마시고 볼링을 치면서 즐거운 시간을 보낸다.

히로무는 원래 담당하는 화장터가 고장 나서 '플랜 75' 업무 일정에 차질이 생기자 다른 화장터를 찾다가 그중 한 협력 업체가 화장터가 아니라 산업폐기물 처리장임을 알고 당혹해한다. 큰아버지 유키오를 찾아가 그가 그동안 어떻게 지냈는지를 듣고, 점점 더 복잡한 감정에 빠져든다.

미치와의 마지막 통화를 마친 요코는 다음 날 죽게 될 미치에게 마지막 전달 사항을 전하다가 감정이 복받쳐 오르지만 그대로 '플랜 75'는 진행된다. 전화를 끊은 후, 요코는 다시 미치에게 전화를 하는데 이미 미치는 전화선을 뽑고 집 안 정리를 하는 중이었다.

예정된 날 아침이 오고 미치는 눈을 뜨며 아직 살아 있음을 확인한다. 히로무는 유키오를 픽업해 함께 식사를 하고 이동하는데 도중에 유키오는 차를 멈춰 토하고 병원에 도착한다. 이때 미치도 병원에서 '플랜 75'를 실행하려고 눕는다. 침대 사이 커텐 너머로 옆자리 유키오와 눈이 마주치고, 유키오는 서서히 눈을 감는다. 집으로 돌아가던 히로무는 다시 병원으로 돌아와

큰아버지를 찾지만 유키오는 이미 죽은 후였다. 그렇지만 이대로 두면 산업
폐기물 처리장으로 간다는 생각에 지나가던 마리아의 도움으로 유키오를 차
에 싣고 화장터를 찾아서 빗속을 질주한다. 그리고 무언가의 문제로 죽지 못
한 미치는 약물이 유입되는 호흡기를 떼고 병원을 뛰쳐나와 동료들과 즐겨
부르던 노래를 부르며 지는 해를 향해 걸어가는 장면으로 영화는 끝난다.

이상으로 다소 자세하게 〈플랜 75〉의 줄거리를 요약해 인물상을 정리했
다. 등장인물은 '플랜 75'에 참여하는 노인과 그 주변의 고령자들, 그리고 '플
랜 75'를 행정적·실무적으로 진행하는 청년층이라는 두 그룹으로 나뉜다. 충
격적인 첫 장면과 다르게 영화는 마지막까지 격해지는 감정이나 강한 어조
의 대사도 없이 잔잔하게 전개되지만, 등장인물들은 감정 변화를 분명하게
드러낸다. 정리되어야 할 사람과 정리하는 사람이라는 초반의 구도는 영화
가 전개됨에 따라 점점 변화를 드러내는데, 노인 그룹이 '플랜 75'를 받아들
여 가는(받아들일 수밖에 없게 되는) 흐름과 친절하지만 사무적이고 무관심하
게 노인 그룹을 대하던 청년 그룹이 점점 동요하며 연민을 느끼는 흐름으로
두 그룹은 서로 얽힌다.

각종 포털 사이트와 영화 정보 사이트에서 〈플랜 75〉는 SF/드라마로 분류
된다.[7] 영화를 보고 나면 드라마라는 분류는 차치하고 이 영화가 과연 SF인
가라는 의문이 든다. '플랜 75'라는 과격한 정책을 제외한다면 현재의 일본과
대비해 전혀 위화감이 없으며, 가상의 정책 '플랜 75'가 지금 당장 실행된다
고 해도 영화 속의 모습과 크게 다를 것 같지 않은 가정으로 영화가 만들어
져서 현실감마저 들기 때문이다. SF를 "시간과 공간의 테두리를 벗어난 일을
과학적으로 가상하여 그린"(표준국어대사전, https://stdict.korean.go.kr/) 장르
라는 좁은 의미에서 정의한다면 이 영화는 SF가 아닐 수도 있지만, "과학기

---

7) 영화진흥위원회에서는 '드라마'로 분류한다.

술에 의한 인간 사회의 근원적인 변화를 주제에 투사"(나무위키, https://nam u.wiki/)하여 근미래 또는 평행우주를 상상했다면 이 영화는 SF라고 할 수 있을 것이다. 의료기술의 발달이 실현한 고도의 초고령사회가 인구구조를 바꾸고, 이를 해결하기 위한 또 다른 의료기술이 이를 통제하려는 사회가 갖게 될 문제점들을 〈플랜 75〉는 상상하고 우리에게 경고하고 있다.

3. 초고령사회와 존엄하게 죽을 권리

케어를 필요로 하는 고령자의 증가와 핵가족화의 진행, 개호로 인한 이직(離職)이 사회문제가 되면서, 일본은 2000년에 개호보험제도를 도입해 운영하고 있다. 이후 3년마다 제도 개정을 바탕으로 저출산 고령화 개호 인력 확보 지원 계획을 수립하고 있으며, 개호보험사업(지원) 계획에 따라 제9기도 서비스 체제를 정비하고 보험료를 설정했다. 2024년에 시작된 제9기는 2025년에 단카이(団塊) 세대 전원이 75세 이상 후기 고령자가 되는 이른바 '2025년 문제'를 안고 있다(최희정, 2024: 129). 즉, 75세 이상의 후기 고령자가 폭발적으로 늘어나고 있는 현재, 제도적 정비가 진행 중이다. 그렇지만 이러한 정비에도 불구하고 개호 인력의 부족이 심각한 문제로 대두되고 있고, 개호 인력 부족에 대응하기 위해 일본은 외국인 돌봄 인력 확충 방법으로 재류 자격 '개호' 정책을 실시하고 있다(주찬희, 2023: 335).

유엔인구청 기준 초고령사회는 만 65세 이상의 인구가 전체 인구의 20% 이상인 경우를 말한다. 일본은 현존하는 세계 최고령 국가로 오래 진행된 낮은 출산율과 매우 긴 평균수명으로 인해 세계적인 초고령 국가의 대명사가 되었다. 1995년부터 이미 생산가능인구(15~64세)가 세계 최초로 계속 감소하기 시작했으며, 2005년에는 세계 최초로 초고령사회에 진입했고, 2011년부터 총인구가 줄기 시작한 데다가, 현재까지도 노인 인구가 폭발적으로 증가하고 있다. 심지어 75세 이상 인구조차 전체 인구 비중의 15.5%대를 돌파해 65~74세는 전기 고령자, 75세 이상은 후기 고령자로 분류하기까지에 이르렀다. 2022년 기준 일본의 65세 이상 인구 비중은 29.5%에 육박하고, 2024년에는 세계 최초로 고령화율 30.1%에 달할 것으로 추정한다. 지금까지 일본의 고령화 문제는 고령화 진행의 '빠른 속도'가 문제였지만, 2015년 이후부터는 고령화율의 '높음'이 문제가 되고 있다. 노인 인구수에 비해 생산가능인구수가 적어 재정적인 문제뿐 아니라 개호 인력의 부족으로도 이어지기 때문이다.[8]

대한민국은 2010년대 후반부터 출산율이 크게 감소하고 있고 2020년부터 베이비붐 세대가 노인이 되면서 고령화가 가속화되었다. 이미 고령사회에 진입한 시기도 과거에 예상했던 것보다 1년 빨랐다. 이런 초고령사회 속에서 국가의 고민도 커지고 있다. 게다가 한국은 OECD 회원국 중 노인 빈곤율이 가장 높은 국가인 동시에 65세 이상 노인 인구 비중도 2022년 통계에서는 17.5%였는데 2024년 1월 기준으로는 19.0%를 기록했다. 해마다 1% 포인트씩 증가하는 추세로, 이대로면 2024년 말~2025년 초에 초고령사회에 돌입한다. 또한 65세 이상 인구 비율이 2034년경 30%, 2045년경 40%를 돌파하며 2060년 즈음에는 무려 50% 이상이 65세 이상이 될 것으로 전망하고 있다(통계청, https://kosis.kr/).

평균수명의 연장은 첨단 의료기술이 발전한 결과이다. 그러나 인간은 언젠가는 죽고 생명이 유한하다는 것은 변함없는 사실이다. 한국의 경우 1990년대까지는 자신이 살던 집에서 죽음을 맞이하는 재택사가 많았지만 2000년

---

8) 이와 관련해 '필리핀 간호사·개호복지사 후보자를 수용'하는 협정이 2006년 일본과 필리핀 양국 사이에 체결되고 2008년 12월 발효되었다(《厚生労働省》 참조). 영화 〈플랜 75〉에 개호복지사 보조로 필리핀 이주노동자 마리아가 등장하는 것도 이를 반영한 설정으로 볼 수 있다.

에 들어 상황이 달라졌다. 최근에는 한국인 사망자 대부분이 집 밖에서 죽음을 맞이한다. 1980년대 초 한국의 자택 임종 비율은 85%, 1990년에도 병원에서 죽은 사망자가 약 17%밖에 안 되었다(≪시사IN≫, 2020.10.22). 그러나 2003년부터 병원 임종의 비중이 높아져 자택 임종의 비율을 역전하기 시작했다. 과거에는 '객사'라 불릴 만한, 집이 아닌 병원에서의 임종이 당연하게 여겨지는 추세이다. 코로나19 유행이 절정에 달한 2021년 기준으로 한국에서 사망한 사람들 가운데 일반 병원과 요양병원을 포함한 의료기관에서 숨진 사람의 비율은 70%에 달한다. 이 수치는 OECD 회원국 평균인 49.1%보다 훨씬 높고, 일본(68%), 헝가리(67%)보다 높은 OECD 회원국 1위의 기록이다. 네덜란드는 23%, 노르웨이는 27%, 스위스는 31%, 미국은 36%, 프랑스는 53% 수준이다(최성민, 2024: 245). 의료기관 임종이 증가한 이유로는 2010년 이후 요양병원이 급증한 것과 연관이 있다고 본다(≪MEDICAL Observer≫, 2021.8.13).

병원에서 생을 마감한다는 것은 임종 직전까지 가능한 한 모든 치료를 한다는 의미이기도 하다. 임종을 앞둔 사람들은 대부분 환자가 되어 응급실과 수술실, 중환자실을 전전하다가 죽거나 요양시설이나 호스피스 병원에서 점차 쇠약해져 사망에 이르는 경우가 태반이다.

한국에서 생애 말기 돌봄에 대한 사회적 논의가 촉발된 계기는 세브란스병원의 김 할머니 사건으로 본다. 2008년 세브란스병원에 입원해 조직검사를 받다가 과다출혈로 인한 뇌손상으로 식물인간 상태에 빠진 김 할머니의 연명치료 중단 소송 사건이다. 당시 환자의 가족들은 평소 환자가 이러한 상태로 살기를 원하지 않았다는 이유로 무의미한 연명치료를 중단해 달라고 요청했으나 병원 측이 이를 거부했다. 이에 김 할머니 가족이 소송을 제기했고, 법원은 2009년 5월 회복 불가능한 사망 단계에 이른 환자가 인간으로서의 존엄과 가치 및 행복 추구권에 기초하여 자기결정권을 행사하는 것으로 인정되는 경우에는 특별한 사정이 없는 한 연명치료의 중단이 허용될 수 있다고 판결했다(≪경상일보≫, 2017.10.23). 이후 연명의료 관련 법률 제정에 대한 헌법소원, 의사단체의 연명의료에 대한 가이드라인 제정, 연명의료제 도를 논의하기 위한 사회적 협의체 및 특별 위원회 등의 활동이 이어졌으며, 2016년 2월 생애 말기 의료결정을 지원하는 '호스피스·완화의료 및 임종 과 정에 있는 환자의 연명의료 결정에 관한 법률(연명의료결정법)'이 공포되었다 (김도경, 2022: 178~179). 연명의료결정법은 한국에 존엄사가 가능해졌다며 세간의 주목을 받았다. 연명의료결정법 시행 이후 사전연명의료의향서 등록 자는 5년 만에 200만 명을 넘었다.

그리고 최근 서론에서 언급한 이명식 씨의 헌법소원 제기로 연명의료결정 법에서 한발 더 나아가 '조력존엄사', 즉 조력사(助力死) 논쟁에 불이 붙었다. 이 논쟁에 불쏘시개 역할을 한 것은 2024년 3월 5일 MBC의 심층취재 프로 그램 〈PD수첩〉에서 방송된 '나의 죽음에 관하여' 편이었다. 이명식 씨의 인 터뷰부터 조력사를 원하는 난치병 환자의 내러티브, 두 여성의 삶의 마지막 단계를 그린 영화 〈소풍〉(2024)의 주연배우 김영옥 씨, 나문희 씨 인터뷰 등 에 이어, 스위스의 조력사 단체 '라이프서클' 대표와 '디그니타스' 대표의 인 터뷰까지 이어진다.

인터뷰는 각각의 입장에서 조력사가 얼마나 절실한지, 또 왜 필요한지, 당 사자와 가족에게 어떤 의미가 있는지 어필한다. 이들이 공통으로 원하고 주 장하는 바는 "삶의 존엄성"과 "자신의 선택"이다. 한국인이 가장 많이 등록한 조력사 단체 디그니타스는 전 세계 1만 2천 명의 회원이 있으며, 그중 한국 인이 약 120명으로 아시아 최고를 기록하고 있다고 한다. 2023년 4월 디그 니타스에서 5명, 페가수스에서 4명, 라이프서클에서 1명의 한국인이 각 단체 의 도움을 받아 사망했고(≪서울신문≫, 2023.7.9), 2023년 말 디그니타스에서 조력사한 한국인은 10명이 되었다고 한다. 스위스에서는 지난 25년간 3,400 명 이상의 외국인이 조력사했다. 다른 국가들의 안락사·조력사 도입 현황을 보면 뉴질랜드는 2020년 국민투표로 안락사·조력사를 합법화했다. 독일과

오스트리아는 조력사 금지 조항이 위헌이라고 판결했고, 캐나다는 미성년자와 정신질환자에게도 허용해야 한다는 급진적인 논의가 진행 중이다.[9]

스위스의 조력사 단체 라이프서클의 에리카 프레지크 대표는 〈PD수첩〉의 취재에 응하여, 조력사가 이루어지는 공간을 공개하고 조력사가 이루어지는 과정, 그곳을 이용한 사람들과 가족들의 메시지 등을 전하면서 조력사가 허용되는 조건에 대해 설명한다.

> 스위스 법에 따르면 정신이 건강해야 하고, 약물이 든 수액관을 열 수 있거나 약물을 스스로 마실 수 있어야 합니다. 그리고 조력자살을 돕는 사람은 조력자살로 평소 수입보다 더 많은 돈을 벌 수 없습니다. 이게 다죠. 따라서 스위스에서는 건강한 사람도 조력사가 가능합니다. 하지만 약물을 먹으려면 의사의 처방이 필요해요. 의사협회 법에는 질병이나 장애를 앓고 있어야 한다고 명시되어 있습니다. 또 정신질환이 없어야 하며, 타인의 영향을 받아 조력사를 결정해서는 안 됩니다. 사망에 대한 의지가 긴 시간 동안 유지되어야 합니다(이규찬, 2024).

방송의 후반부에 네덜란드와 캐나다의 예를 들어 조력사 허용의 문제점[10]을 지적하고 있지만, 조력사 논란 찬반 균형의 구색을 맞추기에는 턱없이 부족한 분량과 내용이다.

2022년 6월 더불어민주당 안규백 의원 등 12명의 국회의원이 공동으로 의사의 도움을 받아 환자 스스로 생을 마감할 수 있도록 하는 「호스피스·완화의료 및 임종과정에 있는 환자의 연명의료 결정에 관한 법 개정안」, 즉 '조력

---

9) 이상은 해당 〈PD수첩〉의 내용을 정리한 것이다.
10) 조력사 허용 대상의 확대, 즉 미끄러운 비탈길의 문제, 인간의 존엄성이 아닌 경제적인 이유의 관여, 대안의 모색 등.

존엄사법'을 발의했다. 법안은 국회 법제사법위원회에서 한 차례 논의 후 계류되었다가 제21대 국회 임기 만료와 함께 폐기되었지만, 여야 할 것 없이 찬성 비율이 높았다.[11] 국회뿐 아니다. 법안 발의 직후 '조력존엄사' 입법화에 대한 찬반 여론조사에서도 찬성 82%, 반대 18%로 찬성이 월등히 높았다 (≪조선일보≫, 2022.7.14). 제22대 국회가 시작된 이후, 안규백 의원은 또다시 '조력존엄사법'(제정안)을 발의했다. 제정안은 '조력존엄사'를 희망하는 사람은 조력존엄사 심사위원회에 대상자 결정을 신청하도록 하고, 이를 심의·결정하기 위한 보건복지부 장관 소속 심사위를 설치하는 내용을 담았다. 또 정신과 전문의와의 상담, 대상자가 언제든지 존엄사 결정을 취소할 수 있는 철회권, 존엄사 이행으로 사망한 사람과 보험금 수령인 또는 연금 수급자에 대한 불이익 금지 등의 조항도 신설되었다(≪청년의사≫, 2024.7.5).

이명식 씨의 헌법소원 청구는 존엄사 입법 촉구를 위해 착한 법 만드는 사람들(상임대표 김현)이 주도했다. 착한 법 만드는 사람들의 이사인 김재련 변호사는 〈PD수첩〉 취재에서 다음과 같이 말한다.

> 존엄사를 주장하는 분들은 내가 곧 죽음에 이른다라는 그 시간적인 개념을 중시하는 것이 아니라 현대의학으로는 치료가 불가능한 상태, 이런 상태에서 어떤 의료적인 행위를 하는 것이 나의 건강을 호전시키는 것이 아니라 단지 물리적인 생명만을 연장하는 것이고, 이런 경우라고 하면 임종 직전이라든지 말기가 아니라고 하더라도 그 의사는 존중해 주는 것이 존엄사 입법의 기본 취지거든요(이규찬, 2024).

---

11) KBS가 서울신문과 함께 국회의원 299명 전원에게 조력존엄사법에 대한 찬반 입장을 직접 물어본 결과, 익명을 전제로 응답한 국회의원 100명 중 87명은 찬성하고, 13명은 반대하는 것으로 집계되었다(KBS뉴스, 2023.7.11)

호전되지 않는, 건강해지지 않는 생명은 '물리적인 생명만 연장'하고 있는 것이고 환자 자신이 원하지 않는 삶이기 때문에, 그 삶은 존엄이 훼손된 삶이 되고, 죽음을 통해 존엄이 지켜진다는 주장이다. 건강한 삶만이 존엄한 것인지, 아니면 어디에서 존엄이 훼손된 것인지는 모호하다.

한편 일본의 경우, 19세기에 시작된 유럽의 안락사 논쟁을 일본에 처음 소개한 이는 소설가이면서 의사였던 모리 오가이(森鷗外)이다. 오가이는 안락사를 테마로 한 소설 「다카세부네(高瀬舟)」(1916)를 발표하며, '종래의 도덕'에 반해 '죽음에 직면하여 고통 받는' 사람에게 의료적 처치로 '편하게 죽게 하여 고통에서 구해 주는 것'을 '유타나지(ユウタナジイ=euthanasia)'라고 소개한다(森鷗外, 1916: 38).

일본에서 구체적으로 안락사가 사회문제가 된 것은 전후 무렵이다. 일본 사회에서 사회적인 관심을 끌었던 대표적인 안락사 사건으로 야마우치 사건(山内事件, 1961), 도카이대학병원 사건(東海大学病院事件, 1991)을 들 수 있다. 야마우치 사건은 한 남성이 뇌출혈로 쓰러진 후 전신불수가 되어 몸이 쇠약해지고 극심한 고통 속에 여명이 7~10일 정도인 상태에서 환자의 가족(아들)이 우유에 살충제를 타서 사망하게 한 사건이고, 도카이대학병원 사건은 의사가 환자 가족의 요청으로 환자에게 약물을 주입해 사망케 한 사건이다. 그리고 스위스 안락사 단체를 통해 죽음을 맞이하는 과정을 NHK에서 스페셜 다큐멘터리[12]로 다룬 방송이 있다. 이미 1960년대부터 일본 내에서는 안락사에 대한 논의가 끊임없이 진행되어 왔고 안락사를 법제화하려는 시도도 있었으나 관련 법률이 통과되지는 못했다.

2018년 후생노동성(厚生労働省)이 발표한 『인생의 최종단계에서 의료·케어 결정 프로세스에 관한 가이드라인(人生の最終段階における医療・ケアの決定プロ

---

12) 〈彼女は安楽死を選んだ〉, 2019.6.2 방송.

セスに関するガイドライン)』에서는 말기 의료에서 가장 중요한 원칙을 "의사 등 의료 종사자로부터 적절한 정보제공과 설명이 이루어지고, 이를 바탕으로 의료·케어를 받는 본인이 다전문 직종의 의료·돌봄 종사자로 구성된 의료· 케어 팀과 충분한 대화를 통해, 본인에 의한 의사결정을 기본으로 하여 인생의 최종단계에서의 의료·케어를 진행하는 것"이라고 하고 있다. 하지만 "생명을 단축시킬 의도를 가진 적극적 안락사는 이 가이드라인에서 대상으로 하지 않는다." 일본에서 안락사 논의는 주로 현대의학의 생명윤리와 환자의 자기결정권, 법률과 관련하여 진행되어 왔는데, 의료계와 법조계에서는 대체로 안락사를 터부시하고 있으며, 생명윤리학계에서도 안락사 합법화에 대해 회의적인 시각을 보이고 있다(김율리, 2023: 302~335).

이러한 긴 논의들을 거쳐 온 일본은 전 세계적인 조력사 합법화 움직임 속에서 영화 〈플랜 75〉를 통해 다시 한 번 그에 대한 문제를 제기한다.

4. 영화 〈플랜 75〉가 제기하는 문제들

1) 혐오의 백래시

〈플랜 75〉는 오프닝에서 '플랜 75'가 경제적인 이유, 즉 고령자개호정책과 복지정책의 백래시에 따른 노인혐오로 출발한다는 것을 보여 준다. 오프닝에서 보여 주는 노인요양시설의 충격적인 살해 현장은 2016년 사가미하라 장애인시설 살인 사건을 떠오르게 한다.[13] 해당 사건은 살상의 이유가 명백

---

13) 영화를 쓰고 연출한 하야카와 지에 감독은 2024년 1월 29일 서울 광화문 씨네큐브에서 열린 '관객과의 대화'에서 "2016년 사가미하라(相模原) 장애인 살인 사건이 영화의 방아쇠가 되었다"고 말했다(≪조선일보≫, 2024.2.2)

히 장애인에 대한 편견과 혐오에 의한 것이었음에도 일본 재판부는 이를 혐오범죄로 규정하지 않았다. 그에 반발해 이 작품에서는 살해자의 워딩을 더욱 명확하게 피해의식과 혐오에 맞추고 있다. "넘쳐나는 노인이 나라 재정을 압박하고 그 피해는 전부 청년이 받는다", "남에게 피해를 끼치지 않는 일본인(ニッポンジン)"이기 때문에 "그들도 죽고 싶어 한다"라는 말에는 노인에 대한 피해의식과 피해를 끼치는 노인의 절멸을 원할 정도의 혐오가 드러난다. 고령사회, 초고령사회에 접어든 다른 나라들도 겪고 있고, 논의되고 있는 문제임과 동시에 '피해를 끼치지 않는 일본인'이라는 프레임 속에서 죽음을 강요하는 일본의 특수 상황을 강조해 일본사회의 문제로 부각시키고 있다. 그럼에도 불구하고 이 영화의 관객들은 이를 일본의 특수 상황으로 인식하지 않는다.

2) 그 누구도 아닌 '나'의 문제

영화는 국적이나 문화와 상관없이 영화 속 스토리가 관객 자신을 예외 없이 포함하는 이야기라는 것을 말하려는 듯, 카메라 너머를 응시하는 시선이 두 차례 등장한다. 한번은 영화가 시작하고 오프닝 장면이 끝나자마자 주인공 중 한 명이자 '플랜 75'의 당사자인 가쿠타니 미치가 호텔 청소 중에 고개를 돌려 응시하는 장면이고(그림 4-1), 또 한번은 영화 후반부에 '플랜 75' 콜

그림 4-1 〈플랜 75〉

그림 4-2 〈플랜 75〉

센터 상담원인 나리미야 요코가 미치에게 마지막 전달 사항을 전해 준 후 전화를 끊고, 다시 미치에게 전화하지만 통화 연결이 되지 않은 채 휴게실에 앉아 새로운 상담원 교육을 듣는 장면에서 카메라 너머 관객을 응시하는 장면이다(그림 4-2).

질병이나 장애, 성정체성 등에 대한 혐오와 차별은 다수가 본인은 당사자가 되지 않을 것이라고 가정한다. 하지만 늙음과 죽음은 누구도 벗어날 수 없는 문제이다. 이러한 문제제기를 감독은 '플랜 75'에 참여하는 당사자와 '플랜 75'를 실행하는 관계자 양쪽 모두의 시선을 통해 던지고 있다.

3) 내몰리는 벼랑 끝의 삶

미치는 호텔 동료 친구들과 휴일에 모여서 노래방에 가고 다과를 놓고 수다를 즐긴다. 이때 민간기업의 '플랜 75' 플래티늄 코스에 대한 이야기가 나온다.

> "없는 게 없어. 온천에다 수영장도 있고 피부랑 마사지숍도 있어. 사진관도
> 있어. 화장도 제대로 해 주고 곱게 찍어 준대."
> "영정 사진인 건가?"
> "가족이랑도 같이 찍어 줘. 페어웰 포토라고."
> "민간 서비스는 다르네. 센스가 있어."
> "그렇지?"
> "손주들을 생각하면 필요할지도 모르잖아."
> "손주를 위해서라면 뭐든 할 수 있어."
> "자기도 견학 투어에 가 봐."(早川千絵, 2022)

'플랜 75' 법안이 통과하고 3년여가 지나 다양한 기업들이 '플랜 75'에 맞춰

사업을 구상하고 있다. 죽음의 상업화이다. 돈이 있는 사람은 선택적 죽음을 할 때도 "플래티늄 코스"로 호화롭게 죽을 수 있고, 그렇지 않은 사람은 정부가 제공하는 무료 "공동 플랜"으로 폐기물 처리 된다.

이런 죽음의 격차는 죽는 과정과 사후만이 아니라 죽음을 선택하는, 즉 '플랜 75'를 신청하는 과정에서 더욱 여실히 드러난다. 히로무가 '플랜 75' 홍보를 나가는 곳은 빈곤한 노인들이 많은 거리 공원이고, 노인들을 유인하기 위해 따뜻한 음식과 준비금 10만 엔을 제공한다. '플랜 75'는 부유한 고령자가 아니라 빈곤한 고령자를 위한 정책인 것이다. 미치 역시 임대 아파트에 거주하며 호텔에서 일하던 때는 자신의 힘으로 소박한 일상을 꾸리면서 '플랜 75'에 위화감을 느끼고 있었다. 그러다 직장을 잃고, 집을 잃고, 의지하던 친구마저 고독사해 버리자 '플랜 75'를 선택하게 된다. 형식은 자기결정의 선택일지언정, 더 이상 경제적·사회적으로 살아갈 희망이 없어진 노령 빈곤층의 강요된 죽음이다.

그리고 그 한편에는 친절하게 죽음을 강요하는 청년층의 무신경하고 왜곡된 돌봄과 이주노동자에게 전가(하청)되는 격차사회의 말단 모습도 그려지고 있다.

4) 가치 있는 삶

그렇다고 영화 속에서 모든 사람이 (자의이든 타의이든) '플랜 75'를 받아들이는 모습으로 그려지지는 않는다. 미치와 이네코가 건강 검진을 하러 온 보건소 복도에는 마치 공익 광고처럼 '플랜 75' 홍보 코너가 있고, 한 남성 노인이 나타나 홍보 영상을 꺼 버린다. "인간은 태어날 때는 선택할 수 없으니까 죽을 때만큼은 내가 선택할 수 있다면 얼마나 좋을까라고 생각해서 고민 없이 바로 결정했어요", "가치 있는 삶을 위해", "75세 이상이면 누구든 무료로 이용하실 수 있습니다"라는 홍보 문구의 이면에 있는 폭력성에 대한 소극적 저항의 모습이다. 또 '플랜 75' 홍보 포스터를 붙이고 있는 히로무가 붉은 물감이 든 풍선으로 공격 받는 장면도 나온다.

영화에서는 이 두 번이 전부이다. 관객으로서는 현실성이 떨어지는 부분으로 보일 수도 있지만, 조력사를 찬성하는 사람이 반대하는 사람보다 훨씬 많은 세계적인 추세를 본다면, 그렇게 과장된 서사도 아닐 것이다.

가치 있는 삶과 존엄한 죽음에 대한 선택. '존엄'은 '가치 있는 삶'을 유지하고 있을 때 지켜진다는 사고일 것이다. 그렇다면 '존엄'이란 무엇이고, 무엇이 삶을 '가치' 있게 하는가. '가치' 있는 삶이란 무엇인가. 바로 이 부분에 '존엄사'의 가장 큰 문제가 있다. 인간을 포함한 자연의 모든 존재를 유용성의 척도로 판단하는 '근대'의 기준이 쓸모 있는 곳에만 인간존재의 가치를 인정하는 세계, 도구적·자원적인 관점에서 모든 것을 쓸모 있는 것으로 보고, 모든 것을 물건화·상품화·화폐화하는 근대적 인식이 '쓸모'와 '가치'가 모두 소진된 사람과 바로 나 자신에게 향했을 때, '가치 없는 삶'에 대한 혐오와 말살이 선택된다.

'존엄'이라는 단어는 『장자』에도 등장할 정도로 오래전부터 있었다. 사전적 의미는 '인물이나 지위 따위가 감히 범할 수 없을 정도로 높고 엄숙함'이라고 되어 있다. 이처럼 막연한 의미로 사용되어 왔지만, 현재 이 단어를 사용할 때는 '인간의 존엄성'이라는 유럽에서 유래한 개념을 고려해야 한다. '인간의 존엄성'이라는 개념에는 250년 이상의 오랜 역사가 있다. 그것은 고대 그리스-로마의 '인간의 존엄성'과 이보다 더 오래된 유대-기독교적인 '신의 형상'(신은 자신을 닮게 인간을 창조했다는 창세기의 기록)이라는 개념에서 유래하지만, 현재 '인간의 존엄성' 개념에 직접적인 영향을 미친 것은 르네상스 시대의 휴머니즘(인간성 긍정)과 칸트의 도덕철학이다. 칸트는 인간은 자율적이고 도덕적인 주체이며 '목적 그 자체'이기 때문에 이를 수단이나 도구로만 취급해서는 안 된다고 했다. 이러한 개념의 역사를 거쳐 인간은 ① 지성(이성)을 가지고 ② 자기를 끊임없이 변화시키고 향상시키는 창조성 아래 ③

자율적인 주체이기에 존엄할 가치가 있다고 이해하게 되었다(松田純, 2018: 108~109). '인간의 존엄'을 짧은 설명으로 파악할 수는 없으나, 칸트 이후에 성립한 근대적인 '존엄'의 이성 중심적인 개념에 이미 '쓸모'와 '가치'라는 인간 중심적인 기준이 내포되어 있고, 이는 바꾸어 말하면 '정상적' 기준을 벗어난 존재는 '가치'를 부정 당하는 것이다.

5. 맺음말

〈플랜 75〉 이전에도 존엄사와 조력사를 다루는 영화는 많았다. 이들 영화에는 대부분 존엄사를 원하는 환자와 그/그녀를 도와 그들의 '존엄한 죽음'을 완성시키는 조력인들이 나오고, 영화는 큰 감동을 주며 그 사회에 존엄사 논의를 불러일으키고, 존엄사 합법화를 이끌어 내는 데 일조한다. 그러나 〈플랜 75〉는 그렇게 쉽게 감정에 호소하지 않는다. 오히려 왜 죽음을 '조력'하려 하는지, '존엄사'를 선택하게 되는 과정은 어떤지, 그 '선택'은 과연 자율적인지, 그리고 '가치' 있고 '존엄'한 삶과 죽음은 무엇인지 우리에게 한 번 더 묻는다.

〈플랜 75〉가 던지는 문제들은 한국보다 먼저 초고령사회를 맞은 바다 건너 나라의 상상력이기도 하지만, '조력존엄사' 법안 통과를 눈앞에 두고 있는 우리도 다시 한 번 멈춰 서서 스스로에게 물어볼 필요가 있는 문제들이 아닐까 싶다.

4장 참고문헌

■ 국내 문헌

김도경. 2022. 「연명의료결정법과 생명권력: 푸코의 생명권력 관점에서의 연명의료중단」. ≪철학·사상·문화≫, 38호.

김율리. 2023. 「일본의 '안락사 사건'과 안락사에 대한 논의」. ≪일본비평≫, 29호.

이규찬. 2024. '나의 죽음에 관하여'. 〈PD수첩〉, 1410회.

조태구. 2022. 「미끄러운 비탈길 위에서 미끄러지지 않기: 안락사와 존엄사 그리고 조력존엄사」. ≪인문학연구≫, 53권.

주찬희. 2023. 「일본의 외국인 돌봄인력 수용 정책에 대한 탐색적 연구: 재류자격개호 정책을 중심으로」. ≪한국산학기술학회논문지≫, 24권 9호.

차승현 외. 2023. 「국외 의사조력자살 입법례 고찰」. ≪생명, 윤리와 정책≫, 7권 1호.

최성민. 2024. 「존엄한 죽음과 존엄한 삶의 조건들: 영화와 현실 사이의 생명 윤리」. ≪대중서사연구≫, 66호.

최희정. 2024. 「일본의 제9기(2024~2026년) 개호보험 사업(지원) 계획에 관한 동향」. ≪국제사회보장리뷰≫, 28호.

■ 국내 인터넷 자료

≪경상일보≫, 2017.10.23. "'존엄사' 논의 불러일으켰던 두 사건은? '김할머니 사건'과 '보라매병원 사건". https://www.ksilbo.co.kr/news/articleView.html?idxno=616648(검색일: 2024.5.7)

국립국어원 표준국어대사전. https://stdict.korean.go.kr/(검색일: 2024.5.6)

나무위키 사이언스 픽션. https://namu.wiki/(검색일: 2024.5.6)

≪동아일보≫, 2024.3.11. "'내 삶의 마감, 내가 정할 수 있게'…조력존엄사 헌법소원 낸 이명식 씨". https://www.donga.com/news/article/all/20240308/123884613/1(검색일: 2024.5.1)

≪서울경제≫, 2024.2.23. "'플랜75' 1만 관객 수 돌파…대작들 사이에서 저력 발휘". https://www.sedaily.com/NewsView/2D5GZIPRGF(검색일: 2024.5.8)

≪서울신문≫, 2023.7.9. "스위스서 삶 끝낸 한국인 최소 10명…그 길, 300명이 걷고 있다". https://www.seoul.co.kr/news/plan/euthanasia-story/2023/07/10/20230710002002(검색일: 2024.5.2)

≪시사IN≫, 2020.10.22. "'죽음의 미래' ① 당신은 어디에서 죽고 싶으니까". https://www.sisain.co.kr/news/articleView.html?idxno=43007(검색일: 2024.5.7)

≪씨네21≫, "플랜 75(2022) 전문가 20자평". http://m.cine21.com/(검색일: 2024.7.20)

에펨코리아, 2024.3.21. "일본, 의사의 살인 범죄 징역 18년, 공범은 징역 13년 선고".
　　https://www.fmkorea.com/6840332196(검색일: 2024.4.20)
영화관입장권통합전산망. https://www.kobis.or.kr/(검색일: 2024.5.9)
왓챠피디아. https://pedia.watcha.com/ko-KR(검색일: 2024.7.20)
정성일 아카이브. https://seojae.com/blog/?p=2533(검색일: 2024.7.20)
≪조선일보≫, 2022.7.14. "국민 82%가 '의사 도움받는 존엄사' 찬성". https://www.chosun.c
　　om/national/welfare-medical/2022/07/14/C6TZQ4C7BBEY3HCQU3CUXTN6OI/(검색일:
　　2024.5.7)
≪조선일보≫, 2024.2.2. "75세 되셨다고요 국가가 죽여드립니다, 영화 '플랜75". https://www.
　　chosun.com/culture-life/culture_general/2024/02/02/22UQ3EKF7ZAE5G2X6PJYIPQKJQ/
　　(검색일: 2024.5.8)
≪청년의사≫, 2024.7.5. "'안락사' 허용 '조력존엄사법' 발의…'삶의 끝 선택할 수 있어야".
　　https://www.docdocdoc.co.kr/news/articleView.html?idxno=3018842(검색일: 2024.7.20)
통계청. 주요 연령계층별 추계인구(생산연령인구, 고령인구 등)/전국. https://kosis.kr/(검색일:
　　2024.5.7)
KBS뉴스, 2023.7.11 "여야 의원 87명 '조력존엄사법' 찬성". https://news.kbs.co.kr/news/pc/
　　view/view.do?ncd=7720973(검색일: 2024.5.2)
MEDICAL Observer, 2021.8.13. "최근 10년간 고령층 주택임종 줄고 의료기관 임종 늘었다".
　　http://www.monews.co.kr/news/articleView.html?idxno=306349(검색일: 2024.5.7)

■ 일본 영상·인터넷 자료
松田純. 2018. 『安楽死・尊厳死の現在―最終段階の医療と自己肯定』. 中央公論.
≪朝日新聞デジタル≫, 2023.4.28. "【用語解説】安楽死・自殺幇助・尊厳死の定義".
　　https://www.asahi.com/articles/ASR4V3JSTR4KUHBI03L.html(검색일: 2024.5.7)
早川千絵. 2022. ≪PLAN 75≫. ローデッド・フイルムズ.
厚生労働省. "フィリピン人看護師・介護福祉士候補者の受入れについて".
　　https://www.mhlw.go.jp/stf/seisakunitsuite/bunya/0000025247.html(검색일: 2024.5.7)
m3.com, 2023.3.5. "医師に懲役18年の実刑判決、ALS患者嘱託殺人など".
　　https://www.m3.com/news/open/iryoishin/1196447(검색일: 2024.4.20)

2부 장애차별담론 분석

5장 기술시대의 인간과 장애에 관한 철학적 탐구 _심귀연

6장 한국사회 장애혐오 _강미영

7장 시각과 혐오

      : 전국장애인차별철폐연대의 위반실험 _하홍규

8장 혐오해도 되는 마지노선?

      : 반(反)혐오 담론에서 장애의 배제 _전혜은

5

기술시대의 인간과 장애에 관한 철학적 탐구*

심귀연

1. 상황

인공지능 기술은 상상 이상으로 우리 삶 속으로 스며들고 있다. 인간과 인공지능로봇은 그 경계를 넘나들고 있고, 인간에 대한 새로운 이해가 필요한 시점이 되었다. 최근 기술 발달을 통한 양상을 볼 때, 장애문제는 두 가지 방향을 가진다. 하나는 몸의 기능적 강화라는 방식하에 접근하는 것으로, 장애를 몸의 결핍으로 간주하고 특별한 기술적 장치로 보완함으로써 해소하려 하거나 사회구조적 측면에서 해결하려는 방향으로 나아가고 있다. 그러나 이와 같은 방법은 정상적인 몸의 표준적인 기준을 정하고 그렇지 않은 몸을 구별해 내는 데서 시작하므로 정상과 비정상의 경계가 더욱 강화된다는 문제점이 있다. 다른 하나는 몸 자체를 새롭게 이해하려는 방식으로, 장애 자체의 근원적인 발생에 집중한다. 이는 포스트휴먼(posthuman)적 관점에서 재해석하는 것으로, 이 글은 이러한 관점에 근거하여 장애문제의 이론적-실천적 방안을 검토한다.

---

* 이 글은 ≪철학논총≫, 제97집(새한철학회, 2019)에 실렸던 논문을 수정 보완했다.

우리는 도래할 새로운 시대의 인간을 포스트휴먼이라고 일컫는다. 포스트휴먼에 대한 논의는 2000년대에 들어서면서 보다 활발해졌는데, 이 논의는 자아와 타자에 대한 문제를 넘어 비인간존재에 대한 물음으로 확장되기에 이른다. 특히 장애의 문제는 기술력에 힘입어 위험한 실험대에 올랐다. 장애의 문제는 해소되기는커녕, 비장애로 규정되어 왔던 혹은 정상이라고 여겨져 왔던 많은 사람들마저 자신을 결핍, 즉 장애의 상태로 인지하여 자신의 몸적 상황을 강화시키려는 슈퍼휴먼의 상태를 지향하게 되었기 때문이다. 문제는 여기에 멈추지 않고 장애를 가진 이들의 현실적 문제가 감추어져 버렸다는 데 있다. 정상성 혹은 완전성에 대한 욕망은 기술력 향상 정도만큼 '결핍'을 만들어 낸다. 이는 새로운 기술 시대의 강화된 휴머니즘, 즉 트랜스휴먼(transhuman)이 가져온 부정적 결과이다. 그런 점에서 트랜스휴머니즘은 장애문제를 해결하기는커녕, 오히려 더 큰 차별을 드러낼 수 있다. 그렇다면 우리는 이 문제를 어떻게 해결할 것인가? 새로운 패러다임을 제시하지 않으면 안 된다. 이를 위한 철학적 방법으로 메를로-퐁티의 현상학적 존재론은 매우 중요한 토대가 될 것이다. 현상학적 방법론을 통한 새로운 존재론인 현상학적 존재론은 인간에 대한 근원적인 물음에 답하고 기술시대의 장애문제를 해결할 수 있는 근거가 될 것이다.

2. 근대 휴머니즘의 난제

근대는 개인으로서의 인간이 중심이 된 시대이다. 근대적 개인은 자율적이고 독립적인 개체이다(김성환, 2004: 1~2). 이때 개인은 타인에게 의지하지 않고 합리적 이성으로 독자적인 삶을 살아가는 주체라는 의미에서 도덕적 존재로서의 정당성마저 확보한다. 그런데 그 개인에게 장애가 생긴다니! 치명적인 일이다. 그런데 더 큰 문제는 장애가 "동일성의 원리 속에 내재된 배제와 차별"(심귀연, 2015: 306)로 나타난다는 점이다. 몸의 정상성을 논할 때, 배제와 소외, 그리고 혐오는 자연스럽게 발생한다. 그러나 우리는 무엇이 표준이고, 무엇이 정상이며 이상적인 것인지 모른다. 알지 못하는 것에 대한 신념에 사로잡힌 우리는 자신의 고유성을 부정하는 결과를 초래한 것이다.

근대가 개인으로서의 인간을 중심에 둔다고는 하나, 이때의 개인은 보편적 인간 그 이상도 아니라는 것을 데카르트로부터 확인할 수 있다. 보편성으로 인간은 삶의 구체성을 찾을 수 없다. 왜냐하면 몸이 배제되어 있기 때문이다. 데카르트에게 인간은 사유하는 존재이다. 그러나 사유만으로 우리는 어떤 구체성도 확인할 수 없다. 데카르트는 세계를 물질적인 것과 정신적인 것으로 구별했다. 정신적 세계는 인간의 것이었고, 물질적 세계는 자연이었다. 데카르트가 가르키는 자연은 물질, 그것도 수동적이고 기계적인 물질에 불과했다. 기계적 세계관이 생겨난 것이다. 데카르트의 이러한 생각은 사실상 오랜 철학사적 전통 아래에 있다.

전통적으로 학문은 '실재하는 것'에 대해 관심을 가지고 있었다. 실재하는 것에 대한 관심은 진리의 문제로 이어진다. 실재한다는 것은 물질적인 것이 아닌 정신적인 것에 있다. 근대는 실재성을 인식의 과정을 통해 확보했다. 그러나 그렇게 확보된 실재성은 추상과 유추로 자리한 관념에 불과했다. 실재 대상과 지각된 것 사이에는 메울 수 없는 깊은 틈이 생겨난 것이다. 즉, 근대 인식론은 지각하는 자인 주체와 지각 대상인 객체 사이의 간극을 메우기 위해 '지각된 것'을 삽입한다. 지각된 것은 의식의 이미지, 즉 현상된 것이며, 그리하여 근대적 주체인 개인은 자기 의식, 즉 자기 주관의 세계에 갇히고 만다. 모든 지각 대상은 지각 가능한 대상, 즉 의식의 대상으로 간주된다. 그리하여 의식 안에 들어온 지각된 것이 의식 바깥에 있는 대상과 어떻게 일치할 수 있을 것인가의 문제는 근대철학자에게 난제로 남는다. 데카르트뿐 아니라 칸트도 흄도 외적 대상의 실재성을 인간 정신이나 의식에 의거해서 설명하기 때문에 지각된 대상은 의심의 대상이 될 수밖에 없다(조광제, 2004:

317 참조). 학문의 객관성과 보편성을 확보하려는 노력에도 불구하고 오히려 주관의 세계에 더욱 깊이 빠져 버린 근대인을 구제할 길은 무엇인가?

그 길을 더듬어 찾기 위해 문제점들을 더 확인해 볼 필요가 있겠다. 근대 철학이 처한 문제는 실재에 다가가지 못한다는 점 외에도 우리의 구체적인 삶을 훼손시키고 있다는 점에서 더욱 심각하다. 특히 주관과 객관의 분리가 인간과 자연, 자아와 타아, 주체와 객체라는 강고한 이분법적 구조 아래 배타적이고 폭력적인 삶의 형태를 정당화했다는 점에서다. 이러한 이분법은 존재들을 능동적인 것과 수동적인 것, 정상적인 것과 비정상적인 것으로 구별하여 전자를 우위에 둠으로써 위계적 이분법을 강화했다. 문제는 위계적 이분법 구조가 '장애'에 대해 편견을 갖게 했다는 점이다. 장애를 결핍으로 간주함으로써 장애를 비정상적인 것으로 간주했다. 그리하여 장애를 가진 사람은 장애를 가지지 않은 사람에 의해 보호되어야 하거나, 통제 받아야 했다. 결핍된 존재는 능동적이고 주체적으로 행위하기 어렵기에 수동적 존재로 전락할 수밖에 없다.

우리는 여기에서 서구 형이상학적 전통에서 이어져 온 실체 개념이 근대 철학에서도 여전히 중심에 있다는 것을 확인할 수 있다. 전통적으로 실체는 본질을 가지고 있다고 간주된다. 여기서 본질이란 존재의 변하지 않는 특성을 일컫는다. 그것은 한 존재를 다른 존재와 구별할 수 있는 무엇이다. 아리스토텔레스는 실체의 탁월성을 요구한다. 아리스토텔레스에 따르면 긍지 있는 사람은 남에게 혜택 주기를 좋아하고 혜택 받기를 부끄럽게 여긴다. 그에 따르면 도움을 받는 자는 열등한 존재에 속한다는 것이다(아리스토텔레스, 2008: 155). 아리스토텔레스는 탁월함에서 좋은 삶의 모습을 찾았는데, 문제는 그 탁월함이 무엇인지 정말 알 수 없다는 점이다.

'좋은 삶, 탁월함'에서 우리는 완전성 혹은 정상성을 생각한다. 그리고 이를 기준으로 장애와 비장애를 생각하는지도 모른다. 그것이 '결핍'의 정도에 있다면 완전성의 상태는 무엇인가? 근대적 의미에서 미성숙한 정신은 또 어떤 정도를 이르는 것일까? 마찬가지로 완전한 몸에 대한 모델은 어디에서 확인할 수 있을까? 장애인 몸에 부여되는 열등성은 고장 난 기계처럼 쓸모없음에서 비롯된다. 게다가 몸의 장애는 정신에 어떤 식으로든 영향을 미칠 수 있다는 점에서 고쳐져야 한다. 즉, 장애는 극복될 수 있는 것, 또는 극복되어야 하는 것이다. 심지어 장애이지 않은 몸마저도 기술의 힘을 빌려 자신을 슈퍼인간으로까지 승격시키고자 욕망한다.

인간은 자신이 과학기술의 발전을 통해 장애를 극복할 수 있는 능력을 가진 존재임을 과시하고자 하지만, 그것이 실현될 수 없는 꿈임을 이미 알고 있다. 자신의 결핍을 인지하며 살아가기에, 굳이 정상과 비정상, 장애와 비장애로 이분화하고, 자신을 비정상 혹은 장애의 상태로부터 구별하려 한다. 더더구나 장애의 상태로부터 자신을 구별해 내려는 것을 넘어 차별과 혐오에 이르지만, 혐오의 감정은 장애를 가진 사람들에 대한 사회적 배려라는 형식으로 포장되어 감춰진다. 그러므로 배려의 마음은 긍정적이기보다 부정적이며, 비장애인과 장애인의 관계는 "상호대등한 관계가 아닌 우열의 관계"(심귀연, 2015: 312)에 놓이게 된다.

장애를 가진 이들에 대한 사회적 배려가 그들을 특정 공간 속에 몰아넣는 방식으로 이루어지고 있는 것도 마찬가지 의미에서 심각하다. 정상이 아니라고 판단된 많은 경우, 정상의 범주에 들어간 사람들은 "배제된 사람들을 신체적 장애인, 지적 장애인, 사회적 장애인으로 분류"(심귀연, 2015: 313)하고 통제한다. 이러한 폭력과 억압을 정당화하는 근거는 아이러니하게도 휴머니즘 전통 속에 있다. 그것이 정당성을 얻는 이유는 타자에 대한 몰이해 때문이다. 휴머니즘에 근거한 과학기술은 정상과 비정상의 경계를 더욱 깊게 긋고 인간의 비인간화로 나아감으로써 스스로 안티 휴머니스트임을 증명한다는 점에서 아이러니이다. 이러한 사실을 정확하게 지적한 후설은 과학이 인간 삶을 추상화함으로써 삶의 구체성을 훼손한다고 비판한다. 하이데거 또한 근대 과학기술이 인간을 소외시키고 말 것이라고 경고한다. 기술의 본질은 "존재자를 그 자신의 형상 속으로 실현시켜, 그 자신 속에서 빛나게 한다는 것"(류의근, 2014: 112)인데 오히려 과학은 기술의 본질을 왜곡시켰다.

근대인의 휴머니즘적 태도는 은밀하고 교묘하게 폭력성을 은폐한다. 예를 들어 2019년 4월 11일, 생명존중이라는 가치 아래 유지되어 온 낙태죄가 헌법 불합치로 결정 난 사건을 떠올려 보자. 중요한 것은 그 이전에도 낙태는 종종 일어났는데, 그것은 태아의 기형 여부에 따라 허용되었다는 점이다. 어떤 낙태는 왜 허용되고 또 어떤 낙태는 왜 금지되는가? 낙태죄라 호명된 것 속에 숨겨진 도덕적 가치, 또는 보호라는 이름 아래 행해지는 모든 것들은 검증되지 않은 도덕의 이름 아래 행해지는 폭력과 다르지 않다.[1]

근대가 야기한 모든 문제는 기술의 발전에서 비롯된 것이 아니라, 전통의 휴머니즘적 사고와 근대의 이분법적 구조에 따른 차별에서 비롯되었다는 점을 간과해서는 안 된다. 근대적 문제는 타자, 객체, 자연을 기술적 힘을 통해 소유하거나 통제하는 데서 발생한다. 근대적 문제를 해결하려면 다른 존재의 고유성을 인정해야 한다. 존재의 고유성을 인정한다는 것은 다양성을 가능하게 하고, 이때 비로소 소통이 가능해진다는 의미이다. 여기서 주체는 이미 객체이며, 객체가 주체라는 사실을 인지할 필요가 있다. 즉, 모든 존재는 객체이면서 동시에 주체이다. 인간 아닌 존재, 즉 비인간존재의 고유성마저 인정하자는 말에서 우리는 인간존재의 고유성이 위협 받는다고 생각할 필요가 없다. 그것은 비인간존재에 대한 인간존재의 고유성뿐 아니라, 인간 개개의 고유성을 인정해야 한다는 말이며, 인간뿐 아니라 다른 모든 존재하는 것의 가치를 존중하고 인정한다는 의미이다.

그러나 여기서는 인간 사이에서의 관계 문제에 한정되고 있기 때문에, 타

---

1) '기형 여부를 판단하는 주체가 누구인가?'라는 문제도 심각하지만, 더욱 심각한 문제는 '낙태죄'로 불림으로써 배제되는 존재들을 고려하지 않는다는 점이다. 다만 이 문제는 여기서 다룰 만하지 않기에 깊이 논의하지 않는다.

자 존재 인정의 문제로 접근해야 한다. 타자는 나의 관점에서 이해되는 존재가 아니라 타자의 관점에서 이해되어야 한다. 나는 타자의 관점을 결코 알 수 없다. 따라서 타자의 소리에 귀를 기울이는 방법 외에는 우리에게 선택의 여지가 없다. '타자'는 또 다른 주체이다. 우리는 이 말의 구체적인 근거를 메를로-퐁티가 말하고자 하는 상호주체성(intersubjectivité), 바꾸어 말하면 상호몸성에서 찾는다. 상호몸성은 상호주체성을 가능하게 할 뿐 아니라 몸 자신들의 고유성을 가능하게 하기 때문이다. 몸 자신들의 고유성은 개별적 존재인 나와 타인의 만남을 가능하게 한다. 이때 만나는 방식에 따라 열리는 세계도 다르다. 상호몸성은 이들 주체의 관계, 즉 얽힘을 전제한다. 다시 말해 얽힘은 다른 존재가 자신을 드러내는 방식이다(심귀연, 2018: 175). 상호몸성에는 각자성이 전제된다. 완벽한 몸은 실재하지 않으며, 그것은 단지 관념으로만 존재할 뿐이다. 우리는 완벽한 몸을 모른다. 그렇다고 우리의 삶이 온통 불완전투성이라고 말하는 것도 아니다. 더구나 기술은 우리의 그러한 삶을 채우는 수단이 되어서도 안 된다.

인간의 몸은 그 자체로 한계이지만, 이 한계는 선택과 자유의 장의 조건으로 이해될 때 더 이상 한계로 머물지 않는다. 오히려 이 한계는 인간으로 하여금 자신을 확장하고, 세계를 열어 갈 수 있게 한다. 삶이 구체성과 현실성을 얻기 위해서 우리는 살아가고 있는 환경세계의 사태, 또는 사실 자체를 직시해야 한다. 그리하여 주체 중심의 휴머니즘은 존재들의 대등한 관계를 전제로 하는 새로운 휴머니즘으로 나타나야 한다.

3. 새로운 기술 시대의 인간 그리고 기술화된 몸

새로운 기술 시대를 디지털기술 시대라고 말한다. 우리는 디지털기술의 발달로 새로운 형태의 인간의 등장을 경험하며, 기술적 인간이라는 의미에서 테크노휴먼이라고도 부른다. 기술의 힘으로 탄생한 인간의 대표적인 유형으로는 인간과 기계의 결합인 사이보그가 있다. 도나 해러웨이(Dona Haraway)가 기계와 유기체의 혼종으로 사이보그를 말한 이후 그 개념은 친숙해졌다(이수안, 2015: 433). 심지어 지금은 우리가 이미 사이보그화되고 있다는 사실마저 자연스럽게 받아들이는 상황이다. 단순한 도구를 사용하는 것에서부터 시작해 정밀한 기술의 힘을 빌려 몸의 일부를 교체하는 것까지 기술이 인간의 몸에 영향을 미치지 않은 적은 없었다. 또한 인간은 자신의 몸만으로 세상과 관계 맺은 적도 없었다. 그렇게 볼 때 이미 우리는 오래전부터 사이보그였다. 사이보그는 점차 진화하고 있으며, 진화한 사이보그는 포스트휴먼의 대표적인 이미지로 자리 잡고 있다.

인간과 기계의 결합으로서 사이보그는 인간 능력의 강화라는 의미에서 트랜스휴먼(transhuman)으로 이해되는 경향이 강하다. 트랜스휴먼은 미래학자 F. M. 에스판디지(F. M. Esrfandisy)가 일시적 인간(transitional human)의 준말로 사용한 데서 유래한다(박영숙·꼬르데이로, 2006: 65). 트랜스휴머니즘은 "첨단과학 발전으로 인해 인간 신체의 한계를 극복하기 위해 무한한 가능성을 타진하고 평가하는 노력"(박영숙·꼬르데이로, 2006: 42)으로 정의 내려진다. 트랜스휴먼은 "여러 종의 인간의 육체를 갖추고 첨단기계의 능력을 보강한 포스트휴먼"(박영숙·꼬르데이로, 2006: 42)이다. 이런 점에서 볼 때 트랜스휴먼은 전통적인 휴머니즘에 기원을 두고 있다. 라메즈 남(Ramez Naam)은 『인간의 미래(More than Human)』에서 생명공학의 발전이 인간의 능력을 향상시킬 수 있다고 말한다. 시각장애인은 시력을 찾았고, 불임환자는 임신을 할 수 있게 되었다. 인간은 생명마저 창조함으로써 신의 능력을 갖게 된 것이다.

우리는 이 단계에서 주의를 기울이며, 질문을 던져야 한다. 포스트휴먼은 휴머니즘인가 안티 휴머니즘인가 하는 문제이다. 휴머니즘이라면 전통적인 휴머니즘과 어떤 차이가 있는지 검토해야 한다. 이 문제는 다음과 같이 정돈된다. 첫 번째는 인간존재와 주체의 부정, 두 번째는 인간 능력의 강화, 즉 트랜스휴먼 입장에서의 포스트휴먼이다. 마지막으로 휴머니즘에 대한 새로운 해석이 있다. 우리는 새로운 해석이라는 관점에서 접근할 것이며, 그 근거를 메를로-퐁티의 몸 철학에서 찾을 것이다.

인간에게 하나의 새로운 해석이란 '창조'를 의미한다. 이때 창조란 무에서 유로의 창조가 아니다. 한 존재와 다른 한 존재가 만나 새로운 세계를 열어 밝힌다는 의미에서 창조이다. '나'라는 존재는 불현듯 세상에 태어나 있고, 태어난 순간 죽음으로 향하는 존재이지만, 세계를 자유롭게 열 수 있는 실존적 존재임도 분명하다. 자신이 그러한 존재임을 아는 것은 세계를 여는 행위, 즉 해석하고 창조하는 행위로 인해서이다. 그러나 그 해석은 언제나 특정한 관점을 요구한다. 왜냐하면 자신이 서 있는 곳이 해석의 출발점이기 때문이다. 거주하는 곳, 멈춘 곳, 시선, 방향에 대한 이해 없이 해석은 불가능하다. 자신의 관점을 안다는 것은 자신이 특정한 방식으로 살아가는 몸인 존재임을 안다는 의미이다. '몸인 존재'란 몸을 주체로 간주하는 존재를 의미한다. 나는 몸주체다. 그리고 나는 몸주체로 세계에 거주한다. 다시 말해 몸이 거주하는 방식을 '관점(觀點)'으로 이해해도 된다. 개개인이 각각 다른 관점을 가지듯, 인간은 인간의 관점을 가지며, 동물은 동물의 관점을 가진다. 각각의 관점이 다름에도 불구하고 우리가 공동세계를 여는 것이 가능한 이유는 무엇일까? 다시 말해 인간과 동물, 인간과 인간이 가진 몸이 각각 다르지만 공동세계를 만들어 갈 수 있는 이유는 그 몸들이 같은 재질로 되어 있기 때문이다. 이런 의미에서 몸은 선험적 조건이다. 이 몸은 몸-주체로서의 개별성을 가질 수 있다.

살펴보았듯이 전통적 휴머니즘은 인간을 사유하는 존재로만 파악해 왔다. 그리고 우리는 여기에 몸이 배제되었음을 확인했다. 몸을 이해하지 못한다는 것은 인간의 구체적 삶에 대한 이해가 불가능하다는 의미이다. 더욱이 타자에게 접근하거나 타자에 대한 이해도 불가능하다. 우리가 발견하는 데카르트의 유아론적 문제가 여기에 있다. 트랜스휴먼이 꿈꾸는 인간은 강화된 몸과 정신이다. 그것이 어떤 형태이건 간에 정상성 또는 완전성을 전제로 한다는 점에서는 장애로 인한 차별은 트랜스휴먼이 지향하는 정도만큼 커진다. 소머즈와 600만 달러의 사나이는 영화와 드라마로 방영되면서 대중적인 사이보그 커플로 탄생했다. 이들은 불의의 사고로 장애를 가지게 되었지만, 첨단기술의 힘으로 장애 이전보다 더 큰 능력을 얻음으로써 초능력자가 되었다. 이들은 사이보그이자 트랜스휴먼으로 거듭난 것이다. 트랜스휴먼은 이처럼 정상이라는 기준을 가운데에 두고 한쪽에는 초능력을 또 다른 한쪽에는 장애를 놓고 장애에서 비장애를 지나 초능력으로 향한다. 결국 모든 사람이 기술의 힘으로 초능력을 얻으면, 예전의 비장애였던 사람들이 초능력을 가진 사람들에 비해 열등하거나 장애를 가지게 된다. 모든 기준은 초능력을 가진 자에게로 옮겨 가기 때문이다. 기준을 정하는 자가 권력이 되고, 그것은 힘을 가진 자와 가지지 않은 자의 문제로 넘어간다.

따라서 새로운 기술 시대에 우리가 해야 하는 일은 몸이 어떻게 근대 기술과 몸의 한계를 극복하고 몸의 고유성을 회복할 수 있는지 살펴보는 것이다. 그러나 이런 확인에 앞서 우리는 새로운 기술 시대의 가장 큰 특징이 가상과 현실 간 경계의 모호성에 있음을 주지해야 한다. 디지털의 등장은 가상 이미지에 실재성을 부여한다. "이미지의 세계는 그 자체로 보면 결코 중력에 의해 지배 받지도 않을뿐더러 그 자체로 물리 물질적인 실체성을 지니지 않은 세계이다"(조광제, 2004: 303). 몸은 기계와 상호작용할 뿐 아니라, 몸과 기계는 서로 얽힘으로써 기술화된 몸이 된다. 따라서 "몸은 더 이상 유기적·물리적 실재로만 규정할 수 없"(한석진, 2007: 145)다. 이로써 우리는 기술과 인간이 공진화되고 있다는 점을 부정할 수 없게 되었다. 이런 일은 인문학적 상상력이 없었다면 불가능하다. 빌렘 플루서(Vilem Flusser)는 기술적 상상력(techno-imagination)이라는 용어를 처음 제안했다(조윤경, 2009: 60).

상상력은 구상하는 힘이기도 하지만, 지각하는 데 중요한 역할을 하기도 한다. 상상은 환상과 다르다. 또한 환상은 지각 활동의 결과도 아니다. 모든 지식은 지각에서 출발하기에 지각이 아닌 환상은 제거되어야 할 것에 속했다. 근대 인식론자인 흄은 지각 과정에 상상력을 부여했다. 그에 따르면 세계에 대한 지각은 인상과 관념으로 구분된다. 우리에게 들어온 인상이 관념으로 포착되는 과정에서 상상력이 작동한다. 즉, 특정한 이미지는 상상력 없이 얻어질 수 없다. 상상력은 외부로부터 오는 자극에 대한 창조적인 힘인 셈이다. 상상력은 새로운 이미지를 창출하기 위한 원동력이기도 하다. 그러나 이 상상력은 기술시대에 이르러 특별한 의미를 가진다. 그것은 기술적 상상력인데, 기술적 상상력은 지각의 한 측면이 아니라 지각 자체, 즉 인간실존 그 자체로 이해되어야 한다.

스마트폰에서부터 곧 상용화를 기대하는 인공지능로봇에 이르기까지 기술은 우리가 상상하는 그 이상이다. 포스트휴먼 사회에서 기술적 상상력은 인간 몸을 기술 그 자체로 이해하게 한다. 기술적 상상력으로 실재하는 것의 의미는 새로워진다. 한 존재와 다른 한 존재, 즉 각각의 개별적인 몸들이 만나 열리는 세계가 창조된 세계이다. 그것이 가능한 이유는 세계가 얽힘의 방식으로 열리기 때문이다.

기술화된 몸을 이해한다면, 우리는 인간이 세계-에로-존재임을 이해할 수 있다. 인간은 자연 또는 환경과 분리되어서는 이해될 수 없는 존재이다. 환상, 상상 그리고 착각마저도 세계-에로-존재인 우리에게 실재성으로 간주된다. 메를로-퐁티에 따르면 지각은 몸과 사물의 교차에서 일어난다. 이 교차 속에 나는 실존한다. 몸인 나는 그 자체로 상호교차 관계이며, 나는 지각의 장에 드러나는 하나의 무늬이다. 지각된 것은 현상된 것이 아니라 현상들을 관통해서 실재적 형태에 도달한다. 그렇다면 기술시대의 인간은 기술적 존재로서 존재하는 모든 것들과 함께 공진화함으로써 존재한다고 말해야 할 것이다. 그런 점에서 포스트휴먼인 존재가 매번 새로운 존재로 창조되고 있음을 부정할 수 없게 된다. 포스트휴머니즘이 말하고자 하는 바는 세계를 콘텍스트로 하여 그것을 각각의 이질적인 관점에서 이해해야 한다는 것이다.

세계-에로-존재인 포스트휴먼은 단일한 개체가 아니며, 어떤 것에 의해 규정된 개체가 아니다. 포스트휴먼은 상이한 존재들로서 체현하며, 세계를 다중의 이질적인 관점에서 이해한다(조윤경, 2009: 69).

메를로-퐁티가 환상지 혹은 질병부인증을 통해 보여 주는 관계는 지각이 어떻게 몸과 세계를 엮어 내어 실재성을 확보하게 하는지 잘 나타낸다. 우리는 메를로-퐁티가 사례로 들고 있는 환상지에서 세계-에로-존재인 인간이 세계를 열어 가는 방식을 발견한다. 그것은 기술적 몸과 몸-주체인 나에 관한 이해방식이다. 여기서 우리가 확인하는 것은 두 가지 문제이다. 첫 번째는 사고로 잃어버린 팔에 느껴지는 환상은 실재성을 어떻게 획득하는가이다. 두 번째는 왜 우리는 환상지를 가지는가 하는 점이다. 이 문제들은 몸틀 또는 몸-도식이 형성되는 방식을 이해할 때 해결된다.

기술화된 인간이라는 점에서 본다면, 인문학적 상상력과 기술적 상상력의 심리적 거리는 멀지 않다. 디지털 시대의 기술 발달은 인간을 비인간화했고, 인간의 본성은 기술에 매몰되어 파괴되어 가고 있다는 위기론이 팽배하던 시대, 즉 후설과 하이데거를 비롯한 현상학자들이 위기로 파악했던 그 시대와는 상당한 차이가 있다. 현상학적 태도는 근대의 보편학에 대한 그들의 주장에 대해 비판적 입장에 있지 기술 자체에 있지는 않다. 기술은 단지 수단으로서가 아니라 인간을 드러내는 힘으로 간주된다. 그것은 일종의 능동성으로서, 다시 말해 인간은 기술화된 인간인 까닭에 스스로 확장 가능하다. 이 말은 인간이 기술이라는 수단으로 자신을 강화한다는 의미가 아니라, 인간은 기술적 몸으로 변신한다는 의미이다. 그리하여 기술적 상상력은 확장된 '인간과 세계'의 등장 또는 그러한 존재들의 현실성으로 나타난다. 이로써 우리가 해결하고자 하는 문제의 핵심에 도달한다. 장애는 존재의 결핍이 아니라, 세계와의 부적응이라는 점이다. 장애를 극복한다는 것은 결핍을 채우는 것이 아니라 부적응 상태에서 벗어난다는 것이다.

인간은 스스로 자연과 공진화하며 세계의 바다에 닻을 내릴 수 있는 자유를 가진 존재이다. 그 선택은 '선택의 장'이 주어졌을 때 비로소 가능하다. 메를로-퐁티는 그러한 자유를 '조건 지어진 자유'라고 말한다. 그런 의미에서 인간은 덜 자유롭거나 더 자유로우며, 그런 점에서 인간은 정도의 차이를 가지며 장애 상태에 놓이게 된다. 절대적인 자유가 존재하지 않듯, '늘상 장애 상태'에 놓여 있다는 것은 장애가 아닌 것과 같다. 그러나 누구나 똑같은 정도의 장애이지는 않기에 장애는 현실적으로 고통이 될 수밖에 없다. 그러므로 우리는 장애 자체에 집중하기보다는 장애가 어떻게 발생하는가에 집중해야 한다. 다시 말해 장애가 '만들어진 장애'라는 점을 간과해서는 안 된다. 사람들은 장애를 만들어 내고, 그것을 기준으로 열등한 것과 우월한 것으로 나눈다. 우리가 비판하는 지점은 바로 여기에 있다. 그러므로 장애라는 현실을 받아들이되, 장애의 상태로 지속해서 머물러서는 안 된다는 점을 강조한다.

장애이고 싶지 않은 의지가 세계를 끊임없이 바꾸어 가는 힘이다. 이 힘을 우리는 자연과 기술에서 찾을 수 있다. 후설 또는 하이데거가 우려했듯이 과학은 자연을 파괴하고 인간을 훼손시켜 왔다. 하지만 그렇게 된 것은 우리가 과학에 대해 가지는 태도 때문이다. 과학의 발달로 우리가 놀라면서 반기는 것은 편리함과 유용함이다. 편의와 이익, 또는 유용성을 추구하는 심리는 과학의 발달로 더욱 부추겨지고 이를 위해 우리는 스스로 닦달하기를 멈추지 않는다. 하지만 과학과 기술이 인간의 능력을 강화시키는 수단이라는 인식 대신에, 몸의 행위성을 이르는 것이라고 생각한다면, 기술을 이용한 닦달은 멈추게 될 것이다.

물론 메를로-퐁티도 과학에 대해 긍정적이지 않았다. 그에 따르면 과학은 사물들을 사물 자체로 이해하지 않고 조작(Merleau-Ponty, 1964: 9)하기 때문이다. 『행동의 구조』에서 메를로-퐁티는 의식과 자연의 관계를 이해하고자 했다. 특히 그는 근대적 자연이 구성된 자연임을 비판하며 사실성의 측면에서 살펴보려 했다. 메를로-퐁티는 데카르트와 칸트에 의한 자연 개념에 머물지 않고 자연의 본래적 의미를 회복하려 한 것이다(Barbaras, 2001: 23).

메를로-퐁티의 자연과 과학, 또는 기술에 대한 입장은 종래의 입장과 같지 않다. 자연은 과학에 의해 변화되는 것이 아니라 스스로 생성 변화한다. 과학은 자연을 이용하기 위한 인간의 수단이 아니며, 자연은 과학기술을 수단으로 착취되는 대상이어서는 안 된다. 과학기술은 인간에게 스며드는 방식으로 이해되어야 한다. 과학기술과 자연과 인간은 전체로서의 몸으로 이해되어야 한다. 장애는 그 자체로서 문제되는 것이 아니라 존재들 사이의 권력의 결과로 발생하는 사회적 문제이다. 그런 점에서 장애는 결코 해소될 수 없고 권력관계에서 끊임없이 재생산된다.

우리는 새로운 기술 시대를 근대과학적 태도와 다른 관점에서 받아들여야 한다. 특히 "디지털 이미지는 인간 주체로부터 나오지만 동시에 그것은 자체적 자율성 또는 행위자성을 가지는 타자로서 존재"(한석진, 2007: 152)한다는 점에서 새로운 타자의 등장과 동시에 새로운 세계의 가능성을 보인다는 점에 주목할 필요가 있겠다. 우리는 행위예술가 스텔락(Stelarc)의 예술에서도 디지털 시대의 몸, 즉 기술화된 몸이 보여 주는 소통의 방식을 확인할 수 있다. 소통은 일종의 대화이며, 관계 맺음이다. 스텔락은 과학기술의 예술적 접근을 통해 몸을 스스로 디자인할 수 있는 가능성을 보여 준다. 몸은 '나'를 드러내는 수단이 아니다. 내가 몸을 디자인하는 것이 아니라, 몸이 자신을 디자인하는 것이다. 나는 몸 자신이며 그런 의미에서 몸-주체이다. 구체적인 사례를 들자면 스텔락은 "핑 바디(Ping Body)"(1996)라는 퍼포먼스에서 자신의 사이버 신체와 인터넷 사이버 스페이스를 연결했다. 이를 통해 예컨대 파리에 있는 사용자가 호주에 있는 스텔락의 몸을 물리적으로 움직이게 할 수 있었다"(조윤경, 2009: 319). 또 다른 행위예술가 오를랑(Orlan)의 퍼포먼스는 관념화·객관화된 몸에 도전한다. 몸은 도구가 아닌 주체임을 보여 주는 그의 퍼포먼스는 과학기술의 힘으로 자신을 변화시킨다. 기술은 몸이 배제된 정신이 아니다. 기술은 몸 그 자신과 연결됨으로써 증폭되는 힘이다.

우리는 고유한 몸인 내가 어떻게 기술과 더불어 세계를 확장해 가는지 살

퍼보았다. 반복하지만 몸은 기술을 사용하는 주체가 아니라 기술 자체로서
행위성이다. 몸의 기술은 스스로를 확장하고 창조하며 디자인한다. 이것이
포스트휴먼이 지향하는 몸이다. 우리는 이러한 몸들이 엮이는 세계를 차이
와 다양성의 세계로 간주한다. 이로써 기술시대의 몸은 포스트휴먼으로서의
몸이며, 장애는 은폐의 방식으로 사라지는 것이 아니라 장애 자체의 문제를
드러냄으로써 해소할 수 있게 된다.

4. 장애를 넘어, 고유한 몸

장애가 결핍이라면 그때의 장애는 사회적 시스템이 만든 결핍이자 불편이
다. 따라서 장애를 해소하기 위해 우리는 사회적 시스템의 변화를 기대한다.
그러나 사회적 시스템이 바뀌면 장애는 사라지는 것인가? 어떤 사회라 하더
라도 분명히 소외되거나 고려되지 않은 무엇인가가 있기 마련이다. 이때 장
애가 발생하고, 그러한 소외가 특정 집단이나 특정 몸에 가해지면 그 몸이
'장애'인 몸이 된다. 우리가 던지는 문제의 핵심은 여기에 있다. 장애가 있는
데도 그 장애에 대해 인식하지 말자는 의미가 아니라, 장애라고 하는 문제
자체를 해소하자는 것이다. 이는 기술화된 몸을 다루면서 던졌던 물음이기
도 하다.
우리는 장애 개념 자체에 문제를 제기해야 할 필요가 있다. 개인의 문제이
건 사회의 문제이건 장애가 극복되어야 하는 것이라면, 그 원인이 사회에 있
건 개인에게 있건 장애는 혐오의 대상에 머물고 말 것이다. 그렇게 된다면
비장애인 몸은 정상이고 우월하며, 장애인 몸은 비정상이며 열등한 몸으로
간주되는 것이다. 그러나 우리는 몸 자체의 불완전성을 말하고자 하는 것이
다. 그렇다면 장애문제는 해결될 수 있을 것인가?
근대과학은 몸을 특정한 방식으로 보게끔 보편적 입장을 전제하고 있다.

장애는 보편적인 기준에 미치지 못하는 불편한 몸이다. 이에 대해 메를로-퐁티는 근대과학을 경계하며 다음과 같이 말한다. "나는 과학이 타인의 신체에 대해 나에게 가르쳐 줄 수 있을 것으로부터 아무것도 전제하지 않고서도, 나의 앞에 있는 테이블이 나의 눈과 몸과 특이한 관계를 유지하고 있음을 확인할 수밖에 없다"(메를로-퐁티, 2004: 22). 몸은 여전히 너인 몸, 또는 나인 몸이지만, 같은 '몸'이라는 의미에서 보편적 개념이다. 그럼에도 이 몸은 분명히 같은 몸이 아니라, 다른 몸이다. 그래서 몸을 객관화하여 설명한다는 것은 무의미하다.

몸은 각자의 방식으로 기술되거나 체험을 통해 이해되어야 한다. 체험은 매순간 다르게 일어난다. 같은 그림을 같은 장소에서 본다고 하더라도 그것을 보는 몸은 같은 시간의 몸이 아니다. 몸인 나 자신은 몸의 변화에 따라 다른 체험 내용을 가진다. 하물며 타인의 몸이 나의 몸과 같은 체험 내용을 가질 수 있겠는가? 이제 몸은 같은 몸이면서도 다른 '나인 몸'이며, '너인 몸'이다. 몸은 스스로 자신의 체험을 만들어 간다는 점에서 몸들은 모두 제 각각의 주체이다. 메를로-퐁티는 이를 상호몸성으로서의 상호주체성이라 한다. 메를로-퐁티의 상호주체성 개념은 데카르트의 'ego cogito', 즉 주체 개념에 대한 비판적 입장에서 나온다. 데카르트의 유아론은 나 외에 다른 존재를 이해할 수 없게 했다(Friedman, 1975: 228).

데카르트의 주체가 구체적인 경험에 근거한 자아, 즉 개별적 주체처럼 여겨지지만, 이때 주체는 몸이 배제된 사유의 영역에 한정되므로 구체적이고 개별적인 자아일 수 없다. 즉, 지금 바로 이 순간에 사유의 방식으로 포착되는 자아는 그런 의미에서 영원성을 획득할 뿐, 시간의 흐름 속에 포착되는 공간성의 의미를 알지 못하기 때문이다. 메를로-퐁티에 따르면 경험적 자아가 구체적이기 위해서는 사유하는 자아가 아니라 '할 수 있는 자아'여야 한다. 무엇인가를 할 수 있다는 것은 내가 몸 자신이기 때문이다. 그래서 몸은 선험적 조건이다.

116　2부 장애차별담론 분석

세계는 몸 주체들로 가득 찬 살(chair)-세계이다. 살은 몸과 세계가, 또는 각각의 몸-주체들이 소통하고 만날 수 있는 존재론적 토대이다. 살은 보편적이라는 점에서 관념이지만, 그것은 고정되어 있지 않은 하나의 물질 덩어리로서 유동성을 가지고 있다. 세계는 이 덩어리들로 꽉 차 있다. 이제 몸은 몸-살로, 세계는 세계-살이다. 여기서 말하고자 하는 바는 개별적인 몸들은 살이라는 존재론적 토대 위에 자신들을 주체로 드러낸다는 사실이다. 이때 몸은 각자성이며 고유하다. 그렇다면 우리가 몸인 한 또 다른 몸들과 함께 열어 가는 세계 속에서 절대적인 자유일 수는 없다. 자유는 조건 지어진 자유이며, 몸은 모든 것의 가능성 근거, 즉 선험적 조건이 된다. 우리가 경험하는 부자유는 장애일 수 있다. 그러나 우리는 이 '장애'를 결코 결핍의 의미로 받아들이지 않는다. 몸과 몸의 만남에서 몸은 다른 몸에 대해 장애라는 의미이다. 장애가 매순간 다른 방식으로 나타날 때, 장애는 '몸의 고유성(l'appro-priation)'으로 대체될 수 있다.

몸은 생물학적 유기체이기도 하지만 문화적 인공물이기도 하다. 그래서 몸은 이미지도 아니며 물질적 대상도 아니다. 몸은 지각이다. 보고 만지는 모든 것을 통해서, 즉 감각함으로써 몸은 자기 세계를 가진다. 백내장으로 흐린 눈을 한 사람이 가졌던 세계와 그가 수술 이후에 가졌던 세계는 같은 세계가 아니다(메를로-퐁티, 2002: 339~340). 각각의 몸은 각자의 경험에 따른 자기만의 세계를 열어 낸다. 이 세계는 "세계를 가지고 있는 개인들에게만 '세계들'일 뿐이요, 세계(le monde)가 아니다"(메를로-퐁티, 2004: 26). 하나의 세계는 공통세계이지만, 지각은 공통세계를 향해 열리는 것이 아니라 개인적이고 개별적인 세계로 열린다. 보고 만지는 모든 경험이 삶이며, 그 삶은 몸으로 드러난다. 우리는 몸과 지각의 권리를 자신에게 돌려받아야 한다. 우리는 다시 타자의 문제로 넘어간다. 왜냐하면 몸은 나와 타자를 개별적으로 존재할 수 있게 하는 가능적 조건이기 때문이다. "타인은 타인의 몸으로 내 앞에 나타나며 나는 내 몸으로 타인 앞에 나타난다"(양해림, 2009: 60). 몸은 몸 주체이지만 그 몸은 하나의 실체가 아니라 세계와의 얽힘-교차 방식으로 드러나는 무늬이다. 이렇게 몸은 세계와의 관계에서 때로는 무늬로 드러나고 때로는 배경으로 물러나며 '애매성'의 관계를 유지한다(김종헌, 2003: 311).

그렇다면 디지털 공간에서 사이버 몸은 어떤 몸인가? 마셜 매클루언(Marshal Mcluhan)은 미디어 몸의 확장으로 이해하고 있다. 매클루언의 이러한 이해에 따르면 사이버 몸은 디지털화된 몸이며, 확장된 몸으로 이해할 수 있다. 이때 비로소 장애인 몸은 사라지고 고유한 몸으로 자기 권리를 가질 수 있다. 장애인 몸은 돌봄 속에 배려 받는 존재가 아니라, 주체로서 자기 권리를 찾아야 하는 고유한 몸이다.

근대의 이분법적 구조의 해체는 새로운 패러다임으로의 전환으로 이끈다. 현실적인 장애문제는 이러한 전환 없이는 근원적으로 해소될 수 없다. 몸은 스스로를 디자인하는 까닭에 보편적이기보다는 개별적이다. 이러한 개별성을 인정할 때 몸은 차별적으로 존재하지 않고 차이로 존재할 수 있다. 또한 이렇게 이해되어야만 우리는 장애문제에 대한 근원적 해소를 기대할 수 있다. 그렇다고 해도 우리는 장애의 현실적인 문제를 간과할 수 없다. 장애를 겪는 사람들은 자신에게서 오는 문제가 아님에도 불구하고 장애라는 현실 속에서 차별을 받는다. 장애인의 권리를 '돌봄'과 '배려'라는 도덕적 차원에서도 빼앗을 수는 없다. '장애'를 몸의 고유성으로 지칭해야 하는 것은 이 때문이다. 장애는 세상과의 만남과 그 만남에서 오는 선택의 순간이자 조건이다. 이는 메를로-퐁티가 말하는 자유의 순간이기도 하다. 고유한 몸은 다른 몸과의 관계에서 독특하고 유일한 것이다. 그 몸은 독특하고 유일하면서도 끊임없이 자신을 변화시키는 몸이다. 기술화된 몸이 고유한 몸의 자기 확장으로 이해될 때, 몸은 세계와의 자유로운 접촉으로 인한 전체적 통일성을 지향할 수 있다.

5. 배타적 윤리에서 관계적 윤리로

근대는 합리성과 효율성의 미명하에 차별이 정당화되고 있으며 이에 따라 존재하는 모든 것들에 질서가 매겨진다. 특히 인간은 여전히 신을 향한 열망을 저버리지 못한 채, 스스로 선하고 도덕적인 존재임을 자처하면서 모든 존재하는 것들에 대한 주체라는 지위를 획득한다. 자아 혹은 개인은 타자나 다른 모든 존재들을 자신의 입장에서만 이해하려 한다. 그래서 장애인 몸은 배려의 차원에서 다시금 타자화된다. 다시 말해 장애인 몸은 보편적이고 동일한 기준 아래 판단된다.

문제는 우리 사회의 장애문제가 배려를 통한 윤리적 차원에서 논의되어 왔다는 점이다. 그러나 배려를 통한 윤리적 차원이 현실에서 차별을 전제하고 있다는 점을 간과해서는 안 되겠다. 좀 더 구체적으로 말하면 인간 또는 이성 중심적 사유는 정상적이고 보편적 인간 또는 이성을 기준으로 하여 타인을 비롯한 다른 존재들을 구별하고, 그들을 대상화하면서 돌봄의 이름 아래 통제하려 하기 때문에 '배타적 윤리'에 속한다. 사례를 들자면 많은 장애인들은 복지시설에서 프로그램 운영 방식에 따라 삶을 살아간다. 그들이 복지시설에 모여 사는 이유는 편리함 때문이다. 문제는 그 도움이 관리 차원에서 일방적일 수 있다는 점에 있다. 이 편리함은 돌봄을 수행하는 사람이나 돌봄 대상이 되는 사람 모두에게 해로운 방식으로 작동할 수 있다. '장애'인 몸은 돌봄과 배려의 대상으로 머물지 않고, 고유한 몸으로서 존재론적인 주체의 지위를 회복하면서 삶의 구체적인 상황 속에서 권리를 찾아야 한다. 그리하여 '배타적 윤리'가 아닌 '관계적 윤리'로의 전환이 시도되어야 한다. 특히 장애의 문제는 돌봄의 차원을 넘어 권리의 차원으로 넘어가야 한다. 이런 의미에서 메를로-퐁티의 몸 이론과 새로운 기술 시대는 장애문제에 대한 새로운 고찰의 가능성을 제공한다.

5장 참고문헌

김상호. 2009. 「확장된 몸, 스며든 기술: 맥루한 명제에 관한 현상학적 해석」. ≪언론과학연구≫, 제9집. 한국지역언론학회.

김성환. 2004. 「근대 개인의 정체성을 찾아서」. ≪대동철학≫, 제26집. 대동철학회.

김종헌. 2003. 「메를로-퐁티의 몸과 세계 그리고 타자」. ≪범한철학≫, 제30집. 범한철학회.

류의근. 2014. 「현대 기술과 구원의 문제」. ≪철학연구≫, 제131집. 대한철학회.

매클루언, 마셜(Marshal Mcluhan). 2002. 『미디어의 이해: 인간의 확장』. 김성기·이한우 옮김. 민음사.

메를로-퐁티, 모리스(Maurice Merleau-Ponty). 2002. 『지각의 현상학』. 류의근 옮김. 문학과 지성사.

메를로-퐁티, 모리스. 2004. 『보이는 것과 보이지 않는 것』. 남수영·최의영 옮김. 동문선.

박영숙·꼬르데이로, 호세(Jose Cordeiro). 2006. 『2002 트랜스휴머니즘과 미래 경제』. 교보문고.

심귀연. 2015. 「신체와 장애에 관한 현상학적 연구-메를로-퐁티와 푸코를 중심으로」. ≪철학논총≫, 제82집. 새한철학회.

심귀연. 2018. 「메를로-퐁티의 '몸-살 존재론'을 통해 살펴본 차이의 문제」. ≪대동철학≫, 제85집. 대동철학회.

아리스토텔레스. 2008. 『니코마코스 윤리학』. 최명관 옮김. 창.

양해림. 2009. 「과학기술과 새로운 공간창출: 일상적 도시공간에서 디지털 미디어의 정체성을 중심으로」. ≪철학연구≫, 제109집. 대한철학회 논문집.

이수안. 2015. 「테크노휴먼 형상으로서 테크노바디의 존재양식: 감각과 신체성을 중심으로」. ≪인문학논총≫, 제39집.

조광제. 2004. 「디지털적인 호환시대에서의 실재성 개념」. ≪철학과 현상학 연구≫, 제23집. 한국현상학회.

조윤경. 2009. 「포스트휴먼과 기술적 상상력」. ≪기호학연구≫, 제26권. 한국기호학회.

한석진. 2007. 「디지털 퍼포먼스 〈모탈 엔진(Mortal Engine)〉(2008)에서의 포스트휴먼 몸에 대한 연구: 포스트 메를로-퐁티 철학의 관점에 근거하여」. 『대한무용학회논문집』, 제75권. 대한무용학회.

Barbaras, Renaud. 2001. "Merleau-Ponty and Nature." *Research in Phenomenology,* 31, Research Library.

Friedman, Robert M. 1975. "Merleau-Ponty's Theory of Subjectivity." *Philosophy Today,* 19 (3): 228~242.

Merleau-Ponty, Maurice. 1964. *L'œil et l'Esprit*. Paris, Gallimard.

Merleau-Ponty, Maurice. 1995. *La nature, établi et annoté par Dominique Séglard*, Seul, Paris.

6

한국사회 장애혐오*

강미영

　장애인은 국가와 시대를 초월하여 차별과 억압의 대상이었다. 따라서, 장애혐오는 종종 진화의 과정을 통해 인간이 내면화한 죽음에 대한 공포와 불완전한 육체에 대한 불안으로 등치되기도 한다. 인간이 본능적으로 가지고 있고, 진화적으로 내면화한 죽음에 대한 공포는 인간의 불완전한 신체에 대한 혐오를 불러일으키므로 장애인은 투사적 혐오의 대상이 되기 때문이다. 장애학자 톰 셰익스피어 역시 무능력과 비생산성을 내세우며 육체의 한계를 공격하는 인간의 심리에는 죽음과 몸의 불능에 대한 두려움이 투사되어 있음을 "부정의 쓰레기통(dustbin of disavowal)" 개념을 통해 설명했다. 하지만, 장애혐오에 대한 이러한 접근 방식은 특정 시대와 사회가 지니는 장애를 향한 서로 다른 태도와 변화를 설명할 수 없을 뿐만 아니라, 문명과 문화 속에서 살아가는 이성적이고 윤리적인 존재로서의 인간에 대한 가능성을 축소시키는 결과를 가져온다. 이와 같은 이유로, 특정 사회에서 나타나는 장애혐오는 담론적 차원에서 접근할 필요가 있다. 담론이 시대를 거치며 형성된 지식과 권력의 융합체임을 생각할 때, 각 사회는 같은 대상이라고 해도 고유의

＊　이 글은 강미영, 「한국사회 장애혐오 담론 연구」, ≪현상과 인식≫, 47권 4호(한국인문사회과학회, 2022)를 일부 수정했다.

담론 형성의 과정을 형성한다. 따라서, 한국사회 내의 장애에 대한 부정적인 시각을 분석하는 것은 한국사회가 장애를 바라보는 방식과 담론이 형성되고 작동되는 방식을 조명함으로써, 한국사회에 깊게 뿌리박힌 정상성 이데올로기(Ideology of Normalcy)와 장애 불평등—장애차별주의— 결과적으로, 이 문장은 한국사회에 깊게 뿌리박힌 정상성 이데올로기와 장애차별주의 혹은 능력주의(Ableism)에 의해 차별과 혐오의 대상이 되었음을 보여 준다.

장애인은 여타의 사회적 소수자로 살아온, 여성, 성소수자, 유색인종 등과 같이 다양한 차원에서 차별과 억압의 대상이었음에도 불구하고, 학계적인 관심과 연구의 대상에서는 밀려나 있었다. 여성, 성소수자, 유색인종 등에 대한 차별과 억압이 다양한 방식으로 연구되고 개선되는 과정에서도 장애인은 사각지대에 놓여 있었다. 소수자들이 정체성의 정치와 담론을 통해 자신들이 어떻게 남성, 이성애자, 백인에 의해 생물학적으로나 정신적으로 열등하고 문제가 있는 사람들로 치부되어 왔는지를 주장할 때조차, 장애인들은 실제로 육체적·정신적인 열등함과 한계를 지닌 사람들이라는 생각에 근거해 거부와 투쟁의 역사에서 배제되어 왔다. 이러한 이유로 장애학의 본격적 출현이 서구사회에서 뒤늦은 현상이었다면, 한국사회에서는 여전히 도래하지 않은 미래라고 해도 과언이 아니다. 선진국에 비해 뒤늦게 시작된 한국의 장애인운동은 장애 당사자와 그 주변인들을 주축으로 시작되었고, 1990년대가 되어서야 장애인운동 조직을 통한 법 제정 노력이 전개되어, 2008년 장애인차별금지법이 시행될 수 있었다. 그러나 담론과의 싸움은 오히려 본격화했고, 사회적 소수자로서의 장애인을 향한 혐오는 다차원적이고 암묵적인 방식으로 지속되었다.

장애혐오 담론은 장애와 장애인을 대상화함으로써 혐오감을 만들어 내는 기호의 집합이다. 대상화란 상대를 한낱 물건이나 대상으로 취급하면서 목적을 위한 수단으로 대하는 것이다. 중요한 것은, 타인의 주체성이나 자율성을 무시하고 하나의 개념이나 도구로 생각하는 대상화가 혐오의 한 형태라는 것이다. 단순하게 특정 대상을 싫어하고 미워하는 것만이 혐오가 아니라 주체로 인정하지 않고 특정 대상으로만 여기는 것도 혐오가 될 수 있다. 정리하자면, 장애혐오란 장애가 있다는 이유로 무시하거나 싫어하는 행동뿐만 아니라 타인의 주체적 자율성을 인정하지 않는 행동을 아우르는 개념이다. 장애혐오는 장애가 있는 개인을 집단적 정체성으로만 바라보고, 그 집단의 특징을 토대로 형성하는 부정적 여론이라 할 수 있다. 장애인에 대한 대상화가 일어났을 때, 장애인은 비장애인의 시각에서 규정된 특성이 개개인의 인격 전체로부터 분리되어 일관되고 단순한 존재로 축소된다. 장애인의 목소리와 정체성이 비장애인의 시각을 통해 해석되면서, 장애인은 타인의 시선을 통해 자신을 바라보게 되고 주체로서의 의식과 권리를 잃게 된다. 그리고 대상화를 통해 장애인들은 불안감, 수치심을 느끼고, 왜곡된 자아상을 지니게 된다.

장애인의 대상화는 한 사회가 장애인을 특정한 방식으로 정의하는 데서 시작한다. 장애인은 선천적이나 후천적인 손상에 의해 움직임이나 감각, 혹은 지적 능력에 한계를 지니게 된 사람이라고 정의되어 왔다. 그러나, 장애(disability)를 손상(impairment)과 등가로 여기는 결정론적인 시각에는 장애가 사회적 환경에 의해 장애화(disablement)로 이어지는 과정에 대한 심도 있는 이해가 결여되어 있다. 어떠한 정신적·신체적 손상을 지닌 사람이 '장애인'으로 규정되는 것은 사회구조적 질서 속에서 일어나는 사건이다. 다른 사회적 조건과 환경이라면 정신적·육체적 손상을 지닌 사람이 장애인이라고 규정되지 않을 수도 있다는 의미이다. 이렇게 손상이 장애로 변형되는 '장애화'의 과정에서 특정한 사회적 조건과 담론적 환경에 의해 장애가 만들어진다. 그렇게 장애인은 인간 육체에 대한 도전으로서의 장애와 인간성에 대한 도전으로서의 장애담론에 의해 이중적으로 억압 받는 존재가 된다. 결국, 장애가 있는 사람들은 물질적 차별뿐만 아니라 편견에 의해서도 불구가 된다. 이러한 편견은 단순한 대인 관계가 아니라 문화적 표현, 언어, 사회화에도 내포되어 있다. 이러한 장애담론에 대한 분석이 필요한 이유는 담론은 합의에 의한 이데올로기의 형태로 사람들의 의식을 지배하고, 현실을 왜곡하고 혐오감을 양산하며 장애 수용을 위해 진정으로 필요한 사회적 이해와 변혁에 실질적인 장벽이 되기 때문이다.

결국, 장애혐오 담론은 장애에 대한 편견과 왜곡된 차별의식뿐만 아니라 장애에 대한 회피와 범주화 모두를 아우르는 것이다. 장애를 범주화하고 특정 속성에 귀속시키는 현상에 주목한 레날드 데이비스는 장애를 시간적 연속성이 아닌 순간성에 위치시켜야 한다고 주장한다. 누군가는 그저 장애인이 아니라 장애를 가지고 태어나고, 장애를 가지게 되는 순간을 지닌다. 사람들은 그 손상을 특정 크로노토프[1]에 가두고 서사화함으로써 장애와 장애인을 감성적 틀로 바라보게 만든다. 이러한 크로노토프의 문제는 장애를 고정적이고 단일한 관념으로 상정한다는 데 있다. 장애는 정신적인 결함, 정신보건 문제, 신체적·감각적 손상, 유전질환 등을 아우르고, 복합적이고 불안정하고, 변화무쌍한 조건들을 생산한다. 따라서, 같은 방식으로 모든 장애인을 포괄할 수 없다. 그럼에도 불구하고, 장애라는 범주는 항상 정형화되고 고착화된 선택을 요구한다. 이러한 절대적 범주에는 "권력, 통제, 공포"라는 어두운 이면이 존재하며, 장애는 일정 부분 역사적으로 구성된 담론이며, 특정 역사적 환경에서 주조된 육체에 관한 이데올로기이므로, 장애학은 장애를 가진 사람들이 아니라 육체에 관해 생각하는 방식을 통제하고 조종하는 사회적·역사적·경제적·문화적 과정에 관해 연구해야 한다. 이러한 맥락에서 이 연구는 한국사회의 장애담론의 형성, 그 담론이 장애혐오와 지니는 연관성, 그것들에 대한 윤리적 대응 등에 관해 논의하고자 한다.

---

1) 시공간이란 의미의 용어로, 러시아의 철학자이자 문학이론가인 미하일 바흐친이 문학비평에 처음 사용했다. 여기서는 재현물로서의 장애가 특정 시공간과 서사구조에 갇힌 채 사용된다는 것을 보이는 의미로 사용되었다.

1. 재현으로서의 장애

장애는 언어와 이미지를 통해 반복적으로 재현됨으로써 은유와 담론이 된다. 미디어에서 장애를 좀처럼 찾아보기 어려운 '상대적 비가시성' 자체가 보이지 않는 존재로서의 장애인을 재현하고 있을 뿐 아니라, 각종 미디어를 통한 부정적 언어 표현이나 왜곡된 이미지가 장애에 관한 편견과 고정관념을 만들어 내는 과정에서 장애는 부정적 타자의 은유가 된다. 미디어는 우리가 장애를 접하는 주요 지점이자 장애가 영향받고 지배당하는 주요 도구이기 때문이다. 넓은 의미의 미디어는 의사 전달이나 정보 교환을 위한 수단을 의미하며, 언어·음악·뉴스·드라마·영화·게임 등이 모두 포함된다. 다양한 형태의 미디어가 인간의 상호관계와 행동양식을 만들어 내고 제어하는 데 영향을 미치는 것과 마찬가지로, 각종 미디어를 통한 장애의 재현은 인간에게 심리적·사회적 영향을 미치며 장애에 대한 감정과 태도를 조종한다.

장애는 일차적으로는 언어적 수단을 통해 재현되고 대상화되는데, 육체의 손상과 불편함을 지칭하는 기표로서의 '장애'라는 표현은 명명되는 순간부터 이미 혐오적이다. 장애(障碍)라는 표현은 막힐 장(障), 거리낄 애(碍)의 한자어로 이루어지며 장애가 삶의 걸림돌이라는 의식을 재현하고 있다. 이러한 재현 방식은 언어적 표현, 관용구, 속담 등을 통해 활용되면서 장애혐오를 부추긴다. 귀머거리, 벙어리, 언청이, 저능아 등의 신체장애에 대한 비하적 표현이나 '병신', '불구'와 같은 표현은 장애에 대한 부정적 이미지를 만들어 내며, 이는 '장님 코끼리 만지듯 한다', '병신 자식 효도한다' 등의 속담, 나아가 '눈뜬 장님'이나 '결정장애'와 같은 비유적 표현에까지 잘 나타난다. 이러한 속담이나 관용구는 언어의 관습적이고 맹목적인 특성으로 인해 사용자의 의식 바깥에서 부정적인 의미를 생산하고 전달한다.

비하적 표현이나 멸칭에만 문제가 있는 것은 아니다. 한때, 국내에서는 벗우(友) 글자가 포함된 '장애우'라는 표현을 쓰곤 했었다. 하지만 이 표현은 비장애인의 입장에서 장애인을 타자화하는 표현으로, 장애인 당사자가 자신을 지칭할 때 이 단어를 사용할 수 없다. 또한 이 표현은 장애인을 동등한 사회 구성원이 아닌 비정상적 집단으로 보는 비중립적 표현이자 친구로 보며 봐주자는 동정적인 느낌을 담고 있어, 동정을 요청하고 장애인을 비주체적 존재로 객관화하는 표현이라는 비판 때문에 점차적으로 사라지게 되었다. '지적 장애를 앓고 있다'거나 '장애를 극복했다'라는 중립적 표현들도 장애를 질병이나 개인적 비극처럼 이겨내거나 헤쳐 나갈 수 있는 것으로 오인하게 한다는 점에서 장애에 대한 왜곡된 시각을 내포한다. 이러한 표현들은 표면적인 무해성이나 중립성으로 인해 유아나 청소년이 읽는 도서 혹은 온라인의 웹문화를 통해 전파되기도 하고 공공연히 공중파 미디어를 통해 유포되기도 한다. 이러한 장애 관련 표현과 속담들의 문제는 장애표현을 넘어 도덕적이고 윤리적인 의미로 확장될 때 나타난다. 장애인 차별 표현은 장애가 비정상적이고 비합리적·비효율적이라는 프레임을 통해 장애인에 대한 왜곡된 인식을 부추기고 타자에게 그 왜곡을 강요하는 문제를 낳기 때문이다. 장애인 차별 표현은 단순한 표현의 문제가 아닌 인간성 회복과 사회정의를 위해 점검과 개선을 필요로 하는 사회적 문제이다.

장애차별 표현은 언어와 화자 사이의 책임 문제를 촉발하기도 한다. 1980년대까지 '장애자'가 널리 쓰였고, 1988년 패럴림픽 때도 '장애자경기대회'로 썼으나, 1990년대에 장애자에 낮춤의 뜻이 있다는 지적에 따라 장애인으로 수정되었다. 이는 '장애자'의 '자'가 놈 자(者)를 사용함에 따라 부정적 의미를 지닌다는 게 이유였지만, 사실상 장애자가 "애자"라는 줄임말로 사용되면서 폄하의 의미로 수용되었음을 사회적으로 환기하는 기회였을 뿐 실제로 장애자라는 언어 자체에 폄하의 의미가 있었던 것은 아니다. 장애자에 쓰이던 놈 자는 폄하의 의미가 없는 배우자, 학자, 소비자 등의 일반명사에도 사용되는 것으로 그 자체로 부정적 의미를 담고 있지는 않기 때문이다. 마찬가지로 소경이나 장님, 맹인 역시 중립적 표현이지만 폄하의 의미로 받아들여져 금기시되고 시각장애인만이 공식적으로 사용되고 있다. 결국, 장애자를 부정적 단어로 만든 것은 단어를 사용하는 대중의 장애혐오감이었으며, 해당 표현을 폐기시키는 것은 그 혐오감의 확인이자 회피이다. 대중의 혐오감 자체를 드러내고 문제시하는 대신 오염된 언어의 사용을 금기시하는 방식은 인간이 아닌 언어에 문제가 있는 것으로 만듦으로써 책임 소재를 불분명하게 하는 문제를 넘어 장애에 대한 혐오감을 허용하는 계기로 작용할 수 있다. 장애인을 향한 혐오는 마음의 문제이지 언어의 문제가 아니다. 혐오감은 특정 언어가 사라지면 또 다른 언어를 만들어 낸다. 주체가 말하는 언어는 관습적이며, 인용적이다(버틀러, 2016: 84). 장애를 혐오하는 주체는 그 기원이 아니라 호명을 통해서 언어로 생산된 존재이다. 장애차별적 표현을 억제하려는 법적·제도적 노력은 장애혐오의 표현을 배태시킨 사회 전체의 책임과 그 언어를 유포하도록 한 집단의식이 아닌 화자 개인이나 언어의 문제로 축소시킨다.

장애표현의 폭력성은 '장애인'이라는 이름으로 매우 다양한 손상을 포괄하는 어려움을 지닌 사람들을 하나의 개념으로 엮는 행위 자체가 동일성의 폭력을 자행할 뿐 아니라 실제적인 차별을 야기한다는 사실에서도 나타난다. 비장애인의 시각에서 장애인을 하나의 범주로 묶는 행위는 언어의 수행성과 장애의 다양성을 고려할 때 장애인이 자신의 정체성을 규정하거나 비장애인이 장애인을 바라보는 방식 모두에 영향을 준다. 언어가 사회적으로 수립되고, 또 사회적인 것을 배치한다는 이중적인 의미에서 장애인은 비장애인의 반대어로서 구조적인 의미를 지니고, 장애는 장애 관련 인식과 제도에 영향을 미친다. 이처럼 장애인이라는 꼬리표가 야기할 수 있는 다양한 사회현상을 집요하게 파고들수록 문제의 핵심에 도달하게 된다. 사회는 가지치듯 세분화된 명명법으로 하위 구분된 어떤 일반 범주를 정립하기에, 결국 장애라는 현상을 확산시킨다. 이러한 언어적 표현은 모든 신체적·정신적 훼손으로 하여금 자신의 모습을 발견하고 인식하게 할 뿐만 아니라, 타인이 해당 표식을 통해 식별하고 통제할 수 있게끔 해 준다.

다른 소수자와 관련한 편견에서와 같이 장애와 비장애에 관한 구분은 다분히 이분법적이고 차별적이다. 장애와 비장애의 구분은 비정상과 정상의 의미로 확장되며 혐오와 차별로 이어지기 때문이다. 누군가를 장애인으로 명명하는 순간부터 그 사람이 지니는 다른 정체성 및 능력이나 가치는 쉽게 매몰된다. 스티케는 다양한 손상을 가진 사람들을 장애인으로 통합하는 과정을, 동일성의 폭력을 자행하기 위해 그들 간의 차이를 삭제하는 것으로 보았다. 스티케는 세계대전을 장애를 손상으로 규정하는 시각, "장애"라는 언어적 표현과 인공 보철이 발달한 계기로 본다. 상해자를 두고, 사람들은 "재적응"을 말하면서 장애를 채워야 할 결핍, 나아가 이겨내야 할 결핍으로 여기며 "재통합"을 요구했다. 재활이라는 언어와 개념의 확장 역시 사회적 재적응을 목표로 하는 것으로, 이때의 자리란 사회화 가능성의 차원, 사회성 차원에서의 어떤 자리가 아니라, 단지 사회 내부에 위치한 자리, 사회적인 것으로서의 자리를 뜻한다. 이 과정에서 장애인은 더 이상 다른 그 무엇을 가리키기보다는, 이 문제를 해소하길 바라는 어떤 사회-경제적 테크닉을 가리키게 되었다. 이것은 곧 동일화의 몸짓, 즉 동일성을 완수하려는 어떤 문화의 출현을 뜻한다. 이때의 동일성이란 곧 불구자, 즉 모든 결핍을 사라지게 하는 몸짓, 다시 말해 결핍을 동류로 만들고, 깊이 박아 넣어, 완전히 사회라는 단일체 속에 녹아들게 하는 몸짓에 다름 아니다. 장애인을 불행한 운명에서 벗어나게 해 주겠다는 미명하에 그들을 타인과 동일한 존재로 간주하는 동일성의 폭력을 자행하는 것이다. 이처럼 장애인들은 사회의 경쟁에 내던져진 채 재통합을 기다리는 시민이 되었다. 이는 하나의 규범화된 보편을 자처하는 어떤 사회를 전제하고 공고하게 해 주는 것이다.

장애인이라는 언어적 재현이 장애인을 개별적 존재가 아닌 차별적 집합으로 존재하도록 만든다면, 미디어를 통한 장애의 재현은 이 과정을 더욱 공고히 한다. 장애가 미디어를 통해 혐오와 극복의 대상이 되는 방식은 은유적이고 은밀하다. 미디어가 장애혐오를 부추기는 방식은 장애라는 소재가 전체

주제에 대해 보조적인 역할을 할 때는 더욱 인지하기가 어려워진다. 드라마 〈우리들의 블루스〉는 다운증후군을 가진 언니 때문에 거친 인생을 살게 된 이영옥(한지민 분)이 박정준(김우빈 분)과 결혼하게 되는 과정을 그리는데, 이 때 장애인의 존재는 그들의 사랑의 깊이를 표현해 주는 은유로 활용된다. 그들의 사랑이 넘어야 할 장애로서 장애인을 등장시킴으로써 그들의 사랑이 깊고 강하다는 사실을 보여 준다. 마찬가지로 영화 〈7번 방의 선물〉에서 아버지(류승용 분)의 지적 장애는 딸을 향한 부성의 깊이와 순수성을 보여 주기 위한 수단이 된다. 장애인이 서사적 보조 역할을 이행하는 과정은 선량하고 순수한 희생자의 이미지를 요구한다. 이러한 이미지 고착화의 문제점은 장애에 대한 단편적이고 왜곡된 편견을 조장함으로써 입체적이고 실제적인 장애인의 실존을 마주하는 것을 불편하게 여기고 나아가 분노와 불편함을 느끼게 한다는 것이다.

그런가 하면, 장애인이 보조적 역할이 아닌 중심인물로 등장하는 서사는 능력주의 이데올로기와 결합하면서 장애에 대한 부정적 인식을 만들어 왔다. 한국의 장애영화는 특별한 재능을 지닌 장애인을 빈번하게 등장시키는데, 자폐이지만 마라톤에 특별한 재능이 있거나(〈말아톤〉), 아스퍼거증후군인 의사가 뛰어난 술기를 발휘하거나(〈굿닥터〉), 지적 장애가 있는 소년이 비범한 피아노 실력을 보여 주기도(〈그것만이 내 세상〉) 한다. 국내에서뿐만 아니라 세계적으로 한류의 반향을 일으킨 드라마 〈이상한 변호사 우영우〉에서 역시 자폐이지만 뛰어난 암기력과 응용력으로 서울대학교 법대를 수석 졸업하고 대형 로펌에서 승승장구하는 변호사의 모습은 가히 공상에 가깝다. 이는 존 밀튼, 베토벤, 스티비 원더와 같은 장애인의 천재 서사를 원형으로 하는데, 이런 영상물 속 장애의 재현은 표면적으로는 장애에 대한 긍정적인 이미지를 유포하는 듯 보이지만, 궁극적으로는 장애에 관한 이중적이고 왜곡된 의식을 양산한다. 슈퍼장애인(Supercrip)의 이미지는 장애인이 장애를 극복하는 데 초점을 맞추고, 비장애 몸과 정신의 우월성을 더 강화하며 그저 자신의 삶을 살고 있을 뿐인 각각의 장애인을 영감의 상징으로 둔갑시킨다. 이러한 재현은 장애가 정상적인 기준에서의 결핍이라는 인식에 더해, 특별한 능력이 없는 장애를 부정적으로 인식하게 만들기도 한다.

대중매체에서와 마찬가지로 게임이나 애니메이션 캐릭터를 통한 장애 재현 역시 장애인에 대한 왜곡된 인식을 부추긴다. 롤(League of Legend) 게임에 등장하는 리신(시각장애인), 헬블레이드의 세누아(정신장애인), 솔리드 시리즈의 라이덴(사지절단 장애인) 등은 장애에도 불구하고 뛰어난 무술 실력으로 대중에게 사랑받아 왔다. 미디어는 이러한 게임 캐릭터들에 대해 "남모를 아픔 속에서도 고군분투하며, 게이머들에게 감동을 주는 게임 속 캐릭터"라고 소개하기도 한다. 이러한 캐릭터의 등장은 게임의 주요 소비층인 청소년에게 장애를 친숙하게 만드는 표면적인 효과가 있지만, 동시에 장애에 대한 왜곡된 인식을 심어 준다. 게임이나 애니메이션에서 장애 캐릭터는 의수나 의족을 착용함으로써 막강한 힘과 전투력을 갖추게 되는 것으로 나타나면서, 장애는 언제든 쉽게 과학기술로 고칠 수 있는 것이라는 장애차별을 확산하기 때문이다. 특히 이러한 장애 캐릭터가 인기를 얻으면서, 의료 공학기술을 통한 신체력의 증강이라는 기호를 통해 장애는 더 무기력하고 무가치한 문제로 인식된다는 문제점을 지닌다.

미디어에서 장애 재현의 또 다른 문제점은 장애인을 정형화하는 데서 찾을 수 있다. 대부분의 장애 캐릭터는 장애에도 불구하고 선과 정의를 대변한다. 대개의 경우 장애 캐릭터는 선한 역할로 등장할 뿐만 아니라 악한 장애인도 주요 인물인 경우에는 선하게 변화하는 경우가 많다. 이러한 정형성을 기존의 장애혐오를 추동하는 왜곡된 이미지에 대한 대안으로서 긍정적 정체성을 유포시키는 것으로 해석하고 옹호할 수만은 없는 이유는, 장애인 개개인의 특성을 무화하는 인물 묘사를 통해 장애인에 대한 그릇된 인식을 고착화하는 역효과를 야기할 수 있기 때문이다. 천사와 수동성의 이미지에 갇힌 장애인은 그 이미지에서 벗어나는 행동을 하는 순간 사람들에게 분노와 혐오의 대상이 될 수밖에 없다. 약자를 위한 관용은 차이에 대한 적대를 정치적으로 해결하는 것이 아니라 단지 관리함으로써 심리적 혐오감과 원한 감정을 심화시키고, 그 결과 강자의 위치를 부인함으로써 발생하는 원한과 억압된 공격성을 낳는다. 결국, 각종 미디어를 통한 장애의 재현에는 장애의 비가시성과 장애의 왜곡 사이의 모순적 관계에서 파생되는 양가성이 존재한다. 모든 장애의 재현에는 사회적 존재로서의 장애를 보이게 하는 힘과 보이지 않게 하는 힘이 동시에 작동하며, 따라서 장애의 재현을 바라보는 사람들의 비판적 의식이 요구된다.

2. 의료지식/과학기술과 장애

장애혐오 담론을 연구하는 데 있어 문화적 재현만큼이나 주목해야 하는 것은 의료지식 및 과학기술의 발전이 장애와 맺는 관계이다. 발전한 의료기술과 플랫폼은 우리가 장애에 대해 생각하고 관계 맺는 방식에 변화를 주었으며, 생명공학과 의료기술의 힘을 빌려 질병과 장애를 극복할 수 있다는 낙관으로 이어졌다. 실제로, 전동 휠체어가 보편화되고 세밀해진 보청기가 보급되었으며, 장애인을 돕는 모바일 앱과 보조기뿐만 아니라 웨어러블 로봇을 통해 기술 낙관주의가 유포되고, 진보된 의료 지식과 기술은 장애로 인한 육체적·정신적 고통을 감소시키거나 개선하는 데 기여했다. 하지만, 이러한 의료기술의 발전은 담론적 차원에서 암묵적인 장애혐오를 조장할 뿐만 아니라 다른 사회적 분위기와 맞물리며 장애와 장애인의 소외를 초래한다. 의료지식과 기술을 통해 미래에는 장애를 없앨 수 있는 기술이 나타날 것이라는 낙관은 현재의 장애를 극복 대상 혹은 찰나의 고통으로 치부하게 하고 더욱 견디기 어려운 것으로 인식하게 하기 때문이다.

의료지식과 과학의 발달은 장애를 신의 저주로 받아들여야 했던 과거의 종교적 관점을 의료적 관점으로 대체하는 배경이 되었다. 이 과정에서 장애는 개인의 도덕적 가치와 분리되고 패배주의적 불운이라는 틀에서 벗어나 적극적으로 치유하고 개선해야 할 대상이 되었지만, 장애가 개인의 신체적·정신적 손상에 따른 것이라는 인식의 유포로 말미암아, 공적 활동의 제약을 개선하려는 사회적 책임을 간과하게 만드는 배경이 되기도 했다. 무엇보다도, 의료지식의 발전은 우생학, 재활학, 질병학, 유전학 등을 통해 장애를 이해하고 개선하는 데 기여했지만, 정상성의 이데올로기를 주조하며 장애를 극복의 대상으로 삼고 혐오의 대상이 되게 하는 데 기여했다. 결국, 다양한 의료지식의 발전은 건강과 정상성이 공동체, 국가, 개인의 우월함, 행복, 도덕성을 상징한다고 간주하며, 건강과 정상성에 절대적인 가치를 부여하면서도 이를 소유하거나 잃을 수 있는 자산으로 여김으로써 장애와 질병에 대한 공포를 조성했다.

이러한 공포는 장애가 있는 신체를 혐오하게 하고 장애 없는 신체와 미래를 지속적으로 꿈꾸도록 만든다. 『치유라는 이름의 폭력』의 저자 김은정은 유예와 배제를 특징으로 하는 장애담론을 '접힌 시간성'의 개념으로 설명한다. 장애인에게 과거와 미래만을 허락하는 접힌 시간성은, 장애가 있는 현재를 살아갈 가치가 없는 것으로 부정하며 미래를 향해 나아가는 폭력적인 '진보'의 서사를 만든다고 주장한다. 한국사회가 의료 지식과 기술을 통해 접힌 시간성을 구현하는 방식을 들여다보자. 황우석의 줄기세포 연구가 일련의 성과를 보이던 시기에, 희망에 찬 뉴스 보도, 황우석을 영웅시하는 다큐멘터리, 황우석의 연구 성공을 기념하는 음악회, 줄기세포 연구에 관한 공청회 등은 모두 현재의 장애를 외면하고 미래만을 내다보며 장애에 대한 접힌 시간성을 구현했다. 황우석의 배아줄기세포 복제 성공을 기념하여 방송된 2005년 7월 31일 KBS〈열린음악회〉에서의 서사는 의료기술에 대한 낙관이 현재와 현실의 장애를 부정하는 방식을 전형적으로 보여 준다. 음악회가 시작되자, 척추장애인인 강원래가 휠체어 댄스 공연을 펼쳤고, 그 이후 황우석은 무대에서 "지금 강원래 씨가 추고 있는 휠체어 댄스가 추억의 장면이 되도록 온 국민과 함께하겠다"라고 말했다. 그의 말 속에서 이전에 없던 휠체어 댄스라는 새로운 장르를 개척한 강원래의 도전과 가치는 부정되고, "국민이 함께 갈" 대의적 미래를 위해 기꺼이 변화되고 기다려야 할 대상으로 변모한다. 강원래가 장애를 갖기 이전의 정상적 과거와 치료를 통해 정상화된 미래만이 의미를 가지게 되는 것이다. 결국, 과학기술이 장애를 종식시킬 수 있으리라는 미래 낙관은 오히려 현재를 살아가는 장애인들의 삶을 소외시킨다.

의료기술 발달이 강조하는 장애 없는 미래는 정상성의 이데올로기를 강화하고 궁극적으로는 장애에 대한 부정적 이미지를 고착화한다. 기술철학자이자 장애학자인 애슐리 슈(Ashely Shew)는 과학기술의 발전이 장애문제를 해결하는 것이라고 믿는 낙관주의가 파생시키는 장애차별주의를 '테크노에이블리즘(Technoableism)'이라 부르고, 이를 기술 낙관론에 기반한 비장애 중심주의라고 비판한다. 이러한 관점은 장애를 손상된 몸을 가진 개인의 문제로 환원하고, 그 개인에게 기술적 지원이나 교정을 통해 장애를 제거할 것을 혹은 정상적인 기능을 회복할 것을 요구하면서, 장애인들이 실제 삶에서 각각의 기술을 어떻게 느끼고, 그것과 상호작용하는지를 구체적으로 고려하지 않는다. 인공지능 기술을 통해 청각장애인의 목소리를 복원하는 것은 소리를 듣지 못하기에 말할 수조차 없었던 사람들에게는 큰 혜택이지만, 음성언어가 정상이고, 수어는 불완전하고 불편한 것이라는 차별적 인식을 심어 주기도 한다. 실제로 KT에서 2020년에 제작한 '마음을 담다'라는 광고는 인공지능 기술로 청각장애인이 목소리를 되찾는 모습을 보여 주었다. 하지만 이 광고는 수어는 비정상이고 음성언어만이 정상이라는 정상성 이데올로기를 강화한다는 혐의로부터 자유로울 수 없었다.

이러한 정상성의 이데올로기는 의족과 휠체어를 대체할 의료기술로 주목받는 웨어러블 로봇, 엑소스켈레톤 연구에서도 나타난다. 엑소스켈레톤이 각종 의료공학적 기술을 통해 하반신 마비 장애인에게 정상적으로 걷도록 강요하는 것은 장애를 사회적 문제가 아닌 의료문제로 규정하고 이를 교정하라는 압력이다. 이러한 비판은 웨어러블 로봇 도입이 정상과 비정상의 이분법적 관계를 재생산하는 동시에 장애차별주의적인 사회구조를 강화하고, 엑소스켈레톤 기술에 내재하는 직립보행만이 정상 보행이라는 전제는 장애인의 이동성(mobility)보다는 정상성(normalcy)에 방점을 둠으로써, 장애와 장애인에 대한 비정상성과 열등함을 부각시킨다는 사실을 보여 준다.

정상/비정상의 이분법적 이데올로기에 의해 타자화된 장애와 장애인은 의료기술에 적합한 몸이 되는 과정에서 이중적으로 타자화되는 경험을 한다. 장애인 선수와 의료공학자가 한 팀을 이뤄 보행기기를 개발하고 기술을 겨루는 사이배슬론 대회에서 보행기기를 입고 대회에 참여하기에 적합한 몸인지 아닌지 확인하는 것은, 정상과 비정상의 이분법을 통해 타자화된 경험을 가진 몸들이 경험해야 하는 이중적 억압이다. 보행기기에 특화된 몸은 하반신이 마비되었지만, 상반신은 크러치를 이용해 체중을 이동시킬 만큼 충분한 힘이 있어야 하며, 정상 보행을 기억할 만큼 장애를 가지고 산 기간이 길지 않아야 한다. 기계를 적절히 이용할 수 있는 몸을 위해 상체 운동을 해야 하기도 한다. 결국, 기계를 신체에 맞추는 것이 아닌 기계에 신체를 맞추는 과정을 통해 인간의 육체는 자율성을 양도하고, 기계에 대한 의존도를 높이게 된다. 장애인의 주체성과 안전성, 안락함을 보장해 주는지에 대한 여부보다는 기계의 동작성, 오류, 사용 시간, 걸음 수 등을 측정함으로써, 장애인의 주체성과 자율성을 약화시키는 결과로 이어지기 때문이다. 결국, 보행기기의 발달은 정상적 걸음걸이라는 고정관념에 기대어 휠체어를 타는 몸을 비정상적이고 극복해야 하는 대상으로 만들 뿐만 아니라, 계단 오르내리기나 장애물 넘기 등을 목표로 설정함으로써 궁극적으로 정상 보행을 가능하게 만드는 것은 기술이지 사회적 보조가 아님을 은연중에 주입하고 장애에 대한 사회적 모델과 지원을 약화시킬 수 있는 위험을 내포한다.

의료기술이 대회장을 벗어나 상용화되었을 때, 기계에 대한 의존성은 자본에 대한 의존성으로 환원되기도 한다. 수천만 원에 달하는 전동 휠체어조차도 자금조달 능력이 있거나, 편의시설이 설치된 자차가 있고 회전 반경이 넓은 전동 휠체어가 움직일 수 있는 넓은 사무 공간을 가진 전문 직종에서 일하는 장애인을 위한 것이다. 하물며, 고도화된 기술과 막대한 자본의 집합체인 보행기기의 상용화가 장애인의 차별과 예속성을 강화시키는 것은 당연하다. 포스트휴머니즘적 시각에서 기술과 장애의 결합에 주목한 질베르 시몽동(Gilbert Simondon)은 기술적 대상들의 진화에 따라 사람이 여기에 적응하지 못해서, 즉 새로운 기술과 관계 맺는 데 실패하여 겪는 '심리적-집단적 불안정'이 소외를 야기한다고 주장한다. 따라서 의료기술의 발달과 장애와의 관계는 낙관도 비관도 아닌 기술을 따라오는 외부적 변화뿐만 아니라 장애인의 심리적 자율성과 권력의 배치에도 주의를 기울여야 한다.

특히 의료과학의 발전이 신자유주의와 자본주의 원리와 맞물리면서 장애는 수치화되고 극복되어야 하는 불행으로 인식되고, 노동가치로 환산되는 과정에서 소외가 가속화된다. 수치화된 능력, 생산성, 노동력 등의 가치는 장애인의 무가치성을 대변하는 증거로 작동한다. 자본주의가 인간을 그저 마케팅의 대상으로만 바라보듯 기술이 지배하는 의료의 시대에 인간은 그저 하나의 이상 수치로 환원되고, 그의 삶을 구성하는 다른 모든 맥락은 지워진다. 이러한 맥락에서, 착상 전 배아선별 기술(Preimplantation Genetic Diagnosis)이나 태아 유전자 검사 등의 유전공학 기술은 불임과 낙태를 정당화하는 논리로 작동하며, 자연스럽게 장애아의 낙태를 증가시켰다. 장애 임신에 대한 태아선별 검사와 낙태의 문제점은 그것의 이면에 장애인의 삶은 불행이고 비극이라는 능력주의적 사유가 자리하고 있다는 것이다. 장애가 비극적이지 않을 수 있도록 만드는 정부와 사회의 노력을 최우선시하기보다는 장애에 대한 편견에 기대어 손쉽게 능력주의 이상을 구현하려는 태도는 그러한 제도를 당연시하는 가운데 더욱 강화된다. 결국, 유전자 검사 및 선별 검사는 장애를 지닌 태아를 제거하라는 압력으로 작용하고, 장애인에 대한 차별과 낙인이 강화될 수 있다.

　오늘날 초음파 검사, 산모혈청 검사, 양수 검사(amniotic fluid test)[2], 융모막융모생검(chorionic villus sampling: CVS)[3] 등과 같은 유전공학 기술을 통해 태아의 장애 유무를 미리 확인하고 장애를 선별적으로 낙태시킬 수 있게 된 상황은 기존의 성차별 의식과 장애혐오가 결합하는 토양이 되기도 한다. 엄지공주로 널리 알려졌던 윤선아 씨는 골형성부전증으로 체격이 왜소할뿐더러 작은 힘에도 쉽게 뼈가 부러지는 상황에서 유전공학 기술을 통해 건강한 아이를 임신하고 출산하는 모습을 다큐멘터리에 담았다. 건강한 아들을 낳음으로써 비로소 여성이 된 것 같다고 말한 윤선아 씨의 고백은 재생산의 역할과 여성성을 결부했던 모성 이데올로기를 수행하는 것으로 정상성 이데올로기에 부합하는 삶을 사는 것으로 인증 받을 수 있었음을 확인시켜 준다. 하지만 장애아를 낳은 여성은 건강한 자녀의 생산이라는 여성의 과업에 실패했다고 여겨지는 사회에서 장애를 적극적으로 발견하고 제거하는 데 성공한 윤선아씨는 가부장적 이데올로기에 봉사하며 장애에 대한 고정적 편견에 일조하는 것일 뿐만 아니라, 사회적으로 요구되는 역할을 수행하지 못하는 장애인을 향한 암묵적인 장애혐오를 조장하는 데 기여한 셈이다.

---

2)　가는 주사 바늘을 이용해 자궁에서 양수를 채취한 후, 양수에 포함되어 있는 태아로부터 탈락한 조직세포의 DNA와 양수의 화학 성분을 분석하여 태아의 이상 유무를 확인하는 산전 검사법이다. 이 시술은 초음파로 태아의 위치를 확인한 후, 복부를 통해 자궁 안으로 주사 바늘을 삽입하여 약 1520ml 정도의 양수를 채취하는 방식으로 이루어지며, 고위험 임신부나 고령 산모, 또는 선별 검사에서 이상 소견이 나타난 경우 권장된다.

3)　태아와 양수를 둘러싸고 있는 융모막은 수정란에서 유래되기 때문에 태아와 거의 유사한 염색체 구성을 나타낸다. 융모막융모생검은 이러한 융모막의 융모를 채취하여 세포유전학적 분석, DNA 및 효소를 분석하는 산전 검사법의 하나로 통상 임신 10~12주 사이에 실시한다. 양수 검사보다 조기에 시행될 수 있는 반면, 태아가 유산될 위험성은 조금 더 높은 것으로 보고되고 있다.

급속도로 발전하는 기술사회에서 장애가 기술을 통해 개선되는 혜택 자체를 무시할 수는 없다. 그러나 기술의 힘에 대한 지나친 낙관과 활용이 장애 담론에 미치는 영향을 인지하는 것은 중요하다. 미국장애인협회가 기술이 장애인을 포함한 소외계층에게 편리성, 자율성, 경제적 기회 등을 제공해 포용적이고 공정한 사회를 만드는 데 도움을 주는 동시에, 그들이 직면한 차별과 구조적 장벽을 더 강화하는 문제를 인지해야 한다고 주장한 사실은 참조할 만하다. 의료기술과 장애의 만남이 기대하는 포스트휴먼적 존재의 가변성과 유동성은 장애의 현실을 극복할 가능성이자 동시에 현실을 사는 존재의 고통을 손쉽게 외면하는 계기일 수 있다. 따라서 우리는 "이 사회에는 장애인을 기술과 의학으로 교정하려는 정상성 규범이 굳건하게 자리 잡고 있어 장애인의 현실을 개선하자는 목소리가 발붙일 곳이 없다"라는 말에 귀 기울여야 한다.

3. 사회적 구성물로서의 장애혐오

의료 패러다임이 장애를 치료가 필요한 개인적 결함으로 만든다는 비판은 장애를 둘러싼 사회적·물질적 관계에 대한 관심과 강조로 이어진 만큼, 한국 사회의 장애 관련 사회적·법적 제도들은 장애혐오 담론의 구성체라는 혐의로부터 자유로운 듯 생각하는 경향이 있다. 하지만, 유물론적 시각에서 바라볼 때, 장애담론은 장애에 관한 대중의 의식에서 파생되는 것이 아니라 법, 제도 등의 물질적 조건에서 시작된다고 볼 수 있다. 인간의 의식이 사회적 존재를 만드는 것이 아니라 사회적 존재가 인간의 의식을 좌우하기 때문이다.[4] 이러한 관점에서 장애는 사회적·정치적 조직에서 야기되는 불평등으로 바라볼 수 있으며, 이는 사회제도에 대한 "적극적 부정적 대응"과 "소극적 무대응"의 양가적 차원으로 접근해야 한다. 전자는 낙인, 편견, 사회적 배제라는 형태를 띠고, 후자는 손상이 야기하는 필요에 적절히 대응하는 것의 사회적 실패, 또는 개선될 수 없는 손상에 대한 보상을 제공하는 것의 실패를 의미한다. 실제로, 한국사회의 각종 장애 관련 제도들은 사회적 존재로서의 장애인을 임신 중에 폐기되어야 하고, 시설에 격리되거나 이동성에 제약을 받아야 하고, 특정 치료를 받아야만 하는 존재로 규정하거나, 때로는 손상이 장애가 되게 하는 사회적 지원의 부재를 통해 부정적 장애담론의 형성에 기여했다.

푸코의 생명정치적 시각에서 장애를 바라볼 때, 국가는 장애의 의료 모델을 작동시킴으로써 장애의 손상된 신체를 이론화하고, 병리화하며 살리기도 하고 죽이기도 하는데, 이 과정에서 손상을 입은 신체는 수치화되고 등급화되며, 정상/비정상, 능력/무능력의 기준에 따라 장애화의 과정을 경험한다. 이러한 장애화의 과정은 노동상실률을 기반으로 장애 등급을 산정하는 한국의 제도에서도 나타난다. 한국사회의 장애등급제도가 치료 불가능성과 노동능력 상실을 전제로 산정된다는 사실은 서구사회에서 장애인을 의미하는 'disabled'의 기원이 16세기 구빈제도에서 시작되어 노동자로서의 가치를 지니지 못하는 장애인, 노인, 부랑자 등을 분류하는 데서 시작된 표현이라는 역사적 사실을 상기시키며, 장애인이라는 범주의 폐쇄성과 부정성을 보여준다. 중요한 것은 장애인의 분류가 국가적 통치나 복지의 일환이냐의 여부가 아니라 비장애 중심적 노동의 개념을 통해 장애를 규정함으로써 장애차별적 인식과 혐오를 야기했다는 점이다. 한국사회가 개화기에서 일제강점기에 이르는 근대에 들어서면서 전통적인 공동체 의식이 무너지고, 장애가 하나의 '낙인', 즉 사회적 질곡이 되고, 오늘날과 같은 편견과 차별, 배제로서의 장애문제가 본격적으로 형성되었다. 개화기 무렵 장애인은 어딘가 부족하고

---

4) 마르크스가 「경제학 비판」(1857)에서 한 말로, 개인이 속한 사회적 환경이 의식에 결정적인 영향을 미친다는 것을 의미한다.

비정상적이며 쓸모없는 존재라는 인식의 확산과 1930년대 우생학의 영향으로 일제시대에 장애인을 격리해 수용하는 시설이 생겨나기 시작한 것은 무관하지 않다. 장애에 관한 혐오가 감금, 제도화, 분리, 차별, 주변부화 등의 사회적 현상을 통해 개인적으로 학습된 감정임을 상기할 때, 장애혐오는 "사회적으로 구성되고, 정치적으로 양산된 감정적 반응"이라는 사실이 분명해진다. 사회는 자본주의 노동 시스템의 요구에 부합하지 못하는 신체를 평가절하하며 배제하고, 비장애인의 필요와 능력을 우선시함으로써 장애인의 이동성을 제한하는 방향으로 도시를 설계한다. 따라서 장애는 노동시스템의 문제이자 사회적 구성물로서 접근해야 한다. 그 결과 장애에 대한 혐오의 낙인이 찍히고, 정신적·육체적 손상을 지닌 사람들은 손상에 대한 자기혐오의 장애 정체성을 수용하게 된다.

이와 같은 사회적 구성물로서의 장애담론은 특정 국가의 국가 정체성과 긴밀히 연관된다. 신자유주의, 자본주의, 능력주의가 만연한 한국사회에서 장애인은 중층의 억압을 견뎌야 하는 존재이다. 정부의 공공부문 민영화, 공공지출 감소, 경쟁원리의 전 사회적 확산, 금융화 등과 같은 일련의 경제정책들을 특징으로 하는 신자유주의와 이윤 추구의 극대화를 위해 무한 경쟁, 효율적 노동가치의 강조를 작동 원리로 삼는 자본주의에서 장애인은 수치화되고 타자화되어 왔다. 여기에 유능/무능의 이분법적 논리에 따라 장애를 규정하는 능력주의가 결합하면서 장애인의 사회적 차별을 직접적 혹은 암묵적으로 정당화해왔다. 그 결과, 장애인들의 경제활동을 어렵게 만듦으로써, 장애는 쉽게 빈곤으로 이어지게 된다. 노동력의 상실과 노동가치의 하락을 전제로 하는 장애 정체성은 장애인들을 무가치한 혐오의 대상으로 인식하게 만들고 그들을 구제기관이나 특수학교, 수용소 등에 분리시켜 왔다.

중립적이고 시민 친화적으로 보이는 한국사회의 제도가 정상성의 이데올로기를 주조하고 결과적으로 장애혐오의 주체가 되는 경우는 '우량아 선발대회'가 대표적 예이다. 1955년에 시작되어 1980년대까지 지속된 이 대회는 표준과 정상의 기준을 통해 비장애를 가진 신체와 건강함을 국민상으로 표방함으로써 정상성 이데올로기를 기반으로 장애혐오 담론을 조장했다. 장애를 가진 신체에 대한 거부와 배제는 이후 한국의 모자보건법으로 이어졌으며, 이 법은 1999년까지 장애인들을 불임수술의 대상으로 규정했다. 환자가 유전 가능성이 있는 질병을 가지고 있다면 불임수술이 가능했다. 이 법안 때문에 1975년 다수의 여성은 장애가 있다는 이유로 관련 검사를 받아야 했으며, 유전 가능성 장애를 가진 일부 여성에게 불임수술이 필요하다고 발표했다. 이 과정에서 여성의 모성권과 장애 태아의 생존권은 거부되었고, 제도 자체가 양산하는 장애혐오는 장애인은 태어나지 말아야 할, 살 필요가 없는, 살아서는 안 될 존재로 인식하게 했다. 국가제도를 통한 일련의 법과 제도들은 "미끄러운 비탈길"5)을 형성하여, 장애에 대한 다양한 차별이 가능하게 만들었으며, 현대 게놈학은 과거의 우생학보다 덜 명시적으로 나타나지만, 차별은 더욱 은밀히 이루어지게 되었으며, 고용주와 보험회사 및 다양한 영리회사들은 유전정보에 근거해 차별을 행하고 있다.

이러한 차별에 대한 한국사회의 법적·제도적 대처가 장애인에게는 복지이자 또 다른 차별의 시작이라는 사실은 장애인차별금지법이나 장애인복지법의 사례에서 찾아볼 수 있다. 한국의 장애인복지법은 자립과 재활을 위한 서비스, 세금 면제, 자녀 교육비 지급 등을 명시하고 있는데, 이러한 지원은 장애인들의 일상적·경제적 어려움을 해결해 준다는 인상을 준다. 그러나 생활 유지에 필요한 기본 서비스를 지원하는 제도와 법률들은 실질적인 지원이 되지 못하고 있음에도 불구하고, 장애인들이 기본적인 삶의 조건조차도 해결하지 못한다는 인식을 생성하고, 장애인들의 무력함을 강화할 수 있다.

---

5) 어떤 개인이나 단체가 상대적으로 매우 사소한 일을 처음으로 시작할 때 또 다른 일을 연속적으로 일으켜서 결국에는 엄청난 결과를 가져오는 상황을 비유적으로 일컫는 사회학 용어이다.

한국의 장애인을 지원하는 정책들이 장애인의 능력을 폄하하거나 의심하는 편견을 내포한다면, 장애인이 무력하다는 사회적 인식을 강화할 수 있다. 이는 공공정책을 통해 장애가 정의되고 구성된다는 것을 의미한다.

장애인들의 지하철 시위 역시 국가와 사회의 장애정책이 장애인의 시민권이 아닌 시혜성 조치에 머물 때 나타날 수 있는 현상이며, 결과적으로 장애인에 대한 대중의 혐오감을 증폭시킨다. 이동권 보장은 일찍이 '교통약자이동편의증진법'(2005)에 명기되었지만 장애인의 이동권은 여전히 제한적이다. 장애인들의 시위가 시민의 불평등을 야기할 때마다 각종 언론과 정치인들이 전국장애인연합을 비난했고, 장애인 혐오 발언도 급증했다. 주목할 것은 장애인이 정치적으로 도구화되는 과정에서 대중의 혐오감은 증폭된다는 점이다. 여당 측 정치인들과 지지자들은 이동권 시위가 현 정부에 치부나 부담이 되는 것을 저지하기 위해, 반대로 야당 측은 그것을 현 정부를 비난하는 계기로 삼기 위해 장애인을 정쟁의 대상으로 삼는다. 그 과정에서 정치인들과 정부는 장애인의 이동권 요구에 관심을 기울이거나 진정성 있는 협의를 하기보다는 장애인과 비장애인의 갈등을 조장하고 혐오를 자극한다. 약한 사람들이 서로에게 상처를 입히고 싸우게 만드는 환경은 장애인에 대한 사회적 낙인을 증대시키기 때문이다. 실제로 이 사건에 대해 좌파 성향의 언론으로 알려진 한겨레와 프레시안은 여당 측을 강하게 비판함으로써 장애를 정치적 도구화하고, 우파 언론인 동아일보, 조선일보 등은 사건 위주의 보도로 사건의 논점을 회피함으로써 장애인들의 행동이 정치적 도구화되는 과정에서 국민과 국가의 적이자 혐오 대상이 되는 과정을 보여 준다.

상기하듯, 한국사회의 정치적·경제적 토양은 장애 관련 제도의 출발점이자 장애혐오 담론의 원천이 되기도 한다. 이는 가장 적극적으로, 혹은 표면적으로 장애인의 삶을 개선하는 것처럼 보이는 순간이 언제라도 장애와 장애인을 혐오하도록 만드는 힘으로 작동할 수 있다는 것을 보여 준다. 사회정책은 여러 차원에서 장애인을 사회로부터 분리하고 배제하는 역할을 해 온

만큼, 부정적인 방식으로 장애인과 비장애인 간의 차이를 형성하게 한다는 사실에 주목해야 한다. 결국, 장애에 관한 부정적 관점에 기반한 법과 제도는 허구적 평등권과 불화를 양산할 뿐이다. 따라서 장애 존재가 올바르게 사유되지 않는 한 한국사회의 미래는 밝지 않다.

4. 장애혐오 담론에 대한 대응

장애혐오는 장애에 대한 직접적 차별과 부정적 인식이라기보다는 장애와 관련이 없는 것처럼 보이는, 때로는 장애인을 위하는 것처럼 보이는 언어, 재현, 기술, 제도로부터 파생되어 우리의 의식을 조종하는 문화적·정치적 차원의 이데올로기이다. 이데올로기가 시간의 축적과 내면적 합의를 전제로 하는 만큼, 단시간에 손쉽게 장애혐오적 시각을 없애기란 불가능하다. 따라서, 장애혐오 담론의 매개가 되는 언어, 미디어, 게임, 의학기술, 국가제도 등에 대해 미시적으로 공격하는 것보다 중요한 것은 인식을 전환하고 장애 감수성을 함양하는 것이다. 감수성(sensitivity)은 사람들의 감정을 이해하는 능력으로 타인에 대한 공감을 통해 차별과 불평등을 민감하게 인지하는 것이다. 따라서, 장애 감수성은 일상생활에서 장애와 관련된 인권적인 요소를 발견하고 고려하는 것을 말하며, 장애인에게 가해지는 인권 침해와 차별적 현실을 볼 수 있는 능력이다. 장애담론은 지식권력에서 비롯되는 만큼, 장애와 관련된 지식과 정보의 생산에서부터 소비에 이르기까지 장애를 왜곡된 감성으로 바라보는 것을 비판적으로 경계하는 장애 감수성을 키워야 한다. 장애 감수성은 장애혐오 담론에 맞서기 위해 초월적 능력의, 이타적이고 자비로운 장애인에 대한 긍정적 담론을 만들어 나가는 것이 아니라, 우리의 의식을 조종하는 문화적·정치적 차원의 이데올로기로부터 우리 자신과 장애인들을 해방시킨다.

그러한 해방을 위해 비장애인의 시각에서 이루어져 온 장애에 대한 관리와 통제에서 벗어나 장애인이 주체적으로 참여하는 장애담론의 형성이 진작되어야 한다. 기술적·정치적·문화적 차원에서 전문가와 대중이라는 구도로부터 벗어나 장애인이 장애인을 위한 기술과 문화의 주체가 되려는 움직임이 필요하다. 장애를 바라보는 부정적인 시각을 전유하는 크립문화를 통해 응시와 지칭의 권력으로부터 벗어나 자긍심과 자기애로서 혐오에 맞설 필요가 있다. 장애인들이 통제된 욕망을 정면으로 마주하며, 관습과 담론을 통해 몸에 새겨진 '정상성'의 규범을 과감하게 날려 버리며 급진적으로 존재하려는 노력과 함께, 자신들을 예속하는 지식/권력 관계에 대한 비분절적 지식으로 지배적인 지식에 맞서고, 관습이 부과하는 이미지를 초월하려는 시도를 해야 한다. 이러한 시도들은 궁극적으로 장애혐오 담론으로 인해 자신의 모습을 있는 그대로 수용하지 못하고 부정적 자기 정체성을 갖게 된 장애인이 역량강화(empowerment)로 자신에 대한 믿음과 자신감을 얻으며 부정적 정체성을 회복할 수 있도록 도와준다. 하지만, 주체로 거듭나기 위한 크립문화가 장애인이라는 소수적 정체성과 범주화를 강화할 위험이 내재하는 만큼, 교차성을 통한 장애와 소수자성의 연대가 함께 이루어져야 한다. 한국사회의 능력주의는 장애인에게만 작동하는 것이 아니라 성소수자, 여성, 인종 등에도 작동하기에 차별과 혐오는 상호교차성을 지니게 된다. 차별과 혐오를 승인하는 상호교차성과 외국인 장애인, 여성 장애인, 중증 노인 장애인 등에 대한 중층적 억압에 대한 이해는 생명정치와 권력정치가 작동하는 과정에서 일어나는 일들을 조명하는 데 이론적·실천적인 도움을 주고, 사회적 소수자를 양산하는 사회구조적 문제에 맞설 수 있도록 해 준다.

무엇보다 중요한 것은 사회구조적 문제를 인식하는 것을 넘어, 기존의 관습적 사유에서 벗어나 새로운 인식적 틀을 만들어 나가는 일이다. 장애에 관련한 새로운 접근과 이해는 인류가 당연시해 온 인간, 장애, 여성, 노동에 관한 새로운 정의를 기반으로 한다. 낸시 허시먼(Nancy Hirschmann)은 장애를 만들어 내는 장벽이 되는 사유로, "자유는 능력을 전제한다"라는 공리와 장애인에 대해 부정적 의도를 가지지 않았다는 전제를 문제시한다. 자유주의 또는 민주주의 이론에 천착해 온 이들은 '시민권'이나 '인간'에 대한 개념을 설명하기 위해 '이성'과 '능력' 같은 가치들에 의존해 왔는데, 이 과정에서 특정 장애인들은 자연스럽게 배제와 혐오의 대상이 될 수밖에 없었다. 따라서, 장애혐오에 대한 대응은 장애에 대한 재고만이 아닌, 노동능력, 인간, 공동체에 대한 재정의를 요구한다. 노동능력의 상실률로 등급화되고 무력화된 장애인들에게 노동 개념 자체의 재고는 새로운 존재로 인식되는 계기를 마련해 준다. 산술화되는 노동에서 벗어나는 권익옹호활동, 문화예술활동, 인식개선활동 등의 장애인들의 집회와 시위는 경제적 가치보다는 사회적 가치를 생산해 낸다. 그마저도 어려운 중증 장애인은 의존적 존재로서 비장애인을 응시하며, 비장애인의 윤리적 부름과 책임의 가치를 상기시킴으로써 윤리적 사회가 작동하도록 기여한다. 이러한 노동의 재정의는 장애인과 비장애인 사이의 다른 관계를 생성하고, 더 나은 사회에 대한 제안을 함축한다.

보다 근원적으로, 이성적·지적 능력에 기반하여 인간을 정의해 온 합리주의적 사유는 정상성 이데올로기와 능력주의를 통해 장애혐오를 야기해 왔으므로, 우리는 의존성과 취약성을 전제로 하는 새로운 인간관을 장애인과 비장애인의 상호의존성을 위한 기본적 명제로 삼아야 한다. 장애인과 비장애인의 관계가 위계적이거나 일방적인 것이 아니라 상호의존적이라는 사실은 인간의 취약성에서 찾을 수 있기 때문이다. 함께 살아가고 살아가야 할 장애 혹은 장애인뿐만 아니라 모든 인간은 누군가와 함께 살아갈 수밖에 없는 존재이고, 자아가 아닌 타자를 통해 자신의 주체를 형성하는 존재라는 점에서 타자로서의 장애는 나의 주체 형성에 결정적인 의미를 지닌다. 이러한 의존성과 취약성은 사람들의 공통점에 기반하는 공동체가 아니라, 서로가 서로에게 의존하고 있다는 사실에 기반하는 공동체 의식을 형성하고, 서로에 대한 돌봄의 가치를 당사자 간의 관계에서 찾지 않고 공동체의 책무로 규정할

수 있게 해 준다. 이와 같은 기존 관점의 재정립이 가능해질 때만이 우리는
장애와 장애인을 향한 혐오를 재고할 수 있게 된다.

6장 참고문헌

강미량·신희선·전치형. 2020. 「좋은 몸, 나쁜 몸, 이상한 몸: 사이배슬론과 하지마비 장애인용 엑소스켈레톤 개발」. 한국과학기술학회 학술대회.

강민희. 2011. 「장애차별의 정치경제학적 분석」. ≪특수교육저널: 이론과 실천≫, 제12집 제4호.

고병권. 2023. 「포함의 정치를 넘어 공동의 삶으로」. ≪경제와 사회≫, 제139호.

김승섭. 2023. 「이동, 낙인, 정치, 합리성」. "누가 죄인인가?" 장애인권리예산 투쟁 1년: 지하철 행동과 시민-언론의 역할 좌담회 자료집.

김은정. 2002. 『치유라는 이름의 폭력』. 강진경·강진영 옮김. 서울: 후마니타스.

김재희. 2017. 『시몽동의 기술철학: 포스트휴먼 사회를 위한 청사진』. 서울: 아카넷.

김초엽·김원영. 2021. 『사이보그가 되다』. 파주: 사계절출판사.

김현아. 2023. 『의료 비즈니스의 시대』. 파주: 돌베개.

문채영·심재웅. 2023. 「게임이용이 장애인에 대한 양가적 차별인식에 미치는 영향에 관한 탐색적 연구」. ≪방송과 커뮤니케이션≫, 24권 3호.

버틀러, 주디스(Judith Butler). 2016. 『혐오발언』. 유민석 옮김. 일산: 알렙(*Excitable Speech: A Politics of the Performative*. 2021. New Yokr: Routledge).

브라운, 웬디(Wendy Brown). 2010. 『관용: 다문화제국의 새로운 통치전략』. 이승철 옮김. 서울: 갈무리(*The Power of Tolerance: A Debate*. 2014. New York: Columbia University Press).

셰익스피어, 톰(Tom Shakespeare). 2021. 『장애와 유전자 정치』. 김도현 옮김. 서울: 그린비 (*Genetic Politics From Eugenics to Genome*. 2002. New York: New Clarion Press).

스티커, 앙리-자크(Henri-Jacques Sticker). 2021. 『장애: 약제들과 사회들』. 오영민 옮김. 서울: 그린비(*Corps Infirmes et Societes*. 2005. Paris: Dunrod).

아네일, 바버라(Barbara Arneil)·허시먼,낸시(Nancy Hirschmann). 2023. 『장애의 정치학을 위하여』. 김도현 옮김. 서울: 후마니타스(*Disability and Political Theory*. 2016. Cambridge: Cambridge University Press).

안희제. 2021. 「접근성, 장애인에게 권력 부여하기」. ≪EPI: 과학잡지 에피≫. 서울: 이음.

엘리스, 케이트(Katie Ellis)·고긴, 제라드(Gerard Goggin). 2020. 『장애와 미디어』. 우형진·우충완 옮김. 서울: 우리나비(*Disability & The Media*. 2015. Berlin: Springer Nature Limited).

이재준. 2022). 「사이배슬론에서 포스트휴먼 장애의 특성」. ≪인문과학연구≫, 44권 74호

이준우·이현아. 2011. 「여성장애인정책 검토와 정책방안 연구」. ≪한국사회와 장애인 정책≫. 서울: 인간과복지.

정창권. 2019. 『근대 장애인사: 장애인 소외와 배제의 근원을 찾아서』. 서울: 사우.

정희경. 2013. 「한국 장애인운동의 역사」. 『한국에서 장애학 하기』. 서울: 학지사.

조영길. 2014. 『장애와 심리사회』. 서울: 양서원.

조영준. 2020. 「장애를 딛고 일어선 게임 속 캐릭터들」. ≪게임동아≫. 서울: 아이티동아.

코넬, 드루실라(Drucilla Cornell). 2013. 「인권의 윤리적 긍정」. 『서발턴은 말할 수 있는가?』. 로잘린드 모리스 엮음. 태혜숙 옮김. 서울: 그린비(*Can the Subaltern Speak?: Reflections on the History of an Idea*. 2010. New York: Columbia Univsersity Press).

크리스티안센, 크리스트야냐(Kristjana Kristiansen) 외. 2020. 『철학, 장애를 논하다: 메를로 퐁티와 롤스에서 호네트와 아감벤까지』. 김도현 옮김. 서울: 그린비(*Arguing about Disability: Philosophical Perspective*. 2008 . New York: Routledge).

클레어, 일라이(Eli Clare). 2020. 『망명과 자긍심: 교차하는 퀴어 장애 정치학』. 전혜은·제이 옮김. 서울: 현실문화연구(*Exile and Pride: Disability, Queerness, and Liberation*. 2051. New York: Duke University Press).

Davis, Lennard. 1995. *Enforcing Normalcy: Disability, Deafness, and the Body*. New YorK: Verso.

Mitchell, David and Snyder, Sharon. 2000. *Narrative Prosthesis: Disability and the Dependencies of Discourse*. Ann Arbor: The University of Michigan Press.

Nussbaum, Martha. 1995.8.20. "Objectification." *Philosophy & Public Affairs*, vol.24, no.4.

Oliver, Michael. 2009. *Understanding Disability: From Theory to Practice*. New York: Palgrave Macmillan.

Shakespeare, Tom. 1994. "Cultural Representation of Disabled People: Dustbins for Disavowal?" *Disability & Society*, vol.9, no.3.

Shew, Ashley. 2020. "Ableism, Technoableism, and Future AI." *IEEE Technology and Society Magazine*, vol.39, vo.1.

■ 뉴스 기사

"전장연 비난 보도자료 뿌린 서울시. 나치의 학살과 뭐가 다른가". 프레시안, 2023.7.26. Https://www.pressian.com/pages/articles/2023012614132817655?utm_source=daum&utm_medium=search(검색일: 2023.10.21)

""전장연 지구 끝까지 찾아가 사법처리하겠다"는 서울경찰청장". 한겨레, 2022.6.20. https://www.hani.co.kr/arti/society_general/1047743.html(검색일: 2023.10.21)

"오세훈 "전장연 약자 아니다" … 면담 사흘 앞 갈등 키우나". 한겨레, 2023.1.30. https://www.hani.co.kr/arti/area/capital/1077502.html(검색일: 2023.10.21).

7

시각과 혐오*

전국장애인차별철폐연대의 위반실험

하홍규

1. 순결한 눈 vs. 악한 눈(혐오하는 눈)

프리드리히 니체(Friedrich Wilhelm Nietzsche)는 혐오주의자로 널리 알려져 있다. 인종적 약자들, 여성들, 피지배자들을 멸시했던 니체에게서 혐오주의자라는 명찰을 떼어내기는 어렵다. 우리는 그러한 니체가 차라투스트라의 입을 빌려 말했다는 것을 잘 알고 있다. 그러나 니체는 매우 흥미롭게도 자신의 대변인 차라투스트라를 순결한 눈을 가졌던 자로 묘사한다. 차라투스트라는 서른 살에 집을 떠나 산속으로 들어갔다. 그는 산속에서 조금의 권태로움도 느끼지 못한 채 십 년 동안 정신과 고독을 즐기다가, 태양이 뜨고 또한 지듯이 그도 밑으로 내려가기로 결정한다. 차라투스트라는 산에서 내려오는 도중에 숲속에서 한 노인을 만난다. 그 노인은 수년 전에 자신을 지나쳐서 산으로 올라갔던 차라투스트라를 알아보았다. 그리고 이렇게 말한다. "그렇다. 그대는 틀림없는 차라투스트라이다. 그 눈은 순결하고, 입가에는 어떠한 혐오스러운 흔적도 찾아볼 수가 없구나. 마치 춤추는 사람처럼 걸어

---

* 이 글은 하홍규, 「시각과 혐오: 전국장애인차별철폐연대의 위반실험」, ≪사회와이론≫, 통권 제46집(2023)을 일부 수정 보완했다.

오지 않는가!"(니체, 2012: 13). 차라투스트라의 눈이 어떠했길래 노인은 그의 눈에서 순결함을 발견한 것일까? 그 순결함이란 무엇일까? 그리고 노인은 그 것을 어떻게 알아볼 수 있었을까?

차라투스트라는 이제 자신의 지혜를 모두와 나누고자 하는 열정적인 동기를 가지고 사람들에게 말을 한다. 특별히 도덕가에 대하여 "그들은 그들의 덕을 가지고 적의 눈을 빼내려고 하며, 다른 사람을 굴복시키기 위해 자기 자신을 높인다 … 인간에게서 고귀함을 보지 못하는 많은 사람들은 인간의 비열함을 아주 가까이 보는 것을 덕이라고 부르며, 따라서 자기의 악한 눈초리(evil eye)를 덕이라고 한다"(니체, 2012: 117). 여기서 니체가 말하는 악한 눈길은 도대체 어떤 눈길인가? 악한 눈길은 물리적으로 깜깜한 어둠 가운데 무언가를 보는 것을 의미하는 것이 아니다. 대신 악한 눈길로 바라본다는 것은 바라보는 대상을 최악의 빛 속에서 바라보는 것이다. 즉, 보는 대상이 어떤 상태에 있느냐가 중요한 것이 아니라 보는 사람이 어떠한 시각(입장)에서 보느냐 하는 문제이다. 악한 눈길은 "그 사물이나 사람이 빛을 발하지 않기를, 영광스럽지 않기를, 방사(放射)의 중심이 아니기를 바라는 것이다"(샤피로, 2004: 216). 악한 눈길이란 "다른 이의 성공, 미, 영예에 분개하기 때문에 그 다른 이의 손상이나 파멸을 바라는 태도를 가리키는 말이다"(레빈, 2004: 216). 그리고 악한 눈길을 가진 자는 시각적 대상의 파멸을 바라며 그 대상을 바라볼 뿐만 아니라 그 대상을 역겨워하며 혐오의 감정으로 바라볼 수도 있다. 곧, 우리는 어떤 대상이 혐오스럽기 때문에 그 대상에 대해 혐오하는 것이 아니라 혐오하는 눈으로 바라보기 때문에 그 대상을 혐오한다.

차라투스트라가 십 년 동안의 산속 생활 후 내려왔을 때 어떠한 혐오의 기운도 풍기지 않는 순결한 눈을 갖고 있었다는 것, 그리고 어떠한 혐오의 기운도 풍기지 않는 그 순결한 눈과 대비되는 악한 눈이 시각과 혐오의 문제를 다루는 이 글의 출발점이다. 먼저 시각의 문제를 논의하기 위한 관점, 곧 수행으로서의 시각이라는 관점을 제시할 것이며, 이어서 시각이 어떠한 감각

인지에 대해 논의한다. 시각은 평등한 감각이면서 동시에 권력관계 내에서는 매우 불평등한 감각이다. 그래서 시선에는 권력이 내재해 있다. 바로 응시하는 권력이다. 그러나 공공장소에서는 서로 해를 끼치지 않는 방식으로 시선을 교환해야 한다. 다음으로는 시각과 혐오의 문제를 본격적으로 다루면서 장애인의 이동권을 위한 전국장애인차별철폐연대(이하 전장연)의 시위를 구체적 사례로 분석한다.

2. 시각의 문제

1) 시각을 논의하기 위한 관점: 수행으로서의 시각

시각, 눈으로 본다는 것은 이미 형성된 의미가 부여된 외부 자극에 대한 수동적 반응이 아니다. 나는 이 점에서 지각을 외부 세계가 우리의 사유 또는 의식에 '들어오는' 것으로 보는 경험주의와 대척점에 서 있다. 즉, 시각적 감각 과정을 외부 대상을 수용하는 수동적인 과정으로 생각하지 않는다는 뜻이다. 오히려 본다는 것은 능동적이고 해석적인 과정이다(Vannini, Waskul and Gottschalk, 2012: 11). 이런 관점을 취하는 이유는 케플러(Johannes Kepler)가 정립한 것과 같은 시각의 광학적 메커니즘, 즉 "각막, 점성액, 그리고 눈동자의 수정체를 통과해서 망막의 뒷면에 이르는 빛의 전송을 통제하는 굴절의 법칙"(제이, 2019: 25)을 아는 것이 우리가 무엇을 보는지, 다른 두 대상을 어떻게 식별하는지(예를 들면 두 대상의 색깔의 차이 또는 동일성) 의미 있게 (meaningfully) 또는 이해 가능하게(intelligibly) 말할 수 있는 능력을 설명해 주지 못하기 때문이다. 시각의 작용 메커니즘에 대한 과학적 지식은 눈을 통해 수용된 이미지가 어떻게 '읽히는지', '어떻게 이해되는지'에 대해서 설명할 수 없다. '눈'이 무언가를 보는 것이 아니라, '내'가 눈으로 무언가를 본다. '보다'라는 동사의 주어는 유기적 총체로서의 '나'이다. 곧, 보는 주체는 '나'인 것이다.

우리의 시각 경험은 신경생물학적 과정으로 보이지만, 그 경험은 말로 표현하는 능력과 결코 뗄 수 없게 연관되어 있다. 예를 들어, 우리가 어떤 두 시각적 대상을 동일한 것으로 파악할 때 그 대상의 동일성은 어떻게 판단될 수 있는가? 두 시각적 대상의 동일성 판단은 신경생물학적 과정 가운데 이루어지는 것이 아니라, 언어의 사용 규칙과 관련되는 사회적 과정이다. 비트겐슈타인(Ludwig Wittgenstein)은 두 이미지의 동일성을 판단하는 기준은 우리 내부에 있지 않고 외부에 있다고 말한다.

> 두 이미지가 똑같다는 기준은 무엇인가? 하나의 이미지가 빨갛다는 기준은 무엇인가? 그것이 다른 누군가의 이미지일 경우, 내게 그 기준은 그의 말과 행동이다. 그것이 내 이미지일 경우, 내게는 아무런 기준도 존재하지 않는다. 그리고 "빨갛다"에 해당되는 사항이 "똑같다"에도 해당된다(비트겐슈타인, 2016: §377).

비트겐슈타인에 따르면, 우리가 두 이미지가 똑같이 '빨갛다'고 동의할 때 그 판단의 기준은 공적인(public) 것이다. 내가 두 이미지를 똑같이 '빨간' 것으로 인식했을 때, 그리고 내가 두 이미지는 '똑같이' 빨갛다고 말할 때, '똑같다'가 "여기서 올바른 낱말임을 다른 누군가가 내게 가르칠 수 있을 때에만"(비트겐슈타인, 2016: §378) 이 말이 내가 인식한 것을 기술하고 있다는 것을 알 수 있다. 비트겐슈타인이 "'내적 과정'은 외적 기준들을 필요로 한다"라고 말했을 때, 그가 주장하고자 했던 바로 그것이다. 곧, "내가 하나의 낱말을 사용하기 위해 정당화가 필요하다면, 그것은 또한 다른 누군가에게도 정당화되는 것이어야"(비트겐슈타인, 2016: §580) 한다. 우리가 무언가를 '볼 때' 감각 인상들의 언어를 이해하고 사용한다는 것이 중요하며, 그 언어가 공적인 규약에 근거해 있다(비트겐슈타인, 2016: §355)는 것을 아는 것이 시각적 경험에 대해 이야기하는 이에게 중요하다. 우리는 어떤 대상이 '빨갛다'라는 것을 배우고, 실제 상황에서 다른 이도 그 표현을 이해할 수 있도록 사용한다. 이 과정은 신경생리학적 과정이 아니라, 사회적 과정이다. 시각적 지각의 과정에 대한 (인과적인) 신경생리학적 설명은 분명 가능하다. 그러나 그 과학적 설명은 광학 메커니즘에 대한 설명일 수는 있으나, 우리가 두 이미지가 똑같이 빨갛다고 인식하는 것을 설명해 주지는 않는다. 우리가 여기서 다루는 시각의 문제는 "인과적인 것이 아니라 개념적인 것이다"(비트겐슈타인, 2016: 592). '개념'은 우리가 공유하는 언어이며, 공유되지 않은 개념은 가능하지도 않고 어찌어찌해서 구성된다고 할지라도 이해할 수도 없는 것이다. 언어의 공적인 특성상, 이해할 수 없는 언어라면 당연히 사용될 수도 없다.

'나'는 어떤 대상을 어떻게 '빨갛다'라고 인식할 수 있었던가? 그것은 내가 '우리말'을 배웠기 때문이다(비트겐슈타인, 2016: §381). 나는 '빨갛다'라는 낱말이 어떻게 적용되는지 배웠기 때문에, 그 낱말을 적절하게 어떤 대상에 대해 사용할 수 있으며, 그것은 그 낱말을 배운 다른 사람에 의해서도 정당화될 수 있다. 그래서 우리는 '집합적 보기'도 할 수 있다. 곧, 우리는 함께 어떤 대상을 동일한 것으로 지각할 수 있다. 당연히 "냄새를 맡고, 듣고, 또는 볼 수 있을 정도로 가까이 있는 사람은 개인적이고 집합적인 지각 감각을 공유할 수 있다"(Vannini et al., 2012: 55). 그러나 문제는 함께 지각할 정도로 우리가 가까이 있느냐 그렇지 못하느냐가 아니다. 그것은 개념을 공유하느냐 그렇지 못하느냐의 문제이다. '개념'을 공유하고 있으면, 물리적으로 가까이에 있지 않더라도 우리는 어떤 대상을 같은 것으로 지각할 수 있다.

우리는 감각기관을 통해 서로를 인지하고, 대상을 판단하고 평가하며, 서로에게 영향을 미치며 사회적 삶을 살아간다. 또한 우리는 감각기관을 통해 다른 사람의 매력과 혐오를 포착하고, 그에 따라 의미 있는 상호작용을 한다. 그런 점에서, 감각하기는 곧 일상의 '수행(performance)'이다. 여기서 '수행'은 "행위, 공개적인 행동, 그리고 숙련된 신체적 행위의 실행"을 의미하며, "무언가를 이해한다는 것이 많은 다른 활동과 마찬가지로 대본, 규칙, 역할 정의, 기대에 따라 이루어지는 행위이기 때문에 감각한다는 것은 수행한다는 것이다"(Vannini et al., 2012: 42~43). '수행'으로서의 감각, 구체적으로 '수행'으로서의 시각이 시각과 혐오의 문제를 다루는 이 글에서 '시각'에 대해 취하는 기본적인 관점이다. 이 관점은 신경생리학적인 설명을 시도하는 데서 벗어나 인간의 상호행위 과정에서 시각을 논의하는 '상징적 상호작용론'의 입장을 취하는 것이라 말할 수 있다.

2) 평등한 감각 vs. 불평등한 감각

시각은 상호행위에 참여하는 사람들 사이에서 그들 관계의 특성에 따라 평등한 감각일 수도 있고 불평등한 감각일 수도 있다. 먼저 인간들 사이의 상호행위 과정 속에서 여러 감각기관 가운데 특별히 눈을 통해 이루어지는 시각적 감각은 가장 직접적이면서 완벽한 상호성 가운데 교환될 수 있다. '감각의 사회학'에 놀라운 통찰력을 보여 준 짐멜(Georg Simmel)은 시각이 보여 주는 상호성을 다음과 같이 기술한다.

> 우리는 눈으로 바라볼 때 주지 않고는 받을 수 없다. 눈은 우리의 영혼을 보고자 하는 다른 사람에게 우리의 영혼을 보여 준다. 이것은 명백히 오로지 직접적인 시선의 교환을 통해서만 일어나기 때문에, 인간관계의 전 영역에 걸쳐서 가장 완벽한 상호성은 바로 여기에서 달성된다(짐멜, 2005: 159).

볼 수 있는 사람은 누구나 무엇이든 볼 수 있다. 우리는 서로 바라봄으로써 상호작용한다. 시선을 교환한다는 것은 나와 상대가 서로에게 생생한 현재 안에 있는 존재로서 공현전(copresence)한다는 뜻이다. 시선을 교환한다는 것은 내가 타인을 받아들인다는 뜻이며, 타인에게 나를 드러낸다는 뜻이다. 나의 표현과 상대의 표현 사이의 끊임없는 교환이 이루어진다. "나는 미소 짓던 그가 그 미소를 멈춤으로써 나의 찡그림에 반응하고, 내가 미소를 지으면 다시 미소 지어 반응한다는 것을 안다. 나의 모든 표현은 그를 향해 있고 그의 모든 표현은 나를 향해 있으며, 이 끊임없는 표현 행위의 상호성은 동시에 우리 모두에게 유효하다"(버거·루크만, 2013: 54). 그래서 "시선의 교환이란 단순히 다른 사람을 보거나 관찰하는 것과는 달리"(대상화) "전혀 새롭고 비교할 수 없는 인간관계를 의미한다"(버거·루크만, 2013: 159). 평등한 관계에서 눈을 바라보지 않고 대화하는 것은 그 대화에 진심으로 참여하고 있지 않다는 증거가 되며, 수치심을 느끼게 될 때는 자신의 눈을 아래로 깔아 상대의 시선을 회피하게 된다(이것은 상대가 나의 부끄러운 면을 발견하지 않기를 바라는 마음에서 비롯된다).

그러나 불평등한 사회적 관계 내에서는 이러한 평등한 시선 교환이 일어나기 어렵다. 한쪽은 내려다볼 수 있으며, 권력이 부재한 다른 쪽은 눈을 치켜뜨고 권력자를 바라볼 수 없다. 그것은 곧 반항이다. 예를 들어, 군인은 상관의 눈을 직시하기를 요구 받는 것이 아니라 정면을 주시하기를 요구 받는다. 이른바 '학교짱'은 언제나 다른 학생들에게 눈을 아래로 깔라고 명령한다.

> "눈 깔아!" 학창 시절 껌 좀 씹고 다녔던 이들이 상대를 제압하는 데는 이 한 마디면 충분했다. 감히 고개를 들고 마주할 작은 용기마저 원천 봉쇄했다. 다른 이를 쳐다볼 권리가 한쪽에만 독점되고 다른 한쪽은 시선의 자유에서 배제되는 시선의 불평등은 명백한 권력관계를 암시한다(이상헌, ≪부산일보≫, 2013.8.12).

이렇듯 권력 있는 자는 언제나 내려다보는 시선을 즐기며 상대로 하여금 자신을 똑바로 보지 못하게 함으로써 자신의 힘을 과시할 수 있다. 즉, 불평등한 시선은 볼 수 있는 것을 보지 못하게 하는 힘이다. 권력 있는 자는 또 다른 이유로 권력이 없는 자가 자신을 바라볼 기회를 허용하지 않는다. 왜냐 하면 "다른 사람의 눈을 들여다보는 것은 내가 그를 인식하는 데만 기여하는 것이 아니라, 동시에 그가 나를 인식하는 데도 기여"하기 때문이다(짐멜, 2005: 159). 힘 있는 자는 아랫사람이 자신의 허구를 알아차리면 안 되기 때 문에, 즉 사실은 자신도 그리 대단한 존재가 아니라는 것을 약한 존재가 발 견하면 안 되기 때문에, 그는 시선의 맞춤을 허용하지 않는다. 이것은 권력 자가 자신의 약점이 드러나지 않기를 바라는 시선 권력의 행사이다.

3) 응시의 권력

보는 것과 권력의 문제에 대해 좀 더 이야기해 보자. 근대 문명은 다른 감 각들, 즉 후각·촉각·미각보다 시각의 우위로 특징지어진다. 우리는 이것을 근대의 시각 중심주의라고 부를 수 있을 것이다. 과장된 표현으로 보이기는 하지만, 드보르(Guy Debord)는 "현대적 생산 조건들이 지배하는 사회에서 모 든 삶은 스펙터클의 거대한 축적물로 나타난다"(드보르, 2014: 13)라고 선언한 다. 다른 시대에 살았던 인간에게 특권적인 감각은 촉각이었으나, 스펙터클 의 사회에서는 시각이 특권을 누린다(드보르, 2014: 23). 드보르의 선언에는 분명 그의 수사적 화려함만큼이나 과장이 있다. 하지만 그 선언이 오늘날 장 관에 둘러싸여 살아가는 우리의 도시적 삶에 시사하는 바는 부인하기 힘들다.

시각이 중심이 되는 사회에서 시각은 보는 수행 자체로 권력을 행사한다. 유서연이 『시각의 폭력』에서 말하듯이, "근대에 접어들면서 시각은 사물들 을 모두 내 눈앞에 세우고 눈앞에 현전하는 것으로 만들어, 연구하고 이용 가능하며 접근 가능한 대상으로 만든다"(유서연, 2021: 9). 거리를 두고 바라 보는 시선에는 본질적으로 권력이 내재해 있다는 것이다. 응시의 대상은 언 제나 반드시 약자이다. 레빈(David M. Levin)의 말처럼, 시각에는 권력 충동이 내재해 있다. "시각은 우리의 모든 지각 양상들 중에서 가장 사물화하는 경향이 강한 것"이며, 그 감각의 대상을 언제나 우리에게 접근 가능하고 지각할 수 있는 대상으로 만든다. 내가 무언가를 본다는 것은 "보여지는 대상을 멀리 떨어져서 관망할 수 있고 예측할 수 있으며, 그렇기 때문에 그것을 보고 파악함으로써 지배할 수 있다는 확신" 가운데 이루어진다. 또한 시각은 "우리의 눈앞에 현존하는 것에 초점을 맞추거나 '장악'하는 형식을 띠며 그것을 즉각 관람의 대상으로 가져다 놓으려고 한다(레빈, 2004: 163).

플린(Thomas R. Flynn)이 "권력과 가시성의 결혼"(플린, 2004: 464)이라고 묘사했던 것을 가장 생생하게 발견해낸 이는 『임상의학의 탄생』, 『감시와 처벌』 등에서 응시의 역사를 서술한 푸코(Michel Foucault)였다(Rajchman, 1988). 푸코에 따르면, "시선이란 바로 지배하는 것이다. 비록 자신이 굴복해야만 하는 순간에도 의학적 시선은 그대로 주저앉아 있지 않는다"(푸코, 1993: 84). 임상의학은 고전주의 시대의 도래와 함께 말과 이미지의 통합 관계가 붕괴되고, 인간을 보여지는 대상으로 만든 의학적 시선이 지배하게 되는 과정 가운데 탄생한 것이었다. "의학적 시선은 객관성이라는 조건 안에서 형성되는 진리를 담는 저장고이며 명증성의 근원이 되어 그 시선이 가장 먼저 닿는 곳이 진리가 된다"(푸코, 1993: 21). 푸코의 말로 이제 "계몽 정신의 막강한 힘은 특권적인 지식이 가지고 있던 어둠의 왕국을 말끔히 쳐부수고, 아무런 방해도 없는 새로운 시선의 제국을 세워 놓았던 것이다"(푸코, 1993: 85). 벤담(Jeremy Bentham)이 설계한 파놉티콘의 장치 안에서 작동하는 규율 권력은 의식에 의해서가 아니라 바로 폭력적인 시각의 비대칭성으로 설정된 감시하는 시선에 의해 행사된다. 모든 것을 숨기지 못하고 드러내어 감시당하는 자는 지속적인 감시가 정상적이라는 믿음 속에 살게 된다. 모든 것이 어둠에서 해방되어 계몽의 빛 가운데로 나아왔으나, 그 밝은 공간 안에서 보여져야 하는 대상은 도무지 주체적 힘을 발휘할 수 없다. 근대는 시각이 헤게모니를 가지는 시대이다.

4) 공공장소에서의 상호 시선

공공장소는 짐멜이 말했던바 평등한 시선 교환이 일어날 수 있는 곳이다. 그리고 그러해야 한다. 우리는 옷, 신발, 헤어스타일 등 다양한 지위 상징을 소지한 채 공공장소에 들어가기는 하지만, 기본적으로 공공장소는 신분 또는 계급과 무관한 평등한 사람들이 함께 상호작용하는 곳이다. 공공장소는 공개적이기는 하나, 푸코가 『감시와 처벌』을 시작하면서 자세히 묘사했던 바, 루이 15세의 암살 시도로 잡힌 다미엥(Robert François Damiens)의 육체를 파멸하는 음울한 처벌의 축제가 펼쳐졌던 공개적인 광장과는 다른 곳이다. 공공장소는 많은 사람들이 어울리는 곳이지만, 그들은 서로 알지 못하는 이방인으로서 그곳에 출현하며 평화스럽게 상호작용해야 한다. 공공장소에서는 조우하는 상대방에 대한 사전 지식 없이 출연자들이 함께 출현하기 때문에 행위자들은 미리 정해진 규범이 아니라 상황 자체가 요구하는 규범에 따라야 한다.

그렇다면 공공장소에서는 어떠한 시각적 규범이 작동하는가? 고프먼(Erving Goffman)은 『공공장소에서의 행동(Behavior in Public Places)』에서 매우 흥미로운 관찰을 보고한다. 대도시에 사는 우리는 타인에 대해 관심을 보이지 않는 방식으로, 곧 '예의 있는 무관심(civil inattention)'으로 행동해야 한다. '예의 있는 무관심'은 "상대방이 존재한다는 사실을 (그리고 그를 보았다는 것을 공개적으로 인정한다는 것을) 보여 주기에 충분한 시각적 주의를 다른 사람에게 주면서, 다음 순간에는 그가 특별한 호기심이나 음모의 타깃이 아니라는 것을 표현하기 위해 그에게서 주의를 거두는 것"(Goffman, 1963: 84)이다. 공공장소에서는 상대의 존재를 인지하기는 하지만 그에게 무관심한 것이 오히려 상대를 존중하는 일이다. 곧, 우리는 상대를 비존재로 무시해서도 안 되지만, 시선으로 상대의 프라이버시를 침범해서도 안 된다는 것이다. 시선으로 위협하는 일은 더더구나 발생해서는 안 된다. 우리는 비록 그리 넓지 않더라도 상대방의 개인적인 영역을 배려할 수 있어야 하며, 상대의 법적 소유물은 아닐지라도 그 영역에 대한 불가침성의 요구에 순응할 수 있어야 한다. 이것은 법률의 문제가 아니다.

물론 공공장소에서도 관심을 가지고 다른 이들을 보아야 하는 자도 있다. 공공장소에서 물건을 팔거나 선전하고 있는 사람은 지나가는 사람의 눈을 맞추려고 노력하며, 그 시선을 받은 사람들은 그가 무엇을 하고 있는지 바로 알고 있기 때문에 그러한 시선에 대해서는 불쾌해하지 않는다. 또한 공공장소에서 응시할 수 있는 자는 이상행동자를 주시하는 경찰관처럼 권력 있는 자이다. 하지만 서로에게 이방인인 존재들은 함께 현전할 때 결코 서로를 주의 깊게 응시해서는 안 된다. 최종렬(2016: 240~241)이 상식 차원의 다문화주의를 논의하면서 서술한 다음의 내용은 매우 설득력 있다. "예의 바른 무관심의 극단은 이방인들이 서로에게 '비인간 지위'를 호혜적으로 부여하는 것이다. 타자가 마치 그 자리에 없는 것처럼 대우하는 경우가 이것인데, 상대방을 세밀하게 주시하는 것은 말할 것도 없고 아예 시선조차도 주지 않는다. 설사 시선이 마주쳤다 해도, 그로 인해 자신의 외양을 전혀 바꾸지 않는다." 하지만 공공장소가 언제나 평화스러운 것만은 아니다. 때로 무관심해야 할 대상을 응시하게 될 때 쉽사리 감정이 격화되고 째려보았다는 사실만으로도 싸움이 일어난다. 공공장소에 출현하는 대도시의 구성원들은 둔감하지만 금방 휘발될 수 있는 폭발적 감정을 가진 존재들인 것이다.

따라서 공공장소에서 사람들은 타인에게 위협적인 존재가 아니라는 의미에서 안전하게 타인의 주목이나 관심을 끌지 말아야 하는 '관심 비유발(disat-tendability)'의 의무를 실천해야 한다. 공공장소에서 우리는 서로를 안전하게 무시할 수 있도록 상대의 관심을 과도하게 끄는 일을 자제해야 하는 도덕적 의무를 갖고 있다. 사실 다른 사람들의 놀람 또는 과도한 관심의 원인이 되는 것은 우리 또한 원치 않는 일이다. 곧, 다른 사람들이 우리에게 예의 바르게 주목하지 않을 수 있도록 우리도 다른 사람들에게 예의 바르게 무관심하고 잘 처신해야 한다(밀러, 2022: 356). 스펙터클의 도시에서 걸어 다니는 행위자는 아이러니하게도 이른바 정상적인 외양을 취하고 자신의 가시성을 최대한 축소시켜야 한다. 따라서 관심을 유발하는 자는 관심 비유발의 의무를 저버린 자가 되고 질타의 대상이 될 수 있다. 공공장소에서 물건을 팔거나 선전하는 사람도 지나가는 사람과 시선을 맞추려 노력하지만, 지나치게 관심을 끄는 행동은 하지 말아야 한다. 관심을 끌기 위한 행동도 언제나 적절해야 한다.

정리해 보면, 예의 있는 무관심이 타인에 대해 관심을 보이지 않는 방식으로 행동해야 하는 규칙인 반면, 관심 비유발은 타인의 관심과 주목의 대상이 되지 않도록 행동해야 하는 규칙이다. 이 둘은 서로 밀접하게 관련된 공공장소에서의 행위 규칙이다. 예의 있는 무관심과 관심 비유발성은 공공장소에서 서로 알지 못하는 낯선 사람들 사이에 서로가 서로에게 표현해야 하는 의례적 존경(ritual respect)이다. 특별한 이유가 있는 이들은 제외하고, 누구라도 공공장소에서 관심의 대상이 되기를 원치는 않는다. 반대로 우리는 상대에게 특별한 관심을 쏟아서도 안 된다. 평등한 시선 교환이 가능한 장소이지만, 서로 응시하는 일은 없어야 한다.

3. 시각과 혐오

우리는 시각적 대상을 혐오의 눈으로 바라보고 그 대상의 파멸을 소망할 수도 있다. 그 대상을 역겨워하고 혐오의 감정이 뱃속에서부터(visceral) 끓어오르는 것을 참지 못할 수도 있다.

1) 기형, 추함, 질병

오래된 이야기에는 괴물이 자주 등장한다. 고대 그리스 신화에 보면, 반은 인간이고 반은 말인 켄타우로스, 사람의 머리와 사자의 몸을 가진 스핑크스, 아홉 개의 머리를 가진 뱀인 히드라 등 수많은 괴물이 있다. 그리고 곽재식 (2018)의 『한국 괴물 백과』에는 한국의 괴물 282종이 소개되어 있다. 괴물의 정체에 대해 소개하는 이야기들은 매우 흥미롭다. 그런데 "괴물은 정상이라 판단되는 보편적인 인간을 기준에 놓았을 때 변종이나 기형, 변칙, 과잉이나 결핍, 중간적이고 잡종적인 존재였기 때문에 숭배와 공포의 대상이었으며 배척해야 할 대상이었다"(이문정, 2018: 29). 오늘날도 우리는 괴물에 대해 이 야기한다. '성형괴물'이라 하여 괴물이라는 단어를 은유적으로 사용하기도 하지만, "실제 현실에서도 우리는 괴물을 감별해 왔다. 그것은 바로 기형이 다. ⋯ 괴물은 기형을 부르는 단어였다"(이문정, 2018: 257).

17세기와 18세기, 19세기에 이르기까지 서양에서는 많은 사람의 관심을 끈 이른바 프릭쇼(freak show, 기형쇼)가 펼쳐졌었다. 한국에서도 서커스에 왜소증을 가진 이가 등장하는 경우가 흔했었다. 전시된 혐오스러운 신체를 직접 접촉하기는 원치 않지만, 거리를 두고 보고 즐기는 대상으로 만들어 놓은 것이다. '구경(sightseeing)'의 대상이 된 괴물은 혐오스럽지 않다. 오히려 즐거움의 대상이다. 그러나 전시된 괴물이 생활 세계 속으로 들어온다면 문제는 달라진다. 괴물은 이제 시각적 불편함을 야기하는 존재가 된다. 괴물과 함께 생활 세계를 살아가는 것은 가능하다 하더라도 지극히 역겨운 일이 된다. 그런 뜻에서 매력과 혐오는 공존한다. ["아름다움은 더럽고 더러움은 아름답다"(밀러, 2022: 제6장).] 하지만 혐오스러운 신체가 매력을 갖기 위해서는 반드시 관찰자와의 일정한 거리가 필요하다. 가까이 다가오면 그 매력적인 존재는 금방 혐오의 대상이 되어 버린다. 괴물과 기형은 전시의 대상은 될 수 있으나, 삶의 공간에서 함께 사는 것은 허용되지 않는다.

콜나이(Aurel Kolnai)는 물리적으로 혐오스러운 대상들의 아홉 가지 유형을 기술한다. 그가 그중 마지막으로 혐오의 대상으로 들고 있는 것은 질병과 신체 기형이다. 가시적인 질병의 징후가 드러내 보이는 죽음의 암시는 공포를 불러일으킬 것이다. 하지만 그 공포가 구체적이고 생생하게 다가온다면, 즉 신체 형태 변형의 경우 공포를 가시화하기 때문에 혐오의 감정으로 이어질 수 있다. 청각장애나 절뚝거림처럼 죽음과 무관한 경우는 그다지 혐오 효과가 없지만, 기형이나 신체 형태의 변화는 (실제로 그 광경이 죽음과 무관하다 할지라도) 생명체 자체의 훼손이 유발하는 혐오가 있을 수 있다(콜나이, 2022: 96; 하홍규, 2023: 246). 시각과 후각을 비교해 보면, 후각은 대상의 '상존재(Sosein, so-being)'를 친밀하게 파악하는 감각이라는 점에서 시각과 대비되며, 따라서 후각적 혐오가 가지는 중요성은 후각에 의해 가능해진 친밀성이라는 점에서 시각적 혐오와 대비된다. 시각적 혐오는 후각뿐만 아니라 미각, 촉각 등의 다른 감각과 비교해 볼 때도 마찬가지로 다른 감각이 유발하는 혐오와의 차이를 서술할 수 있다. 시각은 "대상의 특징을 포괄적으로 파악하기 때문에 친밀성에 대해서는 부적절함에도 혐오의 고유한 특질을 '단번에' 나타낼 수 있다"는데 그 독특성이 있다(콜나이, 2022: 83). 즉, 우리는 어떤 대상을 (거리를 두고) 보고 '단번에' 혐오를 느낄 수 있다는 것이다.

> 시각은 다른 감각들의 기미가 없더라도 그 자체로 공포를 유발할 수 있다. 추악함, 기형, 불구, 그리고 우리가 폭력으로 인식하는 것의 대부분, 즉 선혈, 모욕, 폭행을 처리하는 것은 바로 시각이다 … 시각은 위반되면 공포, 혐오, 연민, 두려움을 불러일으킬 수 있는 자체의 미학적이고 당연한 도덕적 기준을 가지고 있다(밀러, 2022: 159).

그렇다면 기형과 신체적 변형은 왜 혐오를 유발하는가? 밀러는 어떤 대상이 우리가 무관심함으로써 누릴 수 있는 시각적 편안함을 방해할 때 혐오를 느낀다고 말한다. 기형과 신체적 변형은 우리가 일상에서 스치는 행인에게 그런 것처럼 못 본 척하며 지나칠 수가 없다.

> 기형과 추함은 혼란스럽기 때문에 더욱 불안하다. 그것들은 관심 비유발과 함께 오는 편안함을 무효로 만든다. 기형과 추함은 우리로 하여금 보고 알아차리도록 강제한다 … 선혈과 불구, 신체에 대한 폭력이 특별한 이유 없이 잔인하게 가해졌을 때의 결과들처럼 어떤 광경은 단순히 혐오감을 불러일으킨다. 전(前) 사회적인 무언가가 사고에 의해 괴기하게 변형되거나 상해에 의해 파괴되어 온전하지 못한 신체가 될지도 모른다는 생각은 우리를 강한 혐오감 및 공포감과 연결시켜 주는 것 같다(밀러, 2022: 160).

시각적인 불편함을 야기하는 기형과 추함이 혐오를 유발할 수 있다는 밀러의 설명은 매우 그럴듯하다. 그러나 이러한 설명에서 밀러가 간과하고 있는 것은 기형 신체에 대한 혐오가 신체에 대한 과학적인 설명이 (이른바) 정상 신체와 비정상 신체를 구분하고 기형을 탈신화화하는 과정 가운데 유발되었다는 점이다. 그래서 그는 기형과 추함이 우리로 하여금 보고 알아차리도록 강제하는 이유를 설명하지 못한다. 다시 말하지만, 우리가 그 대상을 기형이나 추함으로 보는 것이다. 그래서 그는 그저 "단순히 혐오감을 불러일으키는" 광경이 있다고 말할 수밖에 없다. 어쩌면 현상학에 대해 푸코가 가지는 불만의 근거가 바로 여기에 있을 것이다. 정상과 비정상의 범주 구분 자체를 문제 삼는 푸코의 견해에서 현상학적인 혐오 기술은 불만족스러울 수밖에 없다. 뒤르켐(Emile Durkheim)이 초자연 또는 신비에 의해 정의되는 종교에 대해 비판하면서 말하듯이, "초자연적인 어떤 것에 대해 말할 수 있기 위해서는 사물들의 자연적인 질서가 존재한다는 느낌, 다시 말해 우주 현상들이 법칙이라고 불리는 필연적인 관계에 의해 서로 연결되어 있다는 느낌을 미리 가지고 있어야 한다"(뒤르켐, 2020: 154). 마찬가지로 "자연적이란 말로 상징화된 세계에서 괴물들은 비자연적"인 것이 된다(블럼버그, 2012: 31). 기형 신체는 그렇게 규정된 자연의 세계에서 괴물로서 혐오의 대상이 된다. 이것은 기형 가능성이 있는 태아의 낙태가 도덕적 비난을 오히려 덜 받는 이유가 되기도 한다. 나는 낙태를 해야 하는가 하지 말아야 하는가를 판단할 때 생명의 가치보다 기형으로 인한 혐오 가능성의 가치가 더 높게 평가되는 것에 이의를 제기하는 사람이 그리 많지 않은 것으로 알고 있다.

또한 럽턴(Deborah Lupton)이 지적하듯이, "눈에 띄게 드러난 소비문화의 성장은 나이 든 몸이나 장애를 가진 신체를 매우 불안하게 만드는 결과를 가져왔다. 휠체어나 침대에 의존하는 것과 같이 '정상적으로' 기능하지 않거나 '정상'으로 보이지 않는 몸은, 장애인이나 노인을 위한 공공시설이 부족하다는 사실에서 증명되듯이, 시각적으로나 개념적으로 부적절한 몸이다"(럽턴, 2009: 69~70). 인간의 수명이 길어지면서 건강한 생명에 대한 가치는 더욱 고조되는 반면, 정상적이지 않은 몸, 특히 손상당한 몸에 대해서는 부정적인 가치가 증가하고 있다. 직립보행을 하는 정상적인 사람은 등이 구부러져 힘겹게 걷는 사람을 보면서 ―더구나 그 사람이 불편한 몸을 이끌고 힘들게 노동해야 할 때 더욱더― 혐오한다.

우리는 질병으로 인해 혐오의 대상이 될 수도 있다. 특히 질병이 가시적인 것일수록, 즉 병의 증상이 타인에게 인지되기 쉬울수록 오명을 쓰기 쉽다(네틀턴, 1997). 인간의 역사만큼 오래된 한센병자에 대한 혐오는 두말할 나위가 없을 뿐 아니라, 눈에 띄는 상처와 피부 발진과 같은 것들도 혐오를 유발할 수 있다. 반드시 병의 증상이 눈에 띄는 것이 아니라 할지라도 에이즈 환자처럼 미디어에 의해서 소개되는 환자의 이미지는 혐오를 유발할 수 있다. 이와 같은 "질병의 시각적 이미지는 우리와는 다른 그것을 정의하고, 전형화된 유형을 창조하며, 그렇게 함으로써 고통 받는 사람들을 탈인간화한다"(럽턴, 2009: 123). 질병에 대한 시각적 이미지는, 예를 들어 HIV/AIDS 환자들에 대한 사진과 그림들은 현재의 고유한 역사적 맥락 가운데 이들에 대한 특정한 사회적 반응을 불러일으킨다. 장애 언론 ≪비마이너≫의 한 기사가 지적하듯이, 에이즈에 대한 보도는 '두려워하거나 혐오하거나' 둘 중 하나이다(갈홍식, 2017). 이 기사를 쓴 기자는 "에이즈 의심 성매매 여성, 인천서 수백여 명과 성관계"라는 제목의 ≪국민일보≫ 기사를 사례로 들면서, 사실에 기반하지도 않을 뿐만 아니라 공포와 혐오를 조장하는 그 기사의 폭력성을 지적한다. 기자가 비판하고 있는 기사는 사건과 무관하다고 밝히기는 했지만, 성매매 업소의 사진을 걸고 있다. 무관하다고 밝혔지만, 기자의 의도는 너무나 명백했다.

아름다운 신체에 대한 기준 정립은 특히 여성의 신체를 관조의 대상으로 삼고, 아름답다고 평가하기도 하고 혐오스럽다고 평가하기도 하는 실천에 기여한다. 자연스러운 아름다움에 대한 칭송은 끝이 없으며, 성형을 하더라도 자연스러워 보여야만 칭송을 받는다. 성형의 결과가 자연스럽지 못할 때 성형괴물('성괴')로 혐오의 대상이 된다. 여기서 "'괴물'이라는 단어는 성형한 얼굴이 주는 위화감이나 인위성, 과도함 등을 극단적으로 보여 준다"(임소연, 2022: 105). 괴물의 탄생은 신체적 아름다움이라는 시각적 규범이 강력하게 작동하고 있음을 역설적으로 보여 주는 현상이다. 이 규범은 아름다워야하나 또한 자연스러워야한다는 이중적 의무를 행위자에게 지운다. 그래서 "성형수술을 한 여자 가운데 오로지 강남미인이나 성형괴물일 때에만 스펙터클이"(임소연, 2022: 109) 되는 역설이 발생하는 것이다. 유서연이 말하는 대로, "근대의 시각 중심주의는 카메라의 등장과 함께, 대상과 거리를 두며 그 형상을 무사심하게 바라보는 관조에서 비롯된 관음증적 시선과 결탁하며 엄청난 여성 혐오적 메커니즘으로 작동하게 된다"(유서연, 2021: 101). 사람들은 관음증적 시선으로 여성의 몸을 바라보고, 평가하고, 심지어 괴물의 이름까지 붙이는 실천을 감행하고 있다. 성형에 실패한 여성은 아름다운 몸의 규범을 지나치게 따른 결과로서 괴물이 되었다. 성형은 하되 자연스러워야한다는 규범이 매우 강력하게 작동하고 있다. 생명의 과잉이 혐오를 유발하는 것처럼 아름다움의 과잉도 혐오를 유발한다. 근대화된 세계에서 괴물은 여성 혐오의 대상으로서 은유적으로 다시 태어난 것이다.

라이트(Alexa Wright)는 '괴물성'에 대해 논의하면서, "기괴한 종족들을 구성하는 생물들 같은 존재들과 관련하여, 신화는 다른 방법으로는 이해할 수 없는 것에 의미를 부여할 수 있으며, 현대의 괴물들의 경우에는 평범해 보이는 얼굴이나 몸에 특별한 의미를 부여할 수 있다"(라이트, 2021: 39~40)라고 말한다. 과학이 지배하는 오늘날, 기형과 괴물은 이미 우리의 시야에서 사라졌다. 그리고 사회는 정상적이지 않은 신체를 배제하는 데 이미 성공했다. '시설사회'는 배제의 성공을 칭송하는 단어이다. 그런데 이 과정에서 스스로 정상적이라 여기고 공공장소를 확보할 수 있는 권리를 가진 사람들은 타인에게서 발견되는 조금의 신체적 이상함도 견디지 못하는 존재가 되어 버렸다. 도시를 확보하는 이들은 서로 이방인이기에 신분, 계급, 친족 등의 사회적 지표보다는 신체적 외양으로 서로를 판단한다. 따라서 이른바 정상적인 몸의 현시는 공공장소에서 더욱더 중요해진다. 그러나 그런 만큼 현대인의 시각적 참을성은 매우 박약해졌다. 우리는 이제 조그만 신체적 차이도 시각적으로 용납하기 힘든 존재가 되었다는 것이다.

2) 위반실험: 전국장애차별철폐연대의 이동권 시위

전국장애차별철폐연대(전장연)의 이동권 시위는 어쩌면 베버(Max Weber)가 말하는 쇠우리(iron cage), 강철 외피(steel-hard casing) 속에서 정신없이 살아가는 무리에게 공연하여 보이는 희극이다. 육중한 무게로 느끼는 일상의 가벼움을 드러내는, 견고해 보이는 실재의 연약함(precariousness)을 폭로하는, 이 희극은 관람자들을 열렬한 박수갈채로 유혹한다. 하지만 '전장연'의 시위를 보도한 신문기사 댓글에는 무수히 많은 혐오 댓글이 달렸다.

개 패듯 패서 끌어내는 게 최선이야 … 사람이 사람답게 행동해야 대우를 받는 거야 … 잉여인간 토착 악플러 종자 그놈 무리와 다를 게 없잖아…

그 옛날 더러운 것 바르고 땡깡 부리던 상이군인 생각나는군!

전장연! 참~ 악질들이다~ 전생에 무슨 죄를 지엇길래??? 국회로 가서 따지든가 멱살 잡든가 하는 게 맞지, 죄 없는 출근길 시민 발목 잡아 어쩌겠다는 거냐? 참 당신들 지겹고 역겨운 사람들이다!

≪조선일보≫의 "'지하철 무정차 못하게' … 전장연 출근길 시위 '게릴라식'으로 바꾼다"(김승현·장근욱, 2022)라는 제목의 기사에 달린 댓글은 그 수도 많았지만, 거의 대부분이 '전장연' 시위를 비판하고, 욕하고, 혐오하는 내용으로 가득 차 있었다. '전장연' 시위에 대한 혐오표현은 이 기사 하나만을 확인하는 것만으로 충분해 보였다. 다른 기사들을 찾아서 확인해 볼 엄두가 도저히 나지 않는다. 차라투스트라가 하산했을 때 가지고 있었던 혐오의 기운이 느껴지지 않는 그 순결한 눈을 알아차린 노인처럼 '전장연' 시위자들을 소중한 일상의 방해자들로서 째려보기보다 박수갈채로 맞이할 수는 없을까? '전장연'의 이동권 시위를 보도한 신문기사들이 함께 실은 사진들은 이동권 시위의 부정적인 측면만을 재현하여 그 시위를 직접 목격하지 못한 많은 사람의 혐오를 불러일으켰다. 한 사진은 경찰관들이 시위하는 '전장연'의 대표를 내려다보는 시선을 강조하여 휠체어에 앉아 있는 사람과 서 있는 사람들 사이의 높이 차이를 드러냄으로써 시선의 위계를 표현한다. 또 다른 사진은 시위의 당위성보다는 시위로 인해 출근길 불편을 겪는 시민들의 불편함을 강조하도록 카메라의 각도를 잡고 있다. 이러한 강조 속에서 장애인 이동권 문제는 사라지고, 장애인들은 사회의 규범을 따르지 않는 질서 파괴자로 표현된다.

앞에서 인용한 밀러의 글에, "기형과 추함은 혼란스럽기 때문에 더욱 불안하다. 그것들은 관심 비유발과 함께 오는 편안함을 무효로 만든다"라는 구절이 있다. 이 문제를 더 이야기해 보자. 비장애인과 마찬가지로 장애인도 거대 도시에서는 스펙터클이 되지 말아야 하는 존재이다. 그러나 '전장연'의 이동권 시위는 장애인 스스로 스펙터클이 되어 보려는 시도였다. 지하철 또는 버스를 이용해야 하는 공간을 시위 장소로 택한 것은 스펙터클을 만드는 데 좋은 전략이었다고 할 수 있다. 무언가 주목할 만한 장면(scene)이 벌어졌을 때 공간 속 모든 사람의 시선이 그곳으로 향할 수 있다. 물론 그 시도는 정해진 시간에 얽매여 바쁘게 움직이는 출근자들의 차가운 시선으로 되돌아왔지만 말이다.

'전장연'의 출근길 시위는 공공장소에서 보기의 문제와 관련하여 중요한 함의를 갖고 있다. "용인 가능한 인간 정체성의 표현으로서 '적절한' 몸이 갖는 중요성"(라이트, 2021: 40)이 여실히 드러난 사건이기 때문이다. 도시 사회에서 바람직한 정상성을 가진 신체는 눈에 띄지 않는 외양을 가져야 한다. 즉, 다른 사람들의 관심을 유발해서는 안 된다. 지하철을 타고 바쁘게 출근하는 길에서 어느 누가 관심의 대상이길 바라겠는가. '전장연'의 이동권 시위는 생산 현장으로 일하러 가는 이들을 방해하지 않았다면 어쩌면 대다수 사람들에 의해 용인되었을 것이다. 왜냐하면 신체장애로 인해 사람들의 눈을 끄는 이들은, 비가시적인 존재들에게 이른바 정상적인 신체의 소유자(따라서 "나는 이 사회가 필요로 하는 존재")로 안심하게 하고 그 정상성을 즐기게 하는 기능을 하기 때문이다. 지하철 강변역 앞에 한 뇌성마비 장애인은 불편한 다리에 고무판을 끼우고 거의 누워서 구걸한다. 아침저녁으로 바삐 그 옆을 지나가는 수많은 이들 가운데 간혹 그를 불쌍히 여기는 사람이 있기는 했어도 그리 혐오하는 것처럼 보이지는 않았다. 물론 대부분의 사람은 그 광경이 일상적이기 때문에 무관심하다. 프릭쇼가 다양한 도시 구성원들이 자신을 프릭이 아닌 자로 볼 수 있도록 하는 사회적 기능을 수행했듯이, 구걸하는 장애인은 지나치는 사람들의 움직임을 방해하지 않는 한 바삐 출근하는 사람들에게 '정상성'의 감격을 주고 매일 그것을 확인하게 해 주는 사회적 기능을 수행하고 있는 것이다. 그러나 그 장애인이 구걸하지 않고 어떤 목적을 위해 불편한 몸을 이끌고 천천히 이동하여 지하철을 타려 했다면 사람들의 반응은 어떠했을까?

『보통이 아닌 몸』의 저자 톰슨(Rosemarie Garland Thompson)이 말하듯, "타자성의 형상은 권력관계에 있어서 두드러지게 유표되기 때문에, 타자성의 형상이 지니는 '정상'으로부터의 일탈이라는 문화적 가시성은 그것들이 적법한 것으로 만들어 주고 있는 '정상인'의 형상을 감추고 중립화한다"(톰슨, 2015: 21). 도시 사회에서 정상인은 서로에게 눈에 띄지 않는 존재로 살아갈 수 있다. 정상인의 비가시성은 비정상인의 가시성 때문에 가능하다. 정상인들 사이의 미묘한 신체적 차이는 완전히 무시되고 모두 '동일한' 정상인으로, 동일하기 때문에 서로를 굳이 쳐다볼 필요 없이 살아갈 수 있다.

지하철과 버스는 비장애인들이 자연스럽게 관심을 유발하지 않고도 이용할 수 있도록 만들어진 교통수단이다. 하지만 장애인들에게 그 교통수단은 타인의 관심을 유발하지 않고서는 결코 이용할 수 없는 것이다. 그렇다면 '전장연'의 출근길 지하철 타기 시위는 관심을 유발하지 않는 자가 되기 위해 관심을 유발해야만 했던 행동이다. 우리 사회의 모든 개인은 예의 있는 무관심을 받을 권리를 가지고 있다. 이것은 장애인의 경우도 마찬가지이다. 고프먼이 기술하듯이, "신체적 장애인이 겪는 가장 큰 시련 중 하나는 공공장소에서 공공연하게 시선을 받음으로써 프라이버시가 침해되는 동시에, 그 침해로 인해 그들의 바람직하지 않은 속성이 노출된다는 것이다"(Goffman, 1963: 86). '전장연'은 말해야 할 것이 있었고, 그것을 사람들이 듣게 하기 위해 기꺼이 시선 침범을 허용할 행위를 전개했다. 물론 혹독하게 차가운 반응을 맞아야 했지만….

'전장연'의 출근길 시위는 항상 아무 일 없이 펼쳐졌었던 동일한 정상인들의 생활에 말썽을 일으켜 본 사건이다. 가핑켈(Harold Garfinkel)의 용어대로 말하자면, 이것은 '위반실험(breach experiment)'이다(Garfinkel, 1967). '위반실험'은 사회적 상호작용이 일어나는 자연적 세팅의 당연한 성질을 드러내기 위해 고안된 것으로, 일상생활이 아무 문제없이 진행될 수 있도록 행위자들이 암묵적으로 합의하고 지키고 있는 규칙을 드러내는 것이 목적이다. 평소에는 전혀 아무 문제가 없는 상황에 말썽을 일으켜 보면, 실험적 상황이 아닌 평상시에는 알아차리기 힘들었던 사실이 분명하게 드러난다. 곧, 가핑켈이 연구대상으로 삼았던 '보이지만 알아차리지 못했던(seen but unnoticed)' 것들이 시각적으로 알아차릴 수 있게 드러나는 것이다. '전장연'의 이동권 시위는 그전까지 아무런 문제없이 진행되어 왔던 출근길에 말썽을 일으킴으로써 일상인들이 어떻게 해서 아무 일 없는 듯 질서 있게 살아갈 수 있는지 보여 주었다. 비장애인들의 걸음걸이, 보폭과 속도 같은 개인적 능력 및 반대 방향에서 걸어오는 사람들과 부딪치지 않고 자신이 원하는 방향으로 걸어야 하는 사회적 규범뿐만 아니라 계단과 같은 사물들도 출근길을 질서 정연한 것으로 만들어 주었던 중요한 요소들이다. 그렇다면 일상적인 출근길의 질서는 그곳에 나타나지 않았던 장애인들의 적극적인 협조 덕분에 가능한 것이었다.

위반실험의 결과로 무관심했던 대상이 보는 주체에게 생생하게 가시화되고, 그 보는 주체는 그 대상을 이제 응시한다. 근대 도시에서 아침 일찍부터 일하러 나서는 이들에 대한 찬사가 드높아질 때마다 생산성이 떨어지거나 없는 존재들의 시각적 현전은 반갑지 않다. 특히 다른 곳도 아닌 출근길의 시위가 그토록 혐오를 불러일으킨 이유이다. 생산 현장으로 일하러 가는 사람들을 방해하는 장애인들에게 동정의 여지는 없다. 그 장애인들도 일하러 갈 수 있다는 생각은 하지 않는다. 장애는 생산 주체로서 구성되는 신체의 경계를 의문시한다. 따라서 출퇴근 시간을 피해 시위하라고 훈수를 두는 일은 결코 그들의 존재를 이 도시에 허용하는 일이 아니다.

오늘날 "인간 괴물들은 사회의 가장자리에서 도사리고 있는 혼란스러운 형체들이다. 그들은 낯선 사람, 외부인, 범법자이며, 무엇보다 기괴하다고 낙인찍힌 자들보다 이들을 만드는 자들에 대해 더 많은 것을 말해 주는 본질적으로 위반적인 캐릭터들이다"(라이트, 2021: 29). 그렇다. 장애인들의 가시화는 오히려 이들을 도시에 부적절한 자로 만들어 내는 이들에 대해 많은 것을 말해 준다. 우리 사회가 어떻게 구성되어 있는지 말이다. '타자들'이 "없으면 우리는 우리가 무엇인지 모른다. 이들과 함께하면 우리는 우리가 알고 있는 것이 아니다 … 관찰자의 주관적인 위치는 '타자'의 구성에 연루되어 있다. '타자'가 기괴하든 그렇지 않든 간에 말이다"(라이트, 2021: 30). 화려하게 차려입고, 일하러 나선, 과시적 존재인 우리는 장애인들이 아니었다면 반복되는 일상 속에서 우리 자신이 어떤 존재인지 결코 알지 못했을 것이다. 스펙터클로 가득 차 있지만, 동시에 곳곳이 위험으로 가득 차 있기도 한 도시에서 나 또한 언제 휠체어에 의존해야만 하는 장애인이 될지 장담할 수 없다.

오늘날 장애인들에게 사회는 타인의 관심을 유발하지 말아야 한다는 의무를 강요하지만, 예의 있는 무관심을 받을 권리는 무시한다. 장애인에게 비가시화의 의무를 강요하는 폭력, 그 폭력에 저항함으로써 장애인은 혐오의 대상이 된다. 사회는 장애인에게 장애인답게 복잡한 출근길에 출현하지 않도록 장애인다움을 강요하면서, 장애인들도 자연스럽게 관심을 유발하지 않고도 이용할 수 있는 인프라를 만들 생각은 별로 하지 않는다. 계단은 모든 사람을 위한 것이 아니라 걸을 수 있는 '특정한' 사람들만을 위한 시설이다. 그래서 나는 계단을 만드는 것은 정치적 선택이라고 생각한다. 계단 건설이 정치적 선택이라는 것은 휠체어를 탄 사람들이 지나가기 편하게 보도의 턱을 낮추는 일이 상당히 오랜 정치적 투쟁의 결과로 이루어졌다는 것을 상기하면 쉽게 이해할 수 있다.

4. 나가기: 순결한 눈을 갖기 위하여

니체로 다시 돌아가자. 순결한 눈, 빛나는 눈은 축복하고 유혹하는 능력을 갖고 있다. "**연극의 연속으로서의 박수갈채**─빛나는 눈과 호의적인 미소는 아주 훌륭한, 세상의 희극과 삶의 희극에 주어지는 일종의 박수갈채이다. ─ 그러나 동시에 그것이야말로 다른 관객을 '박수갈채를 보내 주시오'라고 유혹하려는 희극 중 희극이기도 하다"(니체, 2002: 32).

악한 눈은 대상을 응시한다. 응시하는 시선에는 지배하려는 욕구가 내재해 있다. 악한 눈은 바라보는 대상이 눈부시게 빛나길 원치 않는다. 대상이 나와 같은 일상을 아무 일 없다는 듯 살기를 바라지 않는다. 대상은 내 일상의 연속적인 흐름에서 제외되어 있어야 한다. 그래서 휠체어를 타는 사람들은 복잡한 출근 시간을 피해서 이동하면 될 텐데 괜히 아침 일찍부터 나와서 출근자들을 볼모로 자신들의 이익만 추구하는 존재가 되어 버린다. 악한 눈으로 바라보면 대상은 악한 자들이 된다.

순결한 눈은 대상이 희극을 공연할 때 응시하는 것이 아니라, 대상에 박수갈채를 보내고, 함께 흥분할 수 있고, 그 대상이 무대에서 빛나기를 바라는 눈이다. 그러나 그 대상들과 함께 일상의 삶을 살아갈 때 우리는 눈에 띄는 신체들을 향해 오히려 무심한 눈을 가져야 한다. 니체는『아침놀』에서 이렇게 말한다. "천재라는 이름이 본래 어울리는 다른 사람들은 순수한 눈과 순수하게 만드는 눈을 갖고 있다…보는 것에는 훈련과 예비교육이 필요하다. 그리고 정말 운이 좋은 사람은 적시에 순수하게 보는 것의 스승도 발견한다"(니체, 2004: 374). 우리가 적절한 훈련과 교육을 받는다면 공공장소에서는 모두가 천재이며 모두가 모두에게 스승일 수 있다.

나는 지하철에서 옆에 앉은 이에게, 옆에 서 있는 이에게 물리적으로 밀접해 있음에도 불구하고 무관심하듯이, 휠체어를 타고 지하철을 이용하는 이들을 시각적 대상으로 삼지 않고 이들에게 예의 있게 무관심할 수 있는 사회가 좋은 사회가 아닐까 생각한다. 시각적 관심을 끌었던 다양한 신체들이 그다지 관심을 유발하지 않고도 편안히 이동할 수 있게 하고 그 신체들을 바라보는 자였던 이들은 굳이 대단한 자비심으로라도 계속하여 그 신체들을 바라보는 것이 아니라 김광기의 용어로 "정겨움을 느끼는 무관심, 사소함"(김광기, 2022: 90)으로만 대할 수 있다면 충분히 좋은 사회가 아닐까 싶다.

곽재식. 2018. 『한국 괴물 백과』. 워크룸프레스.

김광기. 2022. 『내편이 없는 자, 이방인을 위한 사회학』. 김영사.

네틀턴, 사라(Sarah Nettleton). 1997. 『건강과 질병의 사회학』. 조효제 옮김. 한울아카데미.

니체, 프리드리히(Friedrich Wilhelm Nietzsche). 2002. 『인간적인 너무나 인간적인 II』. 김미기 옮김. 책세상.

니체, 프리드리히. 2004. 『아침놀』. 박찬국 옮김. 책세상.

니체, 프리드리히. 2012. 『차라투스트라는 이렇게 말했다』. 김정진 옮김. 올재.

뒤르켐, 에밀(Emile Durkheim). 2020. 『종교생활의 원초적 형태』. 민혜숙·노치준 옮김. 한길사.

드보르, 기(Guy Debord). 2014. 『스펙타클의 사회』. 유재홍 옮김. 울력.

라이트, 알렉사(Alexa Wright). 2021. 『괴물성: 시각 문화에서의 인간 괴물』. 이혜원·한아임 옮김. Orcabooks.

럽턴, 데버러(Deborah Lupton). 2009. 『의료문화의 사회학』. 김정선 옮김. 한울아카데미.

레빈, 데이비드 마이클(David Michael Levin). 2004. 『모더니티와 시각의 헤게모니』. 정성철·백문임 옮김. 시각과 언어.

밀러, 윌리엄 이언(William Ian Miller). 2022. 『혐오의 해부』. 하홍규 옮김. 한울아카데미.

버거, 피터·토마스 루크만(Peter L. Berger & Thomas Luckmann). 2013. 『실재의 사회적 구성: 지식사회학 논고』. 하홍규 옮김. 문학과지성사.

블럼버그, 마크 S.(Mark S. Blumberg). 2012. 『자연의 농담: 기형과 괴물의 역사적 고찰』. 김아림 옮김. 알마.

비트겐슈타인, 루트비히(Ludwig Wittgenstein). 2016. 『철학적 탐구』. 이승종 옮김. 아카넷.

샤피로, 게리(Gary Shapiro). 2004. 「철학의 그림자들 속에서」. 데이비드 마이클 레빈 엮음. 『모더니티와 시각의 헤게모니』. 정성철·백문임 옮김. 시각과 언어.

유서연. 2021. 『시각의 폭력: 고대 그리스부터 n번방까지 타락한 감각의 역사』. 동녘.

이문정. 2018. 『혐오와 매혹사이: 왜 현대미술은 불편함에 끌리는가』. 동녘.

임소연. 2022. 『나는 어떻게 성형미인이 되었나: 강남 성형외과 참여관찰기』. 돌베개.

제이, 마틴(Martin Jay). 2019. 『눈의 폄하: 20세기 프랑스 철학의 시각과 반시각』. 전영백 외 옮김. 서광사.

짐멜, 게오르그(Georg Simmel). 2005. 『짐멜의 모더니티 읽기』. 김덕영·윤미애 옮김. 새물결.

최종렬. 2016. 『다문화주의의 사용: 문화사회학의 관점』. 한국문화사.

콜나이, 아우렐(Aurel Kolnai). 2022. 『혐오의 현상학』. 배리 스미스·캐롤린 코스마이어 엮음.

하홍규 옮김. 한울아카데미.

톰슨, 로즈메리 갈런드(Rosemary Garland Thomson). 2015. 『보통이 아닌 몸: 미국 문화에서 장애는 어떻게 재현되는가』. 손홍일 옮김. 그린비.

푸코, 미셸(Michel Foucault). 1993. 『임상의학의 탄생』. 홍성민 옮김. 인간사랑.

플린, 토마스(Thomas Flynn). 2004. 「푸코와 시각의 붕괴」. 데이비드 마이클 레빈(엮음). 『모더니티와 시각의 헤게모니』. 정성철·백문임 옮김. 시각과 언어.

하홍규. 2023. 「혐오의 현상학: 감정과 가치에 대한 아우렐 콜나이의 접근」. ≪사회이론≫, 63: 235~267.

Garfinkel, Harold. 1967. *Studies in Ethnomethodology*. Cambridge: Polity.

Goffman, Erving. 1963. *Behavior in Public Places: Notes on the Social Organization of Gatherings*. New York: The Free Press.

Rajchman, John. 1988. "Foucault's Art of Seeing." *October*, 44: 88~117.

Vannini, Phillip, Dennis Waskul and Simon Gottschalk. 2012. *The Senses in Self, Society, and Culture*. New York and London: Routledge.

■ **신문기사**

갈홍식. 2017. "'두려워하거나 혐오하거나', 언론의 HIV/AIDS 보도". 비마이너. https://www.beminor.com/news/articleView.html?idxno=11114(최종검색일: 2021.11.28)

김승현·장근욱. 2022. "'지하철 무정차 못하게'…전장연, 출근길 시위 '게릴라식'으로 바꾼다". ≪조선일보≫. https://www.chosun.com/national/national_general/2022/12/18/QSJG6MZNNRGX3BAKKB2R4XFUX4/(최종검색일: 2023.10.16)

이상헌. 2013. "시선은 권력이다". ≪부산일보≫. https://www.busan.com/view/busan/view.php?code=20130812000130(최종검색일: 2023.10.7)

8

혐오해도 되는 마지노선?*

반(反)혐오 담론에서 장애의 배제

전혜은

1. 혐오에 대한 사유를 재사유하기

종종 사람들은 '혐오는 나쁘다'라고 말하지만, 본인의 말과 행동이 '혐오'를 행한다고 생각하는 사람은 별로 없을 것이다. 성소수자나 여성, 장애인, 빈곤층, 난민, 유색인종으로 분류되는 이들에게 혐오를 내보이는 사람들의 특징은 자신이 '평균적인 시민'이라고 생각한다는 점이다. 자신이 상식적 규범의 기준이 되는 '평범한 보통 사람'의 표준집단에 속해 있다고 생각하고, 자신의 감정과 생각이 그 표준집단의 기준치에 부합한다고 믿는다. 또는 나아가 자신의 견해가 '평범한 보통 사람'을 대표한다고 믿는다. 사실 이와 관련해서 차별금지법 제정과 같은 조치는 이 '평범한 보통 사람'의 기준을 선제적으로 끌어올리려는 시도이기도 하다.

그런데 여기서 숙고해야 할 것은 '평범한 보통 사람'이라는 전제가 혐오를 표출하는 담론뿐 아니라 그 혐오에 맞서는 담론들에서도 자주 드러난다는 점이다. 최근 몇 년 동안 혐오에 관한 논의가 한국에서 밀도 높게 발전하는

---

*　이 글은 전혜은, 「혐오해도 되는 마지노선?: '우리' 안의 장애혐오」, ≪횡단인문학≫, 9.1(숙명여자대학교 인문학연구소, 2021), 1~26쪽을 수정 보완했다.

176　2부 장애차별담론 분석

와중에도 혐오의 교차적 함의에 대해서는 혐오에 쉽게 노출되는 사회적 소수자들을 열거하는 것 이상의 논의가 부족했던 게 사실이며, 이는 영미권에서도 사정이 크게 다르지 않다. 이런 현상은 단지 악의나 무지의 문제라기보다는 무지와 불투명성을 생산하는 인식틀의 문제이다. 혐오에 반대하여 혐오에 맞설 언어를 구축하는 작업이라 할지라도 그런 작업들이 전제 삼고 의존하는 특정한 틀이 있기 마련이고, 그 특정한 인식틀을 통해 인식될 수 없는 것들은 그 특정한 반(反)-혐오 담론 작업 안에 들어올 수 없다.(또는 오로지 피상적이거나 왜곡된 타자화의 형식으로 잠시 가시화되었다가 빠르게 사라진다.) 퀴어 페미니즘 이론가 이브 코소프스키 세즈윅(Eve Kosofsky Sedgwick)의 지적대로, "특정한 통찰은 특정한 불투명성을 생성하고 특정 불투명성으로 덮여 있으며 동시에 특정 불투명성에 의해 구축되기도 한다. […] 무지들은 특정한 지식에 의해 산출되고 특정한 지식에 대응하며 특정한 진리 체제의 일부로서 유통된다"(Sedgwick, 1990: 8; 전혜은, 2021: 326 부분 재인용).

이런 문제의식 아래 이 글은 특정 사회적 소수자 집단에 쏟아지는 혐오에 맞서는 이론적 작업들이 그 소수자적 특성(이라고 생각한 것)을 위한 맞춤형 논거를 만드느라 부지불식간에 다른 소수자들을 배제하는 현상에 주목한다. 특히 반-혐오 담론 안에서도 장애가 '혐오하면 안 된다'라는 피상적 수준의 평등 주장 아래 포함될 뿐, 혐오에 맞서는 이론의 구축 과정에서 도구화되거나 '혐오해도 되는 마지노선'으로 눈에 보이지 않게 쫓겨나는 양상, 더 중요하게는 반-혐오 담론의 핵심 원리로서 장애혐오가 구조화되는 양상에 비판적으로 개입한다. 이와 같은 작업의 초벌 단계로서 이 글은 페미니즘 안에서의 반-혐오 담론 중 일부를 검토하고자 한다. 이는 페미니즘이 특별히 장애차별적이기 때문이 아니다. 한편으로는 필자가 장애, 퀴어, 페미니즘의 교차로에서 살아온 사람으로서 내부자인 동시에 경계인의 위치에서 '우리' 안의 장애혐오를 비판적으로 성찰하는 작업의 필요성을 절감하기 때문이다. 그리고 다른 한편으로 이 글은 하나의 이름으로 묶이기에는 매우 넓고 다양하게

발전해 온 페미니즘에서 특히 삼십 년 이상 페미니즘의 핵심 개념이자 나아
갈 방향으로 사유되어 온 교차성(intersectionality)을 바탕으로 나온 것이다.
따라서 이는 페미니즘 자체에 대한 반대가 아니라 페미니즘이 지금까지 해
왔듯 끊임없는 내부 비판을 통한 거듭남의 과정에 속하는 작업이다.

　이를 위해 먼저 페미니즘 안에서 장애를 장애물과 적을 나타내는 은유로
도구화하는 양상과, 이런 용법이 장애가 있는 사람들 자체를 정치적 걸림돌
로 취급하는 태도로 발전되는 양상을 검토한다. 그다음 절에서는 페미니스
트 법철학자 마사 C. 누스바움(Martha C. Nussbaum)이 퀴어 혐오에 대한 대
항 담론을 구성하는 작업에 초점을 맞춰, 동성애적 성적 실천에 대한 혐오에
물적 근거가 없음을 논증하는 과정에서 불가피하게 무엇을 혐오하면 안 되
고 무엇은 혐오해도 되는지에 관한 구분이 이론적 토대를 이루는 방식을 살
펴보고, 여기서 어떻게 장애혐오가 이론 전체를 지탱하는 뼈대로 기능하는
지를 분석한다. 마지막 절에서는 장애혐오를 인식하지 못하게 막는 틀을 해
체하는 작업이 팬데믹 시대를 거치며 어떻게 더욱 복잡하고 어려워지는지를
살펴보면서 어려운 때일수록 반-혐오 담론에 장애 관점의 통합이 중요함을
역설하고, 질병과 감염을 침해와 혐오로 틀 짓는 주류 사회에 퀴어 운동 및
이론이 맞서 온 방식들을 검토하면서 통합의 방향성을 제안한다.

2. 장애의 도구화와 배제

　사회적 소수자들을 위한 이론 및 운동에서마저 장애가 도구화되는 현상은
매우 오래전부터 있어 왔던 것으로, 비장애 중심성이 전반적인 사유의 토대
로서 의식과 무의식에 얼마나 강력하게 자리 잡았는지를 보여 준다. 장애의
이런 사용법은 크게 세 가지로 분류해 볼 수 있다. 첫째, 해당 소수자 집단이
겪는 차별과 억압의 부당함을 부각시키기 위한 은유로 장애가 동원된다. 예

를 들어 페미니스트 정치학자 아이리스 마리온 영(Iris Marion Young)이 "성차별주의 사회에서 여성은 신체적으로 핸디캡을 가진다"라고 논평할 때(Young, 1990: 153), 또 퀴어 페미니즘 장애학자 앨리슨 케이퍼(Alison Kafer)가 지적하듯 페미니즘 유토피아 담론들마저 장애가 제거된 미래를 유토피아의 전제조건으로 당연시할 때(케이퍼, 2023), 여기서 장애는 속된 말로 '우리가 장애인 취급을 당하다니'라는 부정적인 은유로 이용되고, 나아가 성평등한 세상으로 가는 여정에서 극복해야 할 방해물로 형상화된다.

둘째, 장애는 해당 사회적 소수자 운동이 맞서 싸워야 할 적을 형상화하는 은유로 쉽게 동원된다. 예를 들어 페미니스트 정신분석학자 재클린 로즈(Jackqueline Rose)는 최근 저서에서 여성을 대상으로 하는 남성의 혐오폭력이 이토록 전 세계적에 널리 퍼져 있고 너무도 노골적으로 자행되는 데도 모두가 못 본 척 덮고 넘어가는 현상을 비판하기 위해 'blindness'라는 용어를 책의 전면에 내세운다(Rose, 2021). 한국에서도 '맹목적'이라는 표현을 자주 쓰는 이들이 있지만, 여기서 문제는 단순히 시각장애를 은유로 끌어들인 데 있지 않다. 로즈는 서론 첫머리서부터 무지로 인한 죄악을 시각장애와 연관시키는 인용문을 앞세우고, 실존하는 여성과 아동 피해자를 지우고 성폭력 범죄자 남성을 두둔하는 사례를 비판할 때마다 blindness라는 용어를 반복적으로 사용하며, 나아가 이 용어를 여성을 향한 남성의 혐오폭력을 정의하는 핵심 개념이자 이 책 전체의 핵심 키워드로 배치한다. "이 책의 핵심 전제는 우리 시대에 그러한 폭력[여성을 향한 남성의 혐오폭력]이 정신적 맹목성의 형태(a form of mental blindness)로 번성한다는 것이다"(Rose, 2021: 3)라는 주장은 시각장애를 남성의 증오범죄 및 혐오폭력의 속성으로 규정한다. 또한 "성폭력은 좁은 시야(tunnel vision) 형식에서 발생한다"(Rose, 2021: 12)라는 주장은 '터널시(視)'라는 의학적 증상이 정말로 존재하고 특히 폐쇄각 녹내장 환자들에게 심각한 의학적 증상이라는 점을 무시한다. 이는 질병 및 장애를 부정적인 의미로 함부로 사용한다는 문제를 넘어, 눈이 안 보이는 장애 상태를 가장 악랄하고 만연한 폭력의 성향과 엮어 선언함으로써 시각장애에 대한 낙인을 생산하는 문제가 있다.[1]

장애를 피하거나 극복해야 할 방해물 또는 나쁘고 악한 것과 얽힌 꺼림칙한 은유로 이용하는 이런 시각은 단지 은유에서 끝나는 것이 아니라, 장애인의 다양성과 차이를 고려해야 하는 순간에 장애가 있는 사람들 자체를 운동의 걸림돌 취급하는 태도로 쉽게 이어진다. 만성질환과 살아가는 위치에서 페미니즘 장애 이론의 필요성을 주창한 페미니즘 장애학자 수잔 웬델(Susan Wendell)이 짚었듯, 건강한 비장애인을 기준으로 조직된 사회운동의 속도와 강도를 따라가지 못하는 아프고 장애가 있는 페미니스트들이 운동의 기여도를 비난 받고 발언권이 축소되는 경우가 허다하다(웬델, 2012: 158~185). 이는 장애 접근성을 확보하지 않은 채 접근 필요를 요구하는 장애인들의 존재 자체를 문제시하는 책임 전가로(피엡즈나-사마라신하, 2024), 거의 모든 사회적 소수자 운동은 물론이고 비장애 중심적 사회에서 장애문제를 '해결'하는 전형적인 방식이다.(장애인도 대중교통을 이용할 가장 기본적인 권리에 대한 서울시와 서울교통공사의 폭력적 대응을 보라.)

한국의 페미니즘 학계 및 운동 전반에도 이런 성향이 은근히 깔려 있지만, 이것이 노골적으로 가시화되고 논쟁되기 시작한 것은 SNS를 중심으로 발전한 '래디컬 페미니즘'에서이다. 한국에서 최근 몇 년 동안 젊은 세대를 중심으로 페미니즘이 다시 부흥하는 가운데 페미니즘의 다양한 지류 중에서도 빠르게 세를 확장해 온 래디컬 페미니즘의 대표적 운동인 '탈코'['탈(脫)코르셋'의 준말] 운동은 여성 몸의 다양성을 비장애 중심적으로 획일화하는 경향을

---

1) 로즈와 유사하게 선별적 가시성과 권력 체계의 연관성을 비판적으로 분석한 다른 학자들이 'blindness'라는 표현을 피해 '비가시성(invisibility)' 같은 표현이나 '인식을 거부한다'라는 표현을 사용하거나 '시각 장'을 '인식 가능성의 매트릭스(matrice of intelligibility)'(Butler, 1993) 같은 개념으로 대체해서 구체화했던 노력을 생각하면, 로즈의 이 저서는 장애혐오를 피하려는 자기 성찰적 노력이 부족했다는 비판도 부족하다.

보여 왔다. 물론 탈코 운동은 가부장제가 여성에게 규정한 쓸모에 맞서는 시도로서 중요하게 평가되어야 할 운동이다. '정상적인 몸'의 이상적 기준을 특히 여성에게 과도하게 부여하며 그 목적이 여성을 남성에게 쓸모 있는 대상으로서 교정하기 위함인 가부장제 사회에서, 그러한 기준을 더 이상 반복하지 않겠다는 선언은 가부장적 규범 권력의 힘을 약화시키는 운동의 출발점이 된다. 그러나 복잡한 결을 세심히 살피는 토론이 어렵고 단편적이거나 결정론적인 주장이 빠르게 퍼져 나가는 SNS를 바탕으로 진행되면서 탈코 운동은 쓸모 있음에 대한 새로운 규범성을 세우려는 방향으로 쉽게 흘러갔으며, 그 과정에서 사회적으로 주변화된 존재들에 대한 혐오를 재생산하고 강화해 왔다. 이때 가장 빈번하고 노골적으로 드러난 것은 퀴어와 트랜스 혐오이지만,[2] 장애 여성과 비만 여성의 몸 또한 혐오의 대상이 된다. 탈코 운동에서 이상화하는 몸은 짧은 머리에 사회에서 여성적이라 불릴 만한 것을 드러내지 않는 외관을 갖추는 것에 더해, 젊고 뚱뚱하지 않고 근육질에 건강한 비장애인 시스젠더(cisgender) 여성의 몸이기 때문이다.[3]

일반적으로 장애 여성과 비만 여성은 주류 사회가 기대하고 강요하는 정상적 여성의 외양에 맞지 않기 때문에 진퇴양난에 빠진다. 이들은 여성적이지 않은 존재, 즉 성적 매력이 없을 뿐 아니라 섹스도 젠더도 섹슈얼리티도 없는/없어야 하는 무성적 존재로 규정된다. 따라서 이들은 '여성스럽게' 꾸며도 비난 받고 꾸미지 않아도 비난 받는다.[4] 따라서 이들에게 '가부장제가 부

---

[2]　사회 전반에 만연한 여성 혐오에 맞서 등장한 '디지털 페미니스트'들의 퀴어와 트랜스 혐오 양상에 대한 분석은 김보명(2018: 1~31)을 보라. 이러한 트랜스 혐오가 장애혐오와 밀접히 얽혀 서로에게 양분을 공급하는 양상에 대한 논의는 전혜은(2018: 37~39)을 보라.

[3]　시스젠더는 "자신의 젠더 정체성이 출생 시 지정된 성별(assigned sex)에 부합하여 자신이 남자인지 여자인지에 대해 별다른 의구심이나 불편함 없이 살아가는 사람들"을 지칭하는 개념이다. 이는 "트랜스젠더의 반대말"로서, "모든 것의 기준이던 주체 위치를 가시화하고 명명의 기준을 타자들에게로 옮기는 담론 전략"의 일환으로 만들어졌다(전혜은, 2021: 107).

과하는 여성성'과 '꾸밈'은 단순히 거부하고 지양하는 것만으로 끝나는 문제가 아니다. SNS에서 많은 당사자들이 주장했듯, 품이 넓고 어두운 티셔츠 대신 화려한 치마를 입고 꾸미는 행위는 뚱뚱하고/거나 장애가 있는 여자는 최대한 눈에 안 띄게 찌그러져 있으라는 사회의 요구에 정면으로 도전하는 저항 행위가 될 수 있다. 그럼에도 탈코 운동에서 이들의 복잡한 상황은 가부장적 규범을 내면화한 부역 행위 혹은 개인의 게으름으로 단순화된다. 비만 여성이 건강의 이유에서든 비만 여성에게 가해지는 편견 어린 시선과 노골적인 차별에 지쳐서든 살을 빼거나 외양을 변화시키려 한다면 탈코 운동에 반대되는 꾸밈 행위라 비난하고, 다른 한편 비만 여성이 살을 빼지 않으면서 탈코 운동이 지향하는 '여성' 범주의 비좁음을 비판하면 자기 건강을 자기가 말아먹는 '병신'으로 쉽게 매도하는 모순적 흐름이 SNS 담론장에서 반복해서 등장한다.

이런 모순적이고도 도식화된 대립이 반복되는 이유는 래디컬 페미니즘에서 장애에 대한 이해가 근본적으로 장애를 병리적이고 개인적인 것으로 보는 장애 모델에 입각해 있기 때문이다.[5] 이 모델에서 병과 장애는 개인의 문

---

4) 이전에 썼던 글(전혜은, 2018: 42~44)에서 정리한바, 페미니즘 장애학자 김은정은 장애인을 무성적 존재로 전제하는 동시에 장애인은 무성적 존재여야 한다는 명령을 내리는 강제적 규범으로서 '탈성애화(奪性愛化, desexualization)' 프로세스를 이론화한다(Kim, 2011: 479~493). 이 프로세스는 소위 '정상'에서 벗어나거나 미달한 인구 집단에게 성적으로 용인되는 범위 자체를 매우 협소하게 설정한다. 따라서 여기 해당되는 인구 집단은 일반적으로는 무성적 존재로 간주되는 동시에, 그 협소한 범위를 조금만 벗어나도 과도하게 성애적이라서 눈살을 찌푸리게 만드는 혐오스러운 대상으로 규정되고 비난 받는다. 김은정은 이 탈성애화에 붙들린 인구 집단의 예로 장애인, 미성년자, 노인, 여성, 젠더퀴어, 인종적·민족적 타자들, 빈곤층 등 사회적으로 주변화된 사람들을 꼽는다. 여기에 나는 비만 여성을 추가한다. 비만을 장애 정체성과 장애 정치에 통합하는 논의로 Herndon(2011: 245~262)을 보라.
5) 장애문제뿐만 아니라, 일반적으로 현재 한국의 래디컬 페미니즘의 주장은 신자유주의적 자본주의의 경쟁 논리와 자율적이고 독립적인 근대적 주체 개념에 대한 신봉을 바탕으로 철저히 개인화된 방식으로 전개된다. 예를 들어 탈코와 4B[비혼, 비(非)출산, 비연애, 비섹스

제로 치부되고 사회적 요인이 배제되며 '문제 있는 개인'이라는 치료 대상으로서만 환원되는 비인격적 개인화가 일어난다. 따라서 비만이나 장애 특성은 개인이 노력을 하지 않아 극복하지 못한 게으름의 소산이나 불행하고 불쌍한 동정의 대상이자 의료적 치료의 대상으로만 이해되는 동시에, 비만이나 장애가 있는 사람이 자신의 몸 특성을 긍정하는 태도를 보이면 비정상 상태에 안주하는 정신이상자로 규정된다. 완벽하고 흠결 없고 손상을 가하지 않는 몸이 정상으로 전제되고, 그 기준에 맞지 않거나 기준을 따르지 않는 존재 혹은 행위는 신체장애와 정신장애 둘 다로 병리화되는 것이다. 그리고 이렇게 병리화된 존재들은 '건강한' 페미니즘에 걸림돌이 된다는 이유로 혐오하고 퇴출하는 것이 정당화된다.

의 준말를 표방하는 '랟펨'(래디컬 페미니스트의 준말)들의 SNS에서 자주 등장하는 논의 흐름 중, 꾸밈노동에 쓸 돈으로 자동차를 사라거나 주식투자를 하라는 등의 경제 관련 주장은 신자유주의적 자본주의의 경쟁 논리를 따를 것을 적극 권장하면서 중산층 이상 계급으로의 진입을 목표로 한다. 이런 논의에서 남녀 임금격차로 인한 여성의 빈곤화 문제는 피상적으로만 인지되고, 꾸밈노동에 들일 돈도 주식투자를 할 돈도 없는 가난한 여성들의 의견은 스스로 노력해서 환경을 바꿀 생각을 하지 않는 개인의 게으름으로 쉽게 환원된다. 또한 랟펨들의 논리에서 여성은 여성성을 위반할 수 있고 위반해야 하지만 그럼에도 남성과 여성의 소위 '생물학적' 차이라는 것을 위반해서는 안 된다. 따라서 짧은 머리, 민낯, 몸매를 드러내지 않는 옷차림을 한 탈코 여성은 그럼에도 남성처럼 보여서는 안 된다. 랟펨들이 피부가 더럽고 씻지 않으며 살찌고 안경 쓴 한남, '안되어'(안경 되어지의 준말)로 불리는 이 외양을 조롱의 대상으로 삼을 때, 이는 여성에게만 높은 청결과 꾸밈의 기준을 요구하는 성차별주의를 비판하려는 전략이지만, 동시에 '탈코'의 자연스러움을 추구하면 '안되어'의 외양이 되는 여성들을 배제한다. 비만과 청결에 계급적 요인이나 질병 및 장애, 심지어 야근이 영향을 미칠 수 있다는 점은 논의되지 못한 채 철저히 시스젠더 이성애 중심적인 남성/여성의 이분법적 구도에서 이런 문제들이 도식화되는 것이다. 그리고 이런 문제점을 비판하는 목소리를 모두 아직 깨어나지 못한 '우중(愚衆)'으로 취급함으로써 폐쇄적인 주체/타자의 위계를 재정립한다. 이러한 랟펨의 주체 모델의 특징과 모순에 대해서는 전혜은(2021: 2장) 참조.

3. 반(反)혐오 담론과 장애혐오

그런데 위의 두 가지 용법보다 좀 더 골치 아픈 것은 세 번째 용법으로, 특정 사회적 소수자에 쏟아지는 혐오를 걷어 내기 위한 방어 이론을 구축하는 과정에서 장애혐오가 이론의 핵심축으로 들어와 있는 경우이다. 좀 더 온화하게 말하자면, 핵심축으로 사용한 개념이 장애를 배제하는 것을 넘어 장애에 대한 혐오를 조장하고 있음을 비장애인들은 알아차릴 수 없게 구조화된 경우이다. 이런 경우에는 단순히 장애와 관련된 표현을 부정적 의미로 사용하지 말라고 지적하는 데서 끝날 수 없고, 그 이론 구조 전체를 다 뜯어고쳐야 하기에 골치 아파진다.

이러한 문제가 드러나는 텍스트 중 하나가 누스바움의 『혐오에서 인류애로: 성적 지향과 헌법』(2016)이다. 누스바움은 전작 『혐오와 수치심』(2015)에서부터 법 정치에서 중요한 감정으로서 혐오에 주목해 왔다. 역사적으로 혐오 세력들이 혐오를 법적으로 제정하여 정당화하고, 그러한 법을 무기로 혐오폭력을 양산하는 동시에 혐오에 맞서는 이들을 체계적으로 불법적 존재로 만들어 왔기 때문이다. 특히 『혐오에서 인류애로』는 혐오의 정치적 지형에 비판적으로 개입하고, 성소수자에 대한 차별 및 억압에 관련된 법적 문제들을 법의 언어로 파훼하는 중요한 저서이다. 책의 3장 「소도미 법: 혐오와 사생활 침해」에서 초점을 맞춘 소도미(sodomy) 법은 영미법 전통에서 1533년 영국의 헨리 8세 때 제정된 항문성교 금지법(Buggery Act)을 계승했다는 미국 법으로, 명목상 "2세 생산으로 이어지지 않는 성행위"(누스바움, 2016: 107), 대표적으로 항문성교와 구강성교 같은 행위를 규제하는 법이었으나 실질적으로는 남성 동성애자를 탄압하는 법으로 사용되었고, 2003년이 되어서야 폐지되었다. 누스바움의 기본 입장은, 어떤 행위가 제3자에게 아무런 피해를 주지 않는다면 그 제3자가 그 행위에 혐오감을 느낀다고 해도 그 혐오는 그 행위를 불법으로 만들 만한 충분조건이 될 수 없다는 것이다. 여기서 누스바움은 소도미 법의 위헌성을 논증하고 성소수자 혐오를 법적으로 혁파하기 위해 두 가지 틀을 제시한다. 하나는 존 스튜어트 밀의 '자기 본위적 행위'와 '타자 관련 행위' 구분이고, 다른 하나는 '원초적 대상에 대한 혐오'와 '투사적 혐오'이다.

　누스바움의 주장은 첫째, 소도미 법으로 처벌 받아 온 행위(항문성교, 구강성교 등)가 '타자 관련 행위'가 아니라 타자에게 아무런 영향을 미치지 않는 '자기 본위적 행위'이므로 사생활의 자유가 보장되어야 한다는 것이다. 누스바움에 따르면 '자기 본위적 행위'는 "직접적 불쾌감을 조성하는" 성행위에 해당하지 않고, 따라서 "다른 이들의 법익에 잠재적으로 영향"을 미치지 않기 때문에 법적으로 제재해서는 안 된다(누스바움, 2016: 101~103). 둘째, 이 "직접적 불쾌감을 조성"하여 혐오감을 불러일으키고 타인의 법익을 침해하여 법적 처벌을 받아 마땅한 행위를 정의하는 기준은 '원초적 대상에 대한 혐오'와의 관련성이다. 누스바움은 '원초적 대상에 대한 혐오'와 '투사적 혐오'를 구별해서, 전자는 그럼직한 이유가 있지만 후자는 실체 없는 잘못된 감정이며, 성소수자 차별과 관련된 혐오는 후자라고 주장한다. 셋째, '투사적 혐오'와 관련되어 있는 행위이더라도 '자기 본위적 행위'가 아니라 '타자 관련 행위'인 것들은 "성행위가 다른 이들의 법익에 잠재적으로 영향을 미칠 수 있는" "직접적 불쾌감을 조성하는 사례"로서 "생활방해에 의한 권리침해"와 유사하게 법적으로 제재를 받을 수 있는데, 여기 해당하는 행위로 공공장소에서의 자위행위와 성기노출 행위를 예로 든다(누스바움, 2016: 101~102). 이 세 단계를 통해 누스바움이 변호하는 사생활 보호 대상이 되는 성행위는, "당사자 간에 상호합의가 이루어졌는가"와 "제3자에게 피해를 줄 여지가 없도록 격리된 상태에서 해당 행위를 했는가"라는 조건을 충족시키는 행위이다(누스바움, 2016: 142).

　이 '격리된 공간'에 대한 강조는 '상호합의'와 더불어 소도미 법 위헌을 끌어내기 위한 논쟁에서 중요한 개념이었고, 또한 누스바움에게는 특정 성행위에 대한 제재 여부 결정에서 중요한 기준이다. 소도미 법의 위헌성을 공론화한 1986년도 바워스 대 하드윅 사건(*Bowers v. Hardwick*)과 소도미 법 위헌을 이끌어낸 2003년 로런스 대 텍사스 주 대법원 판결(*Lawrence v. Texas*)이 대중적 설득력을 갖췄던 이유도, 하드윅과 로런스 둘 다 격리된 공간(자기 집 침실)에서 합의한 파트너(특히 불특정 다수가 아닌 독점적 연애 관계의 유일한 파트너라고 주장할 만한 상대)와 성행위를 했기 때문이다. 즉, 동성애자인 것만 빼면 모든 면에서 평범한 시민다운 행동이라는 점에서 소송을 해 볼 만한 사건이었던 것이다. 그러나 이런 '보통 사람' 전략은 성소수자 인권 운동의 역사에서 뚜렷한 한계를 보인 전략이기도 했다. 이 전략은 억압 받아 온 성소수자 대다수가 안전하게 격리된 사적 공간을 확보할 수 없었기에 길거리나 공원 화장실 같은 위태로운 공적 공간에서 관계를 맺을 수밖에 없었던 역사적 상황을 고려하지 못했고, 따라서 일부 성소수자만 법적으로 보호 받을 수 있는 존재로 구해내고 나머지 수많은 성소수자들은 감히 법적 보호를 바라서는 안 되는 존재로 낙인을 강화하는 효과를 낳았던 것이다.[6]

그런데 성소수자 인권 운동에서도 한계가 있는 이 법적 울타리는 장애 관점에서 봤을 때는 더욱 명백한 한계를 보인다. 장애 관점에서 특히 문제가 되는 것은 누스바움이 '직접적 불쾌감'을 조성하며 타인의 권리를 침해하는 행위를 구성하는 기준으로 제시한 세 가지 요소, 즉 첫째, 원초적 대상에 대한 혐오, 둘째, 격리된 공간, 셋째, 타자 관련 행위이다. 누스바움의 이론에서 이것들은 혐오에 대한 법적 보호를 받을 수 있는 존재 및 실천과, 반대로 법적 보호 바깥으로 내처질 뿐 아니라 처벌과 제재를 받아도 마땅하다고 여겨지는 존재 및 실천을 구별하는 핵심 지표로 기능한다.

먼저 누스바움이 '원초적 대상에 대한 혐오'를 무엇으로 설명하는지 정리

---

6) 소도미 법 위헌 소송과 관련해서 만들어진 새로운 동성애 규범성에 대한 다른 퀴어 이론가들의 비판은 전혜은(2021: 4장) 참조.

해 보자. 이 혐오의 대표적 예시는 "체액, 악취"이다(누스바움, 2016: 103). 누스바움이 '원초적 대상에 대한 혐오'와 '투사적 혐오'를 구분하는 이유는, 동성애 혐오론자들이 동성애를 반대하는 이유로 "배설물, 침, 소변, 정액, 피 등 온갖 육체적 부산물과 위험한 병을 옮기는 병균"을 동성애와 동일시하면서 동성애 자체를 비위생적이고 병을 옮기는 오염 물질로 재현하는 방식으로 혐오의 근거를 물질화해 왔기 때문이다(누스바움, 2016: 38~39). 누스바움은 이런 '원초적 대상'에 대한 혐오를 동성애자들에게 '투사'해서 혐오하는 것을 법적으로 인정할 이유가 없음을 논증하기 위해 이 구분을 세운다.

누스바움이 『혐오와 수치심』에서 좀 더 상세히 이론화한 투사적 혐오 개념은 여성 몸의 재현을 연구하는 페미니즘의 계보를 이은 것이라 할 수 있다. 대표적으로 인류학자 메리 더글러스(Mary Douglas)는 기념비적 저작 『순수와 위험: 오염과 금기 개념의 분석』에서 다양한 사회와 문화에서 오염과 금기의 구조를 탐구하여 성별·계급·민족·인종 등 권력 위계에 따라 더러움과 깨끗함의 의미가 차별적으로 부여되고 그에 대한 책임도 차별적으로 분배되는 역학을 구조화하고 그로써 혐오의 작동 방식을 설명할 하나의 방법을 제시했다(더글러스, 1997).[7] 더글러스는 "절대적인 오물이란 것은 없으"며, 오히려 오물이 "사물의 체계적 질서와 분류의 부산물"임을 밝힌다.[8] 다시 말해 배설물이나 오물에 대한 경계가 공동체의 보건위생을 위한 최소한의 안전장치로서 —그 생화학적 기전을 설명할 지식이 없는 시대에는 관습이나 제의의 형식으로— 형성된 측면이 있을지라도, 무엇을 오염으로 규정하고 금기시하고 단속하는가의 범위는 한 사회를 조직하는 위계와 질서 체계와 맞물려 구성되고 그다음 자연화된다. 혐오스러운 타자란 본디 더럽거나 위험한 것이 아니라 그 사회를 조직하는 위계의 아래쪽에 있거나 질서 체계에서 벗어나

---

7) 더글러스의 오염 이론에 대한 간결한 정리는 전혜은(2010: 1부 1장)을 보라.
8) 더글러스, 앞의 책, 68쪽; 23쪽; 번역 일부 수정.

있기에 그렇게 재현된 것이다. 타자에 대한 혐오는 '타자'로 규정된 존재들에게 불결한 속성을 부착시킴으로써 규범적 주체 위치를 점하는 자들의 우월성과 지배를 정당화하고 공동체 나머지 구성원들의 결속을 다지는 방식으로 작동한다. 이런 맥락에서 성적 오염에 대한 금기와 규제는 지배적인 성별 이분법 체계를 따라 (또한 근대사회에서는 이성애-동성애의 위계도 추가되어) 불평등하게 구축된다. 더글라스를 비롯해 여러 페미니스트 학자들은 남성 중심적 사회들에 널리 퍼져 있는 여성의 처녀성에 대한 집착, 몸에서 배출되는 유체라는 공통점이 있어도 남성의 정액은 신성시되는 반면 여성의 월경혈은 더럽고 위험하니 숨기거나 격리해야 하는 것으로 금기시되는 풍습 등 성별 위계에 따라 더러움과 깨끗함의 의미가 다르게 부여되는 구조를 규명해 왔다(크리스테바, 2001; 그로스, 2019: 8장).[9] 그런데 이러한 이론적 계보에서 주목할 점은 누스바움과 달리 투사적 혐오와 원초적 대상에 대한 혐오를 엄격히 구별하지 않았다는 점이다. 누스바움이 투사적 혐오만을 변호함으로써 원초적 대상에 대한 혐오는 방치했다면, 이 학자들이 오염-금기-억압을 이론화하는 작업은 투사적 혐오만이 아니라 오물, 배설물, 체액 같은 원초적 대상에 대한 혐오마저도 어떻게 기존의 권력 체계를 따라 차별적으로 투사되고 각기 다른 의미로 대상에 부착되는지를 예증한다. 여성의 '봇물' 대(對) 남성의 '정액', 여성의 '월경혈' 대 '모유', 이성애자 남성의 정액과 항문 대 동성애자 남성의 정액과 항문, 백인의 피 대 흑인의 피 등 '원초적 대상'으로 보이는 것들에 대한 혐오마저도 어떻게 그 자체로 자연스러운 것이 아니라 구성된 것인지는 사회적 소수자들이 겪은 차별과 억압의 역사에서 찾아볼 수 있다.

물론 원초적 대상에 대한 혐오와 투사적 혐오를 구별하는 누스바움의 반-

---

9) 크리스테바가 어떻게 더글라스의 오염 이론을 전유하여 오염에 관한 금기와 성적 억압의 연관성을 아브젝시옹(abjection)이란 개념을 통해 이론화했는지에 대한 정리는 전혜은(2010: 1부 1장)을 보라.

혐오 이론은 장애 운동에도 어느 정도 유용한 측면이 있긴 하다. 예를 들어 장애인 관련 복지시설이나 학교를 세우려고 할 때마다 쏟아지는 반대와 혐오를 '투사적 혐오'로 규정하고 그에 맞서 합법적 권리를 옹호하는 데 도움이 될 수 있을 것이다. 그럼에도 누스바움의 이론에 전적으로 동의하고 넘어가기 어려운 이유는, 장애인들의 삶에서 '원초적 대상에 대한 혐오'와 '투사적 혐오'가 말끔히 구분되지 않기 때문이다. 그러한 구분은 그 자체로 비장애 몸을 중심으로 만들어진 것이고, 계급적 특정성을 기준으로 한 것이기도 하다. 누스바움의 논의에서 혐오해도 되는 원초적 대상들의 예시는 돌봄이 필요한 노약자와 장애인, 야외에서 오래 일하는 노동자, 노숙인에 연관되기 쉬운 특성들이고, 또한 이들에 대한 혐오와 차별을 정당화하는 데 동원되는 특성들이다. 페미니즘 장애학자이자 만성질환자인 웬델은 사회가 규범적 정상성을 훈육하고 비장애인과 장애인의 위계를 자연스러운 것으로 만드는 첫 번째 단계가 이런 '원초적 대상'들에 대한 육체적 통제와 관련되어 있음을 날카롭게 짚는다.

> 정상성의 훈육은 사회생활의 모든 영역에 참여하기 위한 필수조건이지만 의식적인 노력 없이 그 훈육 방식에 따를 수 있는 대다수 성인들은 이를 알아채지 못한다. 어린이들은 정상성이 요구하는 것들을 매우 잘 인식하고 있다. 아이들 사이에서는 신체 사이즈, 행동거지, 움직임, 몸짓, 말솜씨, 감정 표현, 외모, 체취, 먹는 방법 그리고 침, 방귀, 대소변과 같은 몸의 기능을 조절하는 방식들에 있어서 정상성의 표준에 따르도록 매우 어릴 때부터 강요된다. 놀림, 괴롭힘, 따돌림의 위협을 통해서 말이다.(어린 시절 가장 수치스러운 일은 학교나 운동장에서 바지에 오줌을 싸는 것이었다. 일부러 저지르는 다른 어떤 짓도, 그것이 아무리 도덕적으로 나쁜 행동일지라도 이보다 더 수치스러울 수는 없다.) […] 우리가 정상성의 기준에 따라가지 못할 때 수치심과 스스로에 대한 혐오를 마주하게 됨으로써, 그 기준이 강력하게 내면화된 훈

육에 의해 강요된다는 것을 알 수 있다(웬델, 2013: 171~172).

이 수치심을 통한 정상성의 훈육 과정은 한 번 달성되면 끝나는 것이 아니다. 평생 완벽히 정상성에 맞추기 위한 경쟁 구도가 만들어지고, 이에 맞추려는 반복되는 노력이 '정상성'의 위상을 유지하고 재생산한다. 이 무한 경주 안에서 처음부터 정상성의 기준에 미달하는 장애인들은 비장애인들에게 '나는 저들보다는 정상이니 다행이다'라고 안도감을 느끼게 해 주는 '나와는 다른 타자'의 표식으로서, 동시에 '나도 저들처럼 될지 모른다'라는 두려움 속에 절대 동일시해서는 안 되는 실패의 상징으로서 도구화된다(웬델, 2013: 172~173).[10] 이런 과정에서 병이나 장애가 있는 사람이 스스로 정상성의 기준을 따라갈 수 없음을 발견할 때마다 수치심과 자기혐오를 느끼지 않기란 매우 어렵다.

이런 점에서 혐오에 맞서는 장애 운동은 단순히 정상/비정상을 규정하는 기존의 인식틀과 가치 위계를 그대로 둔 채 뒷항에 있던 것을 앞항으로 옮겨 오는 일로 끝날 수 없다. 유색인 퀴어 페미니스트 장애인 활동가인 리 락슈미 피엡즈나-사마라신하(Leah Lakshmi Piepzna-Samarasinha)가 장애인의 섹슈얼리티를 재현하는 작업의 복잡성에 대해 토로하듯, 한편으로는 장애인의 섹슈얼리티를 긍정하는 단계를 넘어 다양한 장애가 있는 사람들이 겪는 현실적인 문제, 예를 들어 "섹스 도중 당신의 카테터(catheter)가 떨어져서 당신 파트너의 얼굴에 소변을 뿌릴 때 어떤 기분인지"에 대해 충분히 논의할 필요가 있지만(피엡즈나-사마라신하, 2024: 6장),[11] 다른 한편 '우리도 깨끗하고 정

---

10) 더욱이 사람들이 문화적 이상형을 추구할수록 몸의 형태, 기능, 움직임, 몸무게, 실루엣, 체모, 머릿결, 피부색, 피부 모공, 손톱 길이 등 정상성의 기준은 더욱 높아지고 세세한 곳까지 몸을 규제하게 되는 현상에 대해서 페미니즘적 비판이 발전되어 왔지만, 육체적 배설물에 대한 통제와 "몸의 기능을 조절하는 방식"에서의 실패는 정상성의 가장 최소한의 기준을 충족하지 못한 실패로서, 여전히 '원초적 대상에 대한 혐오'를 받는다.

상이다'를 주장하는 대신에 우리는 어쩌면 더러울 수 있으며 이것이 장애의 현실임을 공적으로 이야기하면 다시금 장애혐오에 힘을 실어 주는 것은 아닌지, 이런 문제들을 장애인에게 수치심과 혐오를 전가하지 않는 방식으로 어떻게 논할 수 있을 것인지 고민이 쌓이는 것이다.

더 어려운 문제는, 장애인들에게 이 원초적 대상에 대한 혐오와 관련된 문제가 '직접적 불쾌감'과 관련한 제재의 기준으로 누스바움이 제시한 두 번째 조건 '격리된 공간'과 세 번째 조건 '타자 관련 행위'와 긴밀히 맞물려 있다는 점이다. 장애의 사회적 모델에 기초한 운동에 손상의 실제적 문제도 함께 포함시켜 논해야 한다고 주장하는 장애 활동가들은, 건축 환경의 변화나 사회적 평등의 문제로도 해결할 수 없는 손상의 어려움으로 통증, 만성질환, 기력 고갈에 가까운 만성피로뿐만 아니라 배변과 월경, 침이나 콧물의 흘림을 혼자서 처리하기 힘든 몸으로 살아가면서 남의 도움이 필요한 상황들을 이야기한다(예를 들어 Crow, 1996). '원초적 대상에 대한 혐오'가 당연시되는 사회에서 장애인들은 이런 신체 활동에서 도움을 받을 활동 보조인의 심기를 거스를까 늘 불안해하고, 배변 활동을 줄이기 위해 먹고 마시는 행위도 극도로 줄이게 된다(김상희, 2018: 133~135; 진성선, 2020.9.25). 이런 문제들은 한편으로 장애인들에게는 '자기 본위적 행위'와 '타자 관련 행위'의 구분을 가능케 하는 기본 전제인, 타인의 돌봄에 의존하지 않고 독립적이고 자율적으로 삶을 영위하는 근대적 주체라는 기준 자체를 충족시키기 어려운 경우가 많다는 현실을 드러낸다.

다른 한편 역사적으로 장애 시설이나 가정에 갇혀 사회로부터 고립되어

---

11) 이 예시는 피엡즈나-사마라신하가 속한 북미 유색인 퀴어 페미니즘 장애 정의 예술 단체 '신스 인발리드(Sins Invalid)'에서 장애인 섹슈얼리티를 다룬 쇼를 올렸을 때 쇼를 관람했던 흑인 퀴어 휠체어 안무가 알리스 셰퍼트(Alice Sheppard)가 자신의 블로그에 남긴 감상평 일부를 피엡즈나-사마라신하가 인용한 것이다.

살아온 장애인들에게는 '격리된 공간'이 누스바움의 의미대로 사적 친밀성을 자유롭게 누릴 수 있는 공간이 아니라, 항상 타인의 돌봄 혹은 감시(혹은 둘 다)에 결부되어 있는 '타자 관련' 공간으로 구조화된다. '제3자에게 영향을 주지 않고' 사적 친밀성을 나누거나 자기 몸과 쾌락을 탐구할 수 있는 사적 공간이 처음부터 주어지지 않은 사람들에게, '혐오하면 안 되는 합법적 성행위'를 구성하는 '격리된 공간'이라는 조건은 얼마나 허울뿐인 조건인가? 사실 성소수자와 장애인들이 공적 영역에 모습을 드러냈을 때 가장 자주 듣는 비난은 '밖에 나오지 말고 집에나 있어라'이지만, 공/사 이분법의 확고한 구분과 사적 영역을 신성화하는 가치관은 명백히 규범적 주체를 기준으로 만들어진 것이다. 사회적 소수자 관점에서 공/사 이분법을 비판하는 연구들은 인종·민족·계급·젠더·섹슈얼리티·연령·장애 등 사회를 불평등하게 조직해 온 권력 위계에 따라 사생활을 누릴 자격이 차등적으로 인정된다는 점을 논해 왔다. 공적 영역이 확보되지 않은 사회적 소수자들은 사적 영역조차 제대로 획득할 수 없고, 사회의 주변부로 밀려날수록 사생활 자체를 인정받지 못하고 '사적 영역'이라는 개념이 갖는 약간의 보호 기능조차 박탈당하는 것이다(전혜은, 2021: 331~336).

물론 앞서 지적했듯 동성애자들의 성적 친밀성의 공간이 클럽이나 공원 화장실 같은 공적 공간을 일시 점거하는 형식일 수밖에 없었던 역사를 누스바움 또한 인지하고 있고, 그래서 책의 6장 「사생활 보호: 섹스 클럽, 공공장소에서의 섹스, 위험한 선택들」에서는 공공장소에서의 섹스도 법의 울타리 안에서 보호할 방법을 법 조항 안에서 모색한다. 그러나 이 검토 내용에서도 공간성에 약간의 확장이 일어났을 뿐, "동의하지 않는 제3자에게 원치 않는 영향을 끼치지 않는다는 조건"을 충족시켜야만 "'공적' 섹스와 관련된 성적 선택"을 "헌법적으로 보호되어야 할 것" 범주에 포함시킬 수 있음을 누스바움은 몇 번씩 강조한다(누스바움, 2016: 279). 사실 제3자에게 영향을 미치면 안 된다는 이 제한 조건은 성폭력이나 아동학대 같은 사안을 법적으로 제재하기 위한 필요조건으로 중요하다. 그러나 누스바움이 "공동체는 또한 공공 장소에서의 자위행위, 원치 않는 사람들이 보는 장소에서의 성행위 등 직접적인 감각적 접촉은 있으나 분명한 물리적 손상은 발생하지 않는 행위도 정당하게 법으로 규제할 수 있다. 원치 않는 영향을 끼친다는 점에서 이 행위가 일으키는 불쾌감은 실질적 피해가 발생하는 첫 번째 범주의 사례들과 비슷하기 때문이다"(누스바움, 2016: 278~279)라고 단언할 때, 장애인 수용 시설에서 발달장애인들의 자위를 막기 위해 허벅지 사이에 사포를 끼워 넣은 사건(Fegan and Rauch, 1993: 9; Wilkerson, 2011: 193~194 재인용; 전혜은, 2018: 44)이나 차 안에서 시끄럽게 일어나는 장애인을 훈육하겠다는 빌미로 압사시킨 사건(김은정, 2020: 201~202)은 누스바움이 규정한 합법/불법의 경계 안에서 끔찍한 방식으로 법의 옹호를 받는다. 사실상 '격리된 공간'에서 '제3자에게 영향을 미치지 않는다'라는 이 조건은 장애인의 섹슈얼리티, 특히 발달장애인들의 섹슈얼리티를 폭력적으로 처벌하는 강력한 근거로 동원되어 왔다.

여기서 주목할 점은, 누스바움의 논증을 구축하는 개념들—건강한 비장애인을 기준으로 의존·돌봄·취약성에 대한 인정이 배제된 독립적 주체 개념, 다양한 권력 체계에서 기득권을 쥔 규범적 주체들에게 맞춰진 공/사 구분, 계급·비장애·인종적 요소 등을 중심으로 편향적으로 정의된 '위생' 개념—을 아우르는 정언명령은 무엇보다 '남에게 폐 끼치지 말아야 한다'라는 것이다. 그런데 사실 혐오와 차별을 하는 사람들이 자신들의 혐오를 정당화하는 논리로 가장 자주 써먹는 것은 '저들이 나에게 폐/해를 끼칠지 모른다'라는 불안이다. 기득권을 쥔 주체들은 난민, 외국인 노동자, 성소수자, 장애인, 또는 여성이 온전한 내 것을 빼앗아 가거나 훼손하리라는 불안으로 피해자 위치를 선점한다.[12] 누스바움은 '투사적 혐오' 개념을 제시함으로써 이 걱정이 망상임을 보이고자

---

12) 이에 대한 탁월한 분석은 아메드(2023)를 보라. 특히 2장 「증오의 조직화」와 3장 「공포의 정동 정치」 참조.

했지만, 누스바움이 제안하는 합법적인 틀마저도 그 자체로 아무에게도 민폐를 끼치지 않는 사람을 기준으로 하고 있다. 그렇다면 과연 '민폐'란 무엇인가? '민폐'의 정의와 기준을 정할 권력을 가진 이들은 누구인가?

이와 관련하여 장애 활동가들은 장애인의 섹슈얼리티가 철저히 사회의 안전에 대한 위협으로 재현되는 방식을 폭로한다. 노다혜(2020)에 따르면, 정신장애인들에게는 "권리에 앞선 '해를 끼치지 않아야 한다'는 의무"가 강제된다. 정신장애인을 위한 정신건강복지법은 장애인의 인권 보장과 사회안전 강화라는 모순된 목표를 선언하고, 이 두 목표가 충돌하는 것처럼 보일 때는 서슴없이 후자를 선택해 '위험한 정신장애인'을 사회로부터 격리한다(노다혜, 2020: 179~181).

> 공중보건과 사회안전은 언제나 정신장애인과 감염인의 권리에 선행해 왔다. 그들은 '잠재적 가해자'이기에 불시에 일어나는 검문과 조사에 순순히 응해야 하고, 치료에 순응하며 자신이 안전한 존재임을 증명해야 권리를 주장할 수 있다. 국가는 공중보건과 사회안전에 '구멍'이 발생했을 때 제대로 된 예방책을 마련하지 않은 책임을 되돌아보는 것이 아니라 '의무를 다하지 않은 개인'의 문제로, 치안과 단속을 강화하는 방향으로 논의를 협소하게 만든다. 이러한 상황에서 질병과 장애는 개인의 도덕적 책임이 되고, 격리와 처벌만이 유일한 방법이 된다(노다혜, 2020: 184).

발달장애인의 성교육에 대해 꾸준히 목소리를 내온 이진희(2020) 역시, 제도화된 장애인 성교육의 핵심 주제가 '남에게 폐 끼치지 말 것'으로 채워져 있음을 지적한다. 장애인의 섹슈얼리티는 비정상적이고 사회에 위험한 것으로 미리 틀지어진다. 이에 더해 장애인의 사생활을 보장할 수 없는 생활 구조는 장애인의 성적 행위를 '제3자에게 영향을 끼치는' 불쾌한 행위로 구조화한다. 장애인 당사자의 성적 기쁨을 탐구할 기회를 주기는커녕 남에게 폐 끼치지 말 것을 강요하는 시설 내 성교육은 항상 자신을 관리 감독하는 사람들에게 둘러싸여 폐 끼치지 않는 것만 학습 받아 온 장애인들이 성폭력과 성착취에 더 취약하게 만든다(이진희, 2020.11.13). 이런 문제들이 맞물리면, 장애인의 삶을 지금과 같은 형태로 만든 사회구조적 맥락은 제거된 채 오직 장애인이라서 사회에 위협적인 존재라는 본질주의적 결론만이 남겨진다. 그리하여 장애인들은 반-혐오 담론의 논리 안에서조차 '혐오해도 되는' 쪽으로 쫓겨난다.

정리하자면, 누스바움이 혐오의 정치에 맞서 동성애자의 성적 권리를 합법적인 것으로 옹호하기 위해 제시한 기준들은 (일부) 동성애자들에게는 도움이 되었을지 모르나, 장애인들의 섹슈얼리티 그리고 나아가 장애인의 실존 자체에 대해 오히려 혐오를 용인하는 조건으로 기능할 수 있다. 장애인들의 삶에서 '원초적 대상에 대한 혐오'와 '투사적 혐오'는 말끔히 구분되지 않을뿐더러 장애인에게 가해지는 폭력을 정당화하는 데 쉽게 동원될 수 있다. 그리고 장애인들에게는 '격리된 공간'이 사생활을 보호할 수 있는 자신만의 안전한 공간이 아니라 사회와 격리시키는 시설화의 역사로 경험되어 왔다. 또한 '자기 본위 행위'와 '타자 관련 행위'의 구분은 상시적 돌봄과 지원이 필요하고 자신만의 시공간을 갖기 어려운 장애인들의 섹슈얼리티를 억압하는 효과적 근거로 동원될 수 있고 실제로 동원되어 왔다. 따라서 혐오하면 안될 것들을 구분하는 데 토대가 되는 인식틀 자체에 대한 고민 없이 혐오와 차별을 금지하자는 움직임은 장애인들에게 이중적인 족쇄로 기능할 수 있다. 이는 장애와 관련된 모든 문제를 장애인 개인에게 책임 전가하는 ―장애인이 혼자서 해결하지 못한다는 것을 알면서 이를 핑계로 혐오하고 차별할 빌미를 찾는― 장애의 개인화 모델을 강화할 뿐이다.

물론 혐오 받지 않을 합법적 인정 요건을 닦은 누스바움의 작업이 '동성애자'에게만 해당하는 것이므로 장애인을 의도적으로 배제한 것은 아니라는 변호가 나올 수도 있다. 하지만 결코 모든 동성애자가 비장애인인 것도 아니고 모든 장애인이 시스젠더 이성애자인 것도 아니다. 시설 내 획일화된 성교육은 비장애 중심적일 뿐 아니라 시스젠더 중심적인 기준에 맞춰 장애인들을 단속한다. 따라서 시설에 있는 장애인 퀴어들은 더 심각한 차별과 억압을 겪는다. 그뿐만 아니라 장애학자 토빈 시버스(Tobin Siebers)의 주장대로 장애인 일반을 성소수자로 고려할 필요도 있다. 역사적으로 장애인들 또한 소도미 법의 적용을 받았고, 감히 장애인 주제에 성적인 것을 탐낸다는 이유로 '성도착자'로 취급되었으며, 자기 몸과 성적 경험에 접근할 가능성 모두 가족, 시설, 의학당국의 통제 아래 놓여 있었기 때문이다(Siebers, 2012).[13] 마지막으로, 누스바움의 한계를 의도치 않은 누락으로 변호하기에는, 이 누락이 장애를 혐오해도 되는 대상으로 규정함으로써 장애인을 겨냥한 증오범죄로 쉽게 이어질 수 있다는 현실적 문제를 책임감 있게 고려해야 한다.[14]

4. 팬데믹 시대를 거치며 혐오에 대처하기

지금까지의 논의는 '반-혐오 담론마저도 혐오를 저지른다'라는 단순한 결론을 내리기 위한 것이 아니다. '혐오자냐 아니냐'를 이분법적으로 갈라 단죄하는 손쉬운 방법으로는 혐오의 문제를 해결할 수 없다. 태어날 때부터 우리를 둘러싸고 우리의 인식에 영향을 미치는 권력 구조로부터 완벽히 자유로운 사람은 없기 때문이다. 다만 우리의 인식을 한정하는 바로 그 인식틀이 처음부터 누구를 배제하고 누구에 대한 혐오를 당연시하는지 끊임없이 성찰하고 경계하는 노력이 필요하다. 혐오와 차별에 대한 대항 담론을 만드는 작

---

13) '퀴어'와 '성소수자' 개념의 차이와 연결에 대해서는 전혜은(2021, 109쪽 1장 각주 20) 참조.
14) 장애인에 대한 배제와 무관심, 혐오표현의 방치가 장애인을 겨냥한 특수한 증오범죄의 증가와 중요한 연관성이 있음을 분석한 연구로 Sherry(2016)를 보라.

업이 중요하면서도 어려운 것은, 특히 법의 영역에서 '차별하면 안 된다'의 기준을 세우는 작업이 '여기까진 차별해도 된다'의 기준으로 너무 쉽게 악용될 수 있기 때문이다. 예를 들어 미국 장애인차별금지법은 사회적 소수자 모델을 바탕으로 억압 받고 차별 받는 소수자 집단의 범주를 규정하여 이 집단에 속하는 사람들을 보호하고자 했으나, 법 시행 15년 동안의 판례를 조사해보니 장애인 권익 보호보다는 고용주들이 소송을 걸어 '너는 법의 보호를 받을 만큼 충분히 장애인이 아니므로 해고는 부당하지 않다'라는 판결을 끌어내는 데 더 많이 이용되었다는 결과가 나왔다(Asch, 2004). 이는 결코 차별금지법 같은 것이 소용없다는 뜻이 아니다. 그보다는 기존의 법적 틀에 맞춰 어디까지가 보호 받을 범주인지(그리고 어디서부터는 아닌지) 금을 긋는 데 더 치중할 때 나올 수 있는 효과를 비판적으로 숙고해야 한다는 뜻이다.

장애인의 인권과 섹슈얼리티 권리를 반-혐오 담론에 통합시키기 위해서는 비장애인 입장에서는 당연했던 개념들을 하나하나 재검토하면서 틀 자체를 급진적으로 확장·변환시키려는 노력이 필요하다. 말하자면 누스바움이 혐오의 정치를 지향하며 제시한 '인류애의 정치'의 요건인 '존중'과 '상상력'을 급진적으로 더 넓고 더 다르게 작동시킬 필요가 있다.

> '인류애의 정치'란, 존중이라는 바탕에 상상력 넘치는 동조가 결합된 정치적 태도이다. […] '존중'이라는 이름이 아깝지 않으려면, 모든 존중에는 반드시 상상력을 동원해 타인의 삶에 감정적으로 참여하는 능력이 포함되어야 한다. […] 오직 그 능력만이 존중의 핵심에 해당하는 능력, 다시 말해 타인을 단순한 수단이 아니라 그 자체의 목적으로 바라볼 수 있는 능력을 현실화시키기 때문이다. 그러므로 '인류애의 정치'란 존중과 상상력을 모두 포함하는 것이며, 이때의 상상력은 존중 자체의 본질적 내용으로 이해된다(누스바움, 2016: 28~29).

그러나 이 '존중'과 '상상력'이 피상적인 립서비스로 끝나지 않기 위해선 무엇이 필요할까. 질병과 장애가 '원초적 대상에 대한 혐오'에 연루되어 온 이유, '위험하다'는 딱지가 붙은 이유 중엔 통제 불가능성, 취약성, 필멸성에 대한 공포뿐 아니라 그와 관련된 감염에의 공포가 중요하게 자리한다. 동성애가 1980년대 에이즈 위기를 거치면서 혐오 담론에서 전염의 이미지로 형상화되었듯, 질병과 장애는 배설 기능, 운동 기능 등에서 통제 역량의 부족이나 고갈이 연상시키는 '나도 저들처럼 될지 모른다'라는 감염 공포와 뒤얽혀 재현되어 왔다. '감염되지 않는 질환도 있다', '장애는 감염되지 않는다'라는 주장, 그러니 이런 공포와 혐오는 다 투사적인 것일 뿐이라는 주장만으로는 충분치 않다. 그런 주장은 나만이 혐오로부터 빠져나오는 방식으로 감염되는 질환들에 연관된 사람들을 도외시함으로써 여전히 '혐오해도 되는 타자'의 생산에 힘을 실어 주기 때문이다.

감염, 민폐, 침해의 문제에 대해 퀴어 공동체가 발전시킨 대응 방식을 검토하는 것이 여기서 도움이 될 것이다. 이 대응 방식은 거칠게 세 갈래로 도식화할 수 있다. 첫 번째는 무해함과 정상성의 범위에 포함될 자격을 얻으려 애쓰면서 시스젠더-이성애 규범적 사회가 강제하는 불평등한 가치 체계는 건드리지 않은 채 성소수자 공동체 내부를 단속하는 방식이다. 동성애 규범성으로 명명된 이런 전략[15]에 누스바움의 반-혐오 이론도 어느 정도는 연루되어 있다. 이 전략은 앞서 논했듯 그 구조상 편협한 정상성 기준에 맞지 않는 사회적 소수자들을 다 내버리고 간다는 점에서 모두를 위한 해결책이 될 수 없다. 두 번째 대응 방식은 '퀴어'의 도발적 힘에 주목하고 규범적 가치 체계 자체를 해체하는 데 주력한 퀴어 이론들과 관련이 있다. 대표적으로 주디스 버틀러(Judith Butler)의 비체(abject) 이론이 제시된 이래,[16] 이 이론과의

---

15) 이 개념의 정의와 관련 논의의 맥락에 대한 정리는 전혜은(2021: 5장) 참조.
16) 버틀러는『물질되는 몸(Bodies that Matter)』(1993)에서 소위 정상성이 규범적 이상으로

긴밀하거나 느슨한 연관성 속에서 감염의 낙인이 상징하는 경계 넘나들기의 전복적 힘에 주목하는 담론들이 조성되었다. 달리 말해 만일 퀴어 실존과 실천의 다양한 차이가 기존의 규범적 주체는 물론이고 '혐오 받지 않을 수 있는 위치'의 새로운 규범성을 만들려는 동성애 주류화 정치에 뭔가 불온한 것을 '묻히는' 짓거리로 취급된다면, 아무리 단속해도 그 틈을 뚫고 스며들고 옮고 묻는 이 다양성의 퀴어한 전염성에 초점을 맞춤으로써 지배적 가치 위계가 자연스럽고 당연한 것이 아니라 사실상 구성된 것임을, '정상적' 주체 위치 또한 근본적으로 불안정한 것임을 다방면으로 폭로하는 작업이 대항 담론으로 논의되었다. 이는 '우리도 정상이에요'를 읍소하며 동화되길 바라는 순응주의를 버리고 정상과 비정상, 깨끗함과 더러움을 규정하는 판 자체를 깨는 작업으로, 퀴어뿐 아니라 아프고 장애가 있는 사람, 노동계급과 빈곤층, 인종적 타자들, 미등록 이주자들, 성노동자 등 타자화되고 비체화되는 다양한 위치에 모두 해당하는 과업으로서 여전히 중요성과 필요성을 갖는다.

그럼에도, '신종 코로나바이러스 감염증' 또는 '코비드(COVID)-19'로 불린 새롭고 치명적인 감염성 질환이 수많은 사상자를 내며 전 세계를 휩쓴 팬데믹 시대를 거치면서 분명해진 사실은, 전염의 전복적 의미화 작용을 도발적으로 활용하는 두 번째 방식을 장애인들의 상황에 단순히 적용하는 것은 현실적인 대안이 되기 어렵다는 것이었다. 당시 검사와 백신 접종을 무료로 진행하고 국민건강보험제도를 통해 위중증 환자 치료비를 지원했던 한국은 그러한 지원 체계가 없는 국가들보다 사정이 나았지만, 한국에서도 장애인을

존재하기 위해서는 그 정상적 주체 위치의 경계선이 명확하게 그어져야 하고 사수되어야 하며, 따라서 주체의 경계를 위협하는 비체화된 존재들은 억압과 혐오를 통해 진압되어야 하지만 역설적으로 주체는 바로 이러한 억압·거부·부인을 통해 비체화된 존재들에 근본적으로 의존해서만 주체로 존재할 수 있음─달리 보자면 바로 그런 비체들의 생산이 어디까지가 주체인지 그 범위와 경계를 구성해 주기 때문이다─을 논증했다. 버틀러 이론에 대한 포괄적 설명은 전혜은(2021: 2장) 참조.

포함한 사회적 소수자들이 팬데믹의 최대 피해자였기 때문이다. 질병 및 장애와 살아가는 대다수가 이미 경제적으로도 약자인 상황에서, 또 많은 장애인이 시설화된 감금 체계 안에서 운신이 제한된 상황 아래, 장애인 수용 시설과 요양병원에서의 집단 감염과 죽음, 돌봄 서비스의 중단, 정보 접근성 부족, 경제적 악화 등 팬데믹으로 인해 더욱 심화된 장애 불평등은 아프고 장애가 있는 사람들의 삶을 가혹하게 몰아붙였다. 한편 팬데믹 초기 이태원 클럽에서 발생한 감염 확산은 기존의 퀴어 혐오를 더욱 확산시켰다. 공중보건의 기치 아래 감염자를 색출하고 개인정보를 까발려 감염된 개개인에게 사실상의 사회적 처벌을 내리는 식으로 진행되었던 정부의 대응 방식을 바탕으로, 당시 상황은 누스바움이 혐오 받지 않을 합법적 인정 요건으로 제시한 '원초적 대상에 대한 혐오', '격리된 공간', '자기 본위 행위/타자 관련 행위의 구분'—종합하면 '민폐 끼치지 않을 조건'—을 더욱 배타적으로 강화하는 방향으로 흘러갔다.

누스바움의 혐오 이론과 비교해서 팬데믹 시기의 교훈은, 감염과 민폐에 대한 혐오와 혐오 받지 않을 합법적 인정 요건이 모든 사람에게 평등하게 적용되는 것이 아니라 매우 차별적으로 작동하는 방식을 드러내고 비판적으로 개입할 필요가 있다는 점이다. 2020년 이태원 클럽발 감염 확산 사건과 광복절의 개신교 태극기 집회로 인한 감염 확산 사건을 비교할 때 후자는 처벌받지 않았고 감염 관련 혐오의 낙인을 뒤집어쓰지 않은 반면 전자는 엄청난 퀴어 혐오의 확산과 정당화로 이어졌다. 성소수자만이 아니라 기득권의 관점에서 차별해도 된다고 보이는 집단들을 향한 정치적 탄압의 도구로서 감염법이 편파적으로 적용되었다.[17] 또한 감염병에 대한 단속과 확진자에 대

---

17) 예를 들어 당시 민주노총 집회는 확진자 증가에 영향을 미치지 않음이 밝혀졌음에도 민주노총 위원장이 감염법 위반으로 구속되었다. 반면 정치인들의 선거 유세에는 수백수천 명이 몰려도 감염법상 아무런 제재를 받지 않았다. 관련 기사는 우한솔(2021.7.26); 박다솔

한 비난이 '질병과 장애를 옮기는' 타자에 대한 공포로서 장애혐오를 바탕으로 작동하고 장애혐오를 강화하는 방식에 대한 논의, 그리고 감염병 확산이 언젠가 안정세에 접어들 때 확진자였다가 치료되어 살아난 사람들에게 남겨진 질병과 장애를 어떻게 이해할 것인가에 대한 논의가 필요하다. 특히 그러한 후유증이 '자초한 일'로 여겨질 때, 그러한 비난이 장애의 개인화 모델과 결합하여 어떤 구조적 문제를 은폐하고 어떤 차별적 위계를 강화하는지 논할 필요가 있다. 이는 반-혐오 담론에서 비장애 중심주의를 뿌리 뽑고 장애 관점을 근본적으로 통합하지 않고서는 시작될 수 없는 과업이다.

2023년 5월 전 세계적으로 코로나19 비상사태 종식 선언이 나오면서 이런 쟁점들에 대한 논의의 필요성은 빠르게 뒤로 미뤄졌다. 팬데믹 기간 본인이 사망했거나 가까운 이들의 죽음을 겪은 사람들, 감염을 빌미로 심각한 인권 침해를 겪었던 사람들, 이 병의 후유증으로 새로운 질병이나 장애를 얻은 사람들, 질병에 따라붙은 부조리한 억압과 차별로 인해 삶에 돌이킬 수 없는 변화가 일어난 사람들도 빠르게 지워졌다. 그러나 종식 선언 1년 만에 다시 심각한 속도로 환자가 급증하는 2024년 여름 현재, 현 정부가 코로나 관련 모든 지원을 중단하면서 무료 검사도 무료 백신 접종도 치료제도 병상도 없는 상황에서 이런 논의의 필요성과 긴급성은 다시금 부상하고 있다.

바로 이 지점에서 감염, 민폐, 침해에 대해 퀴어 공동체가 발전시킨 세 번째 대응 방식인 HIV/AIDS 인권 운동에서 배울 점이 많을 것이다. 오랫동안 한국의 에이즈 운동에 몸담았던 인류학자 서보경이 『휘말린 날들: HIV, 감염 그리고 질병과 함께 미래 짓기』(2023)에서 설득력 있게 보여 주듯, 감염의 원인을 개인에 두고 감염인을 예비 범죄자로 규정하는 피해/가해 이분법, '우리'로부터 민폐 끼치는 자들을 떼어 놓는 데 중점을 두는 주체/타자 이분

(2021.9.2).

법, 바이러스와 질병과 환경을 인간의 통제 아래 두고자 이미 걸린 사람들을 제거하는 편집적 접근 방식은 비인간적이고 반인권적이고 반환경적일 뿐 아니라 실질적인 전염병 예방에도 전혀 도움이 되지 않는다. 구별 짓고 처벌하는 특정한 법의 언어로는 계급·인종·국적·젠더·섹슈얼리티·연령·장애 등 다른 사회구조적 요인들이 감염병과 복잡하게 얽히는 양상을 설명할 수도 없고, 감염인이 그 자체로 전인적인 인간이란 사실도 담론장에서 지워 버리며, 오히려 감염인에 대한 혐오를 공적으로 인가하여 그저 특정 바이러스를 몸 안에 들이게 되었을 뿐인 사람들의 삶을 막다른 골목으로 몰고 가는 결과를 낳는다. 여기서 서보경의 제안은 구별 짓기와 처벌의 인식틀 대신 불가피한 연결과 관계성이 만들어지는 자리, 새로운 윤리가 만들어질 가능성의 자리로 감염을 이해하는 대안적 인식틀을 만들어 가자는 것이다. "휘말림의 감각은 우리가 서로 멀리 떨어져 있는 것처럼 보인다고 하더라도, 서로를 연결하는 매듭의 전체를 완전히 가늠할 수 없다고 하더라도 언제나 이미 이어져 있다는 걸 알아차릴 때 생겨나는 윤리적·정치적 가능성이다"(서보경, 2023: 340). 코로나 팬데믹 시기 이태원 클럽발 감염 확산 사건에서 시작된 성소수자 단체의 대응 방식 또한 HIV/AIDS 인권 운동의 성과에서 이어진 것이다—죄인처럼 잡아들이는 대신 감염이 예상되는 이들의 자발적 참여를 안전하게 유도하는 방식이 감염병 예방에 오히려 더 도움이 된다는 것, 인권을 침해하지 않는 방식으로 감염인들과 공동체를 보호하는 방법을 찾는 것, 감염이 반드시 개인의 책임 문제로만 환원될 수 있는 것이 아니라 사회 환경과 상호작용하며 살아가는 생명체로서 불가피한 일이라는 통찰, 연결성과 관계성을 중심에 놓고 누구도 다치지 않을 방법으로 치유책을 찾아 나가려는 노력.[18]

---

18) 물론 두 운동 영역에 활동가들이 겹쳐 있다는 특수성도 있다. 코로나19 성소수자 긴급 대책본부(2020.12)를 보라. 이 사이트(https://www.queer-action-against-covid19.org/archives/398)는 2024년 현재 닫혀 있다. 대신 성소수자 인권 단체 연대체인 '성소수자차별반대 무지

HIV/AIDS 인권 운동이 만들어 가는 이러한 대항 담론은 타자/비체를 완벽히 구별해 내서 '우리 공동체'를 안전히 보호하겠다는 배타적 욕망의 성취가 근본적으로 불가능함을 논하는 퀴어 이론들의 계보를 잇고, 취약성의 전지구적 불평등한 분배 구조에 맞서면서도 지구에 사는 모든 생명체가 취약성으로 불가피하게 연결된 사회적 몸이라는 통찰로부터 정치와 윤리를 다시 만들어 가고자 하는 다양한 노력과 접속한다. 이는 장애 정의 운동(disability justice movement)의 기조대로 "그 누구도 뒤에 남겨 두고 가지 않는다"를 실천하는 가장 교차적이고 민주적인 움직임이다.[19] 감히 '우리'라는 표현을 써도 된다면, 부지불식간에라도 혐오를 저지르지 않으려 노력하고 더 나은 세상을 꿈꾸는 '우리'가 그런 다른 미래를 현재로 가까이 끌어오기 위한 길은 이것밖에 없을 것이다. 그 누구도 뒤에 남겨 두고 가지 않을 방법을 꾸준히, 포기하지 않고 모색하기.

개행동' 홈페이지 자료실에서 활동백서를 다운 받을 수 있다. https://lgbtqact.org/queer-action-against-covid19/(최종검색일: 2024.8.20)

19) 장애 정의에 대한 설명은 피엡즈나-사마라신하(2024: 1장)를 보라.

김보명. 2018. 「혐오의 정동경제학과 페미니스트 저항: 〈일간 베스트〉, 〈메갈리아〉, 그리고 〈워마드〉를 중심으로」. ≪한국여성학≫, 제34권 1호, 1~31쪽.

김상희. 2018. 「활동 보조: 나는 남의 손이 필요합니다」. 장애여성공감 엮음. 『어쩌면 이상한 몸: 장애여성의 노동, 관계, 고통, 쾌락에 대하여』. 서울: 오월의봄.

김은정. 2020. 「'좋은 왕'과 '나쁜 왕'이 사라진 자리: 불온한 타자의 삶을 가능케 할 반폭력, 탈시설의 윤리」. 장애여성공감 엮음. 『시설사회: 시설화된 장소, 저항하는 몸들』. 서울: 와온.

그로스, 엘리자베스(Elizabeth Grosz). 2019. 『몸 페미니즘을 향해: 무한히 변화하는 몸』. 임옥희·채세진 옮김. 인천: 꿈꾼문고. (Grosz, Elizabeth. 1994. *Volatile Bodies: Toward a Corporeal Feminism*. Sydney: Allen & Unwin)

노다혜. 2020. 「정신장애인의 안전할 권리 찾기: 치안이 아닌 '치료', 관리가 아닌 '권리'」. 장애여성공감 엮음. 『시설사회: 시설화된 장소, 저항하는 몸들』. 서울: 와온.

누스바움, 마사 C.(Martha C. Nussbaum. 2015. 『혐오와 수치심: 인간다움을 파괴하는 감정들』. 조계원 옮김. 서울: 민음사. (Nussbaum, Martha C. 2004. *Hiding from Humanity: Disgust, Shame, and the Law*. Princeton, N.J.: Princeton University Press)

누스바움, 마사 C. 2016. 『혐오에서 인류애로: 성적 지향과 헌법』. 강동혁 옮김. 서울: 뿌리와이파리. (Nussbaum, Martha Craven. 2010 [original 2004]. *From disgust to humanity : sexual orientation and constitutional law*. Oxford; New York: Oxford University Press)

더글라스, 메리(Mary Douglas). 1997. 『순수와 위험: 오염과 금기 개념의 분석』. 유제분·이훈상 옮김. 서울: 현대미학사. (Douglas, Mary. 1996. *Purity and Danger: an Analysis of the Concepts of Pollution and Taboo*, Routledge)

박다솔. 2021.9.2. 「경찰, 양경수 민주노총 위원장 연행⋯새벽 5시 30분 경력 급습」. 참세상. http://www.newscham.net/news/view.php?board=news&nid=106204&page=1(최종검색일: 2024.8.7)

서보경. 2023. 『휩쓸린 날들: HIV, 감염 그리고 질병과 함께 미래 짓기』. 서울: 반비.

아메드, 사라(Sara Ahmed). 2023. 『감정의 문화정치: 감정은 세계를 바꿀 수 있을까』. 시우 옮김, 서울: 오월의봄. (Ahmed, Sara. 2014 [original 2004]. *The Cultural Politics of Emotion*, 2nd edition. New York: Routledge)

우한솔. 2021.7.26. 「방역당국 "민주노총 집회 '확진' 참석자 3명, 집회 아닌 식당에서 감염"」. KBS NEWS. https://news.kbs.co.kr/news/view.do?ncd=5242271(최종검색일: 2024.8.7)

이진희. 2020.11.13. 「'발달장애인 섹슈얼리티의 시설화'를 넘어서기 위하여」, 비마이너.

https://www.beminor.com/news/articleView.html?idxno=20243(최종검색일: 2024.8.7)

웬델, 수잔(Susan Wendell). 2012. 「건강하지 않은 장애인: 만성질환을 장애로 대우하기」. 전혜은 옮김. ≪여/성이론≫, 27호, 158~185쪽. (Wendell, Susan. 2001. "Unhealthy Disabled: Treating Chronic Illnesses as Disabilities." *Hypatia*, 16.4[Fall]: 17~33).

웬델, 수잔. 2013. 『거부당한 몸: 장애와 질병에 대한 여성주의 철학』. 강진영·김은정·황지성 옮김. 서울: 그린비. (Wendell, Susan. 1996. *The Rejected Body: Feminist Philosophical Reflections on Disability*. New York and London: Routledge)

전혜은. 2010. 『섹스화된 몸: 엘리자베스 그로츠와 주디스 버틀러의 육체적 페미니즘』. 서울: 새물결.

전혜은. 2018. 「장애와 퀴어의 교차성을 사유하기」. 전혜은·루인·도균. 『퀴어 페미니스트, 교차성을 사유하다』. 서울: 여이연.

전혜은. 2021. 『퀴어 이론 산책하기』. 서울: 여이연.

진성선. 2020.9.25. 「몹시 사적이지 않은, 장애여성의 활동보조 이야기」. 비마이너.
https://www.beminor.com/news/articleView.html?idxno=15125(최종검색일: 2024.8.7)

케이퍼, 앨리슨(Alison Kafer). 2023. 『페미니스트, 퀴어, 불구 : 불구의 미래를 향한 새로운 정치학과 상상력』. 이명훈 옮김. 서울: 오월의봄. (Kafer, Alison. 2013. *Feminist, Queer, Crip*. Indiana University Press)

코로나19 성소수자 긴급 대책본부. 2020.12. 『코로나19 성소수자 긴급 대책본부 활동백서』.
https://www.queer-action-against-covid19.org/archives/398(대신 받을 수 있는 주소 : 성소수자 인권단체 연대체 '성소수자차별반대 무지개행동', https://lgbtqact.org/queer-action-against-covid19/ [최종 검색일: 2024.08.20.])

크리스테바, 줄리아(Julia Kristeva). 2001. 『공포의 권력』. 서민원 옮김. 서울: 동문선. (Kristeva, Julia. 1980. *Pouvoirs de l'horreur: essai sur l'abjection*. Paris: Éditions du Seuil; 1982. *The Powers of Horror: An Essay on Abjection*. trans. Leon Roudiez. New York: Columbia University press)

피엡즈나-사마라신하, 리 락슈미(Leah Lakshmi Piepzna-Samarasinha). 2024. 『가장 느린 정의: 돌봄과 장애 정의가 만드는 세계』. 전혜은·제이 옮김. 서울: 오월의봄. (Piepzna-Samarasinha, Leah Lakshmi. 2018. *Care Work: Dreaming Disability Justice*. Vancouver: Arsenal Pulp Press)

Asch, Adrienne. 2004. "Critical Race Theory, Feminism, and Disability." in *Gendering Disability*. Bonnie G. Smith and Beth Hutchison(eds.). New Brunswick, New Jersey, and London: Ruters University Press.

Butler, Judith. 1993. *Bodies That Matter: On the Discursive Limits of Sex.* London and New York: Routledge.

Crow, Liz. 1996. "Including All of Our Lives." in *Exploring the Divide: Illness and Disability.* Colin Barnes and Geof Mercer(eds.). Leed: the Disability Press.

Fegan, Lydia, and Anne Rauch. 1993. *Sexuality and people with intellectual disability.* Baltimore, MD : P.H. Brookes Pub. Co.

Herndon, April. 2011. "Disparate but Disabled: Fat Embodiment and Disability Studies." in *Feminist Disability Studies*, Kim Q. Hall(ed.). Bloomington and Indianapolis: Indiana University Press.

Kim, Eunjung. 2011. "Sexuality in Disability Narratives." *Sexualities*, Vol.14, No.4, pp.479~493.

Sedgwick, Eve Kosofsky. 1990. *Epistemology of the Closet.* Berkeley: University of California Press.

Sherry, Mark. 2016(original 2010). *Disability Hate Crimes: Does Anyone Really Hate Disabled People?* London and New York: Routledge.

Siebers, Tobin. 2012. "A Sexual Culture for Disabled People." in *Sex and Disability.* Robert McRuer and Anna Mollow(eds.). NC: Duke University Press.

Piepzna-Samarasinha, Leah Lakshmi. 2018. *Care Work: Dreaming Disability Justice.* Vancouver: Arsenal Pulp Press.

Rose, Jackqueline. 2021. *On Violence and on Violence against Women.* London: Faber & Faber.

Wilkerson, Abby L. 2011(original 2002). "Disability, Sex Radicalism, and Political Agency." in *Feminist Disability Studies.* Kim Q. Hall(ed.). Indiana University Press.

Young, Iris Marion. 1990. *Throwing Like a Girl: A Phenomenology of Feminine Body Comportment Motility and Spatiality.* Bloomington: Indiana University Press.

3부 아픈 몸의 배제와 공존

9장 투명인간의 죽음

      : 일제시기 행려사망인을 중심으로 _예지숙

10장 탈시설의 역설과 일본 한센병 문학 위기 논쟁

      : 요양소의 벽을 넘어 _이지형

11장 가려진 얼굴들의 자서전

      :『유령의 자서전』에 나타난 한센인의 이야기 _이행미

12장 상처 입은 치유자

      : 커스틴 존슨의 〈딕 존슨이 죽었습니다〉에 나타난

       매체 고찰 _정현규

9

투명인간의 죽음*
일제시기 행려사망인을 중심으로

예지숙

1. 들어가며

근거지를 이탈하여 떠도는 사람들은 어느 시대에나 존재했고 이들의 발생 원인, 호칭, 제도, 인식 등은 시대에 따라 다르기 마련이다. 전통 시대에는 수재, 한해 등 항시적으로 발생하는 자연재해 때문에 떠돌아다니며 생계를 이어 가는 사람들이 많았으며 유민(流民), 걸개(乞丐), 유개(流丐), 유개인(流丐人)이라는 명칭으로 문헌에 등장한다. 조선왕조는 굶주리고 고향을 벗어나 떠도는 사람이라는 의미에서 유민, 기민(飢民)이라 불렀으며, 진휼과 안집(安集)의 시각에서 대책을 강구했다.[1] 근대사회에서는 격리 모델이 일반화되었고, 나아가 시설을 만들어 수용하는 것을 '복지'라 여기기도 했다. 일제시기에는 유민을 병리화하고 범죄화하는 시각에서 부랑자, 행려병자라 칭했다.

도시 공간에서 격리되거나 쓰레기처럼 치워지기 때문에 이들의 존재는 비

---

* 이 글은 예지숙, 「일제시기 행려병인 제도의 형성과 전개」, ≪역사학연구≫, 84(호남사학회, 2021)를 일부 수정했다.

1) 조선의 경우 자연재해가 항존했고 시장의 발달이 미흡한 조건에서 국가의 역할이 두드러짐에 주목할 필요가 있을 것 같다. 국가는 재생산을 위하여 유민을 구휼하고 본거지로 돌려보내 통치의 안정을 도모했는데 이 글에서는 이런 조정의 대책을 '진휼과 안집'이라 표현했다.

가시적이다.[2] 뚜렷한 역사적 '족적'을 남기지 못한 이들에 대한 관심이 높을 리 없고 연구 또한 매우 드물다.[3] 2000년대 이후 사회복지가 중심 이슈로 떠오르고 소수자 이슈도 부상했지만 자기발화 능력이 부재한 행려사망인(무연고 사망인)에 관한 관심은 그다지 높지 않았다. 최근 들어 가족제도 및 사회적 유대의 변화로 인하여 고독사 문제가 급격하게 증가하면서 무연고 사망에 대한 제도적 사회적 문제 해결이 모색되고 있는 것은 새로운 현상이라 할 수 있다(박준희, 2022). 1인 가구의 증가와 양극화의 심화를 고독사의 원인으로 지목하면서 제도적 차원의 해결에 관심이 모이는 것은 긍정적이며 나아가 이 문제에 대한 근본적인 고찰이 필요하다.

무연고 사망인 이전에 행려사망인이라 불린 이들은 한국에서 근대적인 제도가 자리 잡기 시작한 일제시기에 등장했다. 근대 권력으로서의 식민권력은 도시 하층민을 범죄화·병리화하여 치안과 위생에 위협이 되는 존재로 취급했다. 1920년대 들어서는 자본주의의 발전의 폐해에 대응하기 위한 시스템인 사회사업을 조선에 도입했다. 현대 복지의 전신인 사회사업을 통하여 일제권력의 생명정치적 속성을 진단하기도 하는데(예지숙, 2017) 자유인들을 살게 하는 권력으로서 '생명정치'는 필연적으로 특정한 신체와 인구에 대한 무능력/불능을 생산한다.[4] 일제시기 사회사업이 얼마나 '근대적'이었는지는

---

2) 식민지 조선의 행려사망인의 경우 일본 또는 자본주의가 일정 정도 발달한 여타의 제국주의 국가와 달리 도시가 아닌 농촌 지역에서 발견된다. 이로 미루어 보았을 때 행려사망인에 대한 처리를 둘러싼 논의를 도시로 한정하기는 힘들며 이 또한 제국과 식민지의 관계 속에서 살펴볼 필요가 있다. 다만 행려사망인의 발생은 시계열적으로 면밀하게 검토한 연구가 드물기 때문에 식민지적 특성을 논의하면서 공업화와 도시화가 진전되는 1930년대 이후, 인구를 '인력자원'으로 취급한 전시체제기에 행려사망인의 발생 양상을 좀 더 살펴볼 필요가 있다.

3) 역사학계를 중심으로 한 관련 연구는 다음과 같다. 최규진·류영수(1996); 한귀영(2003); 하금철(2021); 가나즈 히데미(2017).

4) 음벰베(Archille Mbembe)는 근대 자유주의 주권 권력은 삶뿐 아니라 죽음에 대한 권력의

또 다른 논의거리이지만 이것은 당대의 규범에 부합하지 못하는 비정상적인 인구를 통치하는 역할을 했다. 행려사망인에 대한 연구는 식민권력이 어떠한 제도와 규범으로 이들에게 '타자'의 역할을 부여했는지 살펴보게 하며 오늘날 한국의 무연고자 사망에 대한 사회적 인식과 대책을 비판적으로 바라보게 할 것이다. 행려사망인에 대한 제도적 담론적 기원이 되는 식민지적 상황이 오늘날과 어떻게 연관되어 있는지에 대한 관심은 비단 이 주제에 국한되지 않는다. 이는 식민지에 가해진 제국의 폭력과 탈식민의 상황에 대한 성찰과 연결되어 있으며 오늘날 한국사회의 혐오 문제와도 직접적으로 닿아 있다.

이를 규명하기 위해서 우선 조선시대의 문헌과 선행 연구의 힘을 빌려 조선시대의 제도와 인식에 관하여 간략히 검토할 것이다. 다음으로 일제시기 행려병인에 관한 제도를 검토할 것이며 또 행려병인의 시신 활용을 둘러싼 문제를 통하여 사회적 인식을 살펴보고 그 함의를 논의할 것이다.[5]

실천이 필수임을 주장하면서 이를 이른바 '죽음정치(Neutropolitics)'라 개념화했다. 그는 푸코가 말하는 생산하고 강화하는 살게 하는 권력인 생명권력은 부정적인 권력 없이 행사되지 않는다는 점을 밝혔으며, 식민주의와 제국주의의 권력 문제를 누락하다시피 한 서구 유럽의 철학자들과 달리 식민주의와 제국주의의 문제를 '죽음정치'를 이해하기 위한 필수적인 요소로 들여놓았다. 음벰베에 관한 논의는 염운옥(2022) 참고.

5) 이 글에서 사용하고 있는 용어에 대해 간략히 밝힌다. 유민은 조선시대에 떠돌아다니며 먹고사는 사람들을 폭넓게 부르는 말로 사용했으며, 행려병인은 근대 이래의 거리에서 사는 병든 사람들, 각종 질환자를 지칭할 때 사용했다. 문헌에는 행려병자, 행려사망자, 행로병자, 행려병사자, 행로병사자 등 다양한 용어가 등장하며, 법령에는 행려병인, 행려사망인이라고 되어 있다.

2. 유민과 행려병인의 존재 양상

일제시기에 행려병인은 거리에서 생활하는 빈민을 지칭하는 말로 걸인, 거지 등과 섞어서 사용되었다. 그러나, 조선시대에 행려는 단지 '왕래하는 것'을 의미했다. ≪세종실록≫을 보면 다음과 같은 기록이 있다.

> 원우(院宇)의 시설은 행려자(行旅者)들을 기숙하게 하기 위한 것으로 중으로 서 능히 보수하거나 창건할 수 있는 자를 택하여 주지(住持)로 삼아 관리하 도록 하고, 수령과 감사가 감독하도록6)

수령의 감독하에 중이 원우를 관리하도록 하는 내용을 담고 있는데, 여기 서 원우는 숙박시설이며 행려는 왕래를 뜻한 것으로 풀이된다. 이 외에도 "수백 리에 걸쳐 연화(煙火)가 끊기고 행려(行旅)가 통행하지 않습니다"7), "영 동(嶺東) 한 도(道)만은 큰비가 내리퍼부어 행려(行旅)가 통하지 못했다"8)라는 등의 기사가 있다. 여기에서도 행려는 왕래하는 것을 뜻한다. 이처럼 조선시 대 문헌에서 행려의 뜻은 왕래 일반을 뜻하며 근대사회에서 통용되는 치안 과 위생에 대한 염려나 가난함과 같은 의미를 찾아보기는 힘들다. 하지만 행 려에 그러한 의미가 없다고 해서 이와 비슷한 처지에 있는 사람이 없었을 리 는 없다. 조선시대의 문헌에서는 근거지를 벗어나 떠돌아다니는 사람을 통 칭하여 '유민(流民)'이라 불렀으며 유개(流丐), 유걸(流乞), 걸개(乞丐), 행걸자 (行乞者)라 부르기도 했다.

전근대사회에서는 자연재해로 한꺼번에 많은 사람이 쉽게 걸인으로 전락

---

6) ≪세종실록≫ 46권, 1429년(세종 11년) 12월 3일.
7) ≪선조실록≫ 58권, 1594년(선조 27년) 12월 12일.
8) ≪영조실록≫ 57권, 1743년(영조 19년) 윤4월 29일.

했으며 근거지를 벗어나 떠도는 사람들을 쉽게 볼 수 있었다. 자연재해는 뜻하지 않게 일어나는 우연적인 것이 아니라 사람들의 일상을 지배하고 있었다고 할 만큼 영향이 컸고 이에 대한 관리는 국가의 중심적인 역할이었다. 조선왕조는 징세 체제를 유지하기 위해서 민을 파악하고 이들을 정착시켜야 했다. 농업 중심의 사회에서 기근 등으로 민이 유망하게 되면 아사할 확률이 매우 높았기 때문에 조선왕조는 재난에 대비하여 진휼을 지속적으로 정비했다. 이러한 국가의 활동은 민의 안정을 통한 통치 기반의 구축하는 데 목적이 있었다.

재난이 발생하면 조정은 유민에 대한 긴급구제를 했는데 이러한 대책은 민의 재정착과 연결되어야 했다. 죽소(粥所)는 기민을 긴급구제하는 대표적인 시설이었다. 조정은 기민이 발생하면 진제창을 설치하고 죽소에서 죽을 쑤어 무상으로 지급하여 기아선상에 있는 백성을 구제했다. 또 호구 단자가 있는 근거지로 유민을 쇄환하는 것은 식량지급을 통한 응급구제 못지않게 중요했다. 조선 전기의 사례를 보면 죽소에서 각 유민의 근거지인 '소종래(所從來)'를 조사했고 이 때문에 죽소를 기피하는 유민들도 많았다고 한다(이상협, 1994: 128). 죽소에서 조사를 거쳐 본적지 송환을 시도한 예로 보이며, 진제창과 죽소가 기민을 긴급구제하는 것뿐 아니라 관리하는 제도이기도 했음을 추정할 수 있다.

조선 후기는 '재난의 시기'라 할 정도로 재해와 기근이 빈발했고 기민이 대규모로 발생했다.[9] 조정은 대규모로 발생한 기아를 구제하기 위하여 별도의 유기아 수양에 관한 규정을 만들었고 율도에 유민을 집단 수용하는 대책을 펴기도 했다. 을병 대기근기에는 납속책을 확대하고 청으로부터 부족한 곡물을 수입하기도 했다(변주승, 2001). 그간에는 상황이 어느 정도 진정되면

---

9) 조선시대의 기근, 자연재해의 발생과 기민의 규모 등 재난의 전반적 양상을 다룬 김재호(2001)를 참고할 만하다.

돌아오기를 반복했으나, 조선 후기에는 아예 떠나 버리는 사람들이 늘어났다. 이에 조정은 본적지 쇄환보다 현지의 행정편제에 편입시키는 방안 등을 실행하는 등 그간 고수해 온 본적지 쇄환 정책에 수정을 가하지 않을 수 없었다. 또 유민이 몰리는 경기 지역이나 도성 인근 지역의 경우 이들을 수용하는 방안도 있었다.[10]

국가에서 진휼에 열을 올렸고 당대 사회가 기민에 대해 기본적으로 연민의 정을 가지고 대했지만 재난 상황을 힘겹게 버티고 있던 주민들에게 유민은 달가운 존재가 아니었다. 생존의 위기에 직면한 유민은 도적으로 변신하여 위협이 되기도 했다.

> "제도(諸道) 제읍(諸邑)의 재인(才人)·백정(白丁)·행걸(行乞)하는 자가 떼지어 다니면서 작희(作戲)하고 남의 집을 엿보며, 인하여 도둑질과 겁탈하며 빈둥빈둥 놀면서 먹으니, 금후로는 떼를 이루어 행걸(行乞)하는 자는 한결같이 금(禁)하라."[11]

유민의 생존 방법 중 하나는 범죄였고 위와 같은 폐해는 자주 발생했다. 이 때문에 주민들은 동네에 들어오는 유민을 몽둥이로 내쫓았고, 해당 지방관은 죽의 분배에서 이들을 제외하는 일도 있었다.[12] 배척 풍조가 심해지면 조정에서는 타지에서 온 유걸인을 구제할 것을 지방관에서 당부했다(정형지, 2003: 240~241).

유민의 대열에 한센병인은 어떻게 존재하고 있었을까. 조선시대에 이들을

---

10) 이에 관해서는 변주승(2001)과 환경사, 재난사와 유민사를 연결하여 분석한 김미진(2020)이 도움이 된다.

11) ≪성종실록≫ 14권, 1472년(성종 30년) 1월 30일 자(傳旨刑曹曰: "諸道諸邑才人, 白丁, 行乞者, 群行作戲, 窺覘人家, 因行盜竊, 遊手而食. 今後成群行乞者一禁.").

12) ≪비변사등록≫, 1713년(숙종 39년) 11월 24일 자.

돌보는 역할은 가족에 있었다. 지방관이 치료에 앞장선 사례가 있기는 하지만 목민관의 선정 정도로 파악된다. 한센병은 대풍창(大風瘡) 또는 나질(癩疾)이라 불렀는데 질환자들은 끔찍한 사건의 피해자로 사료에 간간이 등장했다. 세종 때 제주의 사노 일동이 한센병을 앓는 딸을 바닷가에 빠뜨려 살해한 일이 있었다.[13] 인조 때 청주 사람 박귀금이 아버지가 대풍창을 앓자, 전염될까 두려워 산에다 초막을 지어 놓고 아비를 그곳에 내다 두었다가 아내와 모의하여 초막에 불을 질러 살해했다고 한다. 의금부 조사 과정에서 박귀금이 진술을 번복하면서 미제 사건으로 종결되었으나, 유교 규범이 강조된 양반층에서 이러한 일이 일어난 것으로 보아 한센인들이 불우한 처지에 놓여 있었음을 알려 주는 사건이라 할 수 있다.[14]

다음으로 일제시기 유민의 생활상에 대하여 1917년 ≪매일신보≫의 기사를 살펴보자.

> 걸식하는 자들은 여름과 달라 일층 곤란을 겪으며 얻어먹는 것도 어려워 영양불량으로 길가에 누어 고통을 당하는 자가 속출하는바, 이 무리는 경성에 일정한 거주가 없이 배회하여 조금씩 얻어먹는 것으로 잔명을 보전하는 중 마침내 병에 걸려 영양불량으로 점차 쇠약하여 사망하는 터이라. 그런데 이 자들은 총독부 의원과 경성부청 또는 각 경찰서 문 앞에 모여서 행려병인으로 시료(施療)하여 달라는 자인데 이 걸식자는 경기도 각 군을 위시하야 멀리 충남북, 강원, 황해 각도의 빈민인바 서울에 올라가면 부자와 기타 귀족들이 많이 먹여 준다는 소문을 믿고 그와 같이 올라오는 일이라는데 병에 걸리면 총독부 의원을 위시하여 다수 치료하여 주는 병원이 있다는 말까지 듣고 올라와서 듣던 말과 딴판이 되어 시중을 배회하다가 마침내 길에서 신음

---

13) ≪세종실록≫ 41권, 1428년(세종 10년) 8월 30일 자.
14) ≪인조실록≫ 36권, 1638년(인조 16년) 1월 28일 자.

하게 되는 일이라. 11월에 들어서 본정과 및 종로의 경찰서에서 취급한 행려
병자는 15명가량에 달했다더라(≪매일신보≫, 1917.11.21).

위의 자료에서는 '행려병인'이라 지칭하고 있는 자들은 "일정한 거주가 없
이" 구걸하며 연명하다가 병을 얻어 사망에 이르고 있으며, 총독부 의원 등
의료기관을 찾아다니며 치료를 요구하기도 했다. 관공서에 가서 시료를 요
구하거나 구제를 바라며 서울로 올라오는 모습은 기민이 죽소로 향하던 모
습과도 겹친다. '구걸하다가 영양불량으로 병에 걸려 길가에 누워 고통을 당
하고 또 쇠약하여 사망에 이르고 있는 사람' 역시 앞선 시기의 유민과 다르지
않아 보인다.[15)]

다음으로 이들이 어떻게 행려병인이 되었을지 부족하나마 몇 가지 사례를
들어 살펴보도록 하자. 아래는 1920년대 중반에 쓰인 빈민 관찰기에 수록된
한 장애인 여성의 이야기이다.

> 그 여자는 용인군에서 빈농의 딸로 태어났고 성은 정(鄭)이라고 한다. 열여
> 섯 살에 같은 마을 이(李)라는 빈농과 결혼을 했지만, 3년 만에 남편은 몹쓸
> 전염병으로 세상을 떠났다. 그 무렵부터 정은 눈병을 앓았는데, 겨울을 넘기
> 자 완전히 눈이 안 보이게 되었다. 스무 살이 되던 해 봄이었다 … 눈이 멀고
> 나자 말만 섞어도 나쁜 소문이 난다며 박정하게도 길에서 그녀와 마주쳐도
> 소리 죽여 한쪽으로 슬그머니 비켜서 지나가 버렸다. 눈먼 여자 정은 수원으
> 로 나와서 거지가 되었고, 여러 해를 거기서 지냈다(아카마 기후, 2016: 150).

---

15) 한편 떠돌아다니는 사람들을 지칭하는 말로 행려 이외에 '부랑'이 있었다. 전통 시대에 '부
랑(浮浪)'은 '浮浪無實', '浮郞無節' 등 성실, 절조 등이 없고 성질이 방종하고 자기 몸을 단정
하게 하지 못한다는 의미 정도로 쓰였다. 즉, 도덕적으로 문제가 있다고 생각되는 행위를
지칭한 말이었다. 조선 후기에는 '무항의 부랑배 때문에 도적질이 횡횡한다'라는 등의 기록
이 보이는데 통용되던 의미에 범죄, 풍기 문란의 의미가 덧대어졌다(예지숙, 2014: 32~33).

남편을 잃고 설상가상으로 시각까지 잃어버리면서 이 여인은 주변의 도움을 받거나 거리를 떠도는 것 외에 살아갈 방법이 없었다. 사람들은 맹인이 된 그녀에게는 상호부조의 손길보다 "말만 섞어도 나쁜 소문이 난다"라는 등[16] 배제의 매서움이 가까웠다. 고아들은 어떻게 살았을까? 노마라는 한 고아의 사연을 살펴보자.

> … 가련한 어린애든 노인이든 추한 놈 성가신 놈에 대해서는 사람들은 위험이라는 상상을 더해 시야에서 멀리 떼어 놓으려 한다, 마을 사람들은 노마한테도 그렇게 냉혹한 태도를 취했다. '저 아귀 녀석, 요즘 넉살이 좋아졌어 동네에서 안 쫓아내면 뭔 짓을 할지 몰라 아무것도 안 주면 되어 그러면 딴 동네로 가겠지.' 먹을 것을 못 얻는 곳에서 생물이 못 사는 것은 당연한 이치. 노마는 마을 사람들이 바란 대로 옆 마을로 흘러갔다. 옆 마을에서 며칠 동안 집집이 다니며 얻어먹다가 또 그 옆 마을로 옮겨 갔다. 그렇게 해서 거지 노릇이 제법 몸에 배었을 무렵에 노마는 영등포에 나와 있었다(아카마 기후, 2016: 129~130).

갑작스러운 사고로 부모를 잃은 아이들은 동네를 전전하다가 먹고 살길을 찾아 도시로 나왔다. 공동체의 부양은커녕 사람들은 노마를 위험한 아이로 몰아 배척하기 일쑤였고 노마는 옆 마을로 또 옆 마을로 떠돌다가 종국에 경성에 다달았다. 조선시대에는 국가 주도로 고아를 구제했고 민간에서 노비를 확보하는 방안으로 유기아 수양을 활용했지만, 일제시기에는 고아를 부양하는 별도의 시스템이 부재했기 때문에 아이들은 거리를 떠돌 수밖에 없

---

16) 조선시대에 맹인은 보통 사람들이 보지 못하는 것을 볼 수 있다고 여겨져 두려움, 경외의 대상이 되었다고 한다. 이들은 판수, 독경 등의 일을 했으며 여성 맹인도 점복, 무당 등 종교에 관련된 일을 했다.

었다.

3. 행려병인/사망인 제도의 형성

앞에서 살펴본바 조선시대에는 호적지에서 벗어나 유망하는 사람들을 '진휼과 안집', 즉 직접 구제하고 본적지에 재정착시키는 방식으로 접근했다. 그런데 새로운 권력인 조선총독부의 대책은 이와 달랐다. 거리를 떠도는 사람들에 대한 방침은 기본적으로 단속이었다.

일본에서는 「경찰범처벌령」을 통하여 식민지 조선에서는 「경찰범처벌규칙」을 통하여 거리의 빈민을 단속했다. 경찰범처벌규칙의 2조 1항에 의하면 '일정한 거주가 없이 사방을 배회하는 자'를 단속했으며, 경찰 등은 이들을 부랑자라 불렀다. 7항에 의하면 "걸식을 하거나 시키는 자는 30일 미만의 구류형 또는 20원 미만의 과료"에 처할 수 있었다.[17] 1922년에 이 법이 시행되면서 부랑자와 걸인 단속이 시작되었다. 경찰은 이들에 대해 "사냥한다[狩]"라는 표현을 자주 사용했는데, 거리의 사람을 동물과 같이 보았던 것으로 짐작된다. 1918년 12월에 실시된 걸인 단속의 현장을 살펴보자.

> 작금의 일기가 추워짐에 따라 거지 떼가 부쩍 늘어서 길거리로 방황하며 떨고 다니는 동시에 피해도 적지 않거니와 풍기 문란이 심하므로 경성의 종로 경찰서에서 이를 단속하기 위하여 각 파출소에 명령하고 관내 각 처로 다니는 거지 떼를 발견하는 대로 검거하기로 작정하고 9일 아침부터 남녀 거지 떼 50명을 본적지로 인치하고 늙어서 아무 일도 못할 노인 걸식자 남녀에 대

---

17) 「경찰범처벌규칙」 2조 1항, '一定ノ住居又ハ生業ナク諸方ヲ徘徊スル者', 2조 7항 '乞食ヲ爲シ又ハ爲サシメタル者'.

해서는 엄중히 설유 방송하고 또 신체 강건한 자가 일부러 빌어먹는 자들은 일체 볼기를 때려 다시는 그리 못하도록 하고 노동이라도 하여 일정한 생활을 하라고 타일러 보냈다(≪매일신보≫, 1918.12.12).

구제 대신 경찰은 노동능력이 없는 사람의 경우 훈계 후 석방하고 나머지 신체 건강한 사람들은 태형을 쳤다. 생계를 이을 방법이 없는 사람들이었지만 경찰의 조치는 노동하는 삶을 훈계하는 것뿐이었다. 이러한 경찰의 행정에는 '가난한 사람은 일하기 싫어한다, 조선인은 태만하다'라는 시각이 깔려 있었다. 이는 걸인 구제를 제한하는 행정조치에도 드러난다. 1916년대 평안북도 장관 앞으로 발송한 정무총감의 통첩에 의하면 '근래 걸식으로 보이는 경우도 구제해 달라는 요청이 있는데 구제를 남발하여 태민을 조장할 염려가 있으니 60세 이상으로 매우 연로해도 걸인일 경우에는 구제하지 말도록' 했다.[18] 1928년 6월에 황해도 안악경찰서에서는 걸인에게 음식물과 금품 등 구제품을 일체 주지 말라는 공문을 배부하고, 걸인 단속을 더욱 철저히 하여 태만한 자를 근본적으로 퇴치할 것이라는 방침을 밝혔다(≪동아일보≫, 1928.6.17).

다음으로 조선총독부의 행려병인에 관한 규정을 정리해 보자.[19] 1912년 4월 23일로 정무총감과 도장관 간의 통첩에 행려병인·행려사망인, 동반자의

---

18) 1916.12.26. 정무총감 → 평안북도 장관, 地第1113「恩賜賑恤資金ヲ以テ救助スヘキ窮民ニ關スル件」, ≪평안북도예규집≫, 평안북도, 1927년, 596-1쪽; 1916.12.26. 제1부장 통첩 → 각 부윤, 군수, 地第2696「恩賜賑恤資金ヲ以テ救助スヘキ窮民ニ關スル件」, ≪평안남도예규집≫, 평안남도, 1925년, 414-2쪽; 1916.12.26. 제1부장, 地第2485「恩賜賑恤資金ヲ以テ救助スヘキ窮民ニ關スル件」, ≪강원도예규집≫, 강원도, 1924년, 429쪽.

19) 일제가 조선에 실시한 제도의 대부분이 그러하듯 '행려' 역시 일본 현지에서 실시되고 있던 제도였다. 일본에서는 1899년(메이지 32년) 법률을 통하여 행려병인 규정을 만들었고 각 부와 현의 훈령으로 세부 규정을 정했다(大霞會編, 1980: 351~352; 田子一民, 1922: 251~258).

취급 비용을 경무총감부에서 본부(조선총독부)로 이관한다는 내용이 있다.[20]
1914년에는 전염병에 걸린 행려병인·행려사망인을 어떻게 처리할 것인지에
대한 통첩이 내려졌다. 이에 의하면 행려병인이 전염병에 걸리거나 사망하
는 경우 전염병자로 취급하고 그 비용은 전염병 예방비에서 지출하도록 했
으며 격리와 소독 등에 관한 부분 역시 이에 따라 처리하게 했다.[21] 1915년
5월 3일 자 《관보》에는 행려사망자 공시에 관한 규정이 실렸다. 행려사망
자의 정보를 파악하여 게시장과 도보, 관보에 공시했는데 그 목적은 연고자
를 찾는 것이었다.[22] 1920년에는 행려병인, 행려사망인에 대한 정의를 포함
한 취급 방법을 종합적으로 정리한 강원도 훈령 제17호 「행려병인급행려사

20) 《관보》 제494호, 관 통첩 제140호, 「行旅病人其ノ他ノ取扱費用ニ關スル件」, 내무부장 →
   각 도장관; 1913년부터는 본부(국비)가 아닌 지방비에서 처리했다(《관보》 관 통첩 제98
   호, 1913년 4월 16일 자).
21) 《관보》 제628호, 관 통첩 제822호, 정무총감 → 각 도장관, 「傳染病者タル行旅病人死亡者
   關スル件」, 관 통첩 제322호, 1914년(대정 3) 9월 4일 자.
   내용은 아래와 같다.
   　首題 건에 관하여 이번에 다음과 같이 결정했던 것을 통첩합니다.
   　記 1. 행려병자·사망자이면서 전염병 환자인 경우는 경찰관서에서 전염병자로 처리하고
   그 비용은 전염병 예방비에서 지출할 것, 이상은 부제(府制) 시행 지역 내에서도 마찬가지
   일 것.
   　2. 행려병자 처리를 진행하는 사이에 전염병에 증세가 변하거나 또 전염병 환자로 확정된
   경우에 있어서는 증세 변화 또는 확정 후에는 모두 전염병자로 경찰관서에서 취급하고 그
   비용은 전염병 예방비에서 지출할 것, 이상은 부제 시행 지역 내의 경우에 있어서도 그 전
   염병으로 증세가 변화 또는 확정 후에는 마찬가지일 것.
   　3. 행려병자·사망자의 동반자 격리 소독 등에 관해서도 또한 이상에 준하여 처리할 것.
22) 1912년 5월부터 《관보》에 행려사망자 공고가 실렸다. 또 공고 절차는 여러 차례 변경되
   었다. 1915년 5월 3일 도장관에 부윤에게 보내는 관 통첩에 의하면 종래 경무총감부에서
   공고 절차를 진행했으나 이때부터 도·부에서 담당했다. 1925년에는 부, 관할군 섬에서 처
   리하도록 변경했고, 1941년에는 게시장과 관보에만 공시하는 것으로 변경되었다(《관보》
   관 통첩 제142호, 1915년(대정 4) 5월 3일 각도장관 → 府尹; 《관보》 통첩 제39호, 1925년
   (대정 14) 5월 8일 자; 《관보》 통첩 제16호, 1941년(소화 16) 4월 5일 자).

망인취급규칙」(이하 '취급규칙')이 만들어졌다.[23]

'취급규칙'은 내용상 크게 세 부분으로 나눌 수 있는데, 우선 행려병인과 행려사망인에 대한 정의(1조), 다음으로 구호·처리 방법과 연고자를 찾는 내용이 있으며(2~5조), 6~10조에서는 취급 비용에 관하여 규정했다. 1조에 따르면 행려병인은 행려·보행 중 병에 걸렸지만 달리 치료를 받을 방법이 없고 보호자가 없는 사람을 말한다. 다음의 일선에서 부랑자와 행려병인의 구분을 조회한 건을 보면 행려병인의 정의를 보다 확실하게 알 수 있다.

> 타관의 걸개 부랑자로 본적지가 판명된 자에 대하여 귀환을 명하고 귀환할 능력이 없는 자는 행려병인으로 취급하여 본적지에 귀환시킬 것.[24]

즉, 걸을 수 있는 사람의 경우 부랑자로 본적지 귀환을 명했고 거동이 어려울 정도로 생태가 좋지 않은 사람을 행려병인으로 취급했음을 알 수 있다. 행려사망인은 연고자 없는 사망자를 말하는 것으로, 병에 걸려 사망했는지가 중요하지 않았다. 소속과 연고를 알고 있더라도 사망 당시 이를 처리할 사람이 없는 자는 행려사망인이라 취급했다.[25]

2조에서는 구호와 매장의 방법을 규정했다. 행려병인·행려사망인에 대한 종래의 '관행'을 적용하여 취급하도록 했으나, 불가능할 때 면장이 취급의 주체가 되도록 했다. '관행'이란 그간 동리에서 행해 왔던 풍습을 말하는 것으로 '행려병자를 본래 살던 곳으로 돌려보내거나 행려사망자를 공동묘지에 장례 치러 주는 풍습'을 말하는 것으로 보인다(조선총독부, 1935: 298). 3~5조

---

23) ≪관보≫ 제2321호, 「조선총독부 강원도 훈령 17호」 1920년 5월 8일 자.
24) 秘 제59호, 「도장관회답」 1915년 5월 7일 자. ≪강원도예규집≫, 435쪽.
25) 현재 무연고 사망인 또는 고독사라 일컫는 상태와 같다. 현재 행려사망이라는 말은 행정·법률 용어로 거의 쓰이지 않는데, 연화장(화장장 운영규칙)에 대한 몇몇 조항에서 간간이 볼 수 있다(예: '수원도시공사 연화장 운영내규' 2018년 1월 1일 제정 시행).

는 연고자를 찾는 내용이다.

5조는 행려사망자의 연고자가 불명확할 경우 양식에 따라 면 게시장에 공고하도록 하는 내용이다. 양식의 항목은 본적과 주소, 조선인, 내지인, 외국인 여부와 성별, 씨명, 인상(신장, 이목구비와 머리 스타일 등 생김새), 의상, 소지품, 사인, 사망장소로 구성되었다. 공고하는 경우 면장이 그 사진을 도에 제출하도록 했다.

6조에서 10조까지는 비용에 관한 내용이다. 6조에서는 행려병자의 구호비용 부담을 누가 할 것인지에 관하여 규정했다. 1차로 피구호자가 담당하게 했으나, 불가능할 경우 부양의무자가 담당하도록 명시했다. 7조는 행려사망인을 매장까지 하는 데 들어간 여러 비용을 어떻게 변상할 것인지에 관한 규정이다. 사망 당시 가지고 있던 유가증권, 금품 등의 '유류금품'으로 변상하도록 했으며, 모자라면 상속자가, 상속자가 감당할 수 없으면 부양의무자가 갚도록 했다. 8조에서는 행려사망인 처리 비용을 정부 측에서 변상 받았을 때 변상한 자에게 유류금품을 인계하도록 했다. 9조는 구호와 시신 취급에 들어간 제반 비용을 받지 못했을 경우 도에 비용을 청구하도록 규정했다. 10조에서는 비용의 각 항목을 제시했다. 의료인력에 대한 지불 비용과 치료비와 식대, 행려병인 보호와 본적지로의 호송에 필요한 비용, 행려사망인의 사체검안비, 매장에 필요한 물품 비용으로 구성되었다. 이러한 규정들은 정무총감과 도장관 사이에 오가는 통첩과 도 이하의 군수, 면장 간의 조치에 의하여 시행되었다.

위의 규정을 보면 당국은 행려사망인, 행려병인에 대해 비용을 스스로 감당하도록 하는 '자기구제'의 원칙을 적용했다. 비용을 연고자 등 당사자에게 1차로 부과했으며, 이들을 찾지 못하면 행정기관이 나섰다. 행정기관의 비용 충당 방법도 다소 흥미로운데, 이들이 가지고 있는 '유류금품 및 유가증권'을 활용했고 모자랄 때 국비를 활용했다. 그러나 행려사망인의 대부분이 유망하는 처지였기 때문에 처리 비용을 부담할 연고자를 찾는 것은 어려웠을 것이다.

　다음으로 행려사망인의 '처리' 과정을 살펴보자. 근대국가에서 죽음은 사망진단서를 통해서 의학적·법률적으로 증명되며 문서로 확정되는데 행려사망인의 처리도 그러했다. 행려사망인이 신고되면 경찰은 공의 또는 의생과 현장에 출동하여 검시하고 사망 여부를 판단했다.[26] 행려사망인에 관한 제도 중 공의제도는 행정의 합법성을 기하는 데 중요했는데, 공의의 업무 중 행려병과 관련된 것으로 "7. 사체검안 8. 행려병인과 빈민 환자의 진료"가 있다.[27] 사망을 확정하는 과정을 거친 후 경찰서에서 해당 면, 부 등의 행정기관으로 인도했고, 공고 절차를 거쳐서 연고자를 찾았다.

　다음으로 ≪관보≫에 수록된 행려사망자 광고를 살펴보자.

　광고는 본적, 성명, 민족별, 성별 나이와 인상, 착의, 사인, 소지품, 사망장소로 이루어졌다. 정밀하게 세어 보지는 않았지만 1916년부터 광고가 된 행려사망인의 수는 대략 10만 명에 육박하는 것으로 보인다. ≪조선총독부통계연보≫가 연도별, 지역별, 성별 분류를 하고 있어 정보가 한정된 데 반하여, 광고에서는 연령과 신장, 의학적 특징, 의상, 소지금품의 내용 등 많은 내용을 담고 있다.[28]

---

26) 여기서 사망으로 판명되면 의사는 사망진단서 내지는 사체검안서를 작성했다. 사망진단서에는 호적(민적)상의 씨명을 쓰게 되어 있었고, 알 수 없으면 '불상(不詳)'이라 적었다. 성별, 출생 연월일, 직업, 사망일시 등을 알 수 없을 경우도 불상으로 표기했다. 사망진단서와 사체검안서에는 사인과 병명을 적었다. 병명을 적는 난에는 자살의 경우에는 그 수단을, 변사의 경우에는 익사, 압사, 분사, 타살, 복어(河豚) 중독, 몰핀 중독 중 내용을 기록하도록 했다. 행려사망인 광고(그림 9-1 참고)에 주요 내용을 보면 의사가 진단서에 기입하는 것들이었다. 의사가 행려사망인의 죽음 처리에 대폭 개입하고 있음을 알 수 있다. '사망진단서(사체검안서)에 관한 규정'은 1914년 8월 3일 〈경무총감부령〉 6호로 공포되었다(≪관보≫ 601호, 1914년 8월 3일 자).

27) 공의제도는 1913년 11월에 공포되는데 이때 「의사규칙」, 「의생규칙」, 「치과의사규칙」 등 의료에 관한 전반적인 제도가 공포되었다(박윤재, 2005: 302).

28) 10만 명의 세부 정보를 종합할 수 있다면 하층민 생활상을 그리는 데 많은 도움이 될 것으

주소불명 조선인 남성 성명 불명 추정 연령 15세 정도
인상 신장 4척 정도 긴 얼굴, 높은 코, 입과 귀는 보통, 눈이 큼
착의 흰색 목면으로 된 적삼, 바지, 허리띠, 소지품 없음
사인 병사
사망장소 강원도 영월군 남면 팔계리 5통 5호 신학선 방위 1915
년(대정 4년) 12월 10일 오전 8시 사망하여, 임시로 매장했으니
짐작가는 자는 영월군청 또는 해당군 남면장에게 찾아갈 것
1915년(대정 4년) 12월 25일 강원도

본적 주소 불명
걸식체 조선인 여성 성명 불명 추정 45세
인상 신장 4척 5촌 코와 눈과 귀는 다소 큼, 치아가 모두 없음,
기타 특징 없음
소지품 없음
사인 복막염
사망장소 경성부 장사동 210번지 앞 길가
위 1915년(대정 4년) 12월 17일 사망한 채로 발견된 사체는 해
당 부에서 가매장했으니 짐작 가는 자는 찾아갈 것
1915년(대정 4년) 12월 22일 경성부

원문: ≪관보≫ 1013호 19쪽

그림 9-1. 행려사망인 광고, ≪관보≫ 1916년 1월 13일 자 광고 중

행려사망인은 연고자가 나타날 때까지 가매장했으며 이 묘지는 무연분묘
로 처리되었다. 일본에서는 행려사망자를 화장하고 광고했지만, 한국에서는
가매장한 상태에서 이루어졌다. 화장에 대한 반감이 높았고 보편화되지 않
았기 때문에 현지 사정을 고려한 조치로 해석된다.[29]

행려병인 구제자와 행려사망인의 수는 ≪조선총독부통계연보≫에 기록되
었다. 행려사망인에 관한 통계는 다른 빈민 통계에 비하여 세밀하게 작성되

로 보인다.
29) 도시 확장으로 인하여 묘지를 이전하는 경우 화장 처리했는데, 1937년 이태원 공동묘지를
망우리로 옮길 때 무연분묘에 대한 화장과 합동위령제가 진행되었다(≪동아일보≫, 1937.
6.9).

었다. 이재민, 궁민에 대한 통계를 보면 해당 연도에 구제자 수가 그 내용의 대부분을 차지하는데 행려사망인의 경우에는 국적별, 즉 외국인, 조선인, 내지인으로 조사했고 이들을 성별, 질병별로 구분하고 다시 도별, 연도별로도 기록했다.[30] 통계 수치로는 기록되었지만 이들이 어떤 사람들이었으며 무슨 사연으로 길가에서 생활하게 되었는지, 어쩌다 쓸쓸한 죽음을 맞게 되었는지 알 수 있는 자료는 거의 없다. 행려병인의 경우도 다르지 않다. 조선에서 발생한 일본인 행려병인의 경우에는 그 사연을 소개한 사례가 적지 않은 데 반해 조선인은 언제, 어디서, 누구에 의해 발견되어 경찰이 검시하여 처리했다는 정보가 대부분이다. 일본의 본토에서는 행려사망인, 행려병인이 질병이나 사망에 이르게 된 경위를 경찰에서 조사했지만, 조선에서는 그렇게까지 상세하게 행정을 하지 않았다(가나즈 히데미, 2017: 148).

4. 행려사망인 시신 활용 문제

다음으로 행려사망인 시신 활용 문제에 대해 살펴보자.[31] 일제시기에는

---

30) 통감부 시기인 1908~1909년에는 도시 지역에서만 통계를 수집했고 1910년부터 전도에 걸쳐 통계를 작성했다. 그리고 행려병인의 병인별 분류의 각 항목은 다음과 같다. 1932년 기준 전신병, 정신병, 신경계병, 순환계병, 눈 및 기타 부속기병, 귓병, 호흡기병, 소화기병, 운동기병, 치아병, 피부 및 기타 부속기병, 비뇨생식기병, 외상, 익사 및 액사, 기형 및 노쇠병, 임신 및 출산, 중독, 신생물, 기생충병, 각기, 감기, 전염병성, 원인불병, 진단불명으로 구성되었다. ≪조선총독부통계연보≫, 1932년 판; 국가통계포털에서 살펴본바 질병별 통계는 ≪조선총독부통계연보≫에 1910년에서 1932년까지 집계되어 있으며 이후의 것은 발견하지 못했다. 그러나 ≪관보≫의 행려사망인 공고에 사인이 기록되어 있어 대략의 내용을 파악하는 데 도움이 될 수 있을 듯하다. 이에 대해서는 예지숙(2023) 참고.
31) 행려사망자의 시신이 의대 실습에 사용된 일과 그와 관련한 인권 문제는 익히 알려진 바이며 이에 대한 본격적인 학문적 연구로 하금철(2021)이 있다.

경성제대 의학부 외 경성의학전문학교 외 대구, 평양 등지에 의학전문학교가 있었는데 여기서 수업 자료로 시신이 필요했다. 해부용 시신 사용에 관한 논의가 보도된 때는 1926년이었다. 이에 의하면 1926년 경성제대 의학부에서 연구용으로 행려 시신에 대하여 20원에서 30원의 취급비를 지출하고 인수하기로 했으며 '매켄지가 운영하는 나환자의 시신도 역시 연구 재료로 양해가 성립되어 인수하기로 했다'라고 한다(《朝鮮新聞》, 1926.7.11). 이 내용과 과정을 좀 더 살펴보자.

경찰은 대학당국의 요청에 부응하고 '당국을 일을 더는 수단'으로 행려사망인의 시신을 해부실습용으로 활용하는 문제를 의논했다. 경찰과 구장·총대 등 도시 행정 담당자, 의료인이 모여서 행려사망인의 사후에 시신을 제공하는 조건으로 생필품 등의 돌봄을 교환하는 것에 대해 논의한 결과는 다음과 같았다.

> 경성대학 의학부의 요청도 있을뿐더러 또는 당국의 일을 더는 수단으로 부산경찰서에서는 행려병자의 사체를 해부 자료로 경성대학에 송부할 건에 대하여 부내 남부민정, 곡정, 대신정, 좌천정, 범일정의 각 구장을 소집하여 협의한바 다음과 같이 결정했다. 즉, 우정(右町) 내에서는 전부터 행려병자가 있으면 구장, 총대 등이 주선하여 의복을 급여함으로 장기간 체재하는 습관이 있는바 그러한 시에는 생전에 병자에게 사망 후의 처지를 일임한다는 승낙서를 받아두었다가 만일 그 병자가 사망할 때는 구장으로부터 대학으로 사체를 보내게 된 것인데 이에 대하여 대학에서는 향료(香料, 조의금―필자)라는 의미로 금 십오 원을 유족에게 보낸다더라(《중외일보》, 1926.12.15).

구장과 총대는 해당 지역의 행려병인을 구호하는 역할을 해 왔으므로 논의에서 행려병인을 '설득'하는 창구를 담당했다. 위 자료에서 말하고 있는바 행려병인이 "사망 후의 처지를 일임한다는 승낙서"를 조건으로 달았으므로,

백 보 양보하여 행려병인의 '의지'가 일정 정도나마 반영되었다고 풀이할 수 있겠다. 하지만 문제는 또 있었다. 앞에서 살펴본 1920년대 발령된 '취급규칙'에 의하면 사망 발생 시 경찰과 의료인이 출동하여 검시하고 사망인의 연고자를 찾게 되어 있기 때문이다. 이러한 과정을 생략하는 것은 행정당국 차원에서 문제가 될 수 있었다. 이러한 문제는 대구의학전문학교(이하 대구의전)의 해부용 시신 요청을 둘러싼 논의에서 잘 나타났다.

1932년 대구의전에서 학생 실습용 시체 부족을 해소하기 위해 대구부와 경찰에 행려사망인 시신 교부를 의뢰했다. 이 학교는 그때까지 해부용 시신을 경성제대 의학부를 통해 공급 받고 있었다고 한다. 대구의전 측에서는 '가매장 후 시신을 찾아가는 경우가 드물어 헛되이 백골화될 뿐으로 문명의 금일에 의의가 있도록 시신을 사용할 방법을 모색하자'고 했다. 행려사망자의 경우 신원이 판명되는 경우가 20% 미만으로 가매장 시체는 무연고 분묘에서 백골화되는 경우가 허다했다. 대구부는 '그러다 임자가 나타나면 내어 주어야 함으로 해부하도록 바치기는 절대로 못 될 일'이라며 별도의 규정도 마련하지 않고 자의적으로 시신 활용을 허가해 달라는 요청에 난색을 표했다.[32] 의학강습소 측에서는 '해부 후 방부 처리를 하여 원형을 보존하는 편이 땅속에 묻혀 백골이 되는 것보다 낫다'라고 설득에 설득을 거듭했다. 또 '우리가 막무가내로 달라는 것은 아니며 기한을 정하여 그 안에 인수자가 나타나지 않는 시신을 해부용으로 쓸 수 있게 해 달라'고 요청했다(≪朝鮮新聞≫, 1932. 9.18, 21). 결국 대구의전은 행려사망인의 시신을 해부용으로 사용하게 되었다. 아마 다른 학교들도 이러한 관행을 착실히 답습한 것으로 보인다. 신문

---

32) 법적 근거 없이 관청, 의대, 거기에 지역사회까지 이들의 '합의'에 의해 행려사망인 시신을 해부용으로 활용한 것은 일본도 마찬가지였다. 되었다. 일본은 1950년대 말에 법령을 설립했고 한국은 1962년 2월 9일에 법률 제1021호 「시체해부보존법」에 의하여 공식화되었으며, 1995년 7월 1일 「시체해부및보존에관한법률」으로 해당 법률이 전부 개정되면서 폐기될 때까지 유지되었다.

은 시신 활용에 둘러싼 경위와 갑론을박만을 보도하는 건조한 태도를 보였다. 《동아일보》 정도가 "하나는 달라, 하나는 못 준다고 불쌍히 죽은 시체에 엉뚱한 곳에서 말썽"이 일어난 것이라고 평했을 뿐이었다(《동아일보》, 1932.9.24). 하루에도 몇십 구씩 행려 시신이 신고되고 거리에 시신이 널브러져 있어서 시신을 보는 일이 아주 드물지는 않았기에 지금과 시신에 대한 감각이 달랐던 때임은 분명하다. 하지만 시신 훼손을 금기시해 온 문화도 엄연히 있었고, 묘지 문제가 사회문제였던 시기에 행려사망인의 시신 활용에 별다른 문제제기가 없었던 것을 어떻게 풀이할 수 있을까.

위의 논의를 보면 행려사망인 처리를 담당하는 "당국의 일을 던다"라는 편의가 전반적으로 강조되었으며, 행려병인에 제공되는 생전의 구호와 사후처리가 결합되기도 했다. 이 논의 과정에서 행정당국의 강압적인 집행과 같은 것은 볼 수 없으며 절차에 위배될까 조바심을 내고 있어 주목된다. 이들은 절차의 정당성이나 합법성을 강조하고 있었다. 선을 넘고 있는 것은 시신이 필요한 의대 측으로 이들은 공익에 입각한 활용과 행려사망자에게 일정한 반대급부를 제공한다는 명분을 들고 있었다. 언론은 시신 훼손에 대한 의견을 표명하거나 그것을 당하는 사람에 대해 별다른 언급도 하지 않았고 이에 대한 여러 목소리도 전달하지 않았다. 행려자 시신에 대한 문제는 절차적 합법성 대 사회적 효율성이라는 '공익'의 논의에서 객체로 밀려나 있었으며 어떠한 문제로 비화하지 못했다. 《동아일보》가 말한 "엉뚱한 곳에서 말썽"이라는 무관심하고 뚱한 논평이 이들의 처지를 표현하고 있었다.

5. 나가며

지금까지 일제시기의 행려병인에 관해 전통 시대 유민과의 연속점과 단절점을 살펴보고 행려병인에 관한 제도 전반 그리고 사회적 인식에 관해 행려 시신 활용 문제를 중심으로 살펴보았다. 다음으로 논문의 내용을 간략히 정리하고 연구의 전망을 도출하고자 한다.

우선 행려병인은 조선시대의 유민과 연속적인 존재였다. 조선시대에는 항시적인 자연재해와 기근으로 대규모 유민이 발생했고 조정은 이들의 유망에 촉각을 세우면서 무상의 진휼과 쇄환책 등을 통해 재정착을 시도했다. 일제 시기에는 일본의 제도가 건너와 도시와 농촌에 산재한 유민을 행려병인, 걸인, 부랑자 등으로 취급했다. 식민지 조선에서 행려병, 행려사망인은 식민지 모국인 일본에 비해 압도적으로 높은 발생 비율을 보였다. 또 행려병으로 구제된 사람보다 거리에서 죽음을 맞이한 경우가 매우 많았으며, 구제보다 사망한 사람들을 처리하는 데 행정력이 집중된 것이 특징이라 할 수 있다. 행려병인에 관한 종합적 규칙은 1920년에 도령으로 설립되었다. 규정에 따르면 행려 중 병으로 보행이 어려운 사람을 행려병인으로, 연고자 없이 사망한 사람은 행려사망인으로 구분했으며 전자에는 구호에 관한 규정을, 후자에는 사망에 관한 처리규칙을 설립했다. 주목되는 부분은 이들을 취급하는 데 들어간 비용이다. 식민권력은 행려병인과 행려사망인의 연고자에게 비용을 부담하게 했고, 이것이 불가능할 때 이들이 소지한 유류금품을 활용했으며, 이조차 없을 때 국고에서 부담하도록 했는데 이를 통해 비용의 자기부담 원칙이 강하게 적용되었음을 알 수 있었다. 일제는 직접적인 구제를 꺼려했는데, 이는 가난한 사람은 게으르며 공돈을 바란다는 타민관(惰民觀)과 오리엔탈리즘에 입각한 조선인 타민관에 기반한 것이었다. 행려사망인 시신 활용 문제에서는 공적인 규정 없이 활용할 수 없다는 관측의 합법성과 의대의 활용론이 대립했고 언론의 건조한 보도가 평행선을 달리고 있었다. 타협점으로 제시된 것 중 하나가 구제와 사후 시신 기증을 교환하는 것이었으며 여기서 정동 등 기층 행정조직이 일정한 역할을 했다.

일제시기에 시작된 부랑인 소탕에서 알 수 있듯이 거리의 빈민은 쓰레기나 동물로 인식되어 도시 공간에서 치워져야 하는 존재로 취급되었으며 거리의 병자 역시 항상 눈앞에 있지만 비가시적인 존재로 여겨졌다. 종국에는 거리에서 최후를 맞게 된 사연이나 배경에 대한 어떠한 관심도 없이 이들의 존재는 통계표의 숫자로 등록되고 비용 처리에 대한 건조한 행정적인 논의 선상에서 다루어졌다. 행려사망인의 시신은 경찰과 행정당국 지역사회의 조정을 거치며 의대 해부용 자재로 매매되거나 '기증'되는 관행으로 굳어졌는데 이는 1962년대에 행려 시신에 관한 법률이 마련될 때까지 이어졌다.

전근대 시대의 유민과 일제시기의 행려병인을 연속선상에서 살펴보려고 했으나 종합적으로 이들을 파악하는 시야를 아직 확보하지는 못했다. 다만 유민이든 행려병인이든 사회에서 그다지 환영 받는 존재는 아니었으며, 국가의 대응이 이들의 삶에 미친 영향은 상당히 컸던 것으로 보인다. 조선왕조의 폭넓은 구휼은 한계적인 상황에 있는 사람들을 안정시키는 역할을 한 것으로 보인다. 일제시기에는 국가 차원의 직접 구제가 대폭 줄어들고 빈곤 문제가 사회문제로 되는 근대적인 변화를 겪었다. 당대의 규범에 어긋난 거리의 유민을 병리화·범죄화하고 이들을 사회에서 소거시키는 제도는 식민권력에 의해 주도되었다. 이들은 효율성과 합리성에 입각한 당대의 사회에 의해 규제되고 거리에서 치워지는 사람이자 나아가 활용의 대상이 되었다.

행려사망인 등 부랑인에 대한 한국사회의 차별적 시각과 제도는 일제시기에 기원을 두고 있지만 이를 탈식민적 시각에서 비판하며 한국사회의 차별을 수정하려는 시도는 요원한 것 같다. 이 글은 좀 더 평등하고 포용적인 사회로 나아가는 길과 탈제국적·탈식민적 인식이 결코 다른 경로가 아님을 밝히고자 했으며 부족한 부분은 부랑인 집단에 관한 후속 연구에서 이어 가도록 하겠다.

9장 참고문헌

≪강원도예규집≫
≪비변사등록≫
≪조선왕조실록≫
≪조선총독부관보≫
≪조선총독부통계연보≫
≪평안남도예규집≫
≪평안북도예규집≫

≪동아일보≫. 1928.6.17. "걸인취체 엄중, 불구자만 용허".
≪동아일보≫. 1932.9.24. "行旅病死屍의 受不授로 말성".
≪동아일보≫. 1937.6.9. "이태원의 무연고 망우리에 정착".
≪매일신보≫. 1917.11.21. "행려병인의 증가―각처에서 몰려드는 걸인".
≪매일신보≫. 1918.12.12. "걸인을 취체".
≪朝鮮新聞≫. 1926.7.11. "行路病人の屍體が二十圓から三十圓".
≪朝鮮新聞≫. 1932.9.18. "慶尙北道, 行路病者の屍體を醫學講習所で保管か".
≪朝鮮新聞≫. 1932.9.21. "慶尙北道, 行路病者死體保管問題".
≪중외일보≫. 1926.12.15. "행려 시체를 경대에서 해부".

가나즈 히데미(金津日出美). 2017 「식민지 조선의 행려사망인과 종교단체」. ≪한국종교≫, 41.
강인철. 2023. 『민중의 개념사·통사』. 성균관대학교 출판부.
김경숙. 2016. 「을병 대기근기 향촌사회의 경험적 실상과 대응」. ≪역사와 실학≫, 61.
김경숙. 2020. 「16, 17세기 유기아수양법과 민간의 전용」. ≪고문서연구≫, 57.
김미진. 2020. 「조선 현종~숙종 연간 기후 재난의 여파와 유민(流民)대책의 변화」. ≪역사와 현실≫, 118.
김재호. 2001. 「한국 전통사회의 기근과 그 대응: 1392~1910」. ≪경제사학≫, 30.
박윤재. 2005. 『한국 근대의학의 기원』. 혜안.
박준희. 2022. 「고독사 및 무연고 사망자의 장례 제도에 대한 비판적 고찰과 정책적 제언: 인간의 존엄성과 국가 책무성의 관점에서」. ≪지방정부연구≫, 25-4.
변주승. 2001. 「조선후기 유민정책 연구」. ≪민족문화연구≫, 34.
소현숙. 2022. 「마이너리티 역사, 민중사의 새로운 혁신인가 해체인가?」. ≪역사문제연구≫, 48.

아카마 기후(赤間驥風). 2016. 『대지(大地)를 보라』. 서호철 옮김. 아모르문디.

염운옥. 2022. 「'죽여도 되는' 사람은 어떻게 탄생했는가?」.

예지숙. 2015. 「일제시기 조선에서 부랑자의 출현과 행정당국의 대책」. ≪사회와 역사≫, 107.

예지숙. 2017. 「조선총독부 사회사업정책의 전개와 성격」. 서울대학교 문학박사 논문.

예지숙. 2023. 「공감의 역사학, 디지털 역사학의 가능성 모색: 조선총독부 행려사망인 광고 자
    료의 활용을 중심으로」. ≪횡단인문학≫, 15.

이마무라 도모(今村鞆). 2011. 『조선풍속집』. 홍양희 옮김. 민속원.

이상협. 1994. 「조선 전기 한성부의 진제장에 대한 고찰」. ≪향토서울≫, 54.

정형지. 2003. 「조선시대 기근과 정부의 대책」. ≪이화사학연구≫, 30.

조선총독부. 1935. 『施政25年史』.

최규진·류영수. 1996. 「일제치하 행려사망인에 관한 문헌학적 고찰」. ≪동의신경정신과학회지≫,
    7-1.

하금철. 2021. 「사회복지시설 수용자의 '죽음 이후': 의과대학 해부용 시체 교부의 역사(1910~
    1995)를 중심으로」. ≪인문학연구≫, 62.

한귀영. 2003. 「근대적 사회사업'과 권력의 시선」. 『근대주체와 식민지 규율권력』. 문화과학사.

大霞會編. 1980. 『內務省史』 3券. 原書房.

田子一民. 1922. 『社會事業』. 帝國地方行政學會.

Mbembe, Archille. 2019. *Necropolitics*. Steven Corcoran translated. Durham & London:
    Duke University Press.

10

탈시설의 역설과 일본 한센병 문학 위기 논쟁*

요양소의 벽을 넘어

이지형

1. 한센병 문학의 전환기에서

이 글은 일본 한센병요양소 탈시설의 제도화가 한센병자와 한센병 문학에 미친 심대한 역설적 상황에 대해 고찰한 글이다. 전후 개정된 한센병 관련법 「나병예방법(らい予防法)」으로 인해 한번 입소하면 죽어서야 요양소 밖으로 나갈 수 있었던 한센병자의 요양소 밖 출입이 점차 가능해졌다. 시간이 흐름에 따라 요양소 안과 밖 중에 거주지를 선택할 수 있는 자유 또한 주어졌다. 하지만 이는 한센병자에 대한 여전한 편견, 사회의 강고한 차별과 혐오를 뼈저리게 실감케 하는 계기가 되기도 했다. 탈시설의 역설은 한센병자 당사자가 창작하는 한센병 문학에도 짙게 드리워졌다. 더 이상 요양소 내의 비밀스럽고 처절한 사실을 고발하는 것만으로는 문학으로서의 가치를 인정받을 수 없는 상황이 도래한 것이다. 한센병자의 요양소 밖 출입 허용은 비한센병자의 요양소 안 출입이 가능해짐을 의미하는 것이기도 했기 때문이다. 특수하고 예외적인 존재로 치부되었던 한센병자와 한센병 문학 앞에 놓인 '세상과의 공존'이라는 새로운 과제에 대해 그들이 어떻게 사유하고 논쟁했는지, 이글은 그 처절한 전환기에 대한 고찰이다.

과연 한센병 문학은 특수한 문학인가? '천형'이라 불렸던 한센병의 예외성

만큼이나 한센병 문학도 예외적 문학으로 간주되기 일쑤였다. 한센병 문학은 "나병이라는 특수한 사실"(武田麟太郎, 1936.10.3)을 다루고 있다는 다케다 린타로(武田麟太郎)의 언급, "일종의 특수한 세계의 기록문학"(中村武羅夫, 1936.1.25)이라는 나카무라 무라오(中村武羅夫)의 규정은 한센병 문학을 바라보는 사회 일반의 평균적 시선을 오롯이 담고 있다. 게다가 일본 한센병 문학을 "한센병요양소에 수용된 한센병자의 문학"(加賀乙彦 編, 2002: 468)으로 정의한 『한센병 문학전집(ハンセン病文学全集)』 책임편집자 가가 오토히코(加賀乙彦)의 입장은 한센병 문학의 권역을 '한센병', '한센병요양소', '한센병자'로 제한함으로써 일견 그것의 특수성을 재확인하고 있는 것처럼 보인다. 물론 가가의 의도는 한센병자 당사자의 요양소 '격리' 체험이 배제된 문학을 '한센병 문학'으로 간주할 수 없다는 정의의 엄밀함에 방점이 찍힌 것이기는 했다. 한편 이와는 정반대로 "자신은 이제까지 단 한 번도 요양소문예를 쓴다고 생각한 일이 없을 뿐만 아니라 쓴 적도 없고" 나아가 "나환자가 쓴 것이 나문학(癩文学)이라면 결핵환자가 쓴 것은 폐문학(肺文学)이고 위장질환자가 쓴 문학은 위장문학(胃文学)으로 불러야 한단 말인가"(北條民雄, 1938; 大岡信·加賀乙彦·鶴見俊輔·大谷藤郎 編, 2010: 20 재인용)라며 한센병 문학의 특수성을 결연히 부정했던 호조 다미오(北條民雄)의 일갈은 그가 일본 한센병 문학사에서 차지하는 대표성만큼이나 무시할 수 없는 울림이 있다. 호조의 입장은 한센병이라는 질병의 특수성을 한센병 문학의 특수성과 등치시킬 수는 없다는 것이었다. 한센병 문학은 '문학'이라는 보편 범주에 속하는 것이지 '한센병'이라는 특수 영역에 속하는 것이 아니라는 게 호조의 견해라고 할 수 있다.

그러면 다른 한센병 문학가들은 한센병 문학을 특수하고 예외적인 문학으로 바라보는 사회 일반의 시선에 대해 어떻게 인식하고 있었을까? 아니 그 이전에 한센병자 당사자이기도 한 그들 자신은 한센병 문학을 어떻게 인식하고 있었을까? 이는 곧 한센병자 당사자의 한센병 문학 객관화 문제이다. 동시에 필연적으로 한센병자 자신의 객관화와 직결되는 문제이며, 따라서 그들의 대(對) 타자 인식과 깊이 연동하는 문제이기도 하다. 타자의 존재, 타자와의 관계 및 교섭의 사고 없는 주체의 객관화란 불가능하기 때문이다.

아이러니하게도 한센병 문학의 객관화는 한센병 문학의 위기 인식에서 비롯되었다. 그 배경에는 전후의 한센병 치료약 프로민 보급으로 인한 치료의 가능화, 격리의 제한적 해제를 통한 한센병자의 사회 교섭 등과 같은 한센병을 둘러싼 환경의 본질적 변화가 있었다. 이러한 환경 변화는 한센병자를 숙명처럼 구속했던 세 가지 비극, 즉 불치, 격리, 단종으로부터 탈피하게끔 하는 계기를 제공했다. 동시에 그간 '요양소'에 격리되어 다가올 '죽음'을 그저 기다릴 수밖에 없었던 한센병자의 삶을 근원적으로 전복시키는 요인이기도 했다. 한센병 문학의 경우에도, 전전과 1950년대 초반까지는 한센병과 한센병요양소 체험이라는 일반인은 알 길 없는 '특수'한 내용을 쓰는 것만으로도 '한센병 문학'이 성립될 수 있었다. 하지만 전후 1953년에 개정된 한센병 관련법 「나병예방법」으로 인해 부분적으로나마 요양소 밖 출입이 가능해지고 프로민으로 인해 한센병자/비한센병자, 요양소 안/밖의 울타리가 낮아진 1950년대 중후반이 되면 요양소 내의 특수한, 비밀스러운, 처절한 사실을 폭로, 열거하는 것만으로는 '문학'으로서의 가치를 인정받을 수 없게 되었다. 이는 동시에 생의 탈출구라곤 없었던 한센병자가 문학을 통해 자기구제를 도모했던 창작의 동력이 크게 약화되었음을 의미하는 것이기도 했다. 이제 더는 한센병 문학을 마냥 '요양소문학', '요양소문예'로 등치해 호명할 수 없게 된 것이다.[1] 따라서 한센병 문학의 침체는 필연적이었고, 그 침체기 혹은

---

1) 한센병을 그 이전에 '나병'이라 불렀던 것처럼 한센병 문학 또한 통상 '나병문학(癩文学)'으로 부르는 것이 일반적이었던 시기가 있었다. 이때 '나병문학'과 더불어 병칭된 명칭이 '요양소문학', '요양소문예'였다. 격리 공간으로서의 요양소, 남은 생 전부를 보내야만 하는 유일한 공간인 한센병요양소는 '나병환자'의 삶과 분리 불가능한 곳이었기에 '나병' 그 자체의 상징이라 해도 과언이 아니었다. 한센병 문학의 기원과 의의를 논한 오센 노부오(於泉信雄), 「요양소문예의 어두움에 대해서(療養所文芸の暗さに就いて)」(≪山桜≫, 18券 12号,

위기를 진단하고 타개하기 위한 다양한 논의들이 한센병작가들을 중심으로 1950년대 중후반에 걸쳐 전개되었다.

이 글은 일본 한센병 문학의 보편성과 존재 의의를 자문(自問)한 한센병자 당사자, 특히 한센병 문학가의 관련 언설들을 1950년대에 초점을 맞춰 살펴고자 한다. 한센병 치료의 길이 열리자 되레 그 효용과 한계를 고뇌할 수밖에 없게 된 한센병 문학의 역설적 상황은 사회로 나가는 통로가 마련되자 엄혹한 사회적 차별과 사회화라는 난제에 봉착하게 된 한센병자의 실존적 상황과 겹쳐진다. 한센병 문학은 '요양소 안'이라는 예외적 공간을 넘어 '요양소 밖'의 보편적 공간을 아우를 수 있을 것인가? 요양소라는 공간적 제약을 초월해 보편적 문학으로 자리매김할 수 있을 것인가? 이는 곧 한센병 문학이 요양소의 안팎을 넘나들게 된 한센병자의 새로운 삶까지도 담보할 수 있을 것인가의 문제와 직결되는 물음이기도 하다. 그리고 이러한 논의에 요양소 밖 동시대 일본사회, 일본문학 전반의 보편적 콘텍스트들은 어떻게 투영되고 있는가?

이 글의 고찰 대상인 일본 한센병 문학 담론 혹은 비평에 대한 연구는 거의 전무하다. 실은 한센병 문학 담론 자체가 매우 제한적으로 존재하는 것이 실상이다. 이 글이 문제시하는 1950년대 전후로 시점을 좁혀도 한센병 문학에 대한 산발적 반응이 일부 확인될 뿐이다. 한센병 문학에 대한 비평다운 비평도 마르크스주의 소설가이자 비평가인 오니시 교진(大西巨人)의 「한센병 문제, 그 역사와 현실, 그 문학과의 관계(ハンセン病問題 その歷史と事實、その文学との関係)」(1955)[2] 정도에 불과하다. 2000년대 중반 이후 현재에 이르기까

1936年 12月), 다지마 야스코(田島康子),「요양소의 문학의 부진에 대해서(療養所における文学に不振について)」(≪多磨≫, 39券 2号, 1958年 2月) 등의 기사 제목을 통해 '요양소문학'이라는 용어의 쓰임새를 확인할 수 있다.

2) 오니시 교진의 이 글은 『大西巨人文芸論叢 上卷 欲情との結託』(1982: 292~324)에 수록되어 있다.

지 아라이 유키(荒井裕樹), 니시무라 미네다쓰(西村峰龍), 다나카 캐서린(田中キャサリン) 등을 중심으로 점차 활발해진 관련 연구도 한센병 문학 자체나 한센병요양소 문학 활동 등의 고찰에 초점이 맞춰진 연구라는 한계가 있다. 이 글은 한센병 문학 담론 연구, 그중에서도 한센병자 당사자의 한센병 문학 담론에 주목함으로써 선행 연구에서 상대적으로 결핍된 미비 지점을 보완하려 한다.

이러한 작업은 결코 한센병 문학 내부의 자기장에서만 유의미한 모색은 아닐 것이다. 한센병과 요양소 환경의 격심한 변화 속에서 파생된 '한센병 문학 위기론'을 둘러싼 다양한 언설 교차의 파장은 결코 '한센병 문학'이라는 일개 영역에 머물지 않는 확장성을 내포하고 있을 것이기 때문이다. 생산적 탐구를 위해 1950년 이전 태동기의 언설부터 1950년대 중후반에 이르기까지 한센병 문학 관련 언설들을 망라해 계보적으로 고찰하고자 한다.

2. 원치 않았던 이름으로부터: 태동기 한센병 문학의 딜레마

한센병 문학을 문제시하고 성찰하는 언설들이 등장한 것은 본격적인 한센병 문학이 호조 다미오를 통해 발표되기 시작한 시점인 1930년대 중반과 궤를 같이한다. 나가미 히로시(永見裕)[3]는 「나문예의 현황(癩文芸現状)」(1935.3)을 통해 한센병자 당사자마저도 '나문예'에 대해 "냉소하고 백안시"하는 회의적 입장을 견지함을 비판하고 '나문예'가 단순한 "언어유희"가 아니라 진정한 문학 유파로서의 가능성을 담지하고 있다고 주장한다. 그리고 나문예의 현황을 종교적 경향, 예술 지상주의적 경향, 사실주의적 경향 등의 세 가지 경

---

3) 나가미 히로시는 시코쿠(四国) 가가와(香川)현 다카마쓰(高松)시 소재 한센병요양소 오시마 청송원(大島青松園)에 수용된 한센병자이다.

향성으로 분류하고, 그중에서 이미 표현 기법상 완숙의 경지에 있어 더 발전을 기대하기 어려운 종교적·예술주의적 경향과는 달리 사실주의적 경향이야말로 "나환자의 실상과 요구 및 해방에 충실하고자 하는 경향"(永見裕, 1935: 5~6 재인용)이므로 나환자 생활 자체의 구태 탈피와 연동하여 문예적으로도 이후 가장 발전할 것이라고 예견한다. 대표적 한센병 소설가 호조 다미오가 『문학계(文學界)』(1935.11)에 「마키노인(間木老人)」을 발표하며 공식적인 문단 데뷔를 하기 전에 쓰인 나가미의 글은 나환자 자신에 의해 나환자의 생활을 리얼하게 투영한 당사자문학으로서의 '나문학' 등장에 대한 희구를 담고 있다. 뒤이은 호조 문학의 등장은 나가마의 희망 섞인 예견을 충실히 구현한 것이라 할 수 있다.

호조 다미오의 등장과 그의 충격적인 대표작 「생명의 초야(いのちの初夜)」(『문학계(文學界)』, 1936.2)에 자극 받아 한센병 문학을 둘러싼 논의는 더욱 촉발된다. 오센 노부오(於泉信雄)[4]는 「요양소문예의 어둠에 대해(療養所文芸の暗さについて)」(1936.12)에서 우선 '나문학'이라는 개념 자체를 문제시한다.

---

4) 실은 於泉信雄를 오센 노부오(おせん のぶお)로 읽는 것이 정확한지는 확언할 수 없다. 출판된 다종의 일본인명사전은 물론 일본 전국의 약 12만 개 성(姓)이 망라되어 있는 검색 사이트(http://suzaki.skr.jp)를 검색해도 於泉이라는 성은 확인되지 않는다. 비교적 흔한 이름인 信雄를 노부오(のぶお)로 읽는 것은 거의 이견이 있기 어려운 데 비해 성에 해당하는 於泉을 읽는 법은 거의 추론에 의거할 수밖에 없는 상황인 것이다. 이는 한센병요양소에 격리 수용된 한센병자들이 문학작품을 발표할 때 거의 대부분 본명이 아닌 필명을 사용한 것과 결코 무관하지 않아 보인다. 한센병자인 자신의 신원을 숨기는 것은 물론이려니와 자신을 통해 추론 가능한 자신의 집안, 즉 가족과 친족을 한센병이라는 오명의 연좌제로부터 보호하여 사회의 차별을 피하게 하고자 필명을 사용했던 것이다. 그렇다면, 필시 만들어진 성임에 분명한 於泉을 이 글에서 '오센(おせん)'으로 읽은 근거는 무엇인가? 첫째는, 於泉을 음독으로 읽을 수 있는 유력한 선택지의 하나가 'おせん'이라는 점이다. 둘째는, 'おせん'이 일본어 '오염(汚染)'과 동음이의어라는 점이다. 정리하자면, 한센병으로 훼손된 자신의 신체를 '오염'과 동일시해 자조적으로 명명한 성이 'おせん(於泉)'이 아닐까라고 추론한 것이다.

애당초 나문학이라는 개념 그 자체부터가 지극히 위험하다. 과연 그런 문학이 문학론에서 허락될 수 있을지조차 의문이다. (중략) 우리들 나환자가 문학하는 것은 일반 사회인이 문학하는 것과 조금도 다르지 않다. (중략) 우리의 문학은 우리가 생생한 현실 속에서 부닥쳐 가는 고투의 역사이다. '어둠'은 절망감이나 자아 상실에 의해 배태되는 것이 아니라 우리 자신의 고뇌 때문이며 피투성이 고투의 필연적 결과이다. '어둠'은 어떤 의미에서든 배척되어야 할 것이 아니라 되레 훌륭한 지도 아래 조장되어야 마땅한 것이라고 생각한다(於泉信雄, 1936: 7~8 재인용).

오센은 여기서 "나환자의 문학과 "일반 사회인의 문학"이 근본적 차이가 없다고 주장하며 일반문학에서 유리된 '나문학'이라는 별도 개념의 설정에 비판적이다. 그에 따르면, 이른바 요양소문예의 "어둠"은 "배척되어야 할 것"이기는커녕 한센병자의 "고투의 역사" 그 자체인 동시에 고투의 필연적 결과물이다. "어둠"은 배제되어야 할 것이 아니라 한센병자의 실존 그 자체이다. 되레 주의해야 할 것은, "우리가 나병이면서도 나병을 망각하는 것, 요양소에 있으면서도 요양소를 망각하는 것, 울타리 안에 있으면서 울타리를 망각하는 것", 즉 현재 발 딛고 있는 나환자의 현실인 "어둠"을 망각하고 직시하지 않는 것이다. 그리고 그 "어둠"은 비록 구체적 양상은 다를지언정 인간 삶에 필연적으로 부과되는 피할 수 없는 요소이기에, 나문학의 어둠을 특별 취급하는 것이야말로 나문학을 "일반 사회인의 문학", 즉 보편적 문학으로 인정받지 못하게 하는 요인이라는 것이 그의 주장의 요체이다. "고뇌는 천재의 특권"이며 "우리에겐 아직 고통이 부족하다" 등의 표현에서 마치 고통을 되레 선민의식으로 승화시키는 일종의 자의식 과잉이 엿보이긴 하지만, 나환자의 현실을 망각하는 것에서 비롯되는 "자아의 상실"을 넘어서서 "자기의 문학"을 만들어 가야 한다는 주장은 앞선 나가미 히로시의 사실주의적 나문학 희구를 내용적으로 더욱 구체화한 한센병 문학론으로 평가할 만하다. 동시에 고통, 고뇌야말로 인간 보편적 삶의 증명이기에 고통으로 점철된 한센병자의 삶은 보편적 삶의 극대화라는 논리, 따라서 한센병 문학은 특별한 문학이 아니라 지극히 보편적 문학일 수밖에 없다는 논리는 고통과 고뇌를 숙명으로 받아들여 한센병자로서의 새로운 생명을 추구한 소설 「생명의 초야」의 주제 의식을 문학론으로 형상화한 것임에 분명하다. 이와 같이 나문학의 보편성을 강조하는 입장은 이후 주요한 한센병 문학론의 한 줄기를 이루며 1950년대 한센병 문학 위기 담론에까지 면면히 이어진다. 다만 당위론을 넘어서 어떻게 한센병자의 특별한 고뇌를 사회 일반이 공감할 수 있는 보편적 문학으로 승화시킬 수 있을 것인가, 즉 특수성을 보편적 지평으로 확장하기 위한 구체적 방안의 문제는 미결의 과제일 수밖에 없었다.

한편 한센병 문학이 한센병자의 현실을 리얼하게 담아냄으로써 보편적 문학으로 거듭나야 한다는 일련의 주장들에도 불구하고 한센병 문학의 현실은 여전히 녹록치 않았다. 모리타 다케지(森田竹次)는 「나문학사론(癩文学私論)」(1938.1)을 통해 바로 그 담론과 현실 사이의 괴리를 포착한다. 그에 의하면, 보편적 문학에 대한 지향에도 불구하고 정작은 요양소 내에서 발간되는 "작은 기관 잡지"에만 갇혀 있는 것이 한센병 문학의 현실이다. 문제는 나문학이 이렇게 요양소 내에만 자폐적으로 머무른다면 "세상 사람들의 주목을 받지 못하고 그저 기록문학"(森田竹次, 1938: 9 재인용)으로 사라져 버리게 된다는 것이다. 주로 요양소 내 기관 잡지에 작품을 게재하며 잡지 발행부수마저도 300~400부가 고작인 나문학의 협소한 대중성, 요양소 당국자의 나문학에 대한 진보적 의식 결여, 소재의 빈약함 및 작가의 교양과 창작력 부족 등이 모리타가 파악한 나문학의 엄중한 현실이다. 모리타는 기존의 나문학론이 관념적·당위적 주장으로 일관한 채 정작은 답보된 상황을 타개할 수 있는 정치한 현실 진단과 실현 가능한 방안 제시가 결여되어 있음을 「나문학사론」을 통해 적시하고 있다.

그러면 일본 한센병 문학의 여명을 연 작가 호조 다미오는 어떤 문학론을

남기고 있는가? 호조의 단문 「나문학이라는 것(癩文学ということ)」(1938.3)을 통해 한센병 문학에 대한 호조의 입장을 살펴보자.

> 나는 결코 요양소 내에 동인 잡지가 만들어지는 것을 반대하는 것이 아니다. (중략) 단지 내가 말하고자 하는 바는 이런 잡지에서 요양소문예나 나문예 등과 같은 글자를 완전히 빼서 보통의 문예잡지로 만들었으면 하는 것이다. 나병 요양소에서 나오는 잡지니까, 나환자가 쓴 작품이니까, 특별히 반짝이는 무언가가 있지 않을까라는 식의 풍치를 완전히 제거하는 것이다. 나병이란 성병, 위장병, 고환염 등과 마찬가지로 그저 질병의 한 종류일 뿐이다. 물론 나병은 분명히 다른 질병과 비교해 대단한 구석이 있긴 하지만 그래도 그것은 오십보백보 차이에 지나지 않는다. 만약 나환자가 쓴 것이 나문학이라면 결핵환자가 쓴 것은 폐문학, 위장병 환자가 쓴 것은 위장문학이라고 불러야 되지 않는가? 그렇다면 도스토예프스키는 간질문학, 나쓰메 소세키는 위장문학, 스트린드베리는 발광문학이 되는가? 맙소사. 여하튼 나환자도 이제 적당히 하고 자신의 병고에 자기도취하는 작태를 그만두었으면 한다(北条民雄, 1938: 20 재인용).

호조의 주장은 간명하고 통렬하다. 한센병 문학은 특별한 그 무엇이 아니라 문학 그 이상도 그 이하도 아니라는 것이다. 나병 또한 결핵, 위장병 등과 같이 작가를 둘러싼 환경의 일환일 뿐 그 문학을 결정짓는 절대적인 요소가 아니라는 것이다. 따라서 호조에 의하면, 나문학은 존재하지 않는 것일 뿐만 아니라 존재해서도 안 되는 것이다. 오직 문학이 있을 뿐이다. 한센병자가 나문학을 표방하는 것은 자기도취이며 일종의 어리광이라는 것이 호조의 진단이다. 한센병 발병 이전부터 문학의 길을 지향했던 호조의 이력을 감안하더라도 그 비판의 강도는 신랄하다. 그 이면에는 '나문학'이라는 특별하고 예외적 영역이 아니라 '문학'이라는 전통적·보편적 범주에서 정당한 평가를 받고 싶다는 호조의 의지와 자신감이 엿보인다. 19세에 한센병 확진 판정을 받고 20세에 다마전생원(多磨全生園) 요양소에 입소하기 이전부터 프롤레타리아 작가로서의 꿈을 키워 나갔던 삶의 연속성이 그의 자부심의 원천이다.

동시에 "특수한 세계의 기록문학으로서의 의의"는 인정하지만 "문학으로서 얼마만큼 의의가 있을까"(中村武羅夫, 1936.1.25)라고 한센병 문학의 가치를 평가절하했던 나카무라 무라오 등 비평가의 시선, 즉 요양소 외부의 냉소적 시선을 다분히 의식해 자기 검열하고 있는 것으로도 위 글은 읽힌다. 글의 마지막에서 "단지 나환자를 발견한 것만으로 새로운 인간을 발견한 것으로 지레짐작하는 것은 웃기는 일"이며 이는 다른 그 누구도 아닌 "나의 각오"(北條民雄, 1938: 21 재인용)라고 밝힌 호조의 천명은 요양소와 일반 사회의 경계에서 그리고 한센병과 문학의 갈림길에서 양자를 접목시키고자 분투한 그의 고뇌를 고스란히 담고 있다. 여하튼 선구적 한센병작가가 정작 나문학으로부터의 거리 두기를 치열하게 도모한 사실은 참으로 흥미롭고 아이러니하다. 물론 이때의 '거리 두기'란 문학가로서의 엄정한 자기 성찰인 동시에 이전의 보편적 나문학론과 맥이 맞닿는 것이기도 하다. 그럼에도 나병이나 나문학도 다른 여타의 질병과 문학의 한 부류일 뿐 달리 특별할 것이 없다고 거듭 강변하는 호조의 주장에서 한편으로는 결벽에 가까운 자의식의 고집스러움이 배어나는 것 또한 부정하기 어렵다.

이상과 같은 한센병자 당사자에 의한 1930년대 태동기 한센병 문학론은 후루야 요시히코(古家嘉彦)의 「「나문학」의 기원과 의미(「癩文学」の起源と意味)」(1939.3)에 이르러 일차적 매듭을 맺게 된다. 호조 다미오와 더불어 다마전생원에서 초창기 문학 동호회 활동을 했던 후루야 요시히코는 요양소 기관지 편집을 맡고 있었던 까닭에 '나문학'이라는 명칭을 창시한 인물로 일컬어진다. 「「나문학」의 기원과 의미」는 한센병 문학의 정의와 명명을 논함에 있어 빠질 수 없는 선구적 비평인데 특히 흥미로운 것은 다음의 부분이다.

하지만 호조의 작품이 세상이 나왔을 때 그것을 「나문학」이라고 라벨 붙인 것은 나도 아니고 요양소의 그 누구도 아니다. 그 호명의 주체는 일반 사회의 저널리즘이라고 호조는 믿고 있었다. 따라서 호조는 일반 저널리즘의 「나문학」이라는 호칭은 물론 어떤 의미의 비평에 대해서도 "가와바타 야스나리 선생은 그런 것엔 신경 쓰지 말라 하셨어. 정말 그 녀석들은 나(가와바타ー 인용자 주, 이하 동일)에 대해서도 태연히 하고 싶은 대로 말하곤 하는 놈들이니까"라며 항상 불쾌한 표정을 짓고 있었다. (중략) 그런데 그렇게도 그가 싫어하고 증오했던 「나문학」의 「나(癩)」라는 글자를 스스로가 「나원수태(癩園受胎)」, 「나가족(癩家族)」, 「나원기록(癩園記錄)」 등의 방식으로 작품 제목에 넣을 수밖에 없었던 것은 그 자체로도 커다란 모순이며 그의 육체를 좀먹은 나병의 질곡보다도 한층 가혹하고 신랄하게 그의 영혼을 갉아먹지는 않았을까(古家嘉彦, 1939: 1 재인용).

여기서 드러나는 것은 나문학, 나병문학 등의 호칭이 실은 한센병자 스스로가 명명한 것이 아니라 일반 사회, 특히 저널리즘이 편의적으로 명명해 유통시킨 용어라는 사실이다. 통상 나문학의 명명자로 일컬어지던 후루야 요시히코도, 한센병 문학을 세상에 각인시킨 대표적 소설가 호조 다미오도 명명의 주체가 아니다. 심지어 후루야는 호조가 작가의 질병과 문학의 일체화에 대해 앞서 고찰한 글 「나문학이라는 것」을 통해 강하게 부정했음을 위 인용의 다음 부분에서 언급하고 있다. 일본 한센병 문학의 원조이자 한센병 문학 그 자체와 동일시될 수 정도의 존재감을 지닌 작가 호조가 정작 한센병 문학을 부정하는 이런 상황은 앞서 살폈듯이 분명 아이러니한 것이다.

그런데 더욱 아이러니한 것은 나환자임을 자임하는 호칭인 나문학을 혐오했던 호조의 소설 제목에 정작 '나(癩)'라는 글자가 적잖이 빈출하고 있다는 사실이다. 극구 부정했던 용어 '나문학'을 정작 자신의 작품 제목에 반영하지 않을 수 없었던 호조의 이와 같은 이중의 자기부정이야말로 "나병의 질곡"

이상으로 호조에게 "가혹하고 신랄"한 고통이었을 것이라고 추정하는 후루야의 언급은 매우 시사적이다. 나병은 하나의 계기일 뿐 작가 자신과 문학 전체를 표상하는 단 하나의 주제어일 수는 없다고 극구 부정했음에도 불구하고 '나병' 없이 그 작가와 문학을 세상에 각인시킬 수 없다는 궁극의 딜레마 상황이 한센병 문학과 작가가 처한 현실이었던 것이다. 이는 1950년대 이후에 탈한센병, 탈요양소 지향 노선으로 인해 그간 요양소 안에 격리되어 살아왔던 한센병자의 실존성이 근간부터 흔들리게 되는 딜레마 상황과도 본질적으로 연동하는 것이기에 특히 주목할 만하다. 한센병이라는 특수하고 예외적인 것을 넘어 보편적 세계를 그리고자 하지만 일종의 자기부정 없이는 그것이 불가능함을 알기에 경계선 위에서 주저하고 고뇌할 수밖에 없는 1950년대 한센병 문학의 딜레마 상황도 실은 동일한 맥락에 있다.

그러면 한센병자는 '나문학'의 명명에서 마냥 수동적 입장을 감내하며 나문학의 내실을 사후적으로 채워 나가기에 급급했을까? 그렇지만은 않았다.

> 육체적으로 패배한 나환자가 살아갈 활로를 정신생활에서 찾고 재능 있는 자가 문학을 지향하는 것은 지극히 필연적이다. (중략) 이렇게 나환자의 건강한 문학, 즉 「나문학」이 출발하게 된 것이다. "자신을 속이지 않는 문학을 창작하라" 하는 의미로 「나문학」이라는 말이 표방되어 강조되었으며, 또한 이를 대신해 동일한 의미에서 「레프라문학」 또는 「요양소문학」이라는 말도 자주 사용되었다. 여하튼 나환자의 문학이 이렇게 뿌리 깊고 업이 많은 사회 감정을 탈피하려고 하는 것은 실로 커다란 자각이라고 할 수 있다(古家嘉彦, 1939: 3~4).

육체적으로 훼손되고 혐오와 차별이라는 사회 감정에 상처 받은 한센병자가 의지할 곳은 온전한 정신 외에 달리 없다. 그 정신이 건강하도록 이끌 수 있는 유의미한 매개체가 바로 문학이다. 따라서 그 문학의 이름은 나환자의 실존성을 가감 없이 그대로 드러냄을 통해 "자신을 속이지 않는" 것이어야만 했다. 나환자의 문학이 '나문학'으로 명명될 수밖에 없었던 이유가 여기에 있다. 나환자임을 은폐하고 회피하는 것이 아니라 자임하고 직시하는 의미를 담은 이름이 '나문학'이었다. 나문학의 명명은 앞서 살펴본 바와 같이 자의적(恣意的), 수동적인 측면이 있었다 할지라도, 저널리즘을 통해 유통된 그 이름을 회피하기보다는 적극적으로 자임하고자 한 데 호조 다미오의 강렬한 나문학 거부와는 차별화되는 지점을 후루야 요시히코의 글에서 발견할 수 있다. 나병을 혐오하는 사회 감정을 넘어서기 위해 자신의 문학을 사회로 떳떳이 발신하고자 하는 나문학의 새로운 시도야말로, 나문학 명명 이전의 나병 문학과 그 이후의 나문학을 질적으로 가르는 분기점인 것이다.

동시에 비평「「나문학」의 기원과 의미」는 제목 그대로 나문학의 의미에 대해서도 깊이 성찰한다. 나문학이란 과연 무엇인가? 나환자가 나병에 대해 쓴 문학은 나문학임에 분명하지만 그럼 나환자가 나병 이외에 대해 쓴 문학, 나환자가 아닌 이가 나병에 대해 쓴 문학은 나문학의 범주에 넣을 수 있는가? 그리고 나문학은 과연 문학의 한 분야로서 성립 가능한가? 글 말미에 거듭 던져지는 이와 같은 물음은 "납득할 수 있는 합법적 결론이나 정의"를 도출하지 못했음에도 불구하고 그것이 이제까지 "빈번히 고찰되고 토의된" 관련 논의들의 축적을 통해서야 비로소 제기 가능했던 논제들이기에 충분히 그 의의를 평가할 만하다. 무엇보다도 『한센병 문학전집』(2002)을 발간하며 한센병 문학을 "한센병요양소에 수용된 한센병자의 문학"으로 확정한 가가 도시히코의 엄정한 정의가 반세기라는 시간의 너울을 건너 후루야의 물음에 응답한 결과물이라는 점에서 1930년대 태동기 나문학론의 문제제기는 1950년대 한센병 문학 전환기는 물론 현재에도 여전히 유효하다 할 것이다.

3. 한센병 문학과 사회의 접점 찾기

1945년의 아시아·태평양전쟁 종전 이후 한센병자의 삶에도 전기가 찾아온다. 전시체제의 해체 이상으로 획기적인 변곡점은 바로 치료제 프로민의 발견과 보급이었다. 1943년에 미국 루이지애나주 카빌(Carville)[5] 요양소에서 한센병 치료제로서의 효능이 확인된 프로민은 일본에서도 1947년부터 나가시마애생원(長島愛生園, 오카야마현 소재)을 필두로 처방되기 시작했다.[6] 불치병으로 인식되었던 한센병의 치료가 가능해진 것이다.

또 하나, 전후 한센병자와 한센병요양소를 격동시킨 사건은 1953년 「나병예방법」 개정이었다. 격리, 단종 등 국수적 우생 사상에 기초한 전전 「나예방법(癩予防法)」의 독소 조항을 온전히 제거하지 못한 채 「나병예방법」으로 개정하고자 한 국회의 움직임에 한센병자들이 전국나환자협의회를 중심으로 조직적 반대운동을 전개한 것이다. 이와 같은 한센병자 주변 상황의 큰 변화는 한센병 문학 창작은 물론 한센병 문학 담론 전반에도 작지 않은 영향을 미쳤다.

---

5) 미국 본토 유일의 한센병요양소인 카빌요양소는 1894년에 설립되었다. 카빌(Carville)이라는 이름은 요양소에서 3킬로미터 정도 떨어진 곳에 위치한 농원의 소유자인 존 메디슨 카빌의 이름에서 따온 것인데, 그 이유는 카빌이 그 지역 유일의 잡화점 경영자인 동시에 우체국장도 겸임한 지역의 유력 인사였기 때문이라고 한다. http://leprosy.jp/world/sanatoriums_world/sanatoriums_w08/(검색일: 2018.8.13)

6) 일본에서는 1946년에 도쿄대학교 의학부 약학과 교수 이시다테 모리조(石館守三)가 프로민 합성에 처음으로 성공했다. 나가시마애생원에서는 1947년 1월부터 한센병 결절 증상을 보이는 환자 10명에게 프로민을 시험투약(정맥주사)했고, 그 결과가 같은 해 11월에 가고시마시 소재 요양소인 호시즈카경애원(星塚敬愛園)에서 개최된 제20회 일본나학회(日本らい学会)에서 발표되었다. 그리고 1948년 10월에 후생성에서 공식적으로 프로민의 약효가 뛰어남을 인정했다. 나가시마애생원 입소자 전체가 프로민의 혜택을 받게 된 것은 1949년 이후부터였다(田中真美, 2016: 183).

전후의 대표적 한센병소설가 시마 히로시(島比呂志)의 한센병 문학론 「프롤레타리아문학과 나문학(プロレタリア文学と癩文学)」(1953.11)은 「나예방법」이 「나병예방법」으로 개정(법안 제정은 1953.8.1. 법안 공포 및 시행은 1953. 8.15) 되는 것을 둘러싸고 반대운동이 정점에 달했던 시기를 즈음해 발표되었다. 시마는 이 글에서 전후 급변한 한센병 관련 정황 속에서 나문학이 "커다란 전환기"에 직면해 있음을 환기한다. 그리고 「나병예방법」 개정 반대운동의 사회성과 연동해 기존 나문학의 문제점을 지적하고 "새로운 방향"을 적극적으로 제시한다.

> 현재의 요양소에는 자살자가 전혀 없어졌지만 1939~1940년 무렵엔 어느 요양소든 매년 한두 명의 자살자가 나왔다. (중략) 요양소 상황이 이렇게 변화했는데 나문학만이 예전 모습에 머물러선 안 된다. 작년 전국나환자문예모집 창작 선발에서 심사를 맡은 아베 도모지(阿部知二) 씨는 "이제까진 생명이나 종교를 다룬 작품이 많았던 것으로 기억하는데 전후문학의 영향을 받아서인지 여하튼 이번에 모집된 작품 중에는 육체나 성을 다룬 작품이 압도적으로 많았다는 사실은 주목할 만한 변화다"라고 평했다. 나문학이 하나의 커다란 전환기에 직면해 있음은 부정할 수 없는 분명한 사실이다. (중략) 나는 도쿠나가 스나오(德永直)의 소설 「아내여, 편히 잠들게(妻よ眠れ)」에서 병고나 그 외의 내용과는 별도로 경제적 고통이 그려진 것에 특히 주목하고 싶다. 나문학에서는 병고나 애정문제 등이 폭넓게 그려지곤 있지만 매일의 약값이나 쌀값 등 경제적 이유로 고생하는 장면은 없다. 요양소에선 밥도 약도 무상으로 주어지기에 크게 관심을 가지지 않기 때문이다. 나문학의 커다란 문제가 여기에 있다(島比呂志, 1953: 34~35 재인용).

시마는 프로민 등장 이전인 전전 1939~1940년 무렵과는 판이하게 급변한 요양소 사정으로 인해 전후 나문학의 주제가 기존의 생명, 종교 등에서 육체,

성문제 등으로 변화한 것이 "커다란 전환기"의 한 양상임을 말한다. 하지만 그가 가장 주목하는 것은 요양소 환경과 나문학 주제를 탈바꿈시킨 질적 변화 속에서도 여전히 요지부동인 나문학 속의 어떤 부재이다. 그가 "나문학의 커다란 문제"로 지적하는 그것은 바로 나문학 속의 "경제적 고통"의 부재이다. 병이나 애정문제로 인한 고뇌는 있어도 경제적 문제로 인한 고뇌는 없다는 것이다. 이와 같은 부재는 프롤레타리아문학 작가 도쿠나가 스나오의 소설 『아내여, 편히 잠들게』(1948)에 현저히 묘사된 경제적 곤궁과 매우 대비된다. 한센병은 아니되 병으로 고통 받는 사랑하는 아내를 프롤레타리아의 경제적 궁핍과 전쟁기의 물자난 탓에 제대로 치료하지도 먹이지도 못한 끝에 여읠 수밖에 없었던 남편의 비탄과 애도가 그려진 『아내여, 편히 잠들게』와 달리 나문학에서는 병고와 애정 갈등은 있으되 경제적 고통은 거의 그려지지 않는다는 것이다. 즉, 나문학은 경제의식이 거의 결여되어 있거나 미흡하다는 주장인데, 시마는 그 원인을 한센병요양소에서는 주거는 물론 치료약과 식량이 무상 배급되므로 기본 의식주가 해결된다는 점에서 찾고 있다. 그런데 왜 이것이 "커다란 문제"인가?

> 여기서 우리가 고려해야만 하는 것은 사회보장제도(요양소, 양로원, 고아원 등)라는 것이 어디까지나 사회 일반의 생활수준과 무시할 수 없는 관계에 있다는 점이다. (중략) 요컨대 우리 나환자의 생활과 국민의 생활은 불가분의 관계에 있으므로 항상 국민의 생활에 관심을 가지고 우리가 가능한 범위 내에서 그들의 생활 향상과 권리 옹호에 협력하지 않으면 안 된다. (중략) 우리의 생활은 어디까지나 국민 노동자의 피가 배어 나오는 노동에 의해 지탱되고 있으며 그들의 생활 안정 없이 우리의 생활 안정도 없다는 것을 깨닫지 않으면 안 된다(島比呂志, 1953: 36).

의식주는 물론 치료까지도 무상 지원 받는 요양소 생활의 근간이 노동자를 포함한 국민 일반의 세금에 의해 꾸려지는 사회보장제도임에도 불구하고 나문학은 이렇다 할 자각도 의식도 없다는 것이 그 이유이다. 한센병자의 무자각이 고스란히 나문학 속 경제의식 결핍과 요양소 밖 "국민생활"에 대한 무관심으로 드러난다는 것이다. 이어지는 글의 후반부에서 시마는 비판의 강도를 한층 높인다. 1953년 당시 한센병자의 당면 과제였던 「나병예방법」 개정 반대운동 이외에 동시대 일반 사회 전반의 보다 포괄적 사회문제라고 할 수 있는 파공법(破防法) 반대운동, 경찰법 개악 반대운동, 파업금지법 반대운동 등에 대해서는 어떻게 협력 연대하려는 노력을 기울였는지 성찰해 보아야 한다고 촉구한다. 여기서 시마는 한센병자 중심의 세계에 매몰되어 한센병자와도 실은 긴밀히 연관되어 있는 사회 전반의 개혁운동 참여에는 소극적이거나 무지했음을 강하게 질타하고 있는 것이다. 심지어 "나환자만의 권리를 주장하고 식비와 위로금 증액을 외친다면 그것이야말로 탐욕스런 동물"(島比呂志, 1953: 36~37)이라는 원색적 비난마저도 서슴지 않는다.

이와 같이 나문학의 문제점을 지적한 시마의 주장은 동시대 한센병요양소 및 한센병운동에 대한 본질적 비판마저도 아우른 것이었다. 그것은 나환자의 권익 주장에만 매몰되어 일반 사회와의 협력, 연대에 미흡했던 것에 대한 반성의 촉구인 동시에 사회 전반의 동향 및 운동에 대한 관심과 협력의 촉구였다. 이유는 명확했다. 경제문제를 포함한 요양소를 지탱하는 기반 자체가 사회 일반과 긴밀히 연동하고 있다는 것이다. 그러나 한센병자의 의식 개혁을 다소 원색적인 표현마저 불사하며 강력히 촉구한 그의 문제제기는 즉각 다른 한센병자 비평가들의 격렬한 반박을 불러왔다. 에가미 게스케(永上惠介)와 모리타 다케지는 그 선봉에 섰다.

형이 나예방법개정운동에 대해 너무나도 무지한 말씀을 하셨으므로 실증을 통해 반박하려 합니다. (중략) 파공법, 경찰법 등은 (말만 앞서고 실제 운동에는 적극적으로 참여하지 않는) 형과 같은 분들이 계신 까닭에 전환 협의

토대가 굳건치 않아 어떤 협력도 하지 못한 것이 사실입니다. 하지만 다마전
생원에서는 파공법에 대해서 개인 혹은 그룹별로 문서나 서명을 통해 성립
반대 투서운동을 펼치기도 하고 지식인 그룹에서는 반대 의견을 담은 삐라
를 만들어 많은 사람들을 철저히 교육시키기도 했습니다. 실례입니다만, 형
은 운동 당시 반대 의지를 어떤 행동으로 표시하셨는지 여쭙고 싶습니다. 한
편 파업금지법은 나예방법과 시기가 겹치는 바람에 죄송하게도 운동의 여력
이 없었던 것이 맞습니다. 하지만 그럼에도 불구하고 국회, 후생성 연좌데모
중에 노동자들과 몇 번이고 서로 격려하며 동일선상에서 투쟁해 왔습니다
만, 형은 모르고 계셨는지요?(永上惠介, 1954: 39 재인용)

시마와 마찬가지로 한센병소설 작가이기도 한 에가미 게스케는 편지 형식
의 글을 통해 시마의 주장을 정면으로 반박한다. 먼저 농가 식단표를 제시하
며 와카야마(和歌山)현 농가의 생활수준이 요양소 나환자의 생활수준에 미치
지 못한다고 한 시마의 주장에 대해 에가미는 정치가 해결해야 할 사회 일반
경제문제의 책임을 왜 애꿎게 나환자에게 전가하는가라고 비판한다. 이어
파공법, 경찰법, 파업금지법 등에 대한 일련의 반대운동에 대해 전국한센병
환자협의회, 즉 전환협(全患協, 현재의 국립한센병요양소입소자협의회) 차원의
체계적 협력활동을 전개하지는 못했음을 인정하고, 하지만 개별 요양소 차
원에서는 개인 혹은 그룹별로 미미하나마 가능한 연계활동을 펼쳤을 뿐만
아니라 국회 및 후생성 연좌데모 시에는 노동자들과 정서적 연대감을 공유
하기도 했다고 구체적 협력 사례를 제시한다.
　그뿐만 아니라 시마가 평론 제목에서 사용한 '나문학' 용어의 자명성에 대
한 의문을 통해 나문학 범주의 특수성, 초월성에 대해 회의적 의견을 개진한
다. 요양소와 일반 사회의 깊은 연관성과 연대활동의 중요성을 설파한 시마
가 정작은 나문학이라는 일견 한센병자의 문학을 특권시하는 것으로도 해석
가능한 용어를 무자각적으로 사용하는 것에 대한 강렬한 비판인 것이다. 더

욱이 나문학의 정의와 실효성 문제는 이미 살펴본 1930년대 태동기 한센병 문학론에서 이미 누차 갑론을박된 전사(前史)가 엄연히 존재함에도 말이다. 에가미의 반박은 그렇다면 시마 자신은 동시대 사회 일반의 다양한 반대운동과 어떤 식으로 협력활동을 펼쳤냐는 도발적 질문을 통해 정점에 달하게 된다. 이러한 에가미의 반론이 다소 감정 섞인 논박임은 부정할 수 없지만, 정작 자신은 실제적 협력활동을 펼치지 않았음에도 나문학과 한센병자운동 전반을 적극적 언설을 통해 통렬히 비판한 시마 평론의 관념성에 대한 일리 있는 반론으로 평가할 수 있을 것이다. 에가미의 반론은 여기서 그치지 않고 나문학의 내용 문제로 옮겨 간다. 그리고 실로 의외의 인물이 등장한다.

> 미시마 유키오(三島由紀夫) 씨의 「푸른 시대(靑の時代)」의 "나환자는 자신의 불행을 보완하기 위해 필요 이상의 물자를 요구한다"라는 일절을 인용하셨습니다만, 나병도 요양소도 알지 못하는 미시마 씨의 이 언급만큼이나 어이없는 것은 없습니다. (제가 있는) 도쿄의 다마전생원은 초봄의 흙먼지, (형이 거주하는) 가고시마의 호시즈카경애원은 물, 이런 것들 외에 요양소에 필요 이상의 여분의 물자란 없습니다. (중략) 이 문단의 무서운 풋내기(子供)에게 경솔히 동조한 형이 안쓰럽게 여겨집니다. (중략) 1920년대 중후반에 연이어 발표된 프롤레타리아문학의 작가 의식과 작품이 얼마나 준엄한 것이었는지는 저 또한 잘 알고 있습니다. 형은 그 준엄함을 나문학 내부로 견인하고 싶다고 생각한 것 같습니다만, 정작 형이 쓴 작품은 (준엄한 나문학이 아니라 미시마 유키오의 「금색(禁色)」처럼 남색을 묘사한) 「남자아내(おとこ妻)」였습니다(永上恵介, 1954: 40~41).

위의 인용에서는 당시 신진 작가였던 미시마 유키오의 나환자 비판에 경솔하게 동조한 시마에 대한 강한 반발심과 조소가 노골적으로 표출되어 있다. 한센병과 요양소 실정에 무지한 미시마의 언급을 한센병자 당사자이자 대표적 한센병 문학가의 한 사람인 시마 히로시가 동조를 뛰어넘어 자기주장의 근거로까지 끌어온 것에 대한 에가미의 강한 실망과 분노가 가감 없이 드러나 있는 것이다. 큰 분노는 시마의 최근 소설「남자아내」(1953)가 그가 평론에서 모범으로 제시한 준엄한 프롤레타리아문학이 아니라 오히려 남성 동성애 묘사로 큰 화제가 된 미시마의 동시대 소설「금색」(1951~1953)을 본 딴 것이 아닌가라는 조소로 더욱 격발된다. 자기주장과는 달리 프롤레타리아문학이 아닌 미시마의 남성 동성애소설과 유사한 문학을 시마가 창작한 것에 대한 강한 비판이자 비웃음인 것이다. 주장과 행동의 불일치, 언설과 문학의 괴리, 이것이야말로 에가미가 시마의 평론에서 절대 놓칠 수 없었던 "커다란 모순"이라고 할 수 있다.

모리타 다케지 또한 크게 다르지 않다. 모리타는 "나환자의 인간해방은 먼저 스스로의 의식혁명에서 출발해야 한다"(森田竹次, 1954: 42 재인용)라고 주장한 시마 평론의 논리적 선후 관계를 문제시한다. "의식혁명"이란 사회적 투쟁을 통해 견인되는 것인데, 한센병자는 시마가 고립적 활동이라고 비판한「나예방법」개정 반대운동을 통해 "의식혁명"을 이미 선취했다는 것이다. 모리타에 의하면, 의식혁명의 결과가 인간해방이 아니라 거꾸로「나예방법」개정 반대운동 실천이라는 나환자의 '인간해방' 노력을 통해 '의식혁명'이 견인되었다는 것이다. 따라서 시마의 주장은 기계적 논리에 집착하며 현실을 반영하지 않는 관념적 구호로만 일관한다는 것이 모리타 비판의 주요 골자이다. 한센병자의「나예방법」개정 반대운동을 적극적으로 평가할 것인가, 소극적으로 평가할 것인가에 따라 이토록 전후 한센병운동에 대한 전체 평가가 크게 엇갈리고 있는 것이다.

분명한 것은 공격적이고 정서적 비판이 두드러진 시마 히로시의 평론이 한센병자들의 광범위한 반발을 야기했다는 사실이다. 하지만 글의 관념성, 논리적 결함 등과 같은 명확한 한계에도 불구하고 시마의 평론은 결코 폄훼의 대상으로 치부될 수만은 없다. 무엇보다도 그의 논쟁적 글이 전후 한센병

운동과 한센병 문학의 연관성 성찰에 거센 불을 지피는 불쏘시개 역할을 했다는 것이 그 첫 번째 이유이다. 그리고 두 번째로는 시마의 문제제기를 통해 촉발된 1953년의 한센병 문학 논쟁이 전전 1930년대 태동기 한센병 문학론과 이후 1958년을 전후해서 전개될 본격적인 한센병 문학 사회화 논쟁을 내용적으로 매개하고 있다는 사실이다. 다음 절에서는 '한센병 문학 위기론'이 정점에 달한 1958년에 마련된 특별 좌담회의 기사 분석을 통해 한센병 문학의 사회화와 그 방안 모색에 대해 총괄적으로 살펴보고자 한다.

4. 소멸이냐 확장이냐: 한센병 문학 좌담회 〈문학에의 지향〉

도쿄 근교에 위치해 한센병요양소로는 유일하게 수도권에 입지한 다마전생원의 기관지 『다마(多磨)』는 1958년 5월에 간행된 제39권 제5호에서 매우 주목할 만한 기획특집 기사를 마련한다. 「문학에의 지향(文学への指向)」이라는 제목을 내건 그 기사는 한센병 문학의 위기를 진단하고 타개책을 모색하기 위해 마련된 특별 좌담회의 내용을 담고 있다. 좌담회 참석자는 한센병 문학가 5인이었다.

> 요양소 내의 문학의 부진이라 말할 것까지도 없이 실제 최근 2, 3년 사이 주목할 만한 작품이 없다는 것은 누구라도 인정할 수밖에 없는 사실일 것이다. 이러한 상황은 무엇에서 유래하며 그 속에는 어떤 발전적 요소가 감춰져 있을까? 요양소 환우들 중에서도 가장 두드러진 창작활동을 이어 가고 있는 스루가(駿河)창작회 분들께 좌담회 개최를 의뢰했다. 문학의 본격화는 이제부터 시작됨과 동시에 결코 간단한 작업이 아니라는 사실을 깨닫게 하는 좌담회이다(小泉孝之 外, 1958: 10).

이제는 기정사실화된 한센병 문학의 침체 이유는 무엇인지, 그 속에 새로운 한센병 문학의 발전적 방향성이 혹여 내재되어 있지는 않은지를 심도 깊게 논의함으로써 결코 사그라져서는 안 되는 한센병 문학의 본격화를 꾀하고자 한다는 포부를 좌담회의 취지로 내걸고 있음이 위 소개글에서 확인된다. 흥미로운 것은, 정작 다마전생원의 문학가들은 배제된 채 참석자 전원이 시즈오카현 소재 스루가요양소(駿河療養所)의 한센병작가들로 구성되었다는 점이다. 스루가요양소가 일본 전국의 13개 국립한센병요양소 중에서도 "가장 두드러진 창작활동"을 펼치고 있다는 것이 그 이유로 제시되는데, 그렇다 하더라도 본원의 문학가들이 전혀 참여하지 않은 기획은 매우 이례적이라 할 수 있다. 그런데 그다음 달 잡지를 보면 이례적 기획의 의도를 알아차릴 수 있다. 『다마』제39권 제6호(1958.6)는 좌담회 「문학에의 지향」 기사에 호응하는 형식의 기획기사 「좌담회 「문학에의 지향」을 읽고(座談会「文学への指向」を讀んで)」를 통해 앞선 좌담회에서 배제되었던 다마전생원 소속 문학가들의 다양한 의견을 소상히 전하고 있기 때문이다. 여기서 좌담회 기획의 함의를 읽을 수 있다. 가능한 주관성을 배제한 객관적이고 심도 깊은 의견 교환과 논박을 통해 어떻게든 한센병 문학의 위기를 타개하고자 하는 절실함이 낳은 기획임을 확인할 수 있는 것이다. 외부 요양소 문학가들을 초빙해 좌담회를 개최하고 그 논의 내용에 대해 본원의 문학가들이 재차 비평하는 형식의 기획기사 구성은 그만큼 한센병자 당사자들이 한센병 문학의 현 상황을 심각하게 받아들이고 있다는 위기의식의 방증이라고 할 수 있다.

　「문학에의 지향」 좌담회 참석자는 스루가요양소의 고이즈미 다카유키(小泉孝之), 하리 조지(羽里讓二), 미즈노 가즈오(水野一雄), 우에무라 신지(上村眞治), 다무라 시로(田村史朗) 5인이었다. 이 중 주목할 만한 인물은 전후의 대표적 한센병소설가의 한 사람인 고이즈미 다카유키와 단가(短歌) 가인 다무라 시로이다. 특히 고이즈미 다카유키는 이후 전환협 회장을 오랜 기간(1965~1983) 역임하는 등 한센병 문학 창작뿐 아니라 한센병자 권익 향상을 위한 사회운동과 활동에도 적극적으로 참여한 인물이었다. 요양소의 장벽을 넘어 일반 사회와의 교류가 일부 허용됨으로써 한센병 문학이 더 이상 '요양소문학'으로만 머물 수 없게 된 전후 1950년대 상황에 대한 진단을 비교적 객관적으로 내릴 수 있는 인물로 평할 수 있는 참석자였다.

참석자들은 한센병 문학 부진의 이유를 찾는 것으로부터 논의를 시작한다. 한센병요양소 작가의 "능력의 부족, 투지의 약화"(고이즈미)와 같은 개인적 자질에서 요인을 찾는 견해도 있지만 논의가 결국 수렴되는 곳은 치료약 프로민 등장으로 인한 한센병 치료의 개선과 이로 인한 본질적 환경 변화이다. 한센병이 더 이상 불치의 병이 아니게 됨에 따라 한센병자로서의 "고뇌가 그대로 소설이 될 수 있었던 그런 방법"(하리)으로는 문학 창작이 곤란해진 게 보다 본질적 이유라는 것이다.

> 분명 지금의 침체는 심각하다 생각하지만, 1952년, 1953년 무렵에는 한센병자가 겪은 고통스러운 경험을 그저 현상 그대로 나열만 하면 그것이 문학이라고 생각했던 게 사실입니다. 이제부터 진정한 문학 창작이 시작된다고 생각합니다. 왜냐하면 사상이 드러나지 않으면 안 되기 때문입니다. 현상을 늘어놓고 거기에 상식적인 생각을 주입하면 그대로 문학 창작이 되던 시기는 지났습니다. 실제 새롭게 출발하기란 꽤 어렵겠지만 구태를 벗어나지 않으면 안 됩니다. 이제부터 보편적인 것을 만들어 나가지 않으면 안 됩니다. 이러한 보편적인 것에 대한 자각이 생겼으니까 반대로 글이 잘 쓰이지 않게 된 것은 아닐까요(미즈노)(小泉孝之 外, 1958: 11).

위의 인용에서는 앞서 고찰한 1953년의 한센병 문학 담론과도 차별화되는 1950년대 후반의 한센병 문학 인식을 확인할 수 있다. 전전과 1950년대 초반까지만 해도 한센병과 한센병요양소 체험이라는 현상, 즉 일반인은 헤아릴 수 없는 특수한 내용을 쓰는 것만으로도 한센병 문학이 성립될 수 있었다. 왜냐하면 요양소라는 고립된 격리 공간의 실체를 일반인이 알 방도가 없으며 한센병자 또한 요양소 밖으로 평생 나갈 수 없었기 때문에 피차 얼굴을 대면할 수 없는 상황에서 오직 한센병 문학을 통해서만 소통할 수 있는 희소성, 예외성을 내재한 존재였기 때문이다. 하지만 이미 주지하는 바와 같이 프로민 보급과 1953년의 「나병예방법」 개정으로 인한 요양소 환경의 변화는 한센병자의 실존을 근본적으로 바꿔 놓았다. 요양소의 담장이 낮아짐으로써 한센병자와 일반 사회를 갈라놓던 물리적 장벽뿐만 아니라 심리적 장벽 또한 낮아지게 되었다. 따라서 이제 새로운 한센병 문학의 길은 현상만이 아니라 사상을, 특수가 아니라 보편을 아우를 수 있는 문학을 지향하지 않으면 안 된다는 것이다. 최근 한센병 문학의 부진 또한 사상과 보편을 함께 추구하는 새로운 문학을 성취하기가 결코 간단치 않기에 발생한 필연적 사태인 셈이다. 고통이 곧 문학이 되던, 역설적으로 '문학하기 좋았던 시기'는 더 이상 오지 않는다. 그러면 어떻게 해야 하는가?

> 고이즈미: 어떤 구애 받을 것도 없는 넓은 장에서, 다시 말하면 실력의 세계에서 승부하고 싶습니다. 이것은 프로민 등장 이후의 새로운 환경이 만들어 낸 단계입니다.
> 하리: 사회인과 함께 괴로워하고 함께 즐기지 않는 (한센병) 문학가가 있지만, 그런 이들은 뇌수까지 나병에 걸린 자들입니다.
> 다무라: 소설 창작은 잘 모릅니다만 단가의 경우에는 소박 리얼리즘에서 한 발 벗어나 새로운 경향이 한편에서 싹을 틔우고 있다고 생각합니다(小泉孝之 外, 1958: 12).

한센병자가 제한적이나마 일반 사회인들과 함께 교류하고 공감하게 된 "새로운 환경"을 "새로운 경향"으로 한센병 문학 속에 구현함으로써 보다 넓은 세계로 나아가야 한다는 것이 그들이 내건 공통적 해답이다. 그 구체적 실천의 방법은 다음과 같다. "미의식이나 미학"을 공부해 그 속에 "윤리나 사상"을 담아내는 문학을 구축함으로써 요양소 생활을 그저 기록하는 데 그쳤던 이전의 "평면적 문학"을 넘어서야 하며(하리), 요양소 밖 일반 사회 속을 "자기 스스로 발로 찾아다니며" 직접 취재해 작품을 써야 한다(우에무라)는 등의 의견을 참석자들은 개진한다. 이윽고 논의는 참석자 중 한 사람의 문학관과 창작 방법을 상세히 경청하는 방향으로 수렴된다. 바로 고이즈미 다카유키이다. 다소 길지만 그의 주장 골자를 모아서 옮겨 본다.

> (요양소 밖의 세계를 문학에 담으려면) 역시 실제 체험과 학문을 쌓지 않으면 안 됩니다. 그렇지 않으면 픽션이 됩니다. 내가 말하는 픽션이란 속임수라는 의미입니다. (중략) 한센병자 절반은 사회인이 되었습니다. 활동의 장이 넓어졌습니다. 입지가 (요양소 안팎으로) 반반으로 나뉘게 되었습니다. 쓰는 내용도 안에서 절반, 밖에서 절반이 되었으니 담을 넘나들며 자유롭게 쓰지 않으면 안 된다고 생각합니다. (좁은 사회에서 좁은 곳만을 쓰는 이들에게는) 세계의 일원이라는 자각이 없습니다. 목적 따위를 굳이 갖지 말고 정처 없이 어슬렁어슬렁 나가 보는 겁니다. 무언가 얻어지는 게 있습니다. 자꾸 나가, 나가라고 한다고 해서, 그럼 한센병 증상이 심한 작가는 (밖으로 나갈 수 없으니) 불가능한가 하면 그렇지 않습니다. 여기 다무라 씨가 계십니다만, 다무라 씨는 눈도 나쁘고 (밖으로) 거의 나갈 수 없지만, 다무라 씨의 단가(短歌)는 세계관 위에 (굳건히) 서 있다고 생각합니다. 〔우에무라: 다무라 씨의 경우는 폭넓은 경험이 있다는 것이겠지요.〕 폭넓다고 하는 것은 꼭 그런 경험을 몸으로 체험하지 않더라도 기백(気持)이 폭넓게 서 있다는 의미입니다. 밖에 나가서 직접 다녀 본다고 하더라도 전 세계를 모두 돌아다닐 수는 없는 일이니까요(小泉孝之 外, 1958: 14~15).

신체를 이동, 확장시키는 것은 곧 정신과 기백을 이동, 확장시키는 것이다. 요양소 내부의 좁은 곳에서 외부의 넓은 곳으로 나아가는 것이다. 자신 또한 "세계의 일원이라는 자각"을 지니는 것이야말로 한센병자에게 가장 중요한 마음가짐임을 고이즈미는 거듭 주장한다. 이것이야말로 고이즈미 다카유키 사상의 핵심이자 문학관인 동시에 1950년대 중후반 한센병 문학과 한센병운동 전체에 핵심적 화두로 자리매김한 명제라고 할 수 있다. 고이즈미는 '신체'만이 아니라 '정신', '마음'을 요양소 밖 '세계'로 지향하고자 하는 자세와 그 실천에 기초한 새로운 한센병 문학이 요망됨을 역설한다. 중요한 것은, 경계를 넘어 사유의 장을 요양소 밖의 세계로 확장하는 것이다. 사유의 확장은 신체의 이동 및 체험과 긴밀히 연동한다. 하지만 더욱 긴요한 것은, 설사 병의 증세가 심한 신체적 장애(결손) 때문에 바깥 세계를 직접 체험할 수 없는 상황이라 할지라도, 정신과 의식을 요양소 내부에서 벗어나 외부로 확장해 사유하는 것이다. 고이즈미 주장의 골간이 이것이다. 그런 입장에서 고이즈미는 요양소 내 기관지 투고에서 탈피해 "이제는 바깥 세계를 향해서 쓰겠다"(p.11)라며 요양소 밖 일반 문학지에 투고하겠다는 포부를 개인 편지에서 밝힌 시마 히로시의 도전을 응원한다. 한센병 문학이 요양소 내에 고립되어서는 이제 한센병자의 삶마저도 온전히 담아낼 수 없게 된 새로운 시대가 도래했음을 특집기획 좌담회 「문학에의 지향」은 명확히 진단하고 있다.

그러면 이 특집 좌담회에 호응하는 취지로 기획된 기사 「좌담회 「문학에의 지향」을 읽고」는 어떤 반응을 담고 있을까? 에가미 게스케, 다나카 야스코(田島康子), 미쓰오카 료지(光岡良二), 무라이 요시미(村井葦巳) 등 다마전생원 소속 문학가 7인이 이번 기사의 주체이다. 먼저 다나카 야스코와 아시카와 아키라(葦川晃)는 다소 비판적 입장을 드러낸다. 아시카와는 "「세계의 일원이라는 자각」은 조금 과도하게 비약된 감"(葦川晃, 1958: 13)이 없지 않다며 요양소 내 직접 체험을 주로 담은 이제까지의 한센병소설도 문학이 아니라고 폄훼되어서는 안 될 것이라고 주장한다. 다나카 또한 "모든 현상은 항상 고도의 형태만이 아니라 낮은 형태로도 교착"(田島康子, 1958: 14)하고 있으므로 기록문학 또한 "초보적 문학"으로 인정해야 한다며 한센병 문학에 대한 비판적 시선을 완곡히 비판하고 있다. 이러한 반응에서는 좌담회 「문학에의 지향」의 논조가 이전 한센병 문학에 대한 전면 부정을 표명한 것은 아니라 할지라도 기본적으로 '요양소 안'이 아니라 '요양소 밖'을 지향하는 자세로 일관한 것에 대한 일종의 위화감을 엿볼 수 있다. 한센병자 주변 환경이 변했다 할지라도 여전히 세상은 한센병자에 대한 차별과 혐오의 시선을 거두지 않고 있는 엄혹한 상황에서 "세계의 일원이라는 자각" 운운은 이상적 구호이자 "비약"이라는 것이다. 한편 기관지 『다마』의 편집장을 역임하기도 했던 노타니 간조(野谷寛三)는 "요양소의 문학은 현재 상태로 향후 십 년만 지속된다면 위축된 나머지 사막의 말라 버린 강처럼 소멸될 것"(野谷寛三, 1958: 15)이라며 한센병 문학의 향후를 비관적으로 예측하는 전망을 내놓기도 한다. 기실 '소멸'에 대한 두려움이야말로 특집 좌담회가 꾸려진 가장 큰 동인이었다.

하지만 그럼에도 불구하고 침체와 위기를 극복해 새로운 문학을 개척하고자 하는 좌담회 총의에 적극적으로 공명하는 입장을 표명한 이들도 있다. 무라이 요시미가 대표적이다. 무라이는 한센병 문학 쇠퇴의 주요 원인으로 많이 거론되는 프로민 치료와 미디어의 영향력은 표면적 이유일 뿐, 진정한 원인은 "무사상의 체념" 상태로 매일을 "비판 정신을 상실"한 채 "무상 생활의 현실을 안일하게 향수"하는 한센병자 자신과 그러한 상황을 조장하는 요양소 정책의 빈곤에 있다는 혁신적 주장을 펼친다. 한센병 문학 속에 경제적 고통의 묘사가 부재하는 이유가 무상 식량과 무상 치료에 있다고 주장했던 3절에서의 시마 히로시 주장과 오버랩된다는 점에서도 무라이의 시점은 눈여겨볼 만하다. 나아가 그는 "스스로가 생존하는 공간"을 항상 인식하고 이를 기초로 "새로운 생활을 건설하기 위한 활동"을 실천해야만 "진정한 문학"이 나올 수 있다고 주장을 이어 간다. 여기서 무라이는 기존처럼 요양소 내에 육체적·정신적으로 고립되는 것에 안주, 체념할 것이 아니라 요양소 안팎을 넘나드는 새로운 생존 공간에서의 "새로운 생활"에 도전하는 것이야말로 한

센병 문학이 "진정한 문학"으로 탈바꿈할 수 있는 필수 요건이라고 인식한
다. 생활의 개변 없이 문학의 개변은 있을 수 없다는 것, 무라이의 견해는 이
한마디로 축약된다. 따라서 한센병자도 "세계의 일원이라는 자각"은 무라이
주장의 근본과도 궤를 같이하는 것이기에 무라이 또한 "훌륭하다"라며 인식
에 공감을 표하는 것이다(村井葦巳, 1958: 17~18).

그런데 가장 주목하고 싶은 것은 에가미 게스케의 글이다. 그의 글은 좌담
회 기사에 대한 개인적 입장을 표명하는 차원을 훌쩍 뛰어넘어 이제까지의
한센병 문학 그리고 앞으로의 한센병 문학에 대한 전망과 한센병 문학 작가
로서 자신의 고뇌를 꾸밈없이 절절히 드러내고 있기 때문이다.

> 「나병문학(らい文学)」은 호조 다미오를 정점으로 시작해 호조 다미오에서
> 끝난다고 생각합니다. 호조 이전에 요양소문학은 없었고 그 이후엔 미야지
> 마 도시오(宮島俊夫)가 정점에 올라서려 하다가 도중에 좌절하고 말았습니
> 다. 미야지마의 뒤를 잇는 신인이 나타나길 기대했습니다만 거기서 명맥이
> 끊어져 버렸습니다. 다마전생원을 예로 들겠습니다. 여기선 이제 문학이라
> 는 성가신 일은 누구도 관심을 가지지 않습니다. 심지어는 호조 다미오의 이
> 름조차 모르는 이들이 상당히 많습니다. (중략) 중요한 것은 현재 요양소에
> 모순이 소용돌이치고 있다는 점입니다. 모순은 세상의 관습입니다. 따라서
> 요양소는 이제 사회화되었다고 말할 수 있습니다.
>
> 나는 요즘 이런 생각을 갖고 있습니다. 누군가 한센병자의 과거에서 현재
> 에 이르는 고뇌와 그 생명을 깊고 날카롭게 묘사하는 장편소설을 창작할 수
> 있는 이가 없을까라고. (중략) 매년 등장하는 신진 작가 가이코 다케시(開高
> 健), 기쿠무라 이타루(菊村到), 오에 겐자부로(大江健三郎) 등의 뛰어난 재능
> 에 나는 완전히 할 말을 잃게 됩니다. 그들의 재능을 확인할 때마다 나 자신
> 의 무력한 문학과 어쩔 수 없이 비교되어 절망에 빠지곤 합니다. 굳건한 기
> 초를 가지지 못한 인간의 비극인 셈입니다. 하는 수 없이 내 자신의 페이스

로 우왕좌왕(うろうろ)하며 써 가려고 합니다. 그리고 누군가 최후의 「나병문학」을 완성해 줄 날을 기다립니다. 그때가 되면 아낌없이 박수를 보내고 싶습니다(永上惠介, 1958: 15~16).

일견 에가미의 글은 한센병 문학의 종언을 선언하는 것으로 읽힌다. 일본 한센병 문학을 세상에 각인시킨 호조 다미오 이후 그를 대신할 만한 작가의 부재로 인해 요양소의 한센병자조차 호조 다미오의 존재에 무지한 지경에 이른 것, 역설적으로 이것이야말로 한센병요양소 "사회화"의 실상인 것이다. 기대를 모았던 미야지마 도시오의 좌절과 후속 작가의 단절 그리고 급변한 요양소 주변 환경 등은 에가미마저 좌절케 되는 이유이다. 자신에게는 "다 타 버리고 이제 남아 있지 않은 문학에 대한 씩씩한 기백"이 여전히 넘쳐나는 스루가 문학가들에 대한 "부러움"과 "내면의 나약함"을 솔직히 고백하는 것 또한 같은 맥락에 있다.

하지만 그를 진정 절망케 하는 것은 다른 곳에 있다. 가이코 다케시, 기쿠무라 이타루, 오에 겐자부로. 그들이 누구인가? 일본문학사에 큰 획을 그은 약관의 소설가들의 연이은 충격적 등장과 그에 비해 너무나도 "무력"한 자신의 문학을 비교할 때 에가미는 절망하지 않을 수 없었던 것이다. 여기서 특별히 가이코, 기쿠무라, 오에 세 작가가 거론된 이유는 그들의 탁월한 문학적 재능 외에도 좌담회가 열리기 한 해 전인 1957년과 당해년 1958년에 아쿠타가와 문학상을 수상한 소설가들이 바로 그들이었기 때문으로 추정된다.[7] 에가미는 이제 막 문단에 데뷔한 사회 일반의 신진 작가에도 턱없이 미치지 못하는 자신의 비루한 문재를 한탄한다. 더욱 절망스러운 것은 자신 이외에

---

7) 기쿠무라 이타루가 「유황도(硫黃島)」로 제38회(1957년 하반기), 이어 가이코 다케시가 「벌거벗은 임금님(裸の王様)」으로 제39회(1958년 상반기), 마지막으로 오에 겐자부로가 「사육(飼育)」으로 제40회 아쿠타가와상(1958년 하반기)을 각각 수상했다.

도 한센병자 문학가 중 그들과 비견될 만한 인물이 부재하다는 사실이다.

하지만 에가미의 한탄을 통해 새삼 환기되는 무언가가 있다. 그의 절망은 일본에서 가장 대표적 문학상으로 평가되는 아쿠타가와상을 내내 의식했던 결과이며, 그것은 곧 그가 자신의 시선을 요양소 밖으로 확장시킴으로써 그간 요양소 내에 머무르기 일쑤였던 한센병 문학의 사회화를 실천하고 있음을 방증한다는 사실이다. 그렇기에 위의 글에서 놓치지 말아야 할 가장 중요한 부분은 실은 글의 말미이다. "굳건한 기초를 가지지 못한 인간의 비극"을 껴안고 있음에도 불구하고 그는 "내 자신의 페이스"로 작품을 꿋꿋이 '써 가겠다'라는 의지를 밝힌다. 그리고 그 누군가가 "최후의 나병문학"을 완성해 줄 그날을 '기다리겠다'라고 한다. '쓰다'와 '기다리다'. 이 두 단어 속에 한센병 문학 작가 에가미 게스케의 각오가 오롯이 담겨 있다. 그것은 한센병 문학은 위기일지언정 소멸하지 않는다는 신념의 표현인 동시에 그가 대망하는 "최후의 나병문학" 등장이 한센병 문학의 끝이 아니라 새로운 출발임을 의미하는 것이기 때문이다. 희망을 제3자에게 위임한 방관자로서 그저 '기다리겠다'라는 것이 아니라 그 또한 새로운 한센병 문학의 시작을 열어 가는 대열에 동참하는 주체로서 '쓰겠다'라는 의지를 천명하고 있다는 사실이 참으로 의미심장하다.

비록 한센병자로서 한센병 문학 작가로서 "고뇌"와 "무력함"에 "절망"하는 "비극"의 주인공이라 할지라도 멈춰 서는 일 없이 "자신의 페이스"로 "우왕좌왕" 시행착오하며 소설을 "써 가겠다"라는 에가미의 이 한마디가 큰 울림으로 다가오는 이유는 무엇일까? 그것 외에 달리 선택지가 없다 하더라도 그것을 다만 알고 있는 것과 직접 실행에 옮기는 것은 전혀 차원이 다른 일이기 때문이다. 그런 면에서 에가미 글의 제목 「기다리겠습니다(待ちます)」는 소멸의 위기에 직면한 한센병 문학을 둘러싸고 전개된 오랜 논의와 담론에 대한 가장 현실적인 결어일 수 있겠다. 의지적 기다림, 실천적 기다림이 그 동의어일 수 있을 것이다.

'세계의 일원이라는 자각'의 관점에서 본다면 에가미의 자세는 분명 소극적인 축에 속한다. 시마 히로시에 의해 촉발된 1953년 논쟁 당시 보여 준 그의 패기와 비교해 봐도 뚜렷한 낙차이다. 다만 예나 지금이나 일관된 것은 그의 준거점이 항상 요양소라는 사실이다. 한센병자운동과 일반 사회운동의 협력을 논하던 1953년이나 사회를 의식하며 최후의 나병문학을 대망하는 1958년 시점이나 변함없이 그의 사유는 한센병요양소로부터 출발한다. 요양소야말로 한센병자의 몸이자 역사이기 때문이다. 때문에 한센병자의 입지도 문학도 이제 요양소 안팎으로 반반씩 나뉘어야 한다고 주장한 고이즈미 다카유키와 에가미의 입장은 대별된다. 몸도 마음도 요양소 밖을 지향해야 한다는 고이즈미와 달리 에가미의 정신과 문학은 여전히 요양소 내부에 더 많이 남아 있다. 그러한 의미에서 한센병 문학 위기 논쟁 이후의 한센병 문학의 중심추가 에가미 게스케에서 고이즈미 다카유키로 이동해 가는 것은 필연적 귀결이다. 한센병 문학 위기 논쟁 이후의 한센병 문학의 내실, 요양소 밖으로 나온 한센병 문학의 사회화 양상을 살피기 위해 고이즈미 다카유키 작품을 분석하는 작업이 후속 과제가 될 수밖에 없는 이유이기도 하다.

5. 요양소의 벽을 넘어: 소멸을 맞이하는 자세

이상에서 일본 한센병 문학이 태동된 1930년대부터 위기의식이 본격화된 1950년대까지의 한센병 문학 논쟁을 한센병자 당사자의 언설을 중심으로 고찰했다. 비한센병자의 본격 담론이 거의 부재한 가운데 당사자들이 한센병 문학의 정의, 한센병 문학의 소멸 위기 및 사회화 문제에 대해 어떻게 진단하고 해결책을 모색하는지에 초점을 맞춰 살펴봤다. 그 결과 프로민 보급으로 인한 한센병 치료 개선, 요양소 밖 출입의 제한적 허용과 같은 환경 변화가 한센병 문학 논쟁에 깊이 반영되어 있음을 우선 확인할 수 있었다.

1930년대 담론에서는 호조 다미오에 의한 본격적 한센병 문학의 등장과 더불어 '나문학'이란 무엇인가, 병명과 문학명을 일치시키는 나문학이란 용어에 구속되어야 하는가 등과 같은 한센병 문학의 정의와 의의에 대한 근본적 논의가 진행되었다. 나문학도 문학의 일종일 뿐이라며 누구보다도 그 호칭을 거부했던 호조 다미오가 정작 자신의 소설 제목에서 '나병'을 드러낼 수밖에 없었다는 사실에서 싫든 좋든 나병을 직시하고 자임하지 않고서는 영위해 나갈 수 없는 한센병 문학의 딜레마를 볼 수 있었다. 전후 1950년대 초반 담론에서는 한센병치료 및 요양소 환경의 획기적 변화로 인한 한센병 문학 사회화 논쟁의 징후를 발견할 수 있다. 그 단초를 제공한 이는 시마 히로시였다. 그는 한센병 문학 속 경제적 고충 묘사의 부재가 무상 배급, 무상 치료 보장이 야기한 요양소 한센병자의 경제적 무의식 때문이라고 비판하며 한센병자 중심의 「나병예방법」 개정 반대운동에만 치중할 것이 아니라 경찰법 개악 반대운동 등과 같은 동시대 사회 일반의 운동과도 협력해야 한다고 주장한다. 이에 대해 에가미 게스케 등은 협력활동의 소극성은 인정하면서도 최소한의 연대활동이 실행되었다고 반박하며 실천보다 언설이 선행하는 시마 주장의 관념성을 비판한다.

1953년 「나병예방법」 개정을 둘러싼 요양소 안팎의 공방 속에 본격화된 한센병 문학 담론은 1958년 특집기획 좌담회를 통해 논의가 심화된다. 다마전생원 기관지 『다마』의 특집기획으로 스루가요양소 문학가의 좌담회 「문학에의 지향」(1958.5)과 이에 대한 다마전생원 문학가의 반응(1958.6)을 모은 기사 「좌담회 「문학에의 지향」을 읽고」가 연속 게재되었다. 좌담회 의견은 '세계의 일원이라는 자각'을 바탕으로 한센병자도 한센병 문학도 기존의 양태를 탈피해 요양소 밖으로 나아가야 한다는 고이즈미 다카유키의 주장에 크게 수렴된다. 이에 대한 다마전생원 문학가의 반응은 찬성과 반대가 혼재하는데, 더욱 흥미로운 것은 에가미 게스케의 의견이다. 에가미는 동시대 사회 일반 작가의 역량에 비해 미흡한 한센병 문학 내실에 대한 자성, 그럼에도 불구하고 한계를 숙명으로 받아들이며 한센병 문학을 계속해서 '써 가겠다'라는 의지, 한센병 문학을 완성시켜 줄 "최후의 나병문학"을 '기다리겠다'라는 희구를 진술하게 아울러 토로한다. 이러한 에가미의 자세는 '세계의 일원이라는 자각'을 우선시한 고이즈미의 입장과는 대별되는 지점에 있다고 할 수 있다. 하지만 주목해야 할 것은, 요양소 내부에 여전히 좀 더 무게중심을 두는 에가미의 입장에서 요양소 밖으로 몸과 마음을 지향해야 한다는 고이즈미의 주장으로 이동해 가는 과정이 곧 1950년대는 물론 이제까지의 한센병 문학 논쟁 전체의 구조를 상징적으로 축약하고 있다는 사실이다.

한센병 없이는 한센병 문학이 잉태될 수는 없었다는 점에서 한센병의 소멸이 한센병 문학의 소멸과 연동되는 것은 지극히 당연한 일이다. 하지만 한센병이 소멸된다 해도 한센병 문학은 소멸되지 않을 것이다. 불행히도 한센병자가 겪은 차별, 혐오의 역사는 동일한 구조의 다른 양상으로 재생산되기 때문이다. 새로운 시대는 새로운 차별과 혐오의 대상을 기어코 찾아내고야 만다. 한센병자를 향했던 차별, 혐오의 언설은 이제 난민, 성소수자, 노인으로 향하고 심지어 다시금 여성에게로 회귀한다. 차별과 배제의 시스템은 여전히 건재할 뿐만 아니라 강화된다. 한센병의 소멸과 무관하게 한센병 문학에 대한 성찰이 계속되어야만 하는 이유이다. 따라서 한센병 문학은 한센병자만의 몫이 아니다. 한센병 문학 자체는 한센병자의 고유한 요양소 체험에 기초한 문학으로 정의될지라도, 한센병 문학에 대한 성찰은 누구든 마이너리티가 될 개연성에서 자유로울 수 없는 모두의 몫이다. 한센병자의 몸이 소멸한다 해도 그 신체의 역사성이 소멸하지 않는 것처럼 말이다.

그러한 의미에서 한센병 문학의 위기를 둘러싼 1930~1950년대 담론들이 그 근원에 있어 존재의 소멸에 대한 성찰로 귀결되는 것은 지극히 합당한 일이다. 자신의 위치를 고수하며 끝일지 시작일지 알 수 없는 그 마지막을 '기다리는' 쪽이든, 존재의 새로운 가능성을 되찾고자 더 넓은 세계로 '나아가는' 쪽이든, 나름의 소멸을 나름의 방식으로 준비하는 것이다. 그토록 기원했던 천형의 종식을 한편으로 두려워하게끔 되는 역설적 상황에서 보듯, 모든 소멸은 두렵다. 사그라지기에 두려운 것이 아니라 낯설기 때문에 두려운 것이다. 그래서 소멸만큼이나 시작 또한 두려운 것이다. 시작과 소멸이 대극에 있는 것이 아니라 실은 맞물려 있다는 것은 그 이유이다. 요양소라는 미지의 세계에 격리되는 두려움으로 죽음마저 불사했던 이들이 이제 요양소 밖으로 한발 내딛는 것을 두려워한다. '세계의 일원이라는 자각'은 이 두려움과 마주설 수 있는가에 달려 있다.

한센병과 한센병 문학의 소멸은 이제 요양소 밖의 다른 소멸들과 같은 지평에서 함께 고민되어야 한다. 한센병자는 이제 요양소 밖의 낯선 마이너리티들, 즉 다른 이름의 '한센병자'들과도 함께할 수 있어야 한다. 그때서야 비로소 세계의 일원이라는 자각은 성취되었다 말할 수 있을 것이다. 태동과 더불어 시작된 소멸에 대한 고민은 존재의 불확실성을 내포하는 모든 것들에게 공통되는 것이다. 호조 다미오라는 본격적 작가의 등장으로부터 역설적으로 촉발된 한센병 문학 위기 담론의 계보는 한센병 문학의 존재 의의를 끊임없이 자문해 가는 과정 그 자체이다. 거치지 않을 수 없는 불가피한 길이었다. 이제 남은 과제는 요양소의 담을 넘은 한센병 문학이 세계의 일원으로서 스스로를 어떻게 증명하는지, 그리고 소수성인 채로 어떻게 보편성과 맞닿을 수 있는지를 확인하는 일이다.

10장 참고문헌

加賀乙彦 編. 2002. 『ハンセン病文学全集 第1巻』. ≪解説≫. 東京: 皓星社.

古家嘉彦. 1939. 「「癩文学」の起源と意味」. ≪医事公論≫, 1390号.

大西巨人. 1982. 『大西巨人文芸論叢 上巻 欲情との結託』. 東京: 立風書房.

島比呂志. 1953. 「プロレタリア文学と癩文学」. ≪好良野≫, 6巻 9号.

武田麟太郎. 1936.10.3. 「「癩院受胎」について一北條民雄の作品(文芸時評【2】)」. ≪読売新聞≫.

北條民雄. 1938. 「癩文學といふこと」. ≪科学ペン≫, 3月号.

森田竹次. 1938. 「癩文学私論」. ≪山桜≫, 20巻 1号.

森田竹次. 1954. 「オームの国からの解放一島比呂志氏に答える」. ≪好良野≫, 7巻 1号.

小泉孝之 外. 1958. 座談会「文学への指向」. ≪多磨≫, 39巻 5号.

野谷寛三. 1958. 「療養所の文学は滅亡する」. 「座談会「文学への指向」を讀んで」. ≪多磨≫, 39巻 6号.

於泉信雄. 1936. 「療養所文芸の暗さに就いて」. ≪山桜≫, 18巻 12号.

永見裕. 1935. 「癩文芸現状」. ≪藻汐草≫, 3月号.

永上恵介. 1954. 「大きな矛盾一評論プロレタリア文学と癩文学の島比呂志氏へ一」. ≪好良野≫, 7巻 1号.

永上恵介. 1958. 「待ちます」. 「座談会「文学への指向」を讀んで」. ≪多磨≫, 39巻 6号.

葦川晃. 1958. 「「文学への指向」をよんで」. 「座談会「文学への指向」を讀んで」. ≪多磨≫, 39巻 6号.

田島康子. 1958. 「療養所における文学に不振について」. ≪多磨≫, 39巻 2号.

田島康子. 1958. 「凡ては作品によって」. 「座談会「文学への指向」を讀んで」. ≪多磨≫, 39巻 6号.

田中真美. 2016. 「ハンセン病の薬の変遷の歴史: 1960年代の長島愛生園の不治らいを中心として」. ≪Core Ethics: コア・エシックス≫, 12号. 立命館大学大学院先端総合学術研究科.

中村武羅夫. 1936.1.25. 「胸に泊る作品(文芸時評【五】)」. ≪東京日日新聞≫ 朝刊.

村井葦巳. 1958. 「野武士的旺盛さに期待す」. 「座談会「文学への指向」を讀んで」. ≪多磨≫, 39巻 6号.

http://leprosy.jp/world/sanatoriums_world/sanatoriums_w08/(검색일: 2018.8.13)

11

가려진 얼굴들의 자서전*

『유령의 자서전』에 나타난 한센인의 이야기

이행미

1. 들어가며

한센병[1]은 '천형(天刑)', '문둥병', '나병' 등으로 불리며 오랜 시간 수많은 사람들에게 공포와 두려움을 느끼게 했던 질병이다. 그러나 현재 한국은 세계보건기구에 의해 한센병 완치 국가로 분류되었고, 최근에는 한센병을 진단 받은 한국인의 사례도 거의 없다. 수전 손택(Susan Sontag)은 치료가 어렵고 사망률이 높은 질병일수록 공포의 대상과 동일시될 가능성이 크다고 말한다(손택, 2002: 88). 한센병의 원인을 개인의 죄와 타락에서 찾으려는 태도는 예방과 치료가 가능하다는 인식이 확산되면서 점차 희미해지고 있다. 그럼에도 한센인에게 부착된 차별과 혐오의 낙인은 여전히 남아 있다. 의학 발달과 사회적 계몽이라는 가시적인 변화 속에서도 완전히 사라지지 않고 있다.

2022년 발표된 한 기사는 한센인과 그 가족을 향한 차별이 여전히 계속되

---

*   이 글은 이행미, 「가려진 얼굴들의 자서전: 「유령의 자서전」에 나타난 한센인의 이야기」,
     ≪현상과 인식≫, 158호(한국인문사회과학회, 2024)의 일부를 수정 보완했다.
1)   이 글에서는 현재 공식적인 용어로 쓰이고 있는 '한센병', '한센인'이라는 용어를 사용한다.
     다만, 분석 대상에서 사용하는 용어를 그대로 사용하거나 당대 시대적 맥락을 언급할 필요
     가 있을 때는 제한적으로 '문둥이', '나병' 등의 비하적 표현을 사용할 수 있다.

고 있음을 보여 준다. 인터뷰에 응한 한센인 정착촌 주민들은 사회적 낙인과 편견 속에서 언론에 노출되는 일을 두려워하며, 주거와 교육, 병원과 같은 일상적인 시설 이용에서 차별을 겪고 있다고 말한다. 한센인 부모를 둔 자녀들은 우울증을 겪는 등 다른 질병에 더 쉽게 노출되는 경향도 나타난다. 결혼하여 새로운 가족을 꾸리기를 주저하거나, 뒤늦게 부모가 한센인이라는 사실이 알려져 이혼에 이르는 경우도 있다.[2] 이와 같은 최근 사례들은 한센인에 대한 부정적 인식과 사회적 차별이 단순히 질병에 대한 잘못된 은유나 무지에서 비롯된 것만이 아님을 잘 보여 준다.

더 큰 문제는 이러한 비참한 현실에 대한 사회적 주목과 사람들의 관심 자체가 줄어들고 있다는 사실이다. 문학을 비롯한 여러 텍스트에서 한센인은 오랫동안 공포와 혐오의 대상으로 재현되어 왔다. 이러한 재현 방식이 문제임은 분명하지만, 오늘날 더욱 주목해야 할 지점은 한센인의 삶이 이러한 재현의 대상조차 되지 않고 있다는 사실이다. "주변인에서 망각으로 나아가는 소수자의 소멸화"(오현석, 2017: 130)가 진행 중인 것이다. 근래의 이 같은 현상은 정한아의 『지난 밤 내 꿈에』(2021)를 통해서도 포착된다. 이 소설은 최근 발표작 중 드물게 한센병을 소재로 삼고 있다는 점에서 한센병에 대한 작금의 인식을 가늠하게 하는 텍스트이다. 화자는 외조모가 과거 한센병에 걸렸다는 사실을 듣고도 별다른 감정적 동요를 느끼지 않는다. 오히려 오해와 억측만으로 한센인들을 사회에서 배척하고 격리 수용했던 사건이 실제 벌어졌다는 사실을 믿기 어려워한다. 뜬구름 같은 이야기, 미국 드라마 소재에나 어울리는 이야기와 같다고 생각한다(정한아, 2021: 330). 이러한 삶이 여전히 '우리'의 이야기로 받아들여지지 못한 채, 동떨어진 타자의 경험으로 의

---

2) 김수영, "한센인과 그 가족의 차별은 진행형", SBS NEWS, 2022.6.24. https://news.sbs. co.kr/news/endPage.do?news_id=N1006797615&plink=ORI&cooper=NAVER&plink=CO PYPASTE&cooper=SBSNEWSEND(접속일: 2024.2.20)

식되고 있음을 잘 보여준다.

과거 한센병에 대한 무지로 감염에 대한 공포가 만연했던 시절, 많은 한센인들은 사람들의 관심과 시선으로부터 벗어나기 위해 침묵 속에서 삶을 이어 갔다(정근식, 2005: 7). 이 문제에 대응하기 위한 주된 방법은 계몽을 통해 무지를 극복하는 것이었다. 그러나 오늘날의 사정을 고려할 때, 한센인에 대한 차별과 혐오 문제를 해결하기 위해서는 그들의 삶과 감정을 적극적으로 드러내는 것이 중요하다. 특히 한센인의 삶과 인권 문제에 대한 사회적 관심을 불러일으키기 위해서는 집단 전체뿐 아니라 개별자로서의 목소리, 개개인의 생각과 욕망에 귀를 기울일 필요가 있다. 문학 텍스트는 공적 기록과 달리 소외된 개인의 구체적인 삶을 그리고 있다는 점에서 한센인의 각기 다른 삶과 기억을 담아낼 수 있는 보완적인 기록으로서 그 의미가 상당하다(김윤정, 2018: 8; 한순미, 2022: 58). 한센인의 삶을 다룬 문화적 재현의 의미를 조명하는 일은 여전히 중요하다고 할 수 있다.

1990년대부터 한센인의 인권 문제가 사회적으로 주목받기 시작했고, 2004년에는 일본 정부를 상대로 한 보상 소송이 제기되면서 이 문제에 대한 관심이 더욱 확대되었다. 이를 계기로 한센인 피해 사건의 진상을 밝히고 인권을 향상시키기 위한 법률이 제정되는 등의 노력이 이어졌다(김재형, 2021: 407). 한센병 문학 연구는 이러한 사회적 인식 변화와 맞물려 점점 활발히 이루어지게 되었다. 한하운, 노석현, 심숭 등 한센인 작가들의 자전적 서사의 전략과 의미를 분석하는 연구(임지연, 2022; 한순미, 2012, 2016), 한센인에 대한 차별과 배제의 사회적 현실을 비판하는 연구(김려실, 2016; 김윤정, 2018)가 주로 이루어졌다.

대부분의 연구는 한센병 문학이 사회적으로 소외되고 배제된 이들의 삶을 '증언'하는 역할을 한다는 점에 중점을 두며, 이러한 증언을 통해 현실에 대한 '저항'의 의미를 도출하는 경향을 보인다. 이러한 관점은 타자의 삶과 역사를 조명하게 한다는 점에서 중요한 의의를 갖는다. 하지만 그와는 다른 존재들, 증언의 기회를 얻지 못했거나 증언할 의지가 없었던 이들의 목소리에도 주의를 기울여야 한다. 대문자 역사뿐만 아니라 타자의 역사에서도 기록되지 못한 이들의 삶에 대한 관심이 요청된다. 이러한 맥락에서 한센병을 다룬 허구 서사의 의미를 '변형된 기억 서사'로 보는 한순미의 접근은 주목할만하다. 그는 허구 서사가 한센인들의 숨겨진 이야기를 변형하여 전달함으로써 그동안 들을 수 없었고 들리지도 않았던 다양한 역사적 기억을 들려준다고 말한다(한순미, 2017: 34).[3] 한센인 작가가 쓴 증언의 글쓰기와는 다른 결을 보여 주는 허구 서사의 의미를 다채롭게 살펴보는 시도는 한센인의 삶과 역사에 대한 좀 더 깊은 이해로 나아가는 중요한 매개가 될 수 있다.

이러한 맥락에서 류영국의 『유령의 자서전』(2003)은 주의를 끈다. 이 소설의 한센인 주인공은 스스로를 '은신파'에 속한다고 말하는 인물이다. 그의 자서전은 고통과 비극의 역사적 현장을 기록하면서도 그에 완전히 융화되지 않은 개인의 목소리를 들여다보게 한다. 『유령의 자서전』에 대한 선행 연구는 단독 연구는 아니지만, 한센병을 소재로 한 다른 소설과 함께 몇 차례 다루어진 바 있다. 김윤정은 가족과 지역 공동체로부터 추방되어 자신의 정체성을 삭제하고 유령으로 살아가야 했던 한센인의 수치와 비애를 보여 주는 소설이라고 평가한다(김윤정, 2018: 8). 한순미는 한센인의 고통과 역사적 기억을 재현하는 글쓰기의 의미와 윤리를 질문하는 소설이라고 평가한다(한순미, 2010: 377~379; 한순미, 2022: 244~245). 이러한 연구들은 『유령의 자서전』이 지니는 의미를 정확하게 포착했다고 할 수 있으나, 다른 소설들을 함께 분석 대상으로 삼아 주제적 차원의 접근이 이루어졌기에 소설에 담긴 중층적인 의미를 충분히 조명했다고 보긴 어렵다. 각론을 통한 좀 더 섬세한 분석이 필요하다. 또한, 한센인의 삶의 아픔을 드러내는 여러 서사와 공통점을

---

3) 이 논문에서 한순미는 이청준의 소설 『당신들의 천국』(1976)을 대상으로 분석하고 있다.

지니면서도, 이 소설에 재현되는 특수한 지점을 살펴볼 필요가 있다. 한센인 집단의 정체성과 삶의 의미를 밝히는 것뿐만 아니라 개별적 이야기를 통해 이들의 다양한 삶의 국면을 깊이 이해해 나가는 일 역시 중요하기 때문이다. 특히, 이 소설의 인물은 고통과 저항의 서사로 온전히 수렴되지 않은 한센인 의 삶을 보여 준다는 점에서 이채롭다.

또한, 『유령의 자서전』은 한센인 당사자의 기록과 이를 연재, 발간하는 현 재 사건이 거의 비등한 분량으로 교차하며 전개되는 중층적인 구조를 띤다 는 점에서도 흥미롭다. 이 과정에서 한센인의 삶을 세상에 재현하는 것을 둘 러싼 여러 욕망의 충돌과 각축이 나타난다. 그런 점에서 이 소설은 당사자가 자신의 삶을 재현하고자 하는 욕망과 한센인을 바라보는 사회적 시선이 어 긋나는 지점을 형상화한다. 한센병 문학은 크게 당사자가 쓴 자전적 서사와 비당사자가 쓴 허구적 서사로 구분하여 이해된다. 두 유형은 모두 한센인의 삶과 기억을 수면 위로 올려놓으면서 사회적으로 차별 받아 온 이들의 목소 리에 주목한다는 점에서 공통의 문제의식을 지닌다. 그러나 전자가 좀 더 자 신의 경험과 고통을 진술하게 고백하는 글쓰기라 한다면, 후자는 차별과 배 제의 삶을 살게 만든 사회 현실에 대한 비판이 좀 더 강하게 드러난다(한순 미, 2022: 58~59, 222). 달리 말하자면, 전자는 당사자가 문학을 통해 고통 등 의 감정을 드러내는 의미를 읽어 내는 데 좀 더 집중해야 한다면, 후자는 이 들을 바라보는 비당사자의 시선과 태도를 좀 더 고려하면서 읽어야 한다. 『 유령의 자서전』은 허구적 서사이지만, 당사자가 자신의 삶을 진술하려는 욕 망과 그 욕망을 오해하거나 왜곡하여 이해하는 비당사자의 관점을 함께 드 러낸다. 이는 공식 역사에 기록되지 않은 개인의 삶의 다채로운 국면들을 이 해하는 태도에 대한 성찰을 유도한다.

이 글은 한센인에 대한 사회적 인식을 그들이 겪은 삶의 곤경과 비극에 주 목하는 기존의 지배적 시각과는 다른 접근을 시도한다. 한센인 집단 전체를 단일한 정체성으로 간주하지 않고, 그 내부에 존재하는 개별적 존재들의 목소리에 좀 더 집중하려고 한다. 이 글은 한국사회에서 '유령'으로 간주되어 온 한센인의 목소리에 내포된 다양한 결을 들여다봄으로써 단일한 정체성으로 환원되거나 해석될 수 없는 복합적 내면과 서사를 듣고자 하는 하나의 시도이다.

2. 침묵과 은신 속 개인의 목소리

식민지 시기 한센인을 집단 수용하기 위해 설립된 소록도 갱생원은 한센인을 향한 차별과 배제를 상징하는 장소이다. 이 시설이 단지 한센병 치료를 위한 요양원이 아니라, 학대와 폭력, 나아가 절멸에 이르기까지 한센인의 비인간화를 극단적으로 드러낸 장소였다는 사실은 다수의 기록과 연구를 통해 밝혀진 바 있다. 소록도 갱생원은 한국 역사에서 한센인을 향한 차별과 배제가 극단적인 혐오로까지 이어진 현장으로서 격리를 기조로 한 국가폭력의 출발점을 보여 주는 장소이다(김재형, 2001: 115~152).

이러한 맥락에서 식민지 시기의 소록도는 주요한 문학적 소재로 다뤄져 왔다. 주로 일제의 잔혹한 정책과 학살을 고발하고, 한센인의 저항의 목소리를 형상화하는 방식으로 재현된다. 『유령의 자서전』의 김 노인[4]이 쓴 자서전에도 소록도에서의 기억은 상당한 비중으로 서술된다.[5] 박순주, 사토, 원장 수호, 박홍주, 이춘성 등 실존 인물들과 실제 일어난 사건이 언급되면서 한센인의 역사를 증언하고 있다. 가혹한 노동환경과 규율 체제, 극단적 형벌

---

4) 자서전의 주인공 '김 노인'의 본래 성이 '윤'임은 후에 밝혀진다. 이 글에서는 논리 전개의 혼란을 피하기 위해 한센병 발병 이후 그가 사용하게 된 이름인 '김 노인(김민주)'으로 서사 전반에 걸쳐 동일하게 지칭하고자 한다.
5) 김 노인의 자서전은 한센병이 발발한 후 소록도에 가기 전 유랑의 여정, 소록도에서의 시간, 병이 완치된 후 소록도에서 나와 소춘원, 소생원에서 살아간 시기로 구성된다.

과 단종수술 등 당시 소록도에서 일어났던 일을 겪는 한 개인의 고통을 사실적으로 그려 냄으로써 공적 역사에서 거론되지 못한 익명의 한센인의 목소리를 조명한다(한순미, 2022: 366). 그러나 이 소설은 억압적 현실을 전면에 내세워 고발하는 전형적인 저항 서사와는 다른 결을 드러내고 있다는 점에서 흥미롭다.

이러한 차이는 한센인의 삶을 다룬 대개의 소설에 반복적으로 등장하는 노루 사냥 사건, 수호 원장 살해 사건이 그려지는 방식을 통해 잘 나타난다. 이 두 사건은 한센인을 비인간화하려는 식민권력에 대항하는 집단적인 분노와 저항을 보여 주는 사례로 자주 인용된다. 식민지 시기 소록도의 역사를 생동감 있게 재현하려 한 윤정모의 소설 『섬』과 『그리고 함성이 들렸다』는 이러한 의미가 잘 드러나는 대표적인 소설이다.[6] 윤정모의 소설은 소록도의 역사를 재구할 때 주요하게 다루어지는 심전황의 『소록도 반세기』[7]를 주로 참조했다. 이 텍스트들과의 비교를 통해 『유령의 자서전』의 서사적 변별성을 살펴보려 한다.

1940년 6월 발생한 노루 사냥 사건은 중일전쟁 이후 물자 보급이 줄어든

---

6) 윤정모는 장편소설 『섬』이 소록도에서 임시 교사로 근무했던 자신의 경험에 풍부한 자료를 더해 쓴 작품이라고 말한 바 있다. 극적 효과나 이야기 전개의 필요에 따라 사건이나 공사 시기 등을 일부 변경하긴 했지만, 기록적인 성격에 가까운 소설이라고 설명했다. 이때 주로 참조했던 자료가 심전황의 『소록도 반세기』이다. 몇 년 후 이 소설은 『그리고 함성이 들렸다』로 개작된다. 서문에서 작가는 인물 형상화 등 소설적 수정을 시도했으나, 일부 등장인물을 빼고 대부분의 인물은 실제 인물을 바탕으로 하되 약간의 살을 붙였을 뿐이라고 밝히고 있다. 이는 개작 과정에서도 작가가 당초 생각했던 기록문학으로서의 성격을 여전히 강조하고 있음을 보여 준다.

7) 『소록도 반세기』는 엄밀히 따지자면 개인적인 증언의 성격을 지녔지만, 소록도에 관한 기록의 주요한 자료로 활용되었다. 이러한 맥락을 고려하여 한순미는 소록도의 역사 기록이 증언과 상상력, 사실과 허구가 중첩된 것으로 보아야 한다는 의견을 제출하기도 했다(한순미, 2014: 128~129).

상황에서 강제 노동에 시달려야 했던 참혹한 현실을 배경으로 한다. 같은 방의 아픈 환우를 위해 규칙을 어기고 불을 피운 여환자가 김 순시에게 가차 없는 폭행과 징벌을 당한다. 이 사실에 분노한 구북리 청년 환자들이 김 순시를 살해하기로 모의하는데, 계획을 실행하던 중 김 순시가 도망가는 바람에 결국 미수에 그쳤다.

『소록도 반세기』에는 노루 사냥 사건이 발생한 원인과 경과가 비교적 자세히 서술되어 있다.[8] "더 이상 참을 수 없는 의분을 느끼고 보복할 것을 음모"한 "열혈 청년 김병환, 손재헌, 박홍주, 김계술 등"의 이름이 거론되기도 한다(심전황, 1979: 31). 이러한 서술은 한센인을 향한 비인간적 대우와 구북리 병사에 머물고 있는 환자들의 분노, 그리고 이들의 조직적이고 계획적인 행동을 보여 준다. 윤정모의 소설에서도 핵심 내용은 그대로 유지되지만 소설이라는 장르의 특성상 사건이 전개되는 과정과 인물들의 감정이 좀 더 구체적으로 나타난다. 구북리 청년 환자들의 집단적 행동과 연대는 좀 더 의지적으로 그려지고, 비민족적인 행위에 대한 재판이라는 의미가 더해진다. 한센인이라는 공통성은 개인적 존재를 넘어 집단적 주체가 될 수 있는 매개가 되며, 불의한 사회에 맞서 싸우는 공동체로서의 결속과 연대를 가능하게 하는 동력으로 의미 부여된다.

『유령의 자서전』에서도 노루 사냥 사건의 계기와 경과는 심전황과 윤정모가 쓴 텍스트와 크게 다르지 않게 서술된다. 그러나 『유령의 자서전』은 사건 외부에 있는 화자가 이 사건을 바라보고 전해 듣는 방식으로 나타나며, 사건이 서사의 중심이 아닌 후경으로 처리된다는 점에서 특징적이다. 김 노인은 구북리 병사에 머물고 있고, 심지어 노루 사냥의 핵심 인물 중 한 명인 박홍주와 같은 방을 쓰고 있으면서도, 이들의 계획에 대해 전혀 알지 못한

---

8) 『한국나병사』에도 해당 사건의 개요는 동일하게 나타난다. 다만 사건에 가담했던 인물의 이름은 거론되지 않는다는 차이가 있다(대한나관리협회 편, 1988: 106).

다. 이는 사건 당일 박홍주의 불안한 모습을 보면서 그 이유를 모르겠다는 서술, 사건 다음날 작업장에서 주변의 이야기를 전해 들어 사건의 전모를 알게 되었다는 부분 등을 통해 뚜렷하게 나타난다. 김 노인은 사건의 외부자로서 사건의 개요를 전달하는 역할만을 수행한다. 이러한 맥락에서 이 소설은 노루 사냥 사건의 전모를 드러내며 소록도의 고통과 저항의 역사를 증언하는 동시에, 그와 같은 역사에 기록될 만한 의미 있는 행동을 하지 '않은' 인물의 목소리를 전경화한다. 그의 서사에서 중요한 것은 노루 사냥 사건을 둘러싼 폭력의 고발보다는 소식을 듣고 남편의 안위를 걱정하는 아내의 태도와 이들 부부가 서로를 위하는 마음이다. 이처럼 이 소설은 소록도의 역사에 기록된 저항하는 구북리 청년 환자라는 집단에 속하지 '않은' 구북리 환자의 모습을 담아낸다.

소록도 역사에서 저항의 의미로 기억되는 또 하나의 사건인 1942년 6월 20일에 있었던 수호 원장 살해 사건에 대한 형상화도 유사한 성격을 띤다. 『소록도 반세기』에서 수호 원장 살해 사건은 이춘성의 이력, 소록도의 참상을 알리고자 사토를 죽이려 했으나 그가 보이지 않아 대상을 바꾸게 된 경위, 그리고 사건 이후 재판의 과정과 결과를 중심으로 서술된다. 윤정모의 소설은 이 내용을 그대로 반영하면서도, 동료들이 수감된 이춘성을 구출하려는 사건, 재판 결과에 불복하며 저항하는 동료 인물들의 모습 등을 추가로 형상화한다. 한센병을 앓는 이들이 서로 연대하고 현실에 저항하는 적극적인 모습을 보여 주는 데 방점을 두고 있다. 『유령의 자서전』에서도 이춘성은 호랑이의 기세를 지닌 영웅적 인물로 언급된다. 하지만 김 노인은 이를 그저 객관적 정보를 전달하듯 서술할 뿐이다. 이춘성의 행동에 감정적 반응을 보이거나 행동 차원에서 동조하는 모습은 그려지지 않는다. 『유령의 자서전』은 소록도의 참혹한 현실을 고발하되, 한센인들의 연대와 저항의 서사라는 의미를 전면에 내세우지는 않는다.

소록도에서 김 노인의 삶은 현실의 문제를 적극적으로 돌파해 나가기보다는 생존을 위해 현실을 견뎌내는 모습으로 그려진다.[9] 당시 소록도에 있던 대다수의 사람은 절망적인 현실에 체념했거나 도피했고, 고된 노동 작업과 폭력적 통제에도 반발하지 않으면서 살아남기 위해 침묵을 지켰다. 앞서 언급한 노루 사냥 사건과 수호 원장 살해 사건이 소록도의 역사 서술과 서사화 작업에서 주요하게 다루어지는 것도 이러한 현실을 뚫고 나온 저항의 목소리를 담고 있기 때문이다. 이러한 맥락을 다시 상기할 때, 김 노인의 삶의 기록은 울분을 삭이며 은신 일변도의 삶을 살았던 대다수의 사람을 군중으로 묶어 후경화하지 않고, 그중 한 개인의 삶을 이야기의 주인공으로서 풍부하게 제시한다는 점에서 주의를 끈다. 김 노인은 섬에 들어올 때부터 돌출 행동을 하지 않고 성질을 죽이며 살아가기로 결심한 인물로, 스스로를 '은신파'에 속한다고 말하기도 한다.

이처럼 이 소설은 공적 기록에서는 군중으로 대표되거나 언급되지 못했을 개인의 고통과 욕망에 주목한다. 저항적 주체로 행동하지 않은 이들의 상황은 어떠했을까, 생존을 유지하기 위해 고통스러운 현실을 참고 견뎌 나갔던 이들의 목소리는 어떠했을까. 『유령의 자서전』은 이러한 질문들에 응답하는 소설이다. 한센인을 하나의 집단 공동체로 호명하기보다는 그 집단 내부에 존재하는 한 명의 목소리를 복원하는 데 집중한다. 김 노인은 타자로서의 한센인이 단일한 방식으로 재현되는 데 대한 문제의식을 드러내는 인물이라 할 수 있다.

그렇다면 김 노인의 이야기는 어떤 삶의 의미를 담아내고 있을까. 그는 집단행동의 차원에서 은신과 침묵을 지켰지만, 소록도에서 그의 삶이 곧바로

---

9) 한순미는 『유령의 자서전』의 노루 사냥 사건 재현 양상을 분석하면서, 이 소설이 인간의 생존과 기본적 욕구를 억압하는 인간 이하의 삶을 보여 준다고 분석한다(한순미, 2010: 366). 이러한 해석에 동의하며, 나아가 이 글은 인물들의 행동과 사건이 갖는 의미를 좀 더 적극적으로 탐구하고자 한다.

굴종과 체념의 서사라고 보긴 어렵다. 김 노인은 '인간'으로서의 삶을 지키기 위한 내적 고투를 보여 주는 인물이다.

3. 훼손된 육체를 껴안는 사랑과 돌봄

김 노인은 생존을 좇아 은신의 삶을 선택한 인물이지만, 인간 이하의 대우에 순응하거나 체념하는 인물은 아니다. 서사 내에서 그는 인간으로서의 감정을 잃지 않으려는 인물로 그려진다. 예를 들어, 외곽도로 공사 현장에서 간호부장 사토가 바윗돌에 깔려 죽을 뻔한 상황에서 김 노인이 고함을 질러 위험을 알리는 장면이 있다. 이때 그는 "제아무리 원수라도 물에 빠져 허우적거리면 다시 밀어 넣을망정 일단은 구해 주는 것이 사람의 본심"(류영국, 2003: 114)이라고 이야기한다. 이러한 인물의 감정을 억압과 저항, 지배와 통제라는 이분법적 구도로 설명하기는 어렵다.

대부분의 기록에서 수간호장 사토는 한센인 탄압에 앞장섰던 가장 악명 높은 인물로 언급된다. 수호 원장의 양아들이기도 한 그는 부친을 위한 과잉된 욕망으로 무리하게 동상 만들기를 계획하거나 확장 공사를 진행하면서 무자비한 폭력을 통해 결과를 산출하려고 했다. 사토가 부임하면서 소록도에는 과도한 노동이 시작되었던 것이다(김기현, 2005: 44~45). 그런 만큼 사토는 허구와 비허구를 막론하고 예외 없이 잔혹하고 표독스러운 인물로 그려진다. 이를 염두에 둘 때, 죽을 뻔한 사토를 김 노인이 구하려는 장면이 서사 속에 포함되어 있다는 점은 눈에 띈다. 이후 서사가 전개되면서 사토는 자신을 구해 준 보답으로 섬에서 탈출을 기도한 김 노인에게 가해질 처벌을 완화하기도 한다.

돌출적인 이 사건의 의미는 물에 빠지는 사람이 누구든 구하게 되는 것이 사람의 본심이라는 김 노인의 말을 중심에 두고서 이해해야 할 필요가 있다.

김 노인이 사토를 구하려 했던 행동은 사토라는 특정 인물을 향한 반응이 아니라 죽음 앞에 놓인 한 인간의 외침을 외면할 수 없는 마음이 발동됨으로써 나타난 것이다. 따라서 이 일화는 비인간화를 유도하는 참혹한 현실 속에서도 인간으로서 살아가기를 포기하지 않는 한 개인의 목소리를 들려준다. 이렇듯 소록도에서 김 노인의 삶은 국가폭력과 규율에 직접 맞서 싸우면서 자유를 찾아 나서는 법과는 '다른' 방식으로 인간으로서의 삶을 지키고자 했던 모습으로 그려진다.[10)]

김 노인이 인간으로서의 삶을 포기하지 않는 모습은 그의 자서전 전반에 걸쳐 가장 비중 있게 다루어지는 아내와의 관계를 통해 잘 드러난다. 김 노인에게 생지옥과 같은 소록도의 삶을 견디게 해 주는 유일한 존재는 그의 아내 유순희이다. 이들의 유대는 일반적인 가족 개념이나 생존을 위한 협조와 같은 이유만으로는 충분히 설명되기 어렵다.

김 노인은 아내와의 '관계'를 통해 한센인으로서의 정체성을 받아들이고, 다시 삶을 살아가게 된다. 그는 한센병 발병 이후 공동체의 정상 담론 속에서 구성된 자아이상과 비교하면서 자기 정체성을 부정한다. 이는 또 다른 자

---

10) 김 노인의 이야기는 국가폭력에 직접 저항하는 행위를 보여 주지는 않지만, '다른' 방식에서 인간으로서의 삶의 의미를 드러낸다고 판단된다. 이는 소록도를 떠나서 자유를 찾으려는 시도가 실패하는 장면에서도 잘 드러난다. 일제 말기 소록도의 현실이 극도로 열악해지면서 목숨을 걸고 탈출하는 이들이 점점 많아졌다. 김 노인도 이러한 시기에 탈출을 시도하다가 실패한다. 그런데 이 사건의 형상화에서 강조되는 것은 탈출 직전 아내의 만류와 순시원에게 붙잡힌 뒤 용서를 구하는 아내의 간곡한 목소리이다. 김 노인은 아내가 순시원에게 붙잡혀 탈출 장소에 나타나지 못했고, 이러한 상황 속에서 큰 목소리로 자기를 부른 것이라 생각한다. 하지만 앞부분의 내용을 보면, 아내는 소록도를 떠나기보다, 이 안에서 아이를 가지기를 바라는 강한 열망을 가진 인물로 나타난다. 이러한 점에서 섬에서의 탈출 장면은 자유를 추구하는 한센인의 목소리와 감시 체계의 엄혹함을 전달하는 것과는 다른 층위의 의미를 드러낸다. 이들 부부의 관계에서는 서로를 향한 애정과 의존의 양상이 부각된다. 그러한 점에서 서사 전반에 나타나는 이들의 관계가 상징하는 의미에 주목할 필요가 있다.

아와 대화하는 장면으로 두 차례 등장한다. 건강했던 과거의 '나'는 퇴화해 가는 육체를 지닌 현재의 자신을 "처치 곤란한 쓰레기"(류영국, 2003: 37)라고 부른다. 만주에서 독립군을 따라다니다가 죽은, 가족과 가문의 존속을 위해 만들어진 '거짓된 자아'는 끔찍한 현실에서 벗어나기 위해 문둥이의 탈을 벗어야 한다고 속삭인다. 사회적으로 통용되는 정상 담론이 반영된 이 두 자아는 모두 죽음만이 자기를 보존할 수 있는 유일한 길이라고 말한다. 사회에서 요구되는 주체성과 한센인이라는 정체성은 공존할 수 없기 때문에, 이 둘은 자기 내부에서 분리되고 하나는 결국 축출되어야 한다고 여긴다(크리스테바, 2001: 22). 이런 인물의 내면은 한센인이 주체로서 능동적으로 살아갈 수 없게끔 하는 현실을 여실히 보여 준다.

그러나 세상을 대하는 김 노인의 태도는 유랑 생활 중 한센병에 걸려 가족에게 추방 당한 한 여인을 만나면서 달라진다. 그는 자기를 세상에 없는 존재로 여기려는 타인들과 달리, 자신을 필요로 하고 의지하는 존재를 통해 삶의 이유와 가치를 발견하게 된다. 이러한 변화는 한센인으로서의 자아를 '사람'으로 인식하게 되는 과정과 맞물려 나타난다.

김 노인은 집에서 나와 들개라고 불리는 한센인과 함께 움막에서 살아간다. 들개는 밥을 빌어먹으며 살아남기 위해서는 사람들이 '문둥이'를 무서워하는 점을 이용해야 하고, 그러기 위해서는 자기 자신이 '사람'이라는 생각을 버려야 한다고 말한다. 그러나 김 노인은 동냥을 하며 살아가더라도 한센인을 향한 사람들의 인식을 이용해 마루에 누워 강짜를 부리는 등의 행동은 하지 않는다. 감염 공포를 이용해 침을 뱉으며 구걸하는 들개의 행위가 사람들이 한센인을 향해 더럽다고 침을 뱉는 것과 다를 바 없다고 생각하기 때문이다. 김 노인의 삶은 사회적으로 규정된 인간과 비인간, 한센인과 비(非)한센인 모두를 향한 비판적 시각으로 이어진다. 정상과 비정상의 경계를 오가며 어느 한쪽에 완전히 속하지 않으려는 모습을 보여 준다. 하지만 김 노인은 자신과 같은 한센병에 걸린 유순희를 살리기 위해 처음으로 남의 집에 들어가 밥과 치료비를 달라고 떼를 쓴다. 그러면서도 그는 들개와 달리 자신이 당신들과 다를바 없는 '사람'이라고 호소하며 도움을 요청한다.

김 노인과 아내의 관계는 통상적으로 이해되는 낭만적 사랑이나 가족애라는 관념만으로는 충분히 설명되기 어렵다. 이들의 관계는 생존을 위해 서로 의존하고 돌볼 수밖에 없다는 사실의 인식에서 비롯된다. 이들은 서로에게 의지할 수밖에 없는 "한 몸"(류영국, 2003: 75)으로 지내며, 그 안에서 자신의 삶의 의미를 발견한다. 달리 말하자면, 자신의 존재 이유를 돌봄의 주체이자 대상으로 존재하는 상황 속에서 발견하게 되는 것이다. 나아가 "인간의 보편적인 취약성과 상호의존성을 근거로 인권은 돌봄으로서, 돌봄은 인권으로서 의미를 만들어 갈 수 있다"(김영옥·류은숙, 2022: 31)라는 논의를 참조한다면, 이들은 사회적으로는 인간 이하의 존재로 여겨졌지만, 상호 돌봄을 통해 인간으로서의 가치와 권리, 생명을 유지해 나갈 원동력을 획득하게 되었다고 볼 수 있다. 타인의 삶을 책임지고 고통을 나누어 가지는 과정을 통해, 이 두 인물은 더 이상 자신의 삶에서 타자가 아닌 주체로 자리매김하게 된다.

이들의 관계가 "한 몸" 같다는 것은 삶의 동반자라는 수사적 표현이 아니라 문자 그대로의 실질적인 의미를 지닌다. 김 노인이 감염된 다리를 절단하게 된 상황에서, 아내는 소실된 신체의 일부를 상대의 것으로 합쳐 하나로 여기자고 위로한다. 감염에 의해 신체 일부를 소실하게 된 상황에서 이들 부부는 서로 부족한 신체 일부분의 기능을 채워 나가면서 살아간다. 나아가 이들은 서로를 위해 자신의 몸을 내어 주는 것을 넘어 서로의 훼손된 신체를 다른 각도로 바라보게 된다.

한센병에 걸려 손상된 얼굴, 흉측해 보이는 신체를 가지고 있으면서도, 이들 부부는 서로의 모습을 더없이 아름답고 소중하게 여긴다. 인류 역사에서 한센병이 공포와 두려움의 질병으로 기억되는 것은, 완치가 어려워 죽음을 연상시키는 동시에 사멸하는 육체를 단적으로 보여 주는 외양 때문이다(손택, 2002: 171~172, 177). 이러한 육체는 한센인을 정상적인 신체, 진정한 인간과 구분되는 혐오스럽고 오염된 대상으로 호명한다(누스바움, 2015: 139). 이를 고려할 때, 아픔의 흔적이 남은 신체가 슬픔을 뛰어넘고 애정을 느끼게 하는 것으로 전환되는 장면은 매우 의미심장하다. 손상되고 훼손된 육체는 정상 담론으로 규정되는 인간 주체의 경계를 위협하여 소록도로 추방된다. 하지만 그 육체는 김 노인과 유순희의 사랑과 돌봄의 관계 속에서 재탄생한다. 요컨대, 소록도라는 섬에 격리되어 인간 사회의 경계 밖으로 추출된 비체(abject)로서의 한센인이 혐오스럽고 역겹다고 여겨지는 신체를 껴안으면서 그와 정반대에 놓였다고 간주되는 돌봄과 사랑의 숭고한 정신을 체현하고 있는 것이다.[11] 비인간으로 호명되는 조건인 한센인의 육체는, 이처럼 더할 나위 없는 인간의 숭고한 감정의 계기로 그려지면서 사회적으로 구성된 정상/비정상이라는 주체의 경계를 교란시킨다.

그리고 이러한 감정적 유대를 통해, 이들은 통념적인 사랑이 아닌, "목숨으로 서로를 받쳐 주고 밀고 끌면서 살아가는 사랑"(류영국, 2003: 186)을 느낀다. 이는 눈물과 한숨 속에서 느끼는 사랑이 현실을 이겨내는 동력이 될 뿐 아니라, 상호 돌봄의 정신으로서의 사랑이 개인적 사랑과 결합된 양상을 보여 준다. 즉, 이들의 사랑은 감정적 교류를 넘어, 상대의 취약성을 온전히 받아들이는 것 자체가 곤경을 극복하고 삶을 지속하는 힘이 될 수 있다는 의미를 전달한다.

이처럼 김 노인의 자서전에서 한센인이라는 공통성을 통해 이어질 수 있는 관계는 한센인 집단 전체로 고양되지 않으며 아내라는 구체적이고 제한된 인물로 나타난다. 하지만 이 둘의 관계는 폐쇄적인 닫힌 관계로 그려지지 않는다. 개별적 존재들의 사랑은 한센인이라는 정체성을 수용하여 살아가게 하는 매개가 되고, 서로 의존하면서 돌보는 모습은 인간으로서의 삶의 의미

---

11) 비체와 관련된 논의로는 크리스테바(2001: 22~25) 참조.

를 포기하지 않는 모습으로 나타난다. 또한, 한센인의 육체는 사회가 정한 인간 주체와 대상을 나누는 경계를 횡단하면서 그 질서를 내파하고 균열을 일으킨다. 이러한 점에서 김 노인과 그의 아내의 이야기는 소록도의 비인간화 정책에 직접 맞서는 저항적 행동은 아니지만, 그 가치와 대결한다는 점에서 또 다른 방식의 저항적 의미를 지닌다. 그의 생존을 위한 노력, 한센인으로서의 삶을 받아들이는 모습은 한 인간으로서의 자기 존재를 수용해 나가는 과정으로 형상화된다.

4. 분유(紛揉)하는 정체성과의 끝없는 대화

『유령의 자서전』의 서사는 작가인 '나'가 소록도 관련 자료를 취재하던 중 김 노인의 글을 발견하고, 소설이 아닌 김 노인의 언어로 '직접' 진술한 자서전을 발표하는 것이 더 가치 있으리라고 판단하는 데서 출발한다. 한센인 당사자가 자신의 질곡 어린 삶의 궤적을 자신의 목소리로 직접 드러내며 인생의 의미에 대한 근본적인 질문을 던지는 것이야말로 자서전의 본질이라 생각했기 때문이다. 다시 말해, '나'는 김 노인의 글에서 "한 실제 인물이 자신의 존재를 소재로 하여 개인적인 삶, 특히 자신의 인성의 역사를 중점적으로 쓴 산문으로 된 과거 회상형의 이야기"(르죈, 1998: 17)로서 자서전을 기대한 것이다.

그러나 김 노인의 글이 이와 같은 자서전의 규약에 위배되는 텍스트라는 점은 처음부터 명확하게 나타난다. 앞서 언급한 자서전의 정의를 충족하기 위해서는 주인공과 화자, 그리고 이를 쓴 저자가 동일한 존재여야 하며, 여기에는 자서전의 내용이 실제 현실과 전적으로 일치한다는 관점이 전제되어 있다. 하지만 김 노인의 글은 주인공과 화자, 저자가 동일인으로 설정되어 있음에도, 자신의 삶을 숨기고 변형하려는 의도가 분명히 드러난다는 점에서 진실을 고백하는 글쓰기라고 보기는 어렵다. 김 노인은 '나'에게 원고 전체가 아닌 일부만을 건네주며, 숨기거나 고쳐 써야 할 내용이 있다고 말한다. 이는 곧 있는 그대로를 다 다루지 않겠다는 뜻을 분명히 밝힌 것이다. 그가 자서전을 공개하려는 욕망을 가지고 있으면서도 자신의 과거를 진술히 고백하기 어려운 이유는, 일차적으로 한센병에 대한 사회적 편견과 낙인이 여전히 지속되고 있는 현실 속에서 생길지도 모를 부정적 반응 때문일 것이다(한순미, 2010: 374). 나아가 이 소설에서 주목해야 할 지점은, 김 노인의 글을 따라 읽어 가며 그의 삶을 이해해 나가는 소설 안과 밖에 존재하는 독자들의 태도이다. 이 소설은 김 노인이 숨겨 놓은 비밀의 정체를 밝혀내는 데 목적을 두기보다는, 이를 헤아려 가는 독서 과정 자체에서 어떤 진실을 마주하게 되는 플롯을 띠고 있다.

『유령의 자서전』은 저자의 욕망에 비등할 정도로 김 노인의 자서전을 읽고 이해하고, 심지어 쓰지 않은 부분까지도 적극적으로 해석하고자 하는 독자의 욕망이 인물들의 목소리를 통해 서사 전반을 차지하는 소설이다. 이들은 김 노인이 은폐했거나, 수정한 내용이 무엇인지를 거듭 짐작하려고 하는데, 흥미롭게도 그 추측은 모두 빗나간다.

이를테면, 1938년 소록도에서 단종수술을 받았다는 대목의 수정 문제를 두고 논의하는 장면을 들 수 있다. '나'와 출판사 관계자들은 이 장면을 읽은 후 김 노인이 자기를 돌보고 있는 아들 정호가 입양아라는 사실이 밝혀질까 염려되어 자서전 발간을 망설인다고 생각한다. 이들은 김 노인이 수정해야 한다고 말한 부분도 이 대목일 것이라고 추측한다. 정호가 입양아라는 사실을 모른다고 생각하면서, 그를 위해 단종수술을 받지 않았다고 각색하는 것이 윤리적이라고 생각한다. 그러나 김 노인이 추가로 전달한 수정 원고를 통해 그가 실제로는 단종수술을 받지 않았다는 사실을 알게 된다. 더불어 김 노인은 '나'를 비롯한 출판사 관계자들의 예상과 다르게, "호적도 없이 유령으로 떠돌던 우리 둘에게 접목된 새순"(류영국, 2003: 284)이라고 기록하며 정호의 입양 사실을 숨기지 않는다. '나'는 정호를 친자로 꾸미는 방향으로 서사를 수정하고 있기에 여기서도 '접목된 새순'이라는 표현을 '새 생명'으로 바꾸어 서술한다. 하지만 서사가 전개되면서 정호가 자신이 입양된 사실을 알고 있음이 밝혀진다. 정호는 김 노인이 사후에라도 선산에 묻히기를 바라며 자서전 발간을 적극적으로 추진하는 인물이다. 거기에는 부친을 향한 마음도 있지만, 자신의 존재 또한 아버지와 함께 사회적으로 인정받고자 하는 염원이 담겨 있다. 이는 김 노인의 본명이 '윤사중'임을 알게 되자 자신을 '윤정호'라 부르고, 부친을 선산에 묻기로 하자 자신과 아내도 언젠가 가문의 선산에 함께 묻히길 바라는 마음을 드러내는 장면에서도 나타난다. 결국 정호는 윤사중의 친자인 장남 윤정산과의 만남을 통해 자서전 발간을 미루고, 부친의 신원과 선산 이장을 얻어낸다. 이렇게 볼 때, '나'의 고쳐 쓰기는 의도하지 않았더라도 김 노인의 욕망이라기보다는 오히려 아들 정호의 욕망을 반영한 것에 가깝다.

이 지점에서 자서전을 고쳐 쓰는 '나'의 행위는 단순한 서사 구성의 문제가 아니라, 타자의 이야기를 사회적으로 용인 가능한 형태로 정리하려는 무의식적 관행의 일면으로 읽을 수 있다. '나'는 정호를 고려한다는 이유로 서사의 일부를 수정하지만, 결과적으로 김 노인의 말보다 사회의 윤리 감각과 합의된 정서에 부합하는 형태로 서사를 재구성하게 된다. 이는 독자의 기대를 넘어서, 사회적 서사 구조에 맞춰 개인의 서사를 조정하게 되는 작동 방식을 드러낸다. 『유령의 자서전』은 이 과정을 통해 독자의 위치에 대한 윤리적 성찰을 요청한다. 중요한 것은 타자의 이야기를 얼마나 '이해하려 하는가'보다, 그 이야기를 얼마나 '이해할 수 없음'의 자리에서 존중할 수 있는가이다. 읽는 자는 언제나 타자의 목소리를 과잉 해석하거나 정리하려는 유혹에 놓여 있으며, 그 유혹에 저항하려는 윤리적 거리를 끊임없이 요청 받는다.

이처럼 서사는 김 노인이 숨기고 싶은 내용이 무엇인지를 짐작하는 이들의 기대가 번번이 어긋나는 방식으로 전개된다. 이는 그들의 욕망이나 인식의 범위 안에서 한센인의 삶과 감정이 온전히 의미화되지 못하고 있음을 드러낸다. 결말에 이르기까지 김 노인이 무엇을 숨기려 하는지는 끝내 그의 목소리를 통해 명확히 밝혀지지 않으며, 현실에 존재하는 김 노인의 진짜 정체를 추적하려는 인물들의 추측만이 난무할 뿐이다. 이러한 서사 전개는 침묵하고 은폐된 한센인들의 이야기를 발견하고 이해하고자 하는 끝없는 여정을 수행해야 하는 독자의 자리를 떠올리게 한다. 다시 말해, 김 노인의 진짜 정체를 찾기 위해 수소문해 나가는 과정은 한센인들의 삶을 수면 위로 길어 올리는 시도들과 같은 의미망 속에 위치한다.

이러한 맥락에서 김 노인의 삶이 '자서전'이라는 양식을 통해 전달됨으로써 드러나는 의미를 좀 더 섬세하게 짚어 볼 필요가 있다. 여기서 저자인 당사자는 진실과 거짓을 구분하거나 정체성의 진정성을 증명하기 위해서가 아니라, 혼란스러운 내면과 스스로도 이해하기 어려운 삶의 질곡을 투명하게 드러내는 존재로 나타난다. 김 노인의 글은 일반적인 자서전의 특징과 변별되는, '구조화할 수 없는 정체성'을 담아내고 있는 것이다.[12] 이러한 모습은 아픈 과거에 상상했던 현재와 미래가 아닌 다른 자기 삶의 이야기를 만들어 나가는 과정에서 생겨나는 "서사적 잔해"를 극복해 나가는 가운데 생겨나는 파편과 결락이라고도 할 수 있다(프랭크, 2013: 126). 또는, 리쾨르가 말한 '현재의 나'를 중심으로 자기 삶을 주체화하여 형성된 서사 정체성(narrative identity)에 완전히 도달하지 못한 상태라고도 할 수 있다(김애령, 2020: 74).

하지만 중요한 것은, 김 노인이 소실된 손가락 사이로 고통과 슬픔 속에서

---

12) 필립 르죈(Philippe Lejeune)은 『자서전의 규약』 작업을 비판적으로 검토하면서, 진실성의 문제는 이름의 동일성에 의해 해결될 수 없으며, 자서전 작가가 진실을 말할 것이라는 믿음이 환상일 수 있다는 점을 지적한다. 르죈에 따르면 진실과 거짓은 사실의 확인이 아니라, '정체성을 구조화하는 문제'로 이해해야 한다(유호식, 2011: 193). 본문에서 기술하고 있는 '구조화할 수 없는 정체성'이라는 표현은 이와 같은 르죈의 자서전 논의로 설명될 수 없다는 점을 고려하면서 쓴 표현이다.

써 내려간 자서전을 세상에 공개하려는 의지를 지니고 있었다는 점, 그리고 혼란과 번민 속에서도 자신의 이야기를 하려는 욕망을 끝내 포기하지 않았다는 사실이다. 앞 장에서 살펴보았듯, 그의 이야기에는 아픈 몸이 된 자신을 인정하고, 그 삶이 가져다준 새로운 의미를 발견하는 모습이 나타난다. 즉, 김 노인의 이야기는 아프기 전과는 다른 삶을 인정하면서 삶의 가치와 정체성을 탐구해 나가는 서사이자, 그 과정에서 아프기 전과 후의 자아를 끊임없이 마주하면서 하나의 정체성으로 환원되지 않으려는 다층적이고 모호한 서사라 할 수 있다. 그리고 이러한 서사의 중심에는 인간으로서의 자신을 껴안고자 하는 욕망이 자리한다.

이는 한센인의 고통을 완전히 파악하거나 그의 삶을 온전히 이해할 수 있다는 생각은 환상일 수밖에 없다는 의미를 전달한다. 섣불리 통일된 의미로 재현하려는 시도를 경계해야 한다고 말한다. 이러한 불확실성 속에서 마주하게 되는 것은, 오직 약자의 위치에 있는 타자의 고통, 그리고 타자가 느낀 감정적 동요와 균열이다. 완전한 이해를 통해 소멸될 수 없는 타자와의 거리는 소수자에게 끊임없는 대화를 시도해야 한다고 요구한다(하세·라지, 2008: 138~141). 한센인에 대한 사회적 시선, 이를 극복하는 과정에서 정리된 한센인 집단에 대한 인식도, 아픈 몸의 당사자인 한 사람의 목소리를 이해하기에는 근본적으로 불충분하다.

김 노인의 고통과 번민은 한센병의 발병으로 인해 필연적으로 겪게 된 것이지만, 그것이 모든 한센인이 동일하게 경험한 것이라고는 할 수 없다. 결말에 이르러, 이러한 의미는 김 노인의 자서전을 통해 그의 삶을 헤아리려 시도했던 '나'의 행위를 통해 변주된다. '나'는 김 노인의 자서전 원고를 불태운다. 그러나 이 행위는 한센인의 고통과 비애를 망각하고 죄책감을 털어 내기 위한 것으로 환원되지 않는다. '나'는 하늘로 사라지는 연기를 바라보며 윤 노인을 떠올리다가, 허공을 떠도는 무수한 유령들의 울음소리를 듣는다. 이 소리는 김 노인의 이야기뿐 아니라 은폐된 수많은 목소리들을 더 끄집어

내야 한다고 말한다. 여기서 '유령'은 그 실체를 확인할 수는 없지만 부정할 수 없는 존재, 과거의 일이라 여겨 잊으려 해도 다시 출몰하는 존재, 그럼으로써 '지금-여기'의 우리의 삶에 끝없이 관여하는 존재로 나타난다(문성원, 2009: 135).

이와 같은 '유령'은 한센인의 삶과 그들의 이야기를 쓰거나 받아들일 때의 윤리를 함축적으로 드러낸다. 유령의 목소리에 귀 기울이는 것은 과거에 존재했던 무수한 유령들의 목소리를 다시 불러오고, 과거를 현재의 문제와 연결 지어 다루게 한다. 유령은 끝내 말해지지 못한 존재이며, 그로 인해 오히려 끊임없이 다시 불려 와야 하는 존재이다. 김 노인의 자서전을 둘러싼 독서 행위는 결국, 유령처럼 떠도는 말할 수 없었던 이야기들에 대한 응답의 시도이며, 기억의 공백 속에 윤리를 상기시키는 불안정한 목소리에 응답하는 행위이다. 구석구석에 묻혀 들리지 않았던 '허공에 떠도는 유령들의 울음소리'가 울려 퍼지고, 그 소리에 귀 기울이는 것으로 소설이 끝나는 장면은 이러한 태도를 비유적으로 보여 준다. 한센인 집단에 대한 사회적 인식과 역사적 정리로 환원되지 않는 개별자의 목소리를 들어야 한다는 의미를 전달한다. 문자와 기록의 역사로 남지 않은 이야기들을 발굴하고 귀 기울이는 것이 한센인의 삶과 역사를 망각하지 않는 길인 것이다.

5. 나가며

류영국의 『유령의 자서전』은 한센인을 절망과 고통을 느끼는 수동적인 주체, 현실에 분노하고 저항하는 주체가 아닌 '다른' 방식으로 형상화하고 있는 소설이다. 김 노인은 은신을 추구하며 침묵 속에 존재했던 한센인의 목소리를 대변하는 인물이다. 공적 기록과 서사 속에서 이들은 대체로 군중으로 대표되거나 체념적인 삶을 살아가는 존재로 재현된다. 생존만을 추구하면서 비인간성에 저항하지 않는 존재로 그려진다.『유령의 자서전』은 생존을 위해 침묵을 지킨 이들에게 다른 서사를 부여한다. 이들은 국가폭력에 직접적으로 저항하지는 않지만, 정상 담론이 정한 인간 주체와 대상을 나누는 경계를 넘나들면서 그 질서에 균열을 일으킨다. 손상된 신체를 매개로 한 상호의존의 관계는 숭고한 사랑과 돌봄의 의미를 드러낸다. 이와 같은 서사는 개별자로서의 한센인의 다양한 삶의 결을 가시화하고, 타자로서의 한센인을 단일화된 대상으로만 보는 시각을 경계하게 한다.

『유령의 자서전』은 한센인의 삶을 억압과 저항, 정상과 비정상이라는 이분법적 구도로 양분하고, 양자 간의 대결 구도로 재현하는 방식과는 다른 서사 전략을 보여 준다. 이는 한센인을 국가의 강력한 통제 속에서 소외된 타자로 이해하는 방식과는 다른 각도로 조명하게 한다. 정상 담론에 속하지 않는 유동적인 정체성은 기존 질서에서는 찾아보기 어려운 새로운 가치와 삶의 의미를 창출한다. 또한, 이 소설은 한센인의 삶을 완결되지 않은 자서전의 양식을 통해 풀어내는 동시에, 이를 읽고 다시 써 내려가는 존재들의 욕망을 보여 준다. 이를 통해 한센인의 삶과 역사에 대해 사유하고, 그들의 삶을 우리의 욕망과 연결 지으면서 끊임없이 헤아려 가는 행위의 중요성을 환기시킨다. 단일한 정체성으로 환원할 수 없는, 이들의 다양한 삶의 이야기를 끝없이 읽어 나가는 과정으로 우리를 이끈다.

『유령의 자서전』이 완결되지 않은 자서전이라는 점은, 단지 서사의 형식이 미완에 그쳤다는 것을 뜻하지 않는다. 그것은 정체성을 하나로 결론짓거나 이야기를 하나의 의미로 봉합하지 않겠다는 윤리적 태도이기도 하다. 김노인의 삶은 언제나 분절되고, 누락되며, 반복해서 다시 쓰여야 하는 서사로 남는다. 바로 그 불완결성 속에서 독자는 타자의 삶을 완전히 알 수 없다는 사실과, 그렇기 때문에 끊임없이 읽고, 다시 쓰고, 계속해서 귀 기울여야 한다는 독서의 윤리를 마주하게 된다.

11장 참고문헌

김기현 외. 2005. 『한센병, 기억과 질병 정책』. 서울: 국사편찬위원회.

김려실. 2016. 「1970년대 생명정치와 한센병 관리정책: 김정한의 「인간단지」와 최인호의 「미개인」을 중심으로」. ≪상허학보≫, 48집, 267~300쪽.

김수영. 2022.6.24. "한센인과 그 가족의 차별은 진행형". SBS NEWS. https://news.sbs.co.kr/news/endPage.do?news_id=N1006797615&plink=ORI&cooper=NAVER&plink=COPYPASTE&cooper=SBSNEWSEND(접속일: 2024.2.20)

김애령. 2020. 『듣기의 윤리: 주체와 타자, 그리고 정의의 환대에 대하여』. 서울: 봄날의 박씨.

김윤정. 2018. 「애도 (불)가능의 신체와 문학의 정치성-한센병 소설을 중심으로-」. ≪이화어문논집≫, 46집, 5~34쪽.

김재형. 2021. 『질병, 낙인(무균사회와 한센인의 강제격리)』. 파주: 돌베개.

누스바움, 마사(Martha Nussbaum). 2015. 『혐오와 수치심』. 조계원 옮김. 서울: 민음사.

대한나관리협회 편. 1988. 『한국나병사』. 경기: 대한나관리협회.

류영국. 2003. 『유령의 자서전』. 서울: 실천문학사.

르죈, 필립(Philippe Lejeune). 1998. 『자서전의 규약』. 윤진 옮김. 서울: 문학과지성사.

문성원. 2009. 「새로움과 용서 (1): 자크 데리다의 유령론을 중심으로」. ≪철학논총≫, 55호, 129~146쪽.

손택, 수전(Susan Sontag). 2002. 『은유로서의 질병』. 이재원 옮김. 서울: 이후.

심전황. 1979. 『소록도 반세기』. 광주: 전남일보출판국.

오혁석. 2017. 「한센인의 유랑과 정착에 대한 불안 의식 연구-한센병 문학을 중심으로」. ≪인문연구≫, 79호, 101~134쪽.

유호식. 2011. 「자기에 대한 글쓰기 연구 (2): 자서전과 성실성」. ≪불어불문학연구≫, 86집, 189~211쪽.

윤정모. 1983. 『섬』. 서울: 한마당.

윤정모. 1990. 『그리고 함성이 들렸다』. 서울: 성현출판사.

임지연. 2022. 「아픈 몸은 어떻게 말하는가: 한하운 문학에 나타난 고통과 치유의 자기 서사」. ≪한국언어문화≫, 77집, 177~204쪽.

정한아. 2021. 「지난밤 내 꿈에」. ≪문학동네≫, 109호.

크리스테바, 줄리아(Julia Kristeva). 2001. 『공포의 권력』. 서민원 옮김. 서울: 동문선.

프랭크, 아서(Arthur W. Frank). 2013. 『몸의 증언: 상처 입은 스토리텔러를 통해 생각하는 질병의 윤리학』. 최은경 옮김. 서울: 갈무리.

하세, 울리히·라지, 윌리엄(Ullrich M. Haase·William Large). 2008. 『모리스 블랑쇼 침묵에 다 가가기』. 최영석 옮김. 서울: 앨피.

한순미. 2010. 「나환의 기억과 서사적 욕망: 맥락과 징후」. ≪국어국문학≫, 155호, 357~384쪽.

한순미. 2012. 「상처는 왜 쓰는가-한국 나환자 심승의 자전소설과 치유서사의 역사적 맥락-」. ≪인문과학연구≫, 34집, 471~498쪽.

한순미. 2014. 「한센인의 삶과 역사, 그 증언 (불)가능성」. ≪민주주의와 인권≫, 14권 3호, 125~157쪽.

한순미. 2016. 「고독의 위치: 폭력과 저항의 유착(流着): 한센인 노석현에 기대어」. ≪상허학보≫, 46집, 441~483쪽.

한순미. 2017. 「분홍빛 목소리—한센인의 기록에서 혼종성이 제기하는 질문들」. ≪한국민족문화≫, 62호, 3~44쪽.

한순미. 2022. 『격리-낙인-추방(追放)의 문화사』. 광주: 전남대학교출판문화원.

12

상처 입은 치유자*

커스틴 존슨의 〈딕 존슨이 죽었습니다〉에 나타난 매체 고찰

정현규

1. 들어가는 말

"내가 아는 건 딕 존슨이 죽었다는 거다. 내가 아는 건 딕 존슨이 죽었다는 거다. 내가 할 말은 딕 존슨이 죽었다는 거다. 내가 하고 싶은 말은 '영원하라, 딕 존슨'이다." 다큐멘터리 영화감독 커스틴 존슨(Kirsten Johnson)의 〈딕 존슨이 죽었습니다(Dick Johnson is dead)〉(이하 〈딕 존슨〉)에 나오는 (거의) 마지막 대사이다. 옷장에서 스마트폰을 들고 감독이 이 말을 녹음할 때, 관객은 영화의 흐름상 그가 찍어 온 아버지의 삶은 결국 아버지가 죽음으로써 끝난 것이라고 추측할 수밖에 없다. 그리고 그걸로 끝난 것일까? 하지만 녹음을 끝낸 감독이 옷장 문을 열고 나서자 아버지는 문 앞에 기다리고 서 있고, 둘은 서로 포옹을 하며 딸이자 감독이 '감사해요'라고 마지막 대사를 던진다. 아버지는 (아직) 죽지 않은 것이다. 따라서 관객의 추측은 보기 좋게 빗나간다. 도대체 감독은 살아 있는 아버지를 밖에 두고 자신은 좁은 옷장 속에 갇힌 채 왜 '딕 존슨이 죽었다'라고 말하는 것일까? 이러한 장면 배치에 숨어 있

* 이 글은 정현규, 「상처 입은 치유자: 커스틴 존슨의 〈딕 존슨이 죽었습니다〉에 나타난 매체 고찰」, ≪횡단인문학≫, 16호(숙명인문학연구소, 2024)를 수정 보완했다.

는 감독의 의도는 과연 무엇일까?

2020년 촬영된 〈딕 존슨〉은, 치매를 앓고 있는 아버지를 영화의 주요 소재로 삼았다. 감독은 아버지의 동의를 얻어 아버지가 죽을 여러 가능성을 찍어 보는 방식으로 옴니버스 형태의 영화를 만들었다. 이미 어머니를 치매로 잃은 감독은, 자신이 한 차례 경험한 치매라는 병을 다시 경험하며 이를 어떻게 바라보아야 할지, 아버지를 카메라에 담으면서 성찰한다. 아래에서는 이러한 영화적 접근이 치매라는 질병에 대해, 그리고 이를 담고 있는 매체에 대해 어떠한 논점을 제공하는지 살펴보고자 한다.

하지만, 같은 주제를 문학적으로 다룬 아르노 가이거(Arno Geiger)의 소설 『유배 중인 늙은 왕』에 대한 필자의 분석(정현규, 2022: 313~333)을 먼저 간략히 요약함으로써, 서로 다른 두 매체를 통해 드러나는 치매를 바라보는 시선의 공유 지점과 변화 지점을 나타내고자 한다.

2. 『유배 중인 늙은 왕』의 주제들: 너무 늦음, 집, 죽음

코드 MG2A. 문외한에게 생소한 이 코드는, 2018년 6월 세계보건기구(WHO)가 '노령(Old Age)' 혹은 '노화'를 질병으로 규정하고 여기에 부여한 질병코드이다. 무슨 말인가 하면 노화는 더 이상 불가역적이고 누구도 피할 수 없는 자연스러운 현상이 아니라, 진단과 예방 그리고 치료가 가능한 '질병'이라고 공식기구가 선언했다는 뜻이다. 따라서 이후부터는 이를 치료하는 것 혹은 제거하는 것이 주된 목표가 된다. 하버드 의대 교수인 데이비드 싱클레어는 『노화의 종말』에서 "필연이라고 여기던 것을 끝장낼 때"(싱클레어, 2020: 38)라고 선언적으로 외친다. 인류 역사에서 죽음은, 그리고 그에 선행하는 노화는 터부시되는 절대적 타자로 여겨져 왔다. 현대의학의 역사는 이러한 죽음을 추방하려는, 적어도 눈에 띄지 않게 만들고자 하려는 시도라고 해도 무방하다. 그리고 이제 그 꿈이 현실화되고 있는 것처럼 보인다. 마냥 좋아할 만할 일일까?

노화와 치매를 주제로 삼고 있는 아르노 가이거의 『유배 중인 늙은 왕』에서 먼저 문제가 되는 것은 병에 대한 '때늦은 인식'이다. 도저히 알 수 없는 병의 양상 때문에 "아버지의 건강한 인간 오성을 유지하기 위한 고군분투는 한동안 계속"(가이거, 2015: 67)[1]된다. 왜인가? 우리 삶의 모습이 오로지 "승리하는 것, 이겨내는 것"(18)을 목표로 전진하는 양상을 띠기 때문이며, "객관적이고 목표 지향적"이며, "마음대로 소비하고 마음대로 내다 버리는 세계"(43)를 추구하기 때문이다. 따라서 노화와 치매라는 이중적 질곡을 겪고 있는 아버지는 가족에게조차 "덜떨어진 얼간이"(26)처럼 여겨지는 존재가 된다. 처음에 이러한 아버지와 거리를 두고자 하던 아들은, 차츰 자신 역시 그러한 시대적 속성에 쫓기고 있는 존재라는 것을 깨닫게 된다.

> 알츠하이머는 우리 사회의 상태를 알려 주는 상징이기도 하다. 더는 전체를 가늠할 수 없고, 사용 가능한 지식은 넘쳐나고, 새로운 것이 끊임없이 출현하면서 방향감각이 상실되고 미래에 대한 불안감이 조성된다. 알츠하이머에 대해 이야기하는 것은 곧 세기의 질병에 대해 이야기하는 것이다(65).

그즈음에야 비로소 아버지의 모습이 제대로 보이기 시작하고, 병의 양상에 대한 이해가 생겨나기 시작한다. 이때 가장 눈에 띄는 것이 아버지와 집에 대한 관계이다. 아버지는 "집에 있으면서도 여기가 집이 아니라는 고통스러운 의식"(16)에 빠져 있다. 그런 탓에 '유배 당한 늙은 왕'인 것이다. 자신이 직접 짓고 오랜 세월 살아왔지만 도통 낯설어진 집, 그래서 집 찾기는 도통

---

1) 이하 아르노 가이거 작품의 경우 인용 뒤에 페이지 수만 표기. 본문에 작품명이 등장하는 경우 원제에 가까운 『유배 중인 늙은 왕』으로 표기.

힘들어지고 집 자체가 문제가 된다.

　작가인 아들이 이 문제를 해결하는 방식은 특이하다. 이제까지 자신이 해오던 글쓰기와는 다른 방식으로, 즉 치매 환자인 아버지의 목소리를 자신의 글쓰기에 끌어들임으로써 그는 아버지에게 아버지만의 공간을 마련해 준다. 소설의 한 장이 끝날 때마다 이탤릭체로 자신과 아버지의 격의 없는 대화를 기록하는 서사적 장치를 통해 그는 아버지의 말을 경청하기 시작한다. 이때 아버지는 더 이상 '덜떨어진 존재'가 아니라 작가인 아들의 상상력을 때때로 뛰어넘는 창의적인 존재가 된다. 그렇게 아버지의 치매는, 치료 가능한 것은 아니라 할지라도 함께 공생할 수 있는 대상이 된다. "경청은 타자가 자유롭게 말하는 공명의 공간"(한병철, 2017: 109)이며, 이를 통해 "경청은 치유할 수 있"는 힘을 갖게 되기 때문이다. 그리하여 마침내, 치매라는 병에는 관계의 단절만 있는 것이 아니라 '새로운 관계가 맺어지기도 한다'라는 사실이 인식된다. 아버지가 잃어버리고 계속 찾고 있는 집, 돌아가고 싶어 하는 그곳을 대신해 작가는 아버지와 함께 만든 서사적 공간, 서사적 낙원을 배려한다. "마르셀 프루스트의 말을 빌리자면, 진정한 낙원은 잃어버린 낙원"(Geiger, 2011: 13)이라는 서술자의 말처럼, 이 공간은 현실세계에서는 더 이상 찾을 수 없되 아버지가 가고자 하는 곳을 대체하는 서사적 공간이 된다. 따라서 이 공간과 현실적 사건들이 일어나는 공간은 언뜻 접점이 없이 단절되어 있는 것처럼 보인다. 하지만 현실에 없다고 해서 그 존재 자체가 부정되어서는 안 되는 그런 공간도 존재하는 법이다. 삶으로부터 모든 부정성을 추방하고자 하는 현실 속에서 노화와 질병과 그 끝에 있는 죽음은 "그저 탈생산, 즉 생산의 끝을 의미할 뿐"(한병철, 2017: 48)이지만, 저 공간의 존재를 인식함으로써 비로소 타자가 인정되는 경험이 가능해진다.

　그리고 신비하게도 이런 고백이 가능해진다. "죽음 가까이서 유난히 농밀해지는 행복. 전혀 예기치 않았던 곳에서"(205). 이제 그가 바라보는 삶은 이전의 삶과는 전혀 다른 것이 된다. "죽음은 삶이 내게 그토록 매혹적으로 보이는 이유들 중 하나이다. 죽음은 내가 세상을 더 분명히 보게 해 준다"(208).

이러한 깨달음을 통해 서술자인 아들이 얻게 된 시각은 크게 보아 '혼돈의 서사'를 인정하는 것이며, 짓기의 가능성을 알아보는 것이다. 그 짓기의 가능성이란 다름 아니라 '이야기'의 가능성이다. "이야기는 사라지는 것에 몰두함으로써 사라지는 것들을 다시 불러"(200)오기 때문이다. 서술자는 셰익스피어의 『리처드 2세』에 나오는 대사를 언급하며 그 상황을 '유배 중인 늙은 왕', 즉 아버지와 동일선상에 놓는다. **"우리 땅에 앉아서 왕의 죽음에 대한 슬픈 이야기를 하자"**(200). 이를 통해 서술자는 "상대와 타인과 타자를 향해 지각을 여는"(한병철, 2017: 99) '문학의 과제'를 다시 한 번 상기시킨다.

그런데 작가는 여기서 그치지 않고 한걸음 더 나아간다. 소설의 거의 마지막 부분까지 분리되어 있던 서사적 공간, 즉 작가 자신의 서술과 이탤릭체로 구분된 서사적 공간이 소설의 결말부에 이르러 사라지고, 갑자기 소설의 문체가 아포리즘의 양상을 띠기 시작한다. 아버지의 짓기 능력이 함께 작업하고 있는 듯이 보이는 것은 이 때문이다. 그리고 이때 아포리즘의 새로운 가능성이 열린다. 이 수사학적 글쓰기가 자주 비판 받는 대목, 즉 "정신적 호흡이 짧은 저급 예술 […] 야근하는 간호사들이나 읽을 법한 가짜 철학, 달력 명언에 지나지 않는 시시한 철학"(베른하르트, 2011: 66), 혹은 "지극히 부분적인 진리를 담고 있으며, 일단 뒤집어 놓고 보면 종종 거기에서 펼쳐지는 두 개의 전망에서 어느 것도 진리가 아니라는 사실이 드러나"(에코, 2009: 98)는 일종의 '재치'라는 평가는 여기 발붙이기 힘들다. 오히려 아버지의 짓기는 "사물의 인식이 생산의 전제조건"(90)인 서양철학의 "유서 깊은 사유 전통"에서 벗어난 "대략 유사하게"의 행위이다. 그는 그런 식으로 **직접** 모든 것을 설계하고, **직접** 콘크리트를 부어 벽돌을 만들고, **직접** 전기배선 설비를 하고, **직접** 회칠"(90, 강조는 필자)을 한다. 그는 인식에서 출발하는 것이 아니라, '직접 짓는' 행위에서 출발하는 것이다. 여기서 가이거는 서양철학의 인식론적 전통에 반기를 든 철학자처럼 아버지를 묘사하고 있다. 마치 니체가 수사학과 아포리즘을 통해 그러했던 것처럼 말이다. 니체에게 있어 아포리즘은 "놀이와 진지함 사이의, 표피적인 것과 깊이 사이의, 형식과 내용 사이의, 자발적인 것과 고려된 것 사이의, 즐김과 언어 사이의 대립을 지우는 글쓰기"(Kofman, 1993: 115; 김애령, 2004: 140 재인용)이다. 이미 이전부터 언어에 창의적인 면모를 보여 온 아버지의 유희적인 요소는, 이제 아들의 작가적 역량과 결합해 이렇게 새로운 짓기의 영역에 도달한 것처럼 보인다.

3. 치매와 매체 다시 보기

커스틴 존슨 역시 〈딕 존슨〉에 치매를 앓고 있는 자신의 아버지를 담고 있다. 연도순으로 보자면 존슨 감독이 아르노 가이거의 작품을 알고 있었을 가능성은 있지만 정확히 밝혀진 바는 없다. 둘 사이의 직접적인 연관성을 밝히는 것은 이 글의 주된 논점도 아니다. 그럼에도 불구하고 두 작품은 치매에 접근하는 공통적인 태도를 보이면서 동시에 비껴 나는 지점을 가지고 있다. 이는 매체의 차이에서 기인한 것인 동시에, 유럽과 미국이라는 공간적·문화적 차이에서도 기인한 것으로 보인다.

존슨은 이미 다양한 다큐멘터리 영화의 수석 카메라맨과 촬영감독으로 일한 경력을 가지고 있다. 로라 포이트라스(Laura Poitras)와 작업한 〈시티즌포(Citizenfour)〉(NSA에 대한 에드워드 스노든과 그의 폭로에 관한 다큐멘터리)나 마이클 무어(Michael Moore)와 작업한 〈화씨 9/11(Fahrenheit 9/11)〉(아프가니스탄 불법 침공에 관한 다큐멘터리) 등은, 이 감독의 사회적·정치적 관심이 어디를 향하고 있는지 잘 보여 준다. 그의 이러한 전력을 감안할 때, 자신이 직접 감독을 맡은 두 번째 장편영화 〈딕 존슨〉은 일견 이제까지 보여 줬던 그의 정치사회적 관심사에서 벗어난 것처럼 보인다. 하지만 그의 이전까지의 촬영 방식을 깊이 살펴보면 이러한 판단이 섣부른 것임이 드러난다. 첫째, 그의 미학적 관심은 "저널리즘적으로 훈련된 카메라맨보다는 화가들과 공통된 집착"(Cunningham, 2005: 150)에서 출발하고 있다. 〈딕 존슨〉에 삽입된 천국 장면의 화려하고 상상력 넘치는 구현은 이러한 경향이 지속되고 있음을 보여 준다. 둘째, 그는 "예술적 감성을 이야기에 대한 타고난 열정과 결합시킨 다"(Cunningham, Ibid.). 셋째, 이 감독의 협업적 작업 방식, 즉 "겸손과 집중, 관용 그리고 주제에 대한 조심스러운 관심은 그녀로 하여금 감독의 비전을 깨닫도록 돕는다"(Cunningham, Ibid.). 이러한 점들을 고려할 때, 아버지의 치매를 다룬 이 영화에서 감독은 이제까지의 작업 방식을 고수하면서 한층 보편적으로 사회가 겪고 있는 문제에 침잠함으로써 다시금 자신의 정치사회적 관심사를 예증, 혹은 확장하고 있는 셈이다.

"관찰 다큐멘터리와 허구적 판타지 사이를 오간다"[2]라는 평가를 받아 2020년 선댄스 영화제에서 '논픽션 스토리텔링 혁신 부문 특별 심사위원상' 을 받은 이 영화에서, 존슨은 영화라는 매체를 통해 아버지를 거듭해서 죽이고 다시 살려 놓는 시도를 반복한다. 그로써 얻어지는 것은 과연 무엇일까?

4. 지나침 혹은 너무 늦음, 그리고 죽음과의 공존

아르노 가이거의 소설에서도 확인되는 사실이지만, 치매 환자의 주변인들은 병의 진행 상황을 제때에 알아차리지 못한다. 혹은 애써 거부한다. 그럴 리 없다는 생각, 잠깐 지나가는 기억력 약화라는 생각 등이 여기에 동반된다. "그런 일이 일어나리라고는 감히 생각도 할 수 없"(29)는 것이다. 설령 같은 병을 이미 한 번 겪었다 하더라도 상황은 나아지지 않는다. 감독의 어머니

---

2) https://www.sundance.org/projects/award-winner-tba-07(검색일: 2023.10.11)

역시 아버지와 동일한 병을 이미 겪었지만, 가족들은 여전히 한발 늦게 상황을 뒤쫓아 가기 바쁘다.

> 우린 알츠하이머병으로 엄마를 떠나보냈지만 아빠의 상태를 너무 늦게 깨달았다. 아빠 친구 분들께 전화가 오기 시작했고 아빠 비서한테도 연락이 왔다. 환자 예약이 중복되고 처방 실수도 하셨다. 공사 현장에서 빠른 속도로 달리는 바람에 펑크 난 바퀴로 집까지 운전하기도 하셨다. … 우린 완벽하게 상황을 이해해야 했지만 더는 들을 수가 없었다.

딸은 확신했었다. "다가오는 일을 막을 수 있다고 […] 그걸 늦출 방법을 찾을 거라고. 아니, 거의 찾았다고." 하지만 병의 양상과 진행 속도는 딸의 예상을 뛰어넘는다. 그 이유는 비장애인의 시각으로 장애인을 바라보는 태도 때문이다. 이들의 시간은 서로 다르게 흐른다. 영화는 모든 예술 가운데 자본주의적 시간 논리와 이윤 논리에 가장 철저하게 종속된 장르이고, 그 논리를 따라야만 하는 영화제작의 시간은 치매를 앓고 있는 아버지의 시간과 다른 것이다. 당황과 자책이 되풀이된다. 그리고 이제 더 이상 아버지를 혼자 예전 집에 둘 수 없는 상황에 이르자, 감독은 아버지를 뉴욕에 있는 감독 자신의 집으로 데려간다. 아버지가 평생 일궈 왔고 자신의 일부처럼 여기던 것들, 집과 직업과 자동차를 빼앗기는 셈이다. 더 이상 자동차를 운전할 수 없다는 것을 통고 받은 아버지의 실망스럽고 처연한 표정이 화면에 그대로 잡힌다. 가이거의 아버지에게 특징적인 것이 "집에 있으면서도 여기가 집이 아니라는 고통스러운 의식"(16)이 따라다니는 것이었다면, 존슨에게는 실제로 자신의 집이 아닌 곳을 집이라 여겨야 하는 고통이 따라다닌다.

이제 적응의 시간이 필요하다. 더 이상 혼자 기거할 수 없는 옛집을 내놓고 딸의 아파트로 거처를 옮긴 아버지가 새로 이사 온 집에 적응할 수 있도록 딸은 집 찾기 연습을 시킨다. 딸과 산책 후 아파트로 돌아오는 장면에서 확인되는 것은, 모두 비슷한 출입구 가운데 새로 이사 온 집을 찾는 것은 치매 환자에겐 불가능에 가까운 일이라는 것이다. 딸은 아버지 혼자 집을 찾도록 앞서 가게 하지만 결국 아버지는 지나쳐 버린다.

> 딸: 안타깝네요. 집을 지나쳤어요, 아빠.
> 아버지: 지나쳤구나.
> 딸: 네.
> 아버지: 이 집인가?
> 딸: 네.

집을 지나치는 상황을 보여 주는 이 장면은, 마치 저 무력한 존재에게 관용을 베풀 필요가 있다고 말하려는 듯하다. 하지만 이 장면을 앞서 언급한 '너무 늦은' 인식("우린 알츠하이머병으로 엄마를 떠나보냈지만 아빠의 상태를 너무 늦게 깨달았다.") 혹은 '지나쳐 버림'과 병치할 때, 오히려 감독은 이렇게 말하고 있는 셈이다. 비장애인들도 못 보고 지나치는 실수를 한다. 그것도 치명적인 상황에서 반복해서. 그리고 이러한 지나침은 집을 지나쳐 가는 것에 비하면 얼마나 심각한 실수인가? 그렇다면 우리가 더 큰 관용을 받아야 할 존재가 아닌가?

이제 문제가 되는 것은 속속 다가오는 죽음을 어떻게 마주할 것인가 하는 점이다. 영화는 죽음을 적극적으로 호명하면서 통제할 수 없는 대상에 대한 통찰을 영화 곳곳에서 거듭 확인시키고, 결국은 감독 스스로의 운명을 아버지의 운명과 동일시하는 상황으로까지 나아간다. 그것은 간병인과 나눈 인터뷰, 그리고 옛 연인과의 대화에서 드러난다.

> 간병인: 제 경험으로 볼 때 잘 받아들인다면 인생이 더 쉬워요.
> 딕 존슨: 훨씬 수월하죠. 아무리 싸워도 … 싸워도 안 돌아와요.

간병인: 네, 다 통제도 못 해요. 특히 질병이나 몸 상태는 통제 못 해요.

딕 존슨: 안 되죠.

딕 존슨/간병인: 죽음도요. /사람도요.

아버지의 첫사랑을 찾아가 나누는 대화에서도 이는 다시 확인된다.

커스틴 존슨: 병리학자랑 오래 살다 보니 죽음에 관한 생각이 바뀌셨나요? 죽음이 다르게 느껴졌어요?

아버지의 첫사랑: 글쎄, 모르겠어. 약간 바뀌긴 했지만 … 죽음은 피할 수 없어. 우리의 일부지.

아버지: 맞아.

사실 영화는 첫 장면부터 이러한 죽음에 대한 고찰을 이미 시작하고 있었다. 영화는 아버지가 살던 집 창고에서 아버지가 손주들의 그네를 밀어 주는 장면으로 시작한다.

손주: 너무 높아서 죽을 뻔했어요.

딕 존슨: 죽을 뻔했다고? 무서운 말이구나. 왜 죽는다고 생각했니?

손주: 높이 올라갔잖아요. 근데 좋아요.

딕 존슨: 좋았어?

손주: 죽는 게 좋으면요.

이어지는 장면에서 아버지는 바닥이 미끄러우니 조심하라는 딸의 경고에도 불구하고, 그네를 밀다 넘어진다. 딸이 얘기한다. "잘 넘어지셨어요." 여기엔 영화가 지닌 주제 의식이 모두 녹아 있다. 그네의 상승과 하강을 통해 삶의 고양과 죽음의 추락이라는 문제가, 죽음은 무서운 것일 수도, 좋은 것일 수도 있다는 생각이, 그리고 잘 넘어지는 방법에 대한 생각까지. 앞으로 반복될 아버지의 죽음 연출 장면들은, "아버지와 딸 그 누구도 사소한 방법을 제외하고는 딕 존슨의 죽음이나 그 어떤 죽음도 통제할 수 없다는 것을 인정하는 우회적이고 자기 비하적인 방식"(Seitz, 2020)이면서, 이 첫 장면에서 손주들의 그네를 밀어 주면서 하는 놀이를 딸과 아버지 사이에서 더 전문적인 방식으로 확장하고 있는 것이다. "그가 커스틴과 하고 있는 것은 한층 정교한 성인용 버전"(Seitz, Ibid.)의 놀이인 것이다.

그렇게 이 영화는 끊임없이 추락의 양상을 통해 먼저 죽음의 양상을 재현한다. 건물에서 추락한 에어컨은 도로를 걷고 있는 아버지의 머리를 맞추고 아버지는 그 자리에 쓰러져 죽는다. 집 계단에서 굴러떨어진 아버지는 온몸이 뒤틀린 채 죽음을 맞이한다. 하지만 아버지는 다시 부활하거나, 연출된 천국 장면에서 화려한 춤을 추며 날아오른다. 안식교 신자인 아버지가 금지당했던 것들을 연출로 실현하면서. 영화는 이렇게 상승과 하강의 교차를 영화적 문체로 삼으며 거듭 반복한다. 하지만 여기엔 속도의 변주가 있다. 감독이 아버지의 상승과 하강을 상상력 가득한 초현실적 천국 장면으로 연출할 때, 그의 움직임엔 추락에 동반되는 가속과 두려움은 제거된 상태이다. 그런데 이러한 스타일은 단순한 상상력의 소산이 아니라, 필요에 의해 생겨난 것이다. 자신의 대역이 끊임없이 넘어지는 장면을 바라보는 아버지는 근심스러운 표정으로 그 장면을 바라본다. 그 넘어짐이 단지 고통스러운 일이 되지 않도록 감독은 기술적 노하우를 활용한다. 감독은 600~1,000 프레임의 속도로 촬영하는 고속 카메라를 사용함으로써 이 문제를 해결한다. 고속 카메라로 촬영한 영상을 상영하면 느린 화면으로 재생되는데, 그 결과 아버지가 치매로 인해 느리게 움직이더라도 그것이 관객에게 감지되지 않는 것이다. 이를 한층 더 보완하기 위해 슬로우 모션에 어울릴 깃털과 거품 같은 소품이 활용된다. 피사체에 대한 고려가 "시퀀스 디자인에 영향을 미쳤다"(Mayer, 2022)라고 감독은 고백한다. 그를 둘러싼 사물들이 가볍게 천천히

떨어지는 가운데 딕 존슨도 떨어진다. 천국 장면을 그리고 있는 시퀀스에 삽입된 영화음악처럼 '거룩'하고 '영광스럽게'.

5. 영화의 시선 전복하기

이처럼 대상에 대한 관용이라는 측면에서 바라본 기술적 고려는, 한층 더 확장된 방식으로 감독의 영화제작 속도에도 영향을 미친다. 영화 역사의 초창기부터 영화의 눈, '키노 아이(Kino-eye)'는 인간존재를 확장하는 특별한 능력을 가지는 것으로 여겨져 왔다. "카메라에게는 관찰하는 동안 불가피하게 제한 받는 우리 몸의 위치나, 우리의 지각이 주어진 순간의 가시적 현상에서 몇 가지 특징만을 인식하는 것과 같은 제한이 없다. 왜냐하면 카메라는 완전해졌기 때문에 더 많이 그리고 더 잘 지각"(베르토프, 2006: 75)하기 때문이다. 따라서 카메라 렌즈 뒤편의 존재는 모든 것을 결정하는 절대자에 다름 아니다. "탈신체화된 응시를 가능하게 하는 카메라의 외눈이, 이상적인 시각 공간을 펼쳐 놓고 멀찍이 떨어져 대상을 바라보는 초월적 주체를 가능하게"(유서연, 2021: 134) 하는 것이다. 하이데거 식의 표현을 빌리면 이는 "대상을 눈앞에 현전하는 것으로 일으켜 세워 지배하려는 의지"(유서연, Ibid.)의 발현에 다름 아니다. 여기엔 불가피하게 시각의 권력 충동이 내재화되어 있다. 그런데 이 영화는 이러한 시각이 지닌 폭력성의 전사와 달리 대상의 전권을 인정해야만 하는 상황을 오히려 적극적으로 수용한다. 우선 "그[아버지]의 치매는 제작 일정이 따라갈 수 있는 것보다 더 빨리 진행되고 있었기 때문에 영화가 이에 적응해야"(Shaw, 2020: 51) 한다. 감독은 더 이상 총체적 권력을 지닌 주체로서 촬영 대상을 자신의 의지에 따라 마음대로 다룰 수 있는 존재가 아니라, 촬영 대상의 속도와 보폭에 스스로를 맞춰야 하는 상황에 처한다. 감독은 촬영 대상인 아버지와 "협업"(Mayer, 2017: 42)해야 하며, 이로써 기존 관계의 역전이 일어난다. 일반적인 영화제작이라면, 제작비를 절약해야 한다는 대명제를 실현하기 위해 모든 대상의 일거수일투족을 효율적으로 관리해야 한다. 하지만 치매를 앓고 있는 아버지의 경우엔 그럴 수 없다. 이렇게 볼 때 〈딕 존슨〉은 "영화의 역량과 한계에 관한 영화, 영화제작이 실패하는 지점, 말 그대로 추락하는 지점에 관한 영화"(Mayer, 2022)인 것이다.

영화는 이 추락을 변주하며, 그리고 그 상황에서 치유되는 과정을 거쳐 새로운 자기 이해로 나아간다. 여기서 다시 영화 첫 장면의 '추락'이 소환된다. 이 지점에서 확인하고 넘어가야 하는 것 중 하나가 한글 자막 너머의 원어 대사이다. 번역되지 않은 대사 중 하나는 바닥에 넘어진 아버지가 촬영하고 있는 딸을 향해 '찍었어'라고 번역된 부분인데, 원어에서는 'Did you get it mom?'이라고 되어 있다. 딸이 어머니의 위치를, 따라서 아버지는 아이가 된 듯한 상황이 연출되고 있는 셈인데, 이 장면에서 커스틴 존슨은 공중에 떠 있는 아버지의 발을 비추고 있다. 왜일까? 나중에 알게 되는 것이지만 아버지의 발가락은 기형이고 그는 평생 이를 부끄러워하며 살아왔다. 그래서 감독은 나중에 아버지에게 주는 일종의 선물로 그의 발을 예수가 치유하는 천국 장면을 삽입한다. 하지만 그전에 선행되어야 하는 과정이 있다.

이제까지 살던 집을 비우고 뉴욕으로 떠나기 전 소파에 앉아 있는 아버지와 치매에 걸린 어머니에 관해 이야기를 나누는 모습을 촬영하던 감독은, 어머니 생각에 괴로워하며 초점이 흐려진 카메라를 카펫 위에 떨군다. 그리고 관객은 촬영 대상을 더 이상 명확하게 볼 수 없게 된다. 대상을 잃어버린 관객은 카메라 뒤에서 대상을 포착하고 있던 감독(주체)이 객체인 아버지를 담지 못하고 흔들리는 모습을 본다. 감독은 결국 카메라를 카펫 위로 떨구고 만다. 이 장면은 말 그대로 카메라의 '추락'과 동시에 대상화하는 주체의 추락을 보여 준다. 카메라 뒤의 권력자는 슬퍼하고, 떨기도 하며, 힘들어하고, 무서워한다. 이 고통은 레비나스적 의미에서의 "극도의 수동성, 무력, 포기, 그리고 극도의 고독의 상황"(강영안, 2005: 225)을 담고 있는 것처럼 보인다.

그런데 이러한 "한탄, 외침, 신음, 한숨이 있는 곳에 타자로부터의 도움에 대한 요청, 곧 그의 타자성이, 그의 외재성이 구원을 약속하는 타자로부터의 도움에 대한 근원적인 요청"(Levinas, 1991: 109; 강영안, 2005: 225 재인용)도 있다. 이어지는 장면에서 카메라가 다시 아버지의 발을 비출 때 이러한 사실이 분명해진다. 아버지는 딸의 요청에 반응하고 제안한다. "영화에 이 장면도 넣어." 딸은 망설인다. "글쎄요." 하지만 결국은 아버지의 제안이 수용되고, 이 불완전한 장면은 영화의 일부가 된다. 첫 장면에서 발을 영상에 담는 딸이 아버지에게 엄마로 비쳐졌다면, 그래서 아버지가 마치 아이 같은 존재가 된 것처럼 보였다면, 이제 딸의 카메라는 아버지의 발 앞에 조아리는 존재가 된다. 그때 아버지는 자신이 가꿔 온 모든 것을 잃어 가는 수동적이고 처량한 존재가 아니라 카메라 작업에 동참하는 존재가 되며, 결국엔 자신의 것을 주체적으로 당당하게 떨구는 존재로까지 비쳐진다. 막상 집을 떠나려니 망설여지는 아버지는 "그냥 여기 있자, 어때?" 하고 말한다. 하지만 그는 바로 문제점을 깨닫고 마지막 순간에 이렇게 결단한다. "너랑 하루라도 살 수 있다면 기꺼이 이 집과 바꾸겠어."

만약 아버지의 발이 등장하는 장면의 순서가 뒤바뀌었다면, 즉 첫 장면의 발 장면 다음에 아버지의 발이 치유되는 장면이 배치되었다면, 그 치유는 어머니의 위치에 있는 감독이 장애를 입은 아버지에게 베푸는 시혜 정도로 여겨졌을 것이다. 하지만 카메라의 추락 장면이 그 사이에 위치함으로써 아버지가 영화제작에 참여하는 주체로 제시된 후의 치유 장면은 전혀 다른 의미를 갖게 된다. 치유 장면을 찍기 전에 딸이 아버지와 어떤 장면을 찍을 것인지 논의하는 장면이 삽입된 것은 그런 이유이다. 이제 영화제작은 아버지와 딸의 공동 작업의 영역으로 들어온 셈이다. 가이거의 『유배 중인 늙은 왕』에서 아포리즘을 통해 치매 환자의 서사가 작품 구성 원리로 들어오듯이, 〈딕 존슨〉에서는 카메라의 좌절과 치매에 걸린 아버지의(객체적 존재) 결정이 영화제작의 원리로까지 격상된다. 영화는 이렇게 이야기하고 있는 듯하다. 유용성의 신에게만 의존하지 않는다면 우리의 삶은 이처럼 더 풍요로워질 수도 있다고.

6. 나가는 말

일본 작가 사와다 도모히로(澤田智洋)가 쓴 『마이너리티 디자인』에는 '약함이 새로운 강함(Weak is the new strong)'이라는 부제가 붙어 있다. 이 부제가 의미하는 바는, 빠름과 높음, 많음과 강함이 절대 가치처럼 여겨지는 승리 지상주의의 사회에서, 소외되는 장애인이나 소수자가 함께 즐기는 디자인의 가치를 제고하겠다는 것이다. 하지만 그렇다고 해서 장애인이나 약자를 "우대하기 위해 핸디캡을 마련"(사와다 도모히로, 2022: 171)하는 방식으로 디자인되는 방향을 취하는 것은 아니다. 만약 그러한 방식으로 설계된다면, 장애인이나 약자는 시혜를 받는 존재로 여겨질 수밖에 없고, 비장애인은 참여하면서도 자신의 능력을 줄이는 탓에 시시하다고 느끼게 될 가능성이 높기 때문이다. 결국은 모두에게 공정한 규칙이면서 참여자 모두가 최선을 다할 수밖에 없어 즐거움을 주는 식의 설계가 필요한 이유이다.

〈딕 존슨〉은 그러한가? 다시 서론으로 돌아가 보자. 어두운 옷장에서 커스틴 존슨이 "아버지는 죽었다"라고 말한 후 옷장 문을 열고 아버지를 다시 만나는 장면을 우리는 시간 순서에 따라 그대로 이렇게 재현할 수 있다. 아버지는 죽었다. 그런데 아버지는 살아 있다. 그러니 아버지는 죽었다가 부활한 셈이다. 부활한 아버지와 함께 살아가는 삶은 이전과 다를 수밖에 없다. 따라서 죽음을 거듭 호명하는 딸의 모습에서, 우리는 "두렵고 혐오스러운 어떤 존재의 정체성은, 마치 철저히 극복되어야 할 것으로 여겨지거나 숨겨져서는 안 되며 끝없이 호명되어야"(정현규, 2022: 317) 한다는 인식을 얻게 된다.

그리고 주체에 관해 '추락하는 카메라'를 영화제작의 원리로까지 몰고 가는 감독 자신은 스스로를 어떻게 파악하는가? 어두운 옷장 속에서 '아버지는 죽었다'를 거듭 말하고 있는 감독은 거꾸로 자신이 관 속에 들어 있는 것처럼 보이길 원했던 것은 아닐까? 모든 것을 통제할 수 있다고 생각해 왔던 예전의 그 감독이 말이다. 그렇다. 영화 역시 무너질 수 있다. 그리고 "그러한 무너짐은 타자의 무너짐과 추락에 우리가 공감할 수 있게 한다"(Mayer, 2022). 영화에서 아버지의 안락의자가 중요한 의미를 가지는 것은 그 때문이다. "고려하거나 관찰하기 어려운 것을 제거하는 것이 아니라, 그것을 위한 공간을 만드는 것, 보는 것을 배려하는 것으로 재정립하는 것, 보는 자인 우리 역시 프레임 안에 위치하고 있다는 것을 상기시키는 것"(Mayer, Ibid.)이 그 의미인 것이다.

이 과정에서 아버지는 그저 돌봄의 대상으로 카메라의 시선에 수동적으로 붙들리는 것이 아니라, 카메라 시선의 권력 구도를 역성찰하게 만드는 계기를 부여하는 존재로 거듭난다. 아버지는 거듭 죽는다. 그리고 이를 담고자 했던 감독 자신도 죽는다. 하지만 이들은 부활하여 더 넓고 풍요로워진 세상에 대한 인식을 가능하게 한다. '영원하라, 딕 존슨!'

12장 참고문헌

■ 1차 문헌

가이거, 아르노(Arno Geiger). 2015. 『유배 중인 나의 왕』. 문학동네.

존슨, 커스틴(Kirsten Johnson). 2020. 〈딕 존슨이 죽었습니다〉. 넷플릭스.

Geiger, Arno. 2011. *Der alte König in seinem Exil*. München

■ 2차 문헌

강영안. 2005. 『타인의 얼굴-레비나스의 철학』. 문학과지성사.

김애령. 2004. 「니체의 은유이론과 문체의 문제」. ≪철학연구≫, 65: 125~143.

베르토프, 지가(Dziga Vertov). 2006. 『키노아이』. 김영란 옮김. 이매진.

베른하르트, 토마스(Thomas Bernhards). 2011. 『몰락하는 자』. 박인원 옮김. 문학동네.

사와다 도모히로(澤田智洋). 2022. 『마이너리티 디자인』. 김영현 옮김. 다다서재.

싱클레어, 데이비드(David A. Sinclair). 2020. 『노화의 종말』. 이한음 옮김. 부키.

에코, 움베르토(Umberto Eco). 2009. 『나는 독자를 위해 글을 쓴다』. 김운찬 옮김. 열린책들.

유서연. 2021. 『시각의 폭력』. 동녘.

정현규. 2022. 「치매, 혐오의 대상에서 상처 입은 스토리텔링으로: 아르노 가이거의 『유배 중인 늙은 왕』을 중심으로」. ≪독일현대문학≫. 313~333쪽.

한병철. 2017. 『타자의 추방』. 이재영 옮김. 문학과지성사.

Cunningham, Megan. 2005. *The Art of the Documentary*, Berkeley.

Mayer, So. 2022. Dick Johnson Is Dead: Falling Angels. https://www.criterion.com/current/posts/7668-dick-johnson-is-dead-falling-angels(검색일: 2023.10.10)

Mayer, Sophie. 2017.2. *Watching the watchers*. Sight&Sound.

Seitz, Matt Zoller. 2020. Dick Johnson is Dead. https://www.rogerebert.com/reviews/dick-johnson-is-dead-movie-review-2020(검색일: 2023.10.11)

Shaw, Helen. 2020.9.28. *Why Wait for Death*. New York.

지은이

강미영 숙명여자대학교 인문학연구소 HK교수
영문학 전공으로 성, 인종, 연령, 장애로 인한 소수자성에 관심을 가지고 연구하고
있다. 대표 업적으로는 「노인혐오의 인문학적 분석과 대응」(2022), 「혐오와 문학」
(2022), 「장애혐오와 미디어」(2022)가 있다.

박승억 숙명여자대학교 기초교양학부 교수
현상학 및 학문 이론 전공. 현상학적 방법론과 사회적 갈등 양상에 대해 연구하고 있
다. 대표 업적으로는 「혐오의 이중성에 대한 현상학적 분석」(2021), 「다양성 사회의
갈등 양상에 관한 현상학적 성찰」(2019), 『가치 전쟁』(2020) 등이 있다.

박지선 숙명여자대학교 사회심리학과 교수
범죄 심리 전공으로 살인, 성범죄, 데이트 폭력, 아동 학대 등 범죄에 영향을 미치는
심리사회적 요인과, 범죄 사건을 바라보는 사람들의 시선과 혐오에 관한 심리학적
기제에 관한 연구를 해 오고 있다. 대표 업적으로는 「범죄심리학」(2019), 『지선씨네
마인드』(2022) 등이 있다.

심귀연 경상국립대학교 인문학연구소 학술연구교수
오이코스 인문연구소 공동 대표로 활동하고 있다. 철학(현상학)을 전공했으며, 경상
국립대학교에서 「메를로-퐁티의 자유개념」(2011)으로 박사학위를 받았다. 논문 「세
계와 깊이: 메를로-퐁티와 세잔의 회화를 중심으로」로 새한학술상(19회)을 받았다.
메를로퐁티의 이론에 근거해 생태, 여성의 문제를 비판적 포스트휴먼과 신유물론의
입장으로 확장 연구하고 있다. 단독 저서로 『이 책은 신유물론이다』(2024), 『모리스
메를로퐁티』(2023), 『내 머리맡의 사유』(2022), 『취향: 만들어진 끌림』(2021), 『몸
과 살의 철학자 메를로-퐁티』(2019), 『철학의 문』(2014), 『신체와 자유』(2012)가 있
다. 공저로 『우리에겐 더 많은 돌봄이 필요하다』(2024), 『신유물론×페미니즘』(2023),
『인공지능이 사회를 만나면』(2020), 『인류세와 에코바디』(2019), 『포스트 바디-레
고인간이 온다』(2019), 『여성과 몸』(2019), 『몸의 미래, 미래의 몸』(2018), 『지구에

는 포스트휴먼이 산다』(2017) 등이 있다. 논문으로 「생태공동체 모델 구축을 위한 인간, 자연, 기술 개념 연구」(2020) 등 수십 편이 있다.

예지숙 숙명여자대학교 인문학연구소 HK연구교수
한국 근현대사 전공으로 18세기 후반에서 20세기 한국사에 나타난 구휼과 사회 복지에 관심을 두고 연구하고 있다. 대표 업적으로 「일제시기 행려병인 제도의 형성과 전개」(2021), 「일제시기 사회사업 외곽단체의 설립과 활동」(2021) 등이 있다.

유수정 숙명여자대학교 인문학연구소 HK연구교수
일본 근현대 문학, 만주국 문학, 식민지 문학을 연구해 왔으며, 최근에는 문학 속 신체 담론으로 관심을 넓혀 노인·질병·장애와 혐오의 문제를 중심으로 연구하고 있다. 주요 저서로 『일본대중문화의 이해』(공저, 2015), 『근대 동아시아 담론의 역설과 굴절』(공저, 2011) 등이 있고, 주요 논문으로 「공해의 원점'에서 보는 질병 혐오」(2022), 「초고령사회 SF적 상상력의 구현: 애니메이션 〈노인Z〉에서 보는 노인과 개호로봇」(2021), 「푸른 눈의 '일본인': 기타무라 겐지로의 아동문학『솔베이지의 노래』에 나타난 만주 귀환 서사」(2018) 등이 있으며, 역서로는 『만주국 속의 동아시아 문학』(공역, 2018), 『〈식민지〉 일본어문학론』(공역, 2010) 등이 있다.

이지형 숙명여자대학교 일본학과 교수
일본 근현대 문학 전공으로 질병, 장애, 성적 지향, 노화 등에 기인한 차별 및 혐오와 마이너리티 간 공감과 연대 문제에 관심을 가지고 연구하고 있다. 대표 업적으로는 「일본 현대소설의 소수자성과 혐오: 노인과 LGBT」(2021), 『과잉과 결핍의 신체: 일본문학 속 젠더, 한센병, 그로테스크』(2019), 『일본 전후문학과 마이너리티문학의 단층』(공저, 2018)이 있다.

이행미 숙명여자대학교 인문학연구소 HK연구교수
한국 근현대 소설 전공으로, 한국 문학에 나타난 가족 및 가족법, 문학에 나타난 소수자 재현과 윤리 등에 관심을 두고 연구하고 있다. 대표 업적으로는 「코로나 이후의 소설과 혐오의 임계」(2020), 「전혜린의 젠더의식과 실천적 글쓰기」(2019), 「『무정』에 나타난 근대법과 '정(情)'의 의미: 총독부 통치체제와 이광수의 법의식의 길항을 중심으로」(2018)가 있다.

전혜은　성공회대학교 여성학과 교수

퀴어 페미니즘 장애학 연구자로 활동하고 있다. 서울대학교에서 여성학으로 석사학위와 박사학위를 받았다. 2021년 올해의 양성평등문화상을 수상했다. 논문 「장애와 퀴어의 교차성을 사유하기」(2018), 「아픈 사람 정체성을 위한 시론」(2017) 등을 출판했으며, 저서로 『퀴어이론 산책하기』(2021), 『퀴어 페미니스트, 교차성을 사유하다』(공저, 2018), 『그로스와 주디스 버틀러의 육체적 페미니즘』(2010)이 있으며, 역서로 『가장 느린 정의』(2024), 『망명과 자긍심』(공역, 2020)이 있다. 아픈 사람, 퀴어, 장애, 행위성, 페미니즘에 관한 글을 쓰고 번역하고 강의한다.

정현규　숙명여자대학교 독일언어문화학과 교수

독일 근현대 문학과 영화에 관심을 가지고 연구하고 있으며, 최근에는 다양한 경계에서 벌어지는 경계 현상을 고찰하고 있다. 대표 업적으로는 『소년 퇴를레스의 혼란』(2021), 『릴케의 이집트 여행』(2015), 『젊은 베르터의 고통』(2010) 등의 역서가 있으며, 「난민의 공간과 비장소: 안나 제거스의 『통과비자』를 중심으로」(2021), 「세기말의 인간학과 이종(異種)들: 프랑크 베데킨트의 '룰루-비극'과 프리츠 랑의 〈메트로폴리스〉에 나타난 동물성과 기계성」(2020) 등의 논문이 있다.

하홍규　숙명여자대학교 인문학연구소 HK연구교수

연세대학교 사회학과에서 학사 및 석사학위를 받고, 미국 보스턴 대학교 사회학과에서 박사학위를 받았다. 현재 숙명여자대학교 인문학연구소 HK연구교수로 일하고 있다. 사회이론과 종교사회학이 주 전공 분야이며, 문화사회학·감정사회학을 바탕으로 혐오 연구에 전념하고 있다. 주요 저서로 『상처 입은 몸: 노인, 질병, 장애와 혐오 담론들』(2023, 공저), 『피터 버거』(2019), 『공간에 대한 사회인문학적 이해』(2017, 공저) 등이 있으며, 주요 논문으로 「혐오의 현상학: 감정과 가치에 대한 아우렐 콜나이의 접근」(2023), 「냄새와 혐오」(2021), 「탈사회적 사회의 종교: 자기만의 신, 신으로서의 개인」(2021) 등이 있다. 그리고 주요 역서로 『조지 허버트 미드의 사회이론』(2024), 『하이테크 러다이즘: 디지털 시대의 기계 혐오』(2023), 『혐오의 현상학』(2022), 『혐오의 해부』(2022), 『사회과학의 방법론: 사회적 설명의 다양성』(2021) 등이 있다.

한울아카데미 2568
숙명여자대학교 인문학연구소 HK + 사업단 학술연구총서 12

거부당한 몸과 공존의 사유
ⓒ 강미영·예지숙, 2025

기　획 ┃ 강미영·예지숙
지은이 ┃ 강미영·박승억·박지선·심귀연·예지숙·유수정·이지형·이행미·전혜은·정현규·하홍규
펴낸이 ┃ 김종수
펴낸곳 ┃ 한울엠플러스(주)
편　집 ┃ 배소영

초판 1쇄 인쇄 ┃ 2025년 5월 9일
초판 1쇄 발행 ┃ 2025년 5월 16일

주소 ┃ 10881 경기도 파주시 광인사길 153 한울시소빌딩 3층
전화 ┃ 031-955-0655
팩스 ┃ 031-955-0656
홈페이지 ┃ www.hanulmplus.kr
등록번호 ┃ 제406-2015-000143호

Printed in Korea.
ISBN 978-89-460-7568-9 93330

※ 책값은 겉표지에 표시되어 있습니다.

※ 이 저서는 2020년 대한민국 교육부와 한국연구재단의 지원을 받아
　수행된 연구임 (NRF-2020S1A6A3A03063902).